SONSUZLUĞUN SONSUZLUĞU

[114 KOD]

"خَالِدِينَ فِيهَا أَبَدًا"

MURAT UKRAY

SONSUZLUĞUN SONSUZLUĞU

[114 KOD]

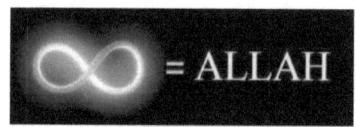

Yazarı (Author): Murat UKRAY (Turkish Writer)

Sayfa Düzeni ve Grafik Tasarım: eKitap Projesi

Yayıncı (Publisher): eKitap Projesi

Baskı ve Cilt (Print): POD (PublishDrive) Inc.

İstanbul - Ağustos 2015

ISBN: 978-625-8196-63-4

eISBN: 978-605-9654-31-9

İletişim ve İsteme Adresi:

E-Posta (e-mail): muratukray@hotmail.com

İnternet Adresi (web): www.kiyametgercekligi.com

© Bu eserin basım ve yayın hakları yazarın kendisine aittir. Fikir ve Sanat Eserleri Yasası gereğince, izinsiz kısmen ya da tamamen çoğaltılıp yayınlanamaz. Kaynak gösterilerek kısa alıntı yapılabilir.

 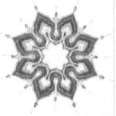

قىيامەة گەرچەكليغي كلىآتى

Kıyamet Gerçekliği Külliyatından

SONSUZLUĞUN SONSUZLUĞU

&

[114 KOD]

"خَالِدِينَ فِيهَا أَبَدًا"

©Copyright By: Murat Ukray

~ 2015 ~

Sonsuzluğun Sonsuzluğu

YAZAR HAKKINDA

Murat UKRAY,

17 Ağustos 1976 tarihinde İstanbul'da doğdu. İlk, orta ve lise öğrenimini İstanbul'da tamamladı. Daha sonra Yıldız Teknik Üniversitesi Elektronik Mühendisliği bölümünde ve aynı üniversitenin fen bilimleri enstitüsünde yüksek lisans öğrenimi gördü. 2000'li yılların başından bu yana, çeşitli yerli ve yabancı kaynaklardan araştırmalar yaparak imanî ve bilimsel konularda çeşitli makaleler ve grafik tasarımları (aralarında Hz. Mevlana, Üstad Bediîüzzaman Saidî Nursî'ye v.b. ait çizimlerin de bulunduğu) eserleri hazırladı. Çocuklar için *"Galaxy"* isimli bir oyun tasarladı.

Yazarın, kaotik zaman serileri ve yapay sinir ağlarıyla borsa da tahmin sistemleri üzerine uluslararası düzeyde yayınlanmış bir makalesi ve yayınlanmış iki kitabı vardır. Bunlardan ilki: Kıyamet Gerçekliği, Kur'ân'daki İncil'deki ve diğer bazı ilmî kaynaklardaki kıyametin büyük alâmetlerini içinde bulunduğumuz zamana yönelik açıklamaya ve aydınlatmaya yönelik bir çalışmadır. Kitaba, ayrıca günümüz Türkçe'sini Osmanlı Alfabesine kodlayan bir de Osmanlıca Alfabe konulmuştur. Kitap, bu konuyla ilgili Kur'an âyetleri ve hadislere yönelik batınî bir tefsirdir. İkincisi ise: 5 Boyutlu Rölativite ve Birleşik Alan Teorisi, Plâton'dan günümüze kadar devam eden süreç içerisinde yapılan fizik yasalarını birleştirme çabasına yönelik bir çalışma olup,

Kur'ân'ın bazı semavî müteşâbih ayetlerinin tefsirine yönelik, bugüne kadar çeşitli bilim adamları tarafından yapılmış matematiksel ve fiziksel çalışmaları da içerecek şekilde, gözlemleyebildiğimiz maddî evreni matematiksel olarak açıklamaya çalışan zahirî bir tefsirdir. Kitapta, evrenin yapısını ve karadelikleri açıklayan hikmet (fizik) yasaları çeşitli teoremlerle anlatılmakta olup, yüksek bir matematik bilgisi gerektirmektedir. Her iki çalışmanın da amacı iman-ı tahkikînin batınî ve zahirî kutuplarına yöneliktir.

    2011 yılında, "İnternette e-kitap yayıncılığı ilkeleri" ve "5-Boyutlu Relativite & Birleşik Alan Kuramı & Quantum Mekaniği"nin birleştirilmesi üzerine iki makale yayımladı. Bu makaleleri büyük ses getirdi ve çoğu kişi web yayıncılığına yöneldi. İkinci makalesindeki fikirlerini, temel Fizik yasalarını en küçük ölçeklerde birleştirmeye çalışan ve halen üzerinde çalışılan "Birleşik Alan Teorisi" isimli eserini 2007 yılında yazmaya başladı. 2000'li yıllardan bu yana, çeşitli yerli ve yabancı kaynaklardan araştırmalar yaparak, Akademik, Web yayıncılığı ve Bilimsel konularda çeşitli Makaleler, Projeler yürütmüş olup, yine çoğu dini araştırmalar olmak üzere, çeşitli Grafik Tasarımları ile Kitap kapakları hazırladı. Bu yüzden, yurtdışında profesyonel yayıncılık için kendine editoryal ve grafik sanatları olarak iki yönlü geliştirerek kuvvetli bir alt yapı hazırladı. Aralarında, 2006 yılında kaleme aldığı ilk eseri "KIYAMET GERÇEKLİĞİ" ve 2007 yılında kaleme aldığı "5-BOYUTLU RELATİVİTE & BİRLEŞİK ALAN TEORİSİ", 2008 yılında kaleme aldığı "İSEVİLİK İŞARETLERİ" ile diğer eserleri olan "YARATILIŞ GERÇEKLİĞİ (2 Cilt)" (2009), ve yine Mevlanayla ilgili "MESNEVİYYE-İ UHREVİYYE" (2010) (AŞK-I MESNEVİ) ve "ZAMANIN SAHİPLERİ" (2011) isimli otobiyografik romanı ve "HANIMLAR İÇİN DİN REHBERİ" (2012) "ESKİLERİN MASALLARI (ESATİR-UL EVVELİN, 2013) ve RUYET-UL GAYB (Haberci Rüyalar, 2014), olmak üzere yayımlanmış toplam 12 türkce kitabı ile çoğu FİZİK ve METAFİZİK konularında olmak üzere, ingilizce olarak yayınlanmış toplam 5 kitap olmak üzere tamamı 17 yayımlanmış eseri vardır..

Yazar, daha sonraki zamanda tüm kitaplarının ismine genel olarak, her biri KIYAMET'i isbat ve ilan etmek üzere odaklandığından "KIYAMET GERÇEKLİĞİ KÜLLİYATI" ismini vermiş, ve 2010 yılından beri zaman zaman gittiği AMERİKA'daki aynı isimde kurmuş olduğu (www.kiyametgercekligi.com) web sitesi üzerinden kitaplarını sadece dijital elektronik ortamda, hem düzenli olarak yılda yazmış veya yayınlamış olduğu diğer eserleri de yayın hayatına e-KİTAP ve POD (Print on Demand -talebe göre yayıncılık-) sistemine göre yayın hayatına geçirerek okurlarına sunmayı ilke olarak edinirken; diğer yandan da, projenin SOSYAL yönü olan doğayı korumak amaçlı başlattığı "e-KİTAP PROJESİ" isimli yayıncılık sistemiyle KİTABINI KLASİK SİSTEMLE YAYINLAYAMAYAN "AMATÖR YAZARLAR" için, elektronik ortamda kitap yayıncılığı ile kitaplarını bu sistemle yayınlatmak isteyen PROFESYONEL yayıncılar ve yazarlar için de hemen hemen her çeşit kitabın (MAKALE, AKADEMİK DERS KİTABI, ŞİİR, ROMAN, HİKAYE, DENEME, GÜNLÜK TASLAK) elektronik ortamda yayıncılığının önünü açan e-YAYINCILIĞA başlamıştır..

Yazar, halen çalışmalarına İstanbul'da devam etmektedir.

Yazarın yayınlanmış diğer Kitapları:

1- **Kıyamet Gerçekliği** *(Kurgu Roman) (2006)*

2- **Birleşik Alan Teorisi** *(Teori – Fizik & Matematik) (2007)*

3- **İsevilik İşaretleri** *(Araştırma) (2008)*

4- **Yaratılış Gerçekliği- 2 Cilt** *(Biyokimya Atlası)(2009)*

5- **Aşk-ı Mesnevi** *(Kurgu Roman) (2010)*

6- **Zamanın Sahipleri** *(Deneme) (2011)*

7- **Hanımlar Rehberi** *(İlmihal) (2012)*

8- **Eskilerin Masalları** *(Araştırma) (2013)*

9- Ruyet-ul Gayb (Haberci Rüyalar) *(Deneme) (2014)*

10- Sonsuzluğun Sonsuzluğu (114 Kod) *(Teori & Deneme) (2015)*

11- Kanon (Kutsal Kitapların Yeni Bir Yorumu) *(Teori & Araştırma) (2016)*

12- Küçük Elisa (Zaman Yolcusu) (Çocuk Kitabı) (2017)

13- Tanrı'nın Işıkları (Çölde Başlayan Hikaye) *(Bilim-Kurgu Roman) (2018)*

14- Son Kehanet- 2 Cilt *(Bilim-Kurgu Roman) (2019)*

http://www.ekitaprojesi.com
http://kiyametgercekligi.com

İÇİNDEKİLER

YAZAR HAKKINDA _____ 5
İÇİNDEKİLER _____ 9
GİRİŞ _____ 21
MUKADDİME _____ 25
   AYETLERDEKİ "DÜNYEVİ",VE "UHREVİ"
   SONSUZLUK AYRIMI: _____ 25
   CENNET VE CEHENNEMİN EBEDİLİĞİ MESELESİ _____ 29
KONUYLA İLGİLİ İBN-İ RAZİ VE DİĞER
İSLAM ALİMLERİNİN GÖRÜŞLERİ _____ 32
SONSUZLUĞUN SONSUZLUĞU _____ 41
   [114 KOD]
[◉Kod-001◉] _____ 43
   BAŞLANGIÇLAR
[◉Kod-002◉] _____ 45
   KAİNATIN Evrensel Kod Tanımlaması
[◉Kod-003◉] _____ 46
   DEFINITIONs [Matematiksel / Fiziksel Tanımlamalar-1]
[◉Kod-004◉] _____ 48
   DEFINITIONs [Matematiksel / Fiziksel Tanımlamalar-2]
[◉Kod-005◉] _____ 50
   DEFINITIONs [Matematiksel / Fiziksel Tanımlamalar-3]
[◉Kod-006◉] _____ 52
   DEFINITIONs [Matematiksel / Fiziksel Tanımlamalar-4]
     MUKADDİME _____ 52
     MATEMATİKSEL İSBAT: _____ 56
[◉Kod-007◉] _____ 60
   HİPOTEZ-I
     MATEMATİKSEL İSBAT: _____ 60
[◉Kod-008◉] _____ 69
   HİPOTEZ-II
     GEOMETRİK İSBAT: _____ 70

[◎Kod-009◘] _____ 72
    HİPOTEZ-III
[◎Kod-010◘] _____ 74
    HİPOTEZ-IV
[◎Kod-011◘] _____ 78
    DEFINITIONs [Matematiksel / Fiziksel Tanımlamalar-5]
[◎Kod-012◘] _____ 80
    DEFINITIONs [Matematiksel / Fiziksel Tanımlamalar-6]
[◎Kod-013◘] _____ 82
    [Felsefi / Sosyolojik Tanımlamalar-1]
[◎Kod-014◘] _____ 85
    [Felsefi / Sosyolojik Tanımlamalar-2]
[◎Kod-015◘] _____ 91
    SONLU BİR HAYAT SADECE DÜNYA'DA MI VAR?
        ARA NOTLAR: _____ 98
        ENOCH VE DİĞER SONLU ÖTE DÜNYALAR? _____ 98
[◎Kod-016◘] _____ 110
    "HZ. YUSUF'UN BÜYÜK SIRRI NEYDİ?"
[◎Kod-017◘] _____ 114
    İnsan neden herşeyi erteliyor, Sırrı Nedir?
[◎Kod-018◘] _____ 116
    Müminin cennetteki makamının yüksek olması sırrı
[◎Kod-019◘] _____ 119
    İman etmeyen milyonlarca insan olması üzerine
[◎Kod-020◘] _____ 122
    Peygamberlere atılan delilik iftirası, Hz. Mehdi'ye de atılacak olması üzerine
[◎Kod-021◘] _____ 126
    Gemiye bindin, ama sırtındaki yükü bir türlü bırakmıyorsun!
[◎Kod-022◘] _____ 131
    SAMİMİYET ÜZERİNE
[◎Kod-022◘] _____ 133
    Neden kadın peygamber yok?
[◎Kod-023◘] _____ 136
    İslam, Savaş ve Kuran'a göre cihat üzerine

[◎Kod-024◎] _____ 140
Sen de bir gün toprak olacaksın, sonsuzluğa karışacaksın, o kadar!

[◎Kod-025◎] _____ 143
Bu zamanda, Kuran'a göre İslam'da savaş için hiçbir gerekçe yoktur!

[◎Kod-026◎] _____ 148
Bağnazların sanat, estetik, müzik, resim ve heykel nefreti!

[◎Kod-027◎] _____ 154
Kalp sırrına ermek hakkında

[◎Kod-028◎] _____ 157
Yüzlerinde secde izi olmayanlar, öldüklerinde şaşırmasın

[◎Kod-029◎] _____ 161
Hz. Mehdi soru sormaz, tüm sorulara, meselelere cevap verir

[◎Kod-030◎] _____ 165
Sezai Karakoç ve Mehdi şiiri

[◎Kod-031◎] _____ 168
Akıl, hikmet ve az konuşmak üzerine

[◎Kod-032◎] _____ 171
Ölüm ve Kıyamet yaklaşmış, yaklaşmış, hatta çok yaklaşmıştır!

[◎Kod-033◎] _____ 174
Cenneti kazanmak için, sabrı öğrenmek çok önemlidir

[◎Kod-034◎] _____ 177
Cehennemin yaratılış amacı nedir?

[◎Kod-035◎] _____ 180
Her şey ya hakikaten güzeldir, ya da neticeleri itibarıyla! Mümin Allah'ı anma konusunda gevşek olmamalı

[◎Kod-036◎] _____ 184
Mutsuzluğun Kökeni: mutsuzluğunun kökeninde ne var?

[◎Kod-037◎] _____ 187
Her şeyi ya güzel gör, ya da güler yüzle bak!

[◎Kod-038◎] _____ 189
Peygamberimiz Cebrail ile nasıl görüşüyordu?

[◎Kod-039◎] _____ 192
Dikkat edin, dedikodudan dolayı size azap dokunmasın

[◘Kod-040◘] 194
   Alevilik ve Hz. Ali'nin sözleri üzerine
[◘Kod-041◘] 197
   İnsanların sözleri seni mahzun etmesin!
[◘Kod-042◘] 200
   Neden bu kadar üzgünsün?
[◘Kod-043◘] 203
   Hz. Mehdi'nin fark edilememesinin özel nedeni nedir?
[◘Kod-044◘] 210
   Masonların gizli sembolleri ile Mehdiyet arasındaki bağlantı nedir?
[◘Kod-045◘] 221
   Zohar ve Tevrat'ta Mehdi AS'ın Gelişi
[◘Kod-046◘] 226
   Aynı kulvarda hırsla koşan milyonlarca kör insan!
[◘Kod-047◘] 230
   Dua'nın önemi hakkında
[◘Kod-048◘] 232
   Hayat yalnızca Allah için yaşanınca güzel!
[◘Kod-049◘] 235
   Nasıl güçlü bir tevekküle sahip olabilirsin?
[◘Kod-050◘] 238
   Hz. Mehdi'nin yüzü gökyüzünde parlayan yıldız gibidir
[◘Kod-051◘] 257
   "Vaktinde namaz kılmadığımda namazım kabul olur mu?"
[◘Kod-052◘] 260
   Hz. Peygamber diyor ki: "Ölünün arkasından ağlamayın"
[◘Kod-053◘] 264
   Bu dünyanın nesini seveyim?
[◘Kod-054◘] 267
   Gözler kör olmaz, ancak sinelerdeki kalpler körelir!
[◘Kod-055◘] 269
   Bir insan başka bir insanın günahını yüklenebilir mi?
[◘Kod-056◘] 273
   Bir ayet açıklayalım: Bakara Suresi, 131-132

[◎Kod-057◘] _____ 276
Her ne yaparsanız yapın, vicdanınızı kullanarak yapın!

[◎Kod-058◘] _____ 279
İncil'de Ahir zamandaki insanların durumu nasıl anlatılıyor?

[◎Kod-059◘] _____ 282
Tevekkül hakkında, Neden tüm dünya üstümüze geliyor?

[◎Kod-060◘] _____ 285
Sevginin ölçüsü?

[◎Kod-061◘] _____ 288
Biz, bu dünyaya imtihan olmaya mı geldik?

[◎Kod-062◘] _____ 291
Hücredeki Metobolik yollar Allah'ın Sonsuz yaratma gücünü isbatlıyor

[◎Kod-063◘] _____ 299
Hepimiz gerçekten uykuda mıyız, yoksa ölünce mi uyanacağız?

[◎Kod-064◘] _____ 302
İnsanın derisi kendi aleyhine konuşur mu?

[◎Kod-065◘] _____ 305
Dünya'da yaşadığınız şehir, Hakikatte bir Kerbela [Kısa Şiirler]

[◎Kod-066◘] _____ 311
Uyuduğunuzda, yastığa başınızı huzur içinde koyabiliyor musunuz?

[◎Kod-067◘] _____ 315
Bu Dünyada bir imtihan olarak bulunuyoruz

[◎Kod-068◘] _____ 322
TESADÜFLER GERÇEKTE NEDİR? Tasarım mı? Tesadüf mü?

[◎Kod-069◘] _____ 333
KÜÇÜK PRENS'TEN BÜYÜK DERSLER
   BİRİNCİ DERS: KÜÇÜK PRENS VE TEK KRALA SAHİP GEZEGEN

[◎Kod-070◘] _____ 339
İKİNCİ DERS: KÜÇÜK PRENS VE KENDİNİ BEĞENMİŞ ADAMA SAHİP GEZEGEN

[◎Kod-071◘] _____ 341
ÜÇÜNCÜ DERS: KÜÇÜK PRENS VE GURURLU İŞ ADAMINA SAHİP GEZEGEN

[◙Kod-072◘] _____ 346
DÖRDÜNCÜ DERS: KÜÇÜK PRENS VE TEK LAMBAYA SAHİP ADAMIN BULUNDUĞU GEZEGEN

[◙Kod-073◘] _____ 350
BEŞİNCİ DERS: KÜÇÜK PRENS VE COĞRAFYACI BİLİM ADAMININ BULUNDUĞU GEZEGEN

[◙Kod-074◘] _____ 355
ALTINCI: SON İSTASYON: "DÜNYA"

[◙Kod-075◘] _____ 357
YEDİNCİ VE SON DERS: "DÜNYA" GEZEGENİNDE HAKİKATİN ARAYIŞI

[◙Kod-076◘] _____ 366
İstanbul Boğazı Efsaneleri
  BİRİNCİ EFSANE: Zülkarneyn AS veyahutta İskender

[◙Kod-077◘] _____ 370
İKİNCİ EFSANE: Yuşa Tepesi'nin Sırrı ve
Yuşa AS ile Musa AS'ın Deniz yolculukları

[◙Kod-078◘] _____ 378
ALLAH'IN KONUŞMASI, ASLA SESSİZ OLMAZ

[◙Kod-079◘] _____ 382
ALLAH'TAN GELDİK O'NA GİDİYORUZ

[◙Kod-080◘] _____ 383
İKİ KÜÇÜK MİZAHİ NÜKTEDİR.
  BİRİNCİSİ: MENZİLLİ SOFİ VE OTOBÜS:
İKİNCİSİ: AKKUYU'YA KÜÇÜK BİR GÖNDERMEDİR

[◙Kod-081◘] _____ 385
DÜNYADA YAŞAMIYORSUN, DÜNYADAN GEÇİYORSUN!

[◙Kod-082◘] _____ 386
"KIYAMET GERÇEKLİĞİ KÜLLİYATI" ile "RİSALE-İ NUR" arasındaki birkaç küçük tevafuk ve ASRIN HAKİKATİNE BAKAN BAZI benzerlikler

[◙Kod-083◘] _____ 392
BİZ KİME TABİ OLMALIYIZ?

[◙Kod-084◘] _____ 393
GERÇEK TEBLİĞ METODU NE OLMALI?
  İSLAMİ TEBLİĞDE KUR'AN METODU

[⊙Kod-085⊡] _____ 405
"MURAT HARİKALAR DİYARINDA"
["O da bir zamanlar çocuktu" serisi- Küçükler için Fantastik bir hikaye-I]

[⊙Kod-086⊡] _____ 409
MEHDİ AS. NEREDEN GELDİ?

[⊙Kod-087⊡] _____ 412
KIYAMET GERÇEKLİĞİ'NE BAKAN AYETLERİ
BİLDİREN -YEDİ PENCEREDİR
BİRİNCİ PENCERE:

[⊙Kod-088⊡] _____ 418
İKİNCİ PENCERE:

[⊙Kod-089⊡] _____ 420
ÜÇÜNCÜ PENCERE:

[⊙Kod-090⊡] _____ 424
DÖRDÜNCÜ PENCERE:

[⊙Kod-091⊡] _____ 426
BEŞİNCİ PENCERE:

[⊙Kod-092⊡] _____ 428
ALTINCI PENCERE:

[⊙Kod-093⊡] _____ 429
YEDİNCİ PENCERE:

[⊙Kod-094⊡] _____ 431
HAKİKATİN KÖPEĞİ OLABİLMEK BİLE MARİFETTİR!

[⊙Kod-095⊡] _____ 434
CAHİL'DEN KAÇAN İSA AS.

[⊙Kod-096⊡] _____ 437
BİR İNSANIN İÇİNDEN HAKİKAT ÇEKİLİRSE,
KİMSE ONA KARŞI ALLAH'A BİR YOL BULAMAZ

[⊙Kod-097⊡] _____ 439
"Cahilin yanında kitap gibi sessiz ol."

[⊙Kod-098⊡] _____ 440
Tevzifname ile kendini dinle!

[⊙Kod-099⊡] _____ 448
ALLAH ADAMI ARIYORUM!

[⊙Kod-100⊡] _____ 449
ESKİ NAMELERDEN BİR DEM

| [◙Kod-101◙] | 450 |

"AŞK'A DAİR"

| [◙Kod-102◙] | 452 |

İSA MESİH AS'A ÖVGÜ [Küçük bir ilahidir]

| [◙Kod-103◙] | 455 |

ALLAH'IN PLANLARINDA HATA YOKTUR

| [◙Kod-104◙] | 459 |

KÜÇÜLÜRSEN BÜYÜR, BÜYÜRSEN KÜÇÜLÜRSÜN

| [◙Kod-105◙] | 460 |

HAKİKATE ULAŞMAK İÇİN, BÜYÜKLERE DEĞİL, KÜÇÜKLERE BAK!

| [◙Kod-106◙] | 462 |

KUR'AN NEDEN BÜYÜK HABERDİR?

| [◙Kod-107◙] | 467 |

HER ŞEY ASLINDA KABUL EDİLMİŞ BİR DUA'DIR

| [◙Kod-108◙] | 468 |

ASLINDA YAPTIĞIMIZ BİR İŞ YOK

| [◙Kod-109◙] | 469 |

ESKİLER ÇOK ŞEY BİLİYORDU

| [◙Kod-110◙] | 472 |

HİÇ'LİK VEYA HİÇ OLMAK HAKKINDA

| [◙Kod-111◙] | 473 |

Ölüm bir yok oluş mudur, var oluş mudur?

| [◙Kod-112◙] | 486 |

SEBE SURESİ, 34 ve 35. Ayetler Üzerine İKİ mühim tesbittir:

| [◙Kod-113◙] | 489 |

YASİN SURESİ, 13-25. Ayetler Üzerine İKİ mühim tesbittir:

| [◙Kod-114◙] | 495 |

YALNIZLIĞIN YALNIZLIĞI
SONSUZLUĞUN SONSUZLUĞU

ÖNSÖZ

"Ey Hakikati arayan Dost! Tüm bu yazılar, burada ele aldığımız sırlı İslam yazıları, bu yıl yazılacak yeni eserimiz **"SONSUZLUĞUN SONSUZLUĞU" [114 KOD]**'da şunları bulacaksın..: Kısa yazılan, ama anlamları ve tefekkürsel boyutu çok derin olan, bu yöndeki ilmi meseleleri hen **DÜNYASAL** ve hem de **AHİRETSEL** boyutlarıyla; metodolojik olarak sırasıyla birbirini takip eden ilmi isbat, delil ve bürhan yöntemleriyle konunun MATEMATİKSEL, FİZİKSEL, FELSEFİ VE SOSYOLOJİK boyutlarıyla "SONSUZLUK" kavramını birlikte ele alan, <u>**FELSEFE ve SOSYOLOJİ LİSANIYLA**</u> kaleme alınan **114 YAZIDAN** ibaret olacaktır.

İslamın derin tefekkür içeren duygusal boyutunu, gerek Kur'an kıssalarından, gerek insanın günlük hayatından örnekler vererek, tefekkür ettireceğiz ve tarihte ilk kez bilinmeyen bir boyuta kapı açarak, aklın ve zihnin derinliklerine işleyerek ve tefekkür ettirerek ortaya, yavaş yavaş su yüzüne çıkacak olan yeni bir anlayış ortaya koyacak ve sonsuzluğa ve ebedi aleme ilişkin zihinlerde yeni bir düşünce filizi inkişaf ettirecektir, "SONSUZLUĞUN SONSUZLUĞU".. Sırlar ortaya çıkıyor..

"SONSUZLUĞUN SONSUZLUĞU", aynı zamanda yine herkesin kendi içinde de gizli bir süreç olarak ilerleyen ama çoğu zaman farkında olmadığımız veya ben öyle zannederken aslında hakikatte herkesin içinde ayrı ayrı ilerletilen bir süreç mi diye düşündüğümüz konusu ekseninde meseleleri ele alan, ve Kur'an ayetlerindeki "EDEDİYET" (SONSUZLUK) kelimesini açarak, Kur'an'da sonsuzluk meselesi ve psikolojisi üzerinde de düşündürülerek, bu eserde sonsuzun, ne kadar sonsuz olabildiği veya SON-

LU/SONSUZ AYRIMI'nın Kuran'da nasıl anlatıldığı ele alan, "YENİ BİR YOL & YENİ BİR FELSEFE" olacaktır.."

Vesselam..

***

BU ESERİN "METODOLOJİSİ VE KONUSU" HAKKINDA, AÇIKLAYICI NOT: BU ESER, MEVLANA CELALEDDİN-İ RUMİ'nin, yine "SONSUZLUĞU" anlatan "FİHİ MA FİH" eserinin bu yüzyıldaki eşdeğeridir.. Eser aynı zamanda, İBRAHİM HAKKI ERZURUMİ'nin "MARİFETNAME" isimli kıymetli eserinden ve fikirlerinden de etkilenmiştir. "SONSUZLUĞUN SONSUZLUĞU", ilerde açıp genişleteceğim, sadece kendimin içinde yol kat ettiği, kimsenin dahil olmadığı ve/veya olmayacağı, BEN'de ve şimdiki bu ZAMAN'da ve AN'da söylenmiş, YAPILMIŞ, EYLEMSEL düşünceler'den ibaret olacaktır, kendi içinde, ve/veya kendine özgü, ve tüm kainattaki nesneleri "SONSUZ BİR ZAMAN" anında birbirine bağlayan ortak bir yönü bulunan, benzersiz bir "YOL"dur..

"SONSUZLUĞUN SONSUZLUĞU", aradığın islam felsefesidir, yeni bir düşünce stilidir ki, aynı zamanda sana kainattaki nesnelerin ne kadar drift ve incelikti bir kumaşlar bütünü gibi nazenin bir şekilde sonsuzluğa kapı açacak şekilde tasarlandığını ve mükemmel bir şekilde ilm-i ebedi ve ezeli'de yaratıldığını, susamış gönüllere denizdeki okyanusa dönüşen marifet damlasıdır, hakikati arayan ariflere hikmettir, vesselam..

İşte bu eser, TAMAMI SONSUZ'a açılan ve KUR'AN-ı HAKİM'in Hakikat denizinden süzülen [114 KOD]'dur..

***

BU ESERİN "YAZILMA SEBEBİ" HAKKINDA, AÇIKLAYICI ÖN NOT:

Kur'an-ı Hakim'de, Halidun (خَالِدُونَ) kelimesine "ebediyyen" anlamı verilmektedir. Halbuki kelime ölümsüzlük anlamındadır. Ebedilik, ayetlerdeki ebeden (أَبَدًا=) kelimesinin anlamıdır. Araplar hâlid (خَالِد=) kelimesine; bozulmayan, bulunduğu hal üzere kalan ve ölümsüz olan varlık anlamını verirler. Bu sebeple Cennet ve Cehennem için kullanılan huld الخلد kökünden kelimelere ölümsüzlük anlamını vermek gerekir. Çünkü Cennete girenler gibi Cehenneme gidenler de ölmeyeceklerdir. Cehenneme, çıkmamak üzere girenler müşriklerdir. Âyetlerde ebedîlik (أَبَدًا=) kelimesi sadece bunlar için kullanılmıştır. Allah Teâlâ şöyle buyurur:

$$\text{لَعَلَّ السَّاعَةَ تَكُونُ قَرِيبًا ﴿٦٣﴾ إِنَّ اللَّهَ لَعَنَ الْكَافِرِينَ وَأَعَدَّ لَهُمْ سَعِيرًا ﴿٦٤﴾ خَالِدِينَ فِيهَا أَبَدًا لَا يَجِدُونَ وَلِيًّا وَلَا نَصِيرًا ﴿٦٥﴾}$$

"Allah kâfirleri dışlamış ve onlara çılgın bir ateş hazırlamıştır. Oraya ölümsüz olarak sürekli kalmak üzere gireceklerdir. Onlar dost da bulamayacaklar yardımcı da.

(Ahzab 33/64-65)

Yine, Müminun suresinin 103. ayetinin meali şöyledir: "Kimin tartısı hafif gelirse işte onlar, nefslerini hüsrana düşürenlerdir. Onlar, cehennemde ölümsüz olacak olanlardır." Ayetlerde, cehennemden çıkacak durumda olanlar için sadece ölümsüz (halidun = خَالِدُونَ), çıkmayacak olanlar için bazen ölümsüz, bazen de ebedi olarak ölümsüz (خَالِدِينَ فِيهَا أَبَدًا) kelimeleri kullanılır. Bu inceliğin kaçırılmış olması, ister istemez sıkıntıya ve yanlış değerlendirmelere yol açmaktadır."

Dolayısıyla bu eserden maksadımız, hem toplumsal, hem bilimsel, hem maddesel hem de mana alemlerindeki, okuyucuya sonsuzluğun ne kadar sonsuz olduğunu, ve ölümün bir yok oluş ve bu alemden bir firak ve ayrılışla son bulmayan nihayetsiz bir yolculuk olduğunu ve hem de sonsuzluk kavramının ilmen sadece Allah'a izafi edilebileceğini, bu alemde herhangi bir varlık veya şeyin sonsuzluk içermeyeceğini ve <u>mutlaka sonlu</u> olması gerektiğini <u>tam açıklayarak</u>, Kur'an-ı Hakim'in ilgili ayetleriyle ve sırr-ı vahyin feyziyle <u>hem ilmen</u> <u>hem manen</u> ve <u>hem de felsefe metoduyla</u> isbat ve ilan etmek, bu yönde gelen inkarcı fikirleri ve düşünceleri yok etmek ve <u>tam susturmaktır</u>.

Vesselam..

***

GİRİŞ

Rahmân ve Rahîm (olan),

Görünür ve Görünmeyen (Gayb) Alemlerinin Rabbi,

Allah'ın adıyla.

النَّارِ ﴿٦٤﴾ قُلْ اِنَّمَا اَنَا مُنْذِرٌ وَمَا مِنْ اِلٰهٍ اِلَّا اللّٰهُ الْوَاحِدُ الْقَهَّارُ ﴿٦٥﴾ رَبُّ السَّمٰوَاتِ وَالْاَرْضِ وَمَا بَيْنَهُمَا الْعَزِيزُ الْغَفَّارُ ﴿٦٦﴾ قُلْ هُوَ نَبَؤٌا عَظِيمٌ ﴿٦٧﴾ اَنْتُمْ عَنْهُ مُعْرِضُونَ ﴿٦٨﴾ مَا كَانَ لِيَ مِنْ عِلْمٍ بِالْمَلَاِ الْاَعْلٰى اِذْ يَخْتَصِمُونَ ﴿٦٩﴾ اِنْ يُوحٰى اِلَيَّ اِلَّا اَنَّمَا اَنَا نَذِيرٌ مُبِينٌ ﴿٧٠﴾ اِذْ قَالَ رَبُّكَ لِلْمَلٰئِكَةِ اِنِّى خَالِقٌ بَشَرًا مِنْ طِينٍ ﴿٧١﴾ فَاِذَا سَوَّيْتُهُ وَنَفَخْتُ فِيهِ مِنْ رُوحِى فَقَعُوا لَهُ سَاجِدِينَ ﴿٧٢﴾ فَسَجَدَ الْمَلٰئِكَةُ كُلُّهُمْ اَجْمَعُونَ ﴿٧٣﴾ اِلَّا اِبْلِيسَ اِسْتَكْبَرَ وَكَانَ مِنَ الْكَافِرِينَ ﴿٧٤﴾ قَالَ يَا اِبْلِيسُ مَا مَنَعَكَ اَنْ تَسْجُدَ لِمَا خَلَقْتُ بِيَدَيَّ اَسْتَكْبَرْتَ اَمْ كُنْتَ مِنَ الْعَالِينَ ﴿٧٥﴾ قَالَ اَنَا خَيْرٌ مِنْهُ خَلَقْتَنِى مِنْ نَارٍ وَخَلَقْتَهُ مِنْ طِينٍ ﴿٧٦﴾ قَالَ فَاخْرُجْ مِنْهَا فَاِنَّكَ رَجِيمٌ ﴿٧٧﴾ وَاِنَّ عَلَيْكَ لَعْنَتِى اِلٰى يَوْمِ الدِّينِ ﴿٧٨﴾ قَالَ رَبِّ فَاَنْظِرْنِى اِلٰى يَوْمِ يُبْعَثُونَ ﴿٧٩﴾ قَالَ فَاِنَّكَ مِنَ الْمُنْظَرِينَ ﴿٨٠﴾ اِلٰى يَوْمِ الْوَقْتِ الْمَعْلُومِ ﴿٨١﴾ قَالَ فَبِعِزَّتِكَ لَاُغْوِيَنَّهُمْ اَجْمَعِينَ ﴿٨٢﴾ اِلَّا عِبَادَكَ مِنْهُمُ الْمُخْلَصِينَ ﴿٨٣﴾

قَالَ فَالْحَقُّ وَالْحَقَّ اَقُولُ ﴿٨٤﴾ لَاَمْلَـَٔنَّ جَهَنَّمَ مِنْكَ وَمِمَّنْ تَبِعَكَ مِنْهُمْ اَجْمَعِينَ ﴿٨٥﴾ قُلْ مَا اَسْـَٔلُكُمْ عَلَيْهِ مِنْ اَجْرٍ وَمَا اَنَا مِنَ الْمُتَكَلِّفِينَ ﴿٨٦﴾ اِنْ هُوَ اِلَّا ذِكْرٌ لِلْعَالَمِينَ ﴿٨٧﴾ وَلَتَعْلَمُنَّ نَبَاَهُ بَعْدَ حِينٍ ﴿٨٨﴾

65. (RASÛLÜM!) De ki: BEN sadece bir UYARICI'yım (SONLU BİR ZAMAN'a sahip olan). Tek ve kahhâr olan ALLAH'tan başka (YEGANE VE SONSUZ) hiçbir tanrı yoktur.

66. Göklerin, yerin ve ikisi arasında bulunanların Rabbi (olan ALLAH) sadce en üstündür, ve sadece O çok (SONSUZ) bağışlayıcıdır.

67. De ki: "Bu BÜYÜK BİR HABER'dir."

68. "Ama siz ondan yüz çeviriyorsunuz."

69. Onlar, orada tartışırken benim (SONSUZ ÖNCESİNDEKİ YARATILIŞ veya SONSUZLUK HAKKINDA) mele-i a'lâ hakkında hiçbir bilgim de yoktu.

70. Ben ancak APAÇIK BİR UYARICI olduğum için bana vahy olunuyor.

71. Rabbin meleklere demişti ki: "Ben muhakkak çamurdan bir insan yaratacağım."

72. Onu tamamlayıp, içine de ruhumdan üfürdüğüm zaman, derhal ona secdeye kapanın!

73. Bütün meleklerin tamamı secde ettiler.

74. Yalnız İBLİS ona secde etmedi. O büyüklük tasladı ve kâfirlerden oldu.

75. Allah: "Ey İblis! İki elimle yarattığıma secde etmekten seni men eden nedir? Böbürlendin mi, yoksa yücelerden misin?" dedi.

76. İblis: "Ben ondan hayırlıyım! Beni ateşten yarattın; ama onu çamurdan yarattın", dedi.

77. Allah: "Çık oradan (Cennetten)! Çünkü, artık sen kovulmuş birisin."

78. Ve "ceza gününe kadar lânetim senin üzerindedir!" buyurdu.

79. İblis: "Ey Rabbim! O halde tekrar diriltilecekleri güne (SONLU BİR ZAMANIN SONUNA) kadar bana mühlet (süre) ver", dedi.

80. Allah: "Haydi, sen mühlet verilenlerdensin."

81. "O bilinen (SONLU) güne kadar" buyurdu.

82. İblis: "Senin mutlak kudretine andolsun ki, onların hepsini mutlaka azdıracağım."

83. "Ancak onlardan ihlâslı kulların hariç" dedi.

84. Allah buyurdu ki, "Şüphesiz ki, ben hep doğruyu söylerim."

85. "Mutlaka sen ve sana uyanların hepsiyle CEHENNEM'i (Tamamıyla) dolduracağım.!"

86. (Rasûlüm!) De ki: Buna karşılık ben -SİZDEN BİR ÜCRET İSTEMİYORUM- Ve ben OLDUĞUNDAN BAŞKA TÜRLÜ GÖRÜNENLERDEN de değilim.

87. Bu KUR'AN, ancak âlemler için bir öğüt ve nasihattir.

88. O'nun verdiği BÜYÜK HABER'in (KIYAMET'in) doğruluğunu –SONLU BİR ZAMAN SONRA– (KIYAMET'ten HEMEN ÖNCEKİ bir zamanda) çok iyi öğreneceksiniz.

[SAD Suresi, 65-88. Ayetler]

MUKADDİME

AYETLERDEKİ "DÜNYEVİ" VE "UHREVİ" SONSUZLUK AYRIMI:

[024.021] Ey İnananlar! Şeytana ayak uydurmayın. Kim şeytanın ardına takılırsa, bilsin ki, o hayasızlığı ve fenalığı emreder. Allah'ın size lütuf ve merhameti bulunmasaydı, hiçbiriniz **(EBEDİYEN)** temize çıkamazdı. Fakat Allah dilediğini temize çıkarır. Allah işitir ve bilir.

[033.053] Ey inananlar! Peygamber'in evlerine, yemeğe çağırılmaksızın vakitli vakitsiz girmeyin; fakat davet edilseniz girin ve yemeği yiyince, dağılın. Sohbet etmek için de girip oturmayın. Bu haliniz Peygamber'i üzüyor, o da size bir şey söylemeye çekiniyordu. Allah gerçeği söylemekten çekinmez. Peygamber'in eşlerinden bir şey isteyeceğinizde onu perde arkasından isteyin. Bu sayede sizin gönülleriniz de, onların gönülleri de daha temiz kalır. Bundan sonra ne Allah'ın Peygamber'ini üzmeniz ve ne de O'nun eşlerini nikahlamanız asla **(EBEDEN)** caiz değildir. Doğrusu bu, Allah katında büyük bir şeydir.

[048.012] Aslında siz, Peygamberin ve inananların, asla **(EBEDEN)** ailelerine bir daha dönmeyeceklerini sanmıştınız. Bu, gönüllerinize güzel görünmüştü de kötü zanda bulunmuştunuz. Bu yüzden hayırsız bir topluluk oldunuz.

[059.011] Münafıkların, kitap ehlinin inkarcılarından olan kardeşlerine: «Eğer siz yurdunuzdan çıkarılırsanız and olsun ki, biz de sizinle beraber çıkarız; sizin aleyhinizde kimseye asla **(EB-**

EDEN) uymayız; eğer savaşa tutuşursanız mutlaka size yardım ederiz» dediklerini görmedin mi? Allah onların yalancı olduklarına şahidlik eder.

[060.004] İbrahim ve onunla beraber olanlarda, sizin için uyulacak güzel bir örnek vardır. Onlar milletlerine şöyle demişlerdi: «Biz sizden ve Allah'tan başka taptıklarınızdan uzağız; sizin dininizi inkar ediyoruz; bizimle sizin aranızda yalnız Allah'a inanmanıza kadar **(EBEDİ)** düşmanlık ve öfke baş göstermiştir.» -Yalnız, İbrahim'in, babasına: «And olsun ki, senin için mağfiret dileyeceğim, fakat sana Allah'tan gelecek herhangi bir şeyi savmaya gücüm yetmez» sözü bu örneğin dışındadır- «Rabbimiz! Sana güvendik, Sana yöneldik; dönüş Sanadır.»

[062.006-7] De ki: «Ey Yahudiler! Bütün insanlar bir yana, yalnız kendinizin Allah'ın dostları olduğunuzu iddia ediyorsanız ve bunda samimi iseniz, ölümü dilesenize!» Yaptıklarından ötürü, ölümü asla **(EBEDEN)** dileyemezler. Allah, zalimleri bilendir.

***

Yukarda verdiğimiz ayet meallerinde de açıkça görülüyor ki, "Ebeden" kelimesinin dünya hayatı içindeki olaylarla ilgili kullanımına örnektir, dikkat edileceği üzere kelime sözlük anlamına uygun olarak parçalanmayan ve sürekli olan bir zaman süresini ifade etmektedir. İkinci olarak da, yine bu aynı kelimenin ahiret ile ilgili kullanımlarına örnek olacak ayet meallerini vereceğiz:

[004.057] İnanıp yararlı iş işleyenleri içinde temelli ve **(EBEDİ)** kalacakları, içlerinden ırmaklar akan cennetlere koyacağız. Onlara orada tertemiz eşler vardır. Onları en koyu gölgeliklere yerleştireceğiz.

[004.122] İnanıp yararlı işler yapanları, Allah'ın gerçek bir sözü olarak, içinde temelli ve **(EBEDİ)** kalacakları, içinden ırmaklar akan cennetlere koyacağız. Allah'tan daha doğru sözlü kim vardır?

[004.169] Ancak orada **(EBEDÎ)** kalmak üzere Cehennem onları yoluna (iletecektir). Bu da Allah'a çok kolaydır.

[005.119] Allah, «Bu, doğrulara doğruluklarının fayda verdiği gündür; **(EBEDİ)** ve temelli kalacakları, altlarından ırmaklar akan Cennetler onlarındır. Allah onlardan hoşnud olmuştur, onlar da Allah'tan hoşnud olmuşlardır, bu büyük kurtuluştur» dedi.

[009.022] Onlar orada **(EBEDÎ)** kalacaklardır. Şüphesiz ki Allah katında büyük mükâfat vardır.

[009.100] İyilik yarışında önceliği kazanan Muhacirler ve Ensar ile, onlara güzelce uyanlardan Allah hoşnut olmuştur, onlar da Allah'tan hoşnuddurlar. Allah onlara, içinde temelli ve **(EBEDİ)** kalacakları, içlerinden ırmaklar akan cennetler hazırlamıştır; işte büyük kurtuluş budur.

[018.003] Onlar, orada **(EBEDİ)** olarak kalıcıdırlar.

[033.065] (Onlar) orada **(EBEDÎ)** olarak kalacaklar, (kendilerini koruyacak) ne bir dost ne de bir yardımcı bulacaklardır.

[064.009] Toplanma günü için, sizi bir araya getirdiği zaman, işte o, kimin aldandığının ortaya çıkacağı gündür; Allah'a kim inanmış ve yararlı iş işlemişse, Allah onun kötülüklerini örter, onu içinde temelli ve **(SONSUZ)** kalacağı, içlerinden ırmaklar akan Cennetlere koyar; büyük kurtuluş işte budur.

[065.011] İman edip sâlih amel işleyenleri, karanlıklardan aydınlığa çıkarmak için size Allah'ın apaçık âyetlerini okuyan bir

Peygamber göndermiştir. Kim Allah'a inanır ve faydalı iş yaparsa Allah onu, altlarından ırmaklar akan, içinde **(EBEDÎ)** kalacakları Cennetlere sokar. Allah, o kimse için gerçekten güzel bir rızık vermiştir.

[072.023] «Benim yaptığım yalnız, Allah katından olanı, O'nun gönderdiklerini tebliğdir. Allah'a ve Peygamberine kim karşı gelirse ona, içinde sonsuz ve **(TEMELLİ)** kalınacak cehennem ateşi vardır.»

[098.008] Onların Rableri katındaki mükafatı, içinde temelli ve **(SONSUZ)** kalacakları, içlerinden ırmaklar akan Adn cennetleridir. Allah onlardan razıdır. Onlar da Allah'tan razıdır. Bu, Rabbinden korkan kimseyedir.

Yukarıda verilen ayet mealleri ahiret haliyle ilgili "Halidine" kelimesi ile birlikte kullanılmış ve kesintisiz bir hayatın ahirette devam edeceği bildirilmektedir.

Ebeden kelimesi ile birlikte kullanılan "Halidine" kelimesi, "Bir nesnenin, fesadın bozulmanın arız olmasından beri veya muaf olması ve üzere bulunduğu hal üzere baki, sabit kalması, varlığını sürekli olarak sürdürmesi" anlamına gelmektedir. "*HALİDİNE FİHA EBEDEN*" şeklinde gelen terkib Cennet veya Cehennem ehlinin bulundukları yerde süreye bağlı olmaksızın herhangi bir bozulma gibi bir duruma düşmeden kalması anlamına gelmektedir.

***

CENNET VE CEHENNEMİN EBEDİLİĞİ MESELESİ

Yukarıda verdiğimiz ayet örneklerinde ebeden kelimesinin sonsuz ve kesintisiz bir zaman anlamı taşımasına rağmen, Cennet veya Cehennemin ebedi olup olmaması tartışmalarının yaşandığına şahid olmaktayız. Cennet ve Cehennemin sonlu olduğuna dair görüş beyan edenlerin dayandıkları delillerin konuyu direk olarak ilgilendiren ayetler olmadığı ancak yorum ve "benim düşüncem budur" şeklinde bir delile dayandığı görülmektedir. Bazılarının haşa Allah CC'nin adaletini sorgulama cesaretine!! soyunarak "insanın yaşadığı zaman içinde yaptığı günahların ebedi olarak cezalandırılması adalete terstir" şeklinde görüş beyan edebildiğine şahid olmaktayız. Bu insanlar kişilerin cehenneme gitmek için yaptığı çalışmaları göz ardı ederek onların avukatlığına soyunmaları hümanist!! düşüncelerinin ağır bastığı ve kendi adalet anlayışlarını Allah CC'ye dayatmak cüretinden başka bir şey değildir.

[028.088] Allah ile beraber başka bir ilaha yalvarma. O'ndan başka ilah yoktur. O'ndan başka <u>her şey yok olacaktır</u>. Hüküm O'nundur ve O'na döndürüleceksiniz.

[055.026-27] Yeryüzü üzerindeki <u>herkes fanî</u> Yüce ve iyilik sahibi <u>Rabbinin yüzü bakidir;</u>

Bu ayetler ile Cennet veya Cehennemin sonlu olduğu delili getirilmeye çalışılmaktadır. Dikkat edileceği üzere, Allah CC'nin kendi bekasını diğer varlıkların faniliği üzerinden sürekli anlatmakta olup konu ile alakalı bir ayet değildir.

[011.106-107-108] Bedbaht olanlar Cehennemdedirler. Onlar orada ah edip inlerler. Senin <u>Rabbinin dilemesi hariç</u>, gökler ve yer durdukça, <u>orada ebedî kalacaklardır</u>. Çünkü Rabbin dilediğini yapar. Mutlu olanlar ise Cennettedirler. Senin Rabbinin dilemesi hariç gökler ve yer durdukça orada ebedî kalacaklardır. Kesintisi olmayan bir ihsan içinde olacaklardır.

Hud suresindeki bu ayetlerde ise, Cennet ve Cehennemden çıkışın Allah CC'nin dilemesine bağlı olduğu gibi bir anlama çıkmaktadır. Bu ayette anlatılmak istenen Cennet ve Cehennemden çıkışın mümkün olması değildir. Ayetler sanki imkanlılık gibi bir durum bildirmesine rağmen "illa ma şae rabbüke" ibaresi bu konuda Allah CC'nin tek yetkili otorite olduğunun altı bir kez daha çizilmiş olduğu görülmektedir ki, başka birisi veya otoritenin kesinlikle bu konuda herhangi bir yetkisi olmadığı anlamında olup, imkansızlık bildirmektedir.

[006.128] Allah hepsini toplayacağı gün, «Ey cin topluluğu! İnsanların çoğunu yoldan çıkardınız» der, insanlardan onlara uymuş olanlar, «Rabbimiz! Bir kısmımız bir kısmımızdan faydalandık ve bize tayin ettiğin sürenin sonuna ulaştık» derler. «Cehennem, Allah'ın dilemesi hariç, temelli kalacağınız durağınızdır» der. Doğrusu Rabbin hakimdir, bilendir.

Enam s. 128. ayetindeki "Allah'ın dilemesi hariç" cümlesine dikkat edelim, burada dilemenin istisna edilmesi, o kafirlerin bir kısmının cehennemden çıkarılabileceğine dair değil; asla çıkarılmaması anlamında olup rabbimiz, bu konuda söz söyleyebilecek tek merci'nin kendisi olduğunu da ayette yine bizlere hatırlatmaktadır.

[044.056] Onlar orada ilk ölümden başka bir ölüm tatmazlar. Allah onları Cehennem azabından korumuştur.

Duhan s. 56. ayetindeki Cennet ehlinin artık dünyada iken tattıkları ilk ölüm dışında başka ölüm tatmayacaklarının bildirilmesi bu konunun analaşılması bakımından önemli bir ayettir.

Sonuç olarak; *"Ebeden"* yani *"Sonsuzluk"* kelimesi ve Kur'anda geçtiği ayetler çerçevesinde Cennet ve Cehennemin "Sonsuz" bir mekan olduğu şeklinde anlaşılması daha doğru gözükmektedir. Herhangi bir müşkil durum ile ilgili olarak Kur'an'da aldığımız bilgi önce konuyu direk ilgilendiren ayetlerin anlamları üzerinden olmalıdır, konuyu ilgilendirmeyen veya dolaylı olarak ilgilendirdiği düşünülen ayetler üzerinden fikir beyan etmek bizi doğru bir anlayışa götürmeyecektir ve yine Cennet veya Cehennem, ki özellikle Cehennem'deki kafirlerin kalacağı süre hakkında son sözün kendisine ait olduğunu ebeden kelimesiyle birlikte kullanılması, sonsuzluğun ahiret aleminde Allah katında göreceli bir kavram olduğunu ve değişebileceğini bizlere bir kez daha göstermektedir, fakat bu durum Cennet veya Cehennem'in sonsuza dek var olacağı gerçeğini de değiştirmemektedir..

***

KONUYLA İLGİLİ İBN-İ RAZİ VE DİĞER İSLAM ALİMLERİNİN GÖRÜŞLERİ

Kur'ân-ı Kerimde, yine pek çok âyette Cennet ve Cehennemden bahsedilirken, *hâlidîne fîhâ ebedâ* **"Orada ebedî (sonsuz) olarak kalacaklardır"** (Nisâ, 57; Maide, 119; Ahzâb, 65; Cin, 23 ...) ifâdesiyle Cennet ve Cehennem hayatının sonsuz olduğu ifâde edilmiş, yine, **"İrinli suyu içmeye çalışır fakat fakat boğazından geçiremez. Ona her taraftan ölüm gelir, fakat o ölmez"** (İbrahîm, 17), **"İnkâr edenlere de cehennem ateşi vardır. Öldürülmezler ki ölsünler, Cehennem azabı da onlara biraz olsun hafifle-tilmez.."** (Fâtır, 36), **"(Cennetlikler) ilk tattıkları ölüm dışında orada artık ölüm tatmazlar. Ve Allah onları cehennem azabından korumuştur"** (Duhân, 56) gibi âyetlerde de Cennet ve Cehennemde ölüm olmadığı, hem Cennetliklerin hem de Cehennemliklerin bulundukları mekânlarda ölümsüz olarak kalacakları ifâde edilmiştir. Bu husus itiraza yer bırakmayacak bir şekilde açık ve kesindir[1].

Ancak, bazı âyetlerdeki (En'âm, 128; Hûd, 106-108; Nebe, 23) ifâdelerden hareketle Cennet ve Cehennemin, bilhassa Cehennem hayatının son bulacağını söyleyenler olmuştur[2]. Şimdi bu âyetleri zikrederek meseleyi izâh etmeye çalışalım:

1. **"... Allah Taalâ buyurdu ki, Allah'ın dilediği hariç, içinde ebedî kalacağınız yer ateştir. O Hakîm ve Alîmdir"** (En'âm, 128).

2. "**Şakîler (Cehennemlikler)'e gelince, onlar ateştedirler. Orada feci bir şekilde nefes alıp verirler. Rabbinin dilediği hariç, gökler ve yer durdukça orada ebedî kalacaklardır. Rabbin murâd ettiğini mutlaka yapar. Saîdlere (Cennetlikler)'e gelince, onlar da Cennettedirler. Rabbinin dilediği hariç, gökler ve yer durdukça orada ebedî kalacaklardır. Bitmez tükenmez bir lütuf olarak...**" (Hûd, 105-108)

3. "**Cehennem, tağîler (azgınlar)'ın barınağı olarak Cehennemlikleri gözetlemektedir. Onlar orada <u>çağlar boyunca</u> kalacaklar...**" (Nebe, 21-23)

Bu âyetlerde Cennet ve Cehennem hayatının bir müddet sonra son bulacağı, Cehennemliklerin bir süre sonra oradan çıkarılacağına dâir delîl olarak gösterilmeye çalışılan ifâdeler, En'âm ve Hûd sûrelindeki, **"Allah'ın diledikleri hariç, Rabbinin diledikleri hariç"**, Hûd sûresindeki **"gökler ve yer devâm ettiği müddetçe"** ve Nebe sûresindeki, **"orada çağlar boyu kalacaklar"** ifâdeleridir.

Bu ifâdelere dayanarak demişlerdir ki; **"gökler ve yer devam ettikçe"** ifâdesi, Cehennemdekilerin cezâ müddetinin gökler ve yerin devam müddetine eşit olduğunu bildiriyor. Gökler ve yerin devamlılığı bir gün son bulacağına göre, kâfirlerin cezâsı da son bulacaktır. **"Rabbin'in dilediği hariç"** ifâdesi de, cezâ müddetinden istisnâdır. Bu da, bu istisnâ vaktinde azabın son bulacağını gösteriyor. **"Orada çağlar boyu kalacaklar"** ifâdesi de, bu azabın ancak sayılı çağlar boyunca devâm edeceğini göstermektedir [3].

Cennet ve Cehennem hayatının ebedî olduğu hususunda ittifak eden alimlerin ekserisi [4] ise, bu âyetlerdeki ifâdelerin Cennet ve Cehennem hayatının bir müddet sonra son bulacağına delâlet etmediğini çeşitli vecihlerle izâh etmişlerdir.

"**Devamlı olarak, semâvat ve arz devam ettiği müddetçe**" ifâdesi hakkında, bu ifâdedeki gökler ve yerden maksadın âhiretteki gökler ve yer olduğunu söylemişler, "**o gün yer ve gökler başka yer ve göklere dönüştürülür**" (İbrahim, 48) ve "**bizi cennet arzına vâris kıldı...**" (Zümer, 74) âyetlerini de bu hususta delîl göstermişlerdir. Ayrıca Arapların bu nevi ifâdelerle devamlılık ve ebediyeti kasdettiklerini söyleyerek, *gece ve gündüz birbirini takib ettikçe, dağlar yerinde durdukça* gibi ifâdeleri de misâl olarak zikretmişlerdir. Bu ifâdelerin bir benzeri de Türkçedeki *dünya durdukça / döndükçe* ifâdesidir. Bu ifâdeyle de devamlılık kastedilmektedir.

Razî yukardaki cevapları naklettikten sonra bu hususta kendisine göre gerçek cevabın âyetin şu şekilde anlaşılmasıyla verileceğini söylüyor: Buna göre, gökler ve yer devâm ettiği müddetçe kâfirler de azapta olacaktır, fakat gökler ve yer devam etmediği, fenâ buldukları zaman, azabın da son bulması gerekmez. Azap yine devam edebilir. Çünkü, şart hâsıl oldukça meşrût (şarta bağlı kılınan şey) da hâsıl olur, fakat bu durum aksini gerekli kılmaz, yani şart bulunmadığı zaman meşrûtun da olmaması gerekmez. Bu gerçeği ifâde etmek için şu misâli veriyor: *Bu, insan ise canlıdır* dediğimizde, o kimse-nin *insan* olduğu anlaşılırsa, *canlı* olduğu neticesi de çıkar. Fakat insan olmadığı görülürse canlı da olmadığı neticesi çıkmaz, başka bir canlı olabilir...[5]

Razi'nin cevabını destekleyen bir durum da, âyetteki, "**gökler ve yer devâm ettiği müddetçe**" ifâdesinin, "**devamlı kalacaklar**" ifâdesinden sonra getirilmiş olmasıdır. Sanki bu ifâde önceki ifâdeyi, yani ebediliği tekid etmek pekiştirmek için, bu ebediliğin ne kadar uzun bir süre olduğunu insan zihninde cenlandırmak için getirilmiştir. Çünkü, insanoğlu dar aklıyla ebediyeti kolay kolay tahayyül edemez, hayaline sığdıramaz. Bu ifâde ve Nebe sûresindeki "**çağlar boyu**" gibi ifâdeler ise, bu uzun, sonsuz süreyi hayalde canlandırmak açısından daha etkilidir. Böylece, bu sonsuzluk bir nevi parçalara bölünerek idrâk ettirilmek istenmiştir. Nitekim, insan uzun süren hoşlanmadığı bir işle karşılaşınca, sürenin uzunluğunu ve karşılaştığı zorluğu hayalinde canlandırmak için süreyi parçalara böler, ay, hafta ve gün olarak hesaplar...

Aslında bu ifâdelerin kıyametin vukuundan sonra zikri de gösteriyor ki, buradaki ifâdeler bir temsildir hakiki manâsında değildir. Ya da, bu ifâdelerde zikredilen gökler ve yerin devamından maksat, âhiret âlemindeki gökler ve yerin devamıdır. Bu ifâdeler hulûd siyâkında gelmiştir. İnsanların anlayışıyla ifâde edilmiştir.

Rabbin'in dilediği hariç ifâdesine de, gökler ve yerin devamına Allah'ın yapacağı ziyade, tevhîd ehlinin Cehennemde devamlı kalmayıp çıkarılmaları veya Cehenneme sokulmamaları, Allah'ın dilediğini çıkarabileceği, gibi çeşitli izâhlar getirilmiştir[6].

Netice olarak diyebiliriz ki, âhiret hayatının ebediyetine dâir kat'i delîller varken, delâleti kat'i olmayan ifâdelere tutunmak hatadır...

Cehennemin ebedî olmadığıyla alakalı görüş geçmişte, İbn Kayyım ve Muhyiddin b. Arabî tarafından savunulduğu gibi, asrımızda da bu görüşün en hararetli savunucusu Musa Carullahtır.

İbn Kayyım, *Hâdi'l-Ervâh ilâ Bilâdi'l-Efrâh* adındaki eserinde, Cennete dâir eserinde Cennet ve Cehennemin ebediliği hakkındaki üç görüşü zikrettikten sonra, üçüncü görüş olan *Cennet bakî, Cehennem ise fânidir*[7] görüşünü desteklemiş, ispatına çalışmıştır[8].

Şa'ranî ise, İbn Arabî'nin *Futuhatu'l-Mekkiyye*'sinde ve *Fususu'l-Hikem*'inde bu husustaki görüşlerinin ona âit olmayıp, sonradan eserlerine ilave edildiğini söylemekte ve bu görüşlerin ona nisbet edilmesine şiddetle karşı çıkmaktadır[9].

Musa Carullah ise, görüşlerini daha çok İbn-i Arabîye nisbet edilen sözlerden ve İbn Cevzîden almıştır. Carullah bu mevzudaki görüşlerini *Rahmet-i İlâhiye Bürhanları* ve *İnsanların Akide-i İlâhiyelerine Bir Nazar* adlı eserlerinde dile getirmiştir[10].

Mustafa Sabri, başta Musa Carullah'ın iddiâları olmak üzere, bütün bu iddiâlara *İlahî Adalet* adlı eserinde geniş bir şekilde cevap vermiştir. Dolayısıyla bu mevzunun tafsilatını bu esere havele ediyoruz.

Son olarak, Cehennem hayatının ebedî olmayacağını iddiâ edenlerin ileri sürdükleri, *insanın sınırlı ömründeki, sınırlı sayıdaki inkâr ve isyanlarına mukabil, sonsuz azaba maruz kalması Allah'ın adaletine yakışmaz* iddiâsı[11] na verilen cevabı zikredelim: Said Nursî bu iddiâya şu altı maddeyle cevap vermiştir:

1. Kâfir olarak ölen kimse, rûh cevheri bozulduğu için, ebedî olarak da yaşasa ebedî olarak kâfir kalırdı. İşte böyle fâsid bir kalb nihâyetsiz cinâyetler işlemeye müstaidddir. Dolayısıyla nihâyetsiz azaba müstehaktır.

2. İnkâr her ne kadar sınırlı bir zaman zarfında olsa da, fakat vahdaniyyete şehâdet eden sınırsız sayıdaki mahlukatın şehâdetlerini yalanlama hükmünde olduğu için, nihâyetsiz bir zulümdür.

3. Küfür nihâyetsiz nimetlere karşılık işlenen bir küfrân-ı ni'mettir.

4. Küfür, gayr-ı mütenâhi olan Zât ve Sıfât-ı İlahiyye'ye karşı işlenmiş bir cinâyettir. Ebedîyi inkâr edenin cezâsı da ebedî olur.

5. Beşer vicdanı her ne kadar zâhiren sınırlı ve mahsûr ise de, hakikatte arzu ve istekleri ebede kadar uzanmıştır. Bu yüzden nihâyetsiz gibidir. İnkâr ile ise, bu vicdan kirlenip, yok olur.

6. Zıd zıddına aykırı olsa da, pek çok hükümde benzerdir. İmân ebedî lezzetler verdiği gibi, inkârdan da ebedî elemler doğar.

Bu altı cihet birleştirildiğinde görülecektir ki, ebedî azap nihayetsiz cinâyete mukabildir. Bu ise, tam bir adalettir[12].

Dipnotlar:

[1]. Bu mevzuyla alakalı diğer âyetler ve izahları için bkz. Mustafa Sabri, *İlahî Adalet* (Hulûd, Cehennemde Kalışın ve Azabın Ebediyetiyle İlgili Ayetler Bahsi), sadeleştiren: Ömer H. Özalp, Pınar yay. İstanbul, 1996, s. 205-240.

[2]. Bkz. Bekir Topaloğlu, *"Cehennem"*, D.İ.A. VII, 232.

[3]. Razî, XVIII, 51.

[4]. Razî, XVIII, 51.

[5]. Razî, XVIII, 52.

[6]. Bkz. Maverdî, II, 505-506; Razî, XVIII,52-53; Alusî, XII,142-144.

[7]. Diğer iki görüş ise şöyledir: Cennet ve Cehennem fânîdir, Cennet ve Cehennem dâimi ve bakîdir.

[8]. Bkz. İbn Kayyımi'l-Cevziyye, **Hadi'l-Ervâh ilâ Bilâdi'l-Efrâh (Vasfu'l-Cenne)**, thk., Y. Ali Bedîvî, 3.bsk., Dâru İbn Kesîr, Beyrut, 1993, s. 503-528.

[9]. Bkz. Şa'ranî, **el-Yevâkıt ve'l-Cevâhir**, II, 165.

[10]. Bkz. Musa Carullah, **Rahmet-i İlahiyye Bürhanları**, s. 253-341; **İnsanların Akide-i İlahiyelerine Bir Nazar**, s. 345-362 (her iki eser de Mustafa Sabri'nin **İlâhî Adalet** adlı eseri içindedir)

Burada bir düzeltmede bulunmak yerinde olacaktır: S. Ateş, S. Kutub'un Kur'ân'daki *hissî tahyîl ve tecsîm*'e örnek olarak zikrettiği **"deve iğne deliğinden geçinceye kadar, kâfirler cennete giremeyeceklerdir..."** (A'râf, 40) âyeti hakkındaki ifâdelerinden, Kutub'un Cehennemliklerin uzun bir ömür sonra Cennete gireceklerine işârette bulunduğunu söyleyerek, bu fikrini tenkid etmektedir (bkz. Kutub, **Kur'ân'da Edebî Tasvîr**, çev., Süleyman Ateş, 2. bsk., Hilâl yay., Ankara 1978, s. 109). Ancak, kanaatimce Kutub böyle demek istememiştir. Ateş'in, *"Kâfirlerin uzun bir ömürden sonra Cennete gireceklerini ifâde için"* şeklinde tercüme ettiği, *... El-madrûbu li-duhûli'l-kâfirîne'l-cennete ba'de umrin tavîl* ibaresi-ni, *"Kâfirlerin uzun bir ömürden sonra cennete girmelerine dâir"*, veya *".... Cennete girip girmeyecekleri hakkında"* olarak da değerlendirebiliriz. Bu cümlenin devamı da bu kanaatimizi destekler mahiyettedir. Çünkü, devamında şöyle diyor: *"fe'l-hayalu yazallu âkifen alâ temessüli hâzihi'l-hareketi'l-acîbeti'l-leti lâ tetimmu ve-lâ tekifu mâ tâbeahâ'l-hayâl! (Hayal, takib ettikçe, ardına düştükçe, durmak tükenmek bilmeyen bu acaip hareketin temessülü (görüntüsü) karşısında donup kalır")* (bkz. Kutub, **et-Tasvîru'l-Fenniyyu fi'l-Kur'ân**, 9. bsk., Daru'l-Maarif, Kahire, tsz., s. 66). Görüldüğü gibi, buradaki *"durmak tükenmek bilmeyen"* ifâdesi, ebedîlik ifâde etmektedir. Dolayısıyla, önceki cümlenin de belirttiğimiz şekilde tercüme edilmesi daha doğru olur. Kutub'un, **fî Zılâli'l-Kur'ân**'ında, bu âyetin tefsiri hakkında söylediklerinde de (bkz. Kutub, **fî Zılâl**, III, 1291) böyle bir iddiânın olmaması, bu izâhımızı desteklemektedir.

[11]. Bkz. Razî, XVIII, 51.

[12]. Nursî, *İşârâtu'l-İ'câz*, s.109-110.

Kur'ân'dan örneklerle üzerinde durmaya çalıştığımız bu *üç özelliği*, öncelikle sık sık gündeme getirilen *reenkarnasyon* konusundan başlayarak, karşılıklı iddiâ ve cevaplara yer vermek sûretiyle, ilerde, daha geniş bir eserde ele almayı düşündüğümüzü burada ifâde etmekte yarar görüyorum.

***

Sonsuzluğun Sonsuzluğu

SONSUZLUĞUN SONSUZLUĞU

[114 KOD]

Sonsuzluğun Sonsuzluğu

[◉Kod-001◘]

BAŞLANGIÇLAR

[Sonsuzluk kavramının ilmi merciler, delil ve matematiksel /fiziksel / felsefi ve sosyolojik tanımlamaları]

Bil ki, Ey Dost!

"Ne zaman dünyayı izlemeyi, takip etmeyi bırakırsan, Kendinde yol almaya başlarsın.."

Bilir misin ki, Allah'ın rızasına talip olmak, Bütün cevapları bildiğin bir sınavı güven ile geçmeye benzer.

İşte, bu yüzden ve bundan maksat dememiz odur ki, sığınabileceğin tek bir yer ve başını koyabileceğin tek bir alan vardır ki, bunun için bütün insanlar secde eder, hakikatte tüm alem Allah'ın sırlarını açtığı, tüm kainata sığmayan, ama onun kalbine sığan, bir mü'minin kalbine secde eder..

"O yüzden, sanma hakikat görünen şu maddedir, maddeden maksat manadır."

"Bil ki, o da çölün derinliklerindeki bir kuyu misal, bir veli'nin gönlünde saklıdır.."

***

[◘Kod-002◘]

KAİNATIN Evrensel Kod Tanımlaması

Kendi içimdeki YOL, en SONSUZ kere sonsuz bir döngü, evrene ilişkin sonsuzluklar toplamı olan, HAREKET'sel bütündür ve bu ise TEVHİD'a açılan bir kapı gibidir..

Bu hareketlerin izdüşümleri, günlük hareketlerimi düşüncelerimi oluşturan BİR ve BÜTÜN'dür..

Öyle ki bu BÜTÜN parçalamak, mümkün olmadığı gibi, açıklamak da mümkün değildir, dolayısıyla KENDİ'ni açmak ve açıklamak GAYRİ-MÜMKÜN'dür, çünkü bu O'nun ruhundan senin kendi varlığına üflenen, VAHDANİYYETİ'ne ve EHADİYYETİ'ne, yani O'nun SONSUZ varlığına ve BİR'liğine açılan bir kapı mahiyetindedir..

***

[◘Kod-003◘]

DEFINITIONs [Matematiksel / Fiziksel Tanımlamalar-1]

"BAŞLANGIÇ, BEN VE NOKTA"

"Bil ki, ey dostum. Şu fani, geçici alemde KENDİ'ni çözümlemek, KAİNAT'a ilişkin en esaslı ASIL ve/veya ASİL BAŞLANGIÇ, temel ilkesel metod'dur. Kainatın hamuru bil ki, SEN'de yani İNSAN'da başlamaktadır. Fizik kainatta, aslında Evreni tanımlamak denilen şey, SONSUZ kez içimizden geçen TEĞET bir düzlemsel SONSUZ SİCİMSEL parçasımızın, dünya üzerindeki sonsuz kısa GÖRÜNTÜSÜ ve tanımıdır ve her şey sadece kısa bir AN için bu ince çizgide var olabilir, onun az ötesi ise SONSUZ alemdir ki, O ALLAH SONSUZLUĞU'na kapı açar.

Bu İLKSEL bedensel işlevleri oluşturur ve BEN bu anda NOKTA'dır. İşte o NOKTA ise sonsuz bir hat ve/veya daire etrafında KÜME'lenmiş SONLU ve SINIRLI varlık alemleri ve ruhlar olgusunu/örgüsünü oluşturur. Bu kümelenme kendini tanımaya doğum anından başlar, NOKTA bu anda doğumu sonsuza açılan KURAN-

I HAKİM'İN ilk harfi ve ilmin kapısı olarak kabul edilen B'NİN NOKTASINDAKİ BAŞLANGIÇ'ı temsil eder ..

***

[◘Kod-004◘]

DEFINITIONs [Matematiksel / Fiziksel Tanımlamalar-2]

"YAŞAM VE ÖLÜM"

YAŞAM ve ÖLÜM arasındaki ince çizgide, SONSUZ KÜÇÜK bir duraksama AN'ı yaşanır, işte o an parçası, başlangıç anındaki NOKTA'da derc edilen senin tüm dünya hayatı boyunca yaşamış olduğun, HAYAT PROGRAMI'nın bir ekrandaki kısa bir GÖRÜNTÜSÜ'dür.

Bu görüntü karelerinin SONSUZ toplamı, HAYATIN TOPLAMI olup, karelerin film şeritlerine eklenmesi sırasında, her bir karenin bulunduğu ilmek noktasına bir DÜĞÜM atılır ve bu düğümler diğer NOKTASAL (yaşayanlarla) bağlantıları oluşturulurken, BEN'in anne rahmindeki göbek kordonlarının bağlanmış olduğu SİCİM parçaları, evrenle sonsuz titreşim içerisine girer, ve kablo parçaları gibi ETKİLEŞİM halindeki, diğer göbek kordonlarıyla DUYGUSAL ve/veya FİZİKSEL ve/veya RUHSAL bağlantılarını tüm DÜNYA hayatı boyunca o film kareleri vasıtasıyla sürdürerek dünya çizgisini tamamlar.

Yalnız kareleri oluşturan DÜĞÜMLER BİTTİĞİNDE, NOKTASAL (yaşayan)'ın hayatı da SONSUZ kez SON'a ermiş olur..

***

[◙Kod-005◘]

DEFINITIONs [Matematiksel / Fiziksel Tanımlamalar-3]

"ACI ÇEKME (FİRAK) ARZUSU ve ERDEMLİK İLKESİ"

Bil ki, temel olarak, ACI çekmek ve ERDEM'lik ilkesi, insanı TEKAMÜL'e götüren iki araç olmakla birlikte; kendi BEN'liğindeki ÖZ'e ulaşmak için, Tanrı'sal bilgiye de ihtiyaç vardır. Şöyle ki, Allah'tan gelen bu tanrısal kadim bilgi, hem bu alemden ayrılığın, geldiği ilk ruhlar aleminden ayrılmanın verdiği acı çekme ve firak acısı yoluyla BEN'liğe kanalize edilebileceği gibi, başka bir boyutta veya alemde, var olan salt İLHAM'a dayalı vayihsel bilginin, RÜYA veya KEŞİF veyahutta direkt alınarak, zihne indirgenmesiyle, HAKİKAT bilgisiyle bütünleşir ve ZAMAN ÖTESİ boyutta bulunan uniform ve hiç değişmeyen SABİT ve/veya SONSUZ ALLAH bilgisi denizinde BEN'liğine kavuşur.

Bu anlamda, ACI ÇEKME ve AHLAK ve/veya ERDEM bu bilgiyi zihne daha KOLAY ve/veya KISAYOL'dan elde etmesinde bir araç olarak görülebilir. Bu yüzden, büyük bilgeliğe ve tanrısal vahye mazhar olan yüce ruhlu kişiler bu acı çekme ve erdeme kavuşma sürecinde çeşitli imtihanlardan geçtikleri uzun bir YOL kat ederler ve hepsinde de ortak NOKTA ve NİHAİ İLAHİ AMAÇ; bu acı çekme, çile ve firak arzusuyla yanıp tutuşarak olgunlaşan bir arif gönle sahip olmaktır. Misal olarak, BUDA ve/veya HZ. MUHAMMED gibi.

Fakat bu yolun sonu da hem NİHAYETSİZ, yani SONSUZ olmakla birlikte, ancak ÖLDÜKTEN SONRA anlaşılabilen ve bu DÜNYA YAŞAMINDA asla test edilemeyen, bir TEKİLLİK NOKTASI içerir ve bu noktada ERDEM ve/veya BENLİK o keşif ve hakikat bilgisinin etrafını kuşatarak, kendine TANRISAL bilgiden bir kırıntı elde etmek için YOL açmaya aramaya çalışır, bu süreç ölene kadar kişinin benliğinde devam eder ve/fakat ne var ki, AHLAKİ kabiliyeti nisbetinde bir pay alır.

***

[◉Kod-006◘]

DEFINITIONs [Matematiksel / Fiziksel Tanımlamalar-4]

SONSUZLUK = ALLAH ya da MATEMATİKTE SÜREKLİLİK HİPOTEZİ

[SADECE Allah'ın ZATININ SONSUZ olabileceğini, matematikteki sayılar da dahil her şeyin sonlu olduğunu isbatlamaya yönelik 1 Mukaddime ve 4 Hipotezden ile bunların ilmi kanıtları niteliğindeki 1 Matematiksel İsbat ile beraber 1 Geometrik İsbattan müteşekkil olan harika bir bürhan niteliğindedir.]

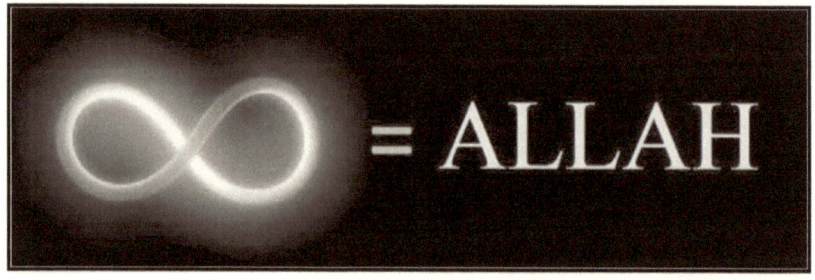

MUKADDİME

Sayılar, gerçekte sonsuz mudur? Bunu, hiç tefekkür ettiniz mi? Veyahutta, aklımızın almadığı büyüklüklere sonsuz zannederek sonsuz dememiz bilim dışı bir hayret ifâdesini abartarak kullanmak mıdır..? Lisanlarda, halkların bu tür kullanımları günlük yaşam içinde sorun oluşturmasa da, bâzı yanlışlara sebep olabilir. Buna rağmen çokça kullanılır. Hal bu ki deneysel veya teorik olarak, tecrübe edilebilir sahamızda, kainatımızda ya da çevremizde sonsuz olan bir şeye tanık olunması mümkün değildir, sadece bilimsel ve/veya matematiksel bir yanılsamadan ibarettir. Peki, bu nasıl mümkün olabilir? Şöyle ki, aslında evrende bulunan her şey başlar ve biter ve her bir maddenin ölümü ve bir başlangıç noktası ile beraber bir son yani bitiş noktası bulunur. Buna kısaca "ömür" deriz. İnsan, hayvan ve bitki, kainattaki her şey aslında ömürlüdür ve görüldüğü üzere sonsuz değildirler.

İşte, aynen öyle de, bunun gibi evrensel nesneler de sonlu, ömürlüdürler. Bilimsel tesbitlerle de bilinen gerçek, HER VARLIĞIN BİR BAŞI VE SONUNUN (TÜM EVREN DE BUNA DAHİLDİR) VAR OLMASIDIR. Bu kaçınılmaz olan tek gerçektir. Taş ve toprak, ateş ve su ve hava hepsi sonradan var olmuş ve sonludurlar. TÜM MADDELERDE BİR BOZULMA SÜRECİ VARDIR. Bu da ölümlülük, sonluluk anlamına gelir. Aslında tüm Kuran boyunca bahsedilmek istenen ve Kur'an'ın ve Hadislerin bildirdiği BÜYÜK GERÇEK de budur, her şey yaratılmıştır, bir başlangıcı vardır ve her şeyin ömrü sona erecektir. İşte, Kur'an'daki bir âyette şöyle denir: = "Her nefis ölümü tadacaktır". Diğer bir âyette ise = "HER ŞEY HELÂK OLUR. Sâdece yüce Allâhın yüzü bâkî kalır", denilmiştir. Başı ve sonu belli olan, sonsuz olmayan nesneleri sayarız, sayılarla ifâde ederiz. SAYILAR YARATIKLARIN, SONLULARIN ORTAMINA DAİR KAVRAMLARIDIRLAR.

Ancak saydığımız nesnelerin, kavramların miktârından fazla miktarda sayabiliriz, sayılar nesnelerle bağlantısız olarak artırılabilir. NEDEN ..? Hal bu ki, yaratıkların olmadığı ortamda sayılar anlamsızdırlar. Yüce Allah Birdir Tektir, hadis literatüründe bunun karşılığı ise şudur ki = "HİÇBİR ŞEY YOK İDİ, ALLAH VAR İDİ." Bu durumda, yüce Allahdan başka bir nesnenin var olmadığı ortamda, sayılar kendilerinin kavramı olan biz yaratıklar yokken sayıların da varlığı yoktur öyleyse. Bu durumda bir tek nesne var idi: O da sonsuz olan yüce Allah idi. O sayılardan bir sayı olarak ifâde edilen bir BİR değil TEK olan BİR idi. SAYILAR YOK İDİ.

Bilimsel olarak da varlıkların bir başlangıcı olması gerektiği ve bir sonu da olması gerektiği bilinir, çünkü varlıklar değişkendirler. HİÇBİR DEĞİŞKEN VARLIK SONSUZ ÖNCEDEN BERİ EZELDEN BERİ VAR OLAMAZ!" TÜM VARLIKLAR, DEĞİŞKEN OLMAYAN MUTLAK SÂBİT BİR VAR EDİCİ SEBEBE MUHTAÇTIR!" O VAR EDİCİ, MUTLAK SÂBİT, DEĞİŞMEZ SEBEP İSE SEBEPLERİN SEBEBİ OLAN, SONSUZ OLAN YÜCE TANRIDIR, YÜCE ALLAHDIR.

İşte, bunun gibi tüm yaratıklar yâni değişken varlıklar sonlu olmak zorundadırlar, sonsuz değillerdir. SONSUZ OLMAYAN BAŞLANGICI OLAN VARLIKLARIN DA, YARATIKLARIN BİR EZELÎ, MUTLAK SÂBİT, DEĞİŞMEZ BİR YARATICI, VAR EDİCİ SEBEBE MUHTAÇ OLMALARI GİBİ; SONLU OLMALARI SEBEBİYLE, BAŞLATICI SEBEBE, MUTLAK SÂBİT ASILLARINA DÖNEREK YARATIK OLAN, SONLU VARLIKLARINI ONDA SONA ERDİRMELERİ DE GEREKLİDİR. Bu durumu ifâde eden Kuran, yüce Allah'ı, her şeyden önceki ve her şeyden sonraki olarak vasıflandırarak bu gerçeği bildirir. Kur'an'da bu konudaki bir Âyette şöyle denir = (Kuran – Sûre 57 Hadîd sûresi – âyet 3) "O Önceki (El-EVVEL) ve Sonraki (El-ÂHİR) ve Üstteki (Ez-ZÂHİR) ve İçteki (El-BÂTIN) ve O her şey ile çok iyi ve en iyi bilen (El-ALÎM)".

Öyleyse, yaratıklar yokken sayılar da yok idi muhtemelen. Bu bir zandır şimdilik. NEDEN..? Çünkü, yüce Allah O her şey ile çok iyi bilen (alîm)" dedi. Yâni, her şey yokken O alîm değil miydi. SAYILAR DA "ŞEY"DİRLER. Evet, O şüphesiz Kur'an'da bildirildiği gibi HER ŞEYİ YARATANDIR her şey ile biliyorsa, her şey yokken, var ettiğinde bildiği her şeyi, sayıları da bilmiyor muydu sorusu sorulabilir. Bunu söylemek şimdilik zor geliyor. Sustum ve sukut lazım burada. Fakat şunu biliyorum ki her şey yokken, her şeyin kendisini bilmesi için yaratılmış olduğu yüce Allah vardı. Her şey onu bilsinler diye yaratıldı. Yüce Allah da her şeyin kendisini bilmesi için yaratıldığı kendi zâtını, en yüce bilgiyi biliyordu. Fakat Her şey ile bilmiyordu, çünkü her şey yaratılmamıştı, her şey yoktu, sâdece Allah vardı. Her şey ile bilmekten bahsedilirken kullanılmış olan yüce Allâhın vasfı olarak kullanılan ALÎM kelimesi (î harfi uzatılarak okunan), bilmeye âit tek vasıf belirteci değildir. Her şey ile çok iyi bilen yâni alîm (î uzun) okunandan başka bilmeyi bildiren bir vasıf da ÂLİM (â uzun) okunanı da vardır. Ayrıca, her şey ile bilir anlamına sebep olan Arapça "bi" yardımcı kelimesini "ile" anlamında değil her şey"i" bilir anlamı veren "i" eki ile tercümesi doğru ise ALÎM (î uzun okunur) vasfı her şey yokken de geçerlidir anlamına gelebilir. Ayrıca, her şey ile bilir anlamında olmasına rağmen de başka bilme vasıfları ile de bilir olabileceğini bilmek gerekir, bilmenin türleri ve türlerin çeşitleri de vardır. Öyleyse, Allah sâdece ALÎM ya da ÂLİM vasıfları ile bilir denemez, O pek çok bilme türü ile bilir. Öyleyse, bu emin olamadığımız, yüce Allâhın zâtının vasıfları hakkında olduğu için söylemeye çekindiğimiz, bu sebeple bilgi olarak değil, ZAN olarak vasıflandırdığımız kanaat odur ki; BAŞLANGICIN TEK ve/veya YEGANE BAŞLATICISI ve/veya İLLET-İ SEBEBİ (Aynen bir sayısının kendisiyle toplanınca 2'yi, devam edildikçe 3, 4, 5 ... tüm sayıları meydana getirmesi benzeri) olarak ALLAH (ZAT-I ZÜLCELAL)'in her şeyin başlatıcısı olarak, o BİR sayısı gibi tek İLLE-İ GAYE'si olması sebebiyle, tüm KAİNAT'ın başlangıç şartı ve/veya koşulu onun SONSUZ ve/veya ÖNCESİZ varlığına dayanır.

***

MATEMATİKSEL İSBAT:

[Her şeyin bir BAŞLANGIÇ TEKİLLİĞİ'nden yaratıldığının MATEMATİK-SEL/FİZİKSEL isbatı]

Yoğun kütleçekimi alanlarında parçacıkların nasıl yaratıldığını anlamak için, parçacıkların aynı zamanda dalga gibi davrandıklarını göz önüne almalıyız. Bu, aynı zamanda elektron mikroskobunun da çalışma ilkesidir. Elektron mikroskobunda ışık dalgaları yerine dalga gibi davranan elektronlar kullanılır. Yüksek momentuma ve buna paralel olarak yüksek $\Delta P = m.\Delta v$ belirsizliğine sahip olan elektronlar, parçacıkların konumlarının normal ışığa oranla çok küçük bir Δx belirsizliği ile saptanmasını sağlarlar. Santimetrenin on milyarda biri ölçeğinde elektronlar, parçacıktan çok dalga gibi davranırlar. Kütlesi m olan ve c ışık hızıyla hareket eden bir elektronun dalgaboyu, belirsizlik ilkesine göre $\Delta x = \hbar / mc$ biçiminde yazılabilir. Bu dalgaboyuna *Compton Dalgaboyu* denir. Büyük patlamanın ilk anlarının bazı modellerinde, zamanla değişen çok güçlü kütleçekim alanlarında parçacıklara özdeş olan dalgalar oluşabilir ve bu dalgalar parçacıklara eşlik ederler. Dolayısıyla tüm parçacıklar aynı anda hem dalga, hem de partikül olarak var olabilirler. Eğer bir parçacık partikül olma özelliğini kaybederek, bir tekillik noktası tarafından yutulursa bu esnada kendisine eşlik eden Dalga, parçacığın kendi dalga boyunda ve Elektromanyetik Dalga formunda bir ışınım olarak yayılır ve bu da parçacığın partikül olma özelliğinin yok olduğunun bir işareti anlamına gelir. Dolayısıyla evrenin ilk dönemlerine doğru yaptığımız bu zihinsel yolculuğu devam ettirirsek, parçacık ve alan çiftlerinin ilk yaratılması gereken enerji miktarı aşırı derecede yükselecektir ve bu da, tüm maddeyi içeren bu çok yoğun kütlenin çok kısa bir zaman aralığında yaratılmasını gerektirir. Sonuçta bu çok kısa zaman dilimi, limit durumda sonsuz bir enerji gerektireceğinden evrenin ilk yaratılış anı için bu çok kısa zaman aralığını, Belirsizlik ilkesine göre ışık hızı limitinde hesaplarsak;

$$\Delta t = \underset{\Delta v \to c}{\ell im}\left(\frac{\Delta x.\Delta P}{\Delta E}\right) = \frac{\hbar}{\Delta m.c^2 / \sqrt{1 - \frac{(\Delta v)^2}{c^2}}} = \frac{6,66.10^{-34}}{\infty} = 0$$

BAŞLANGIÇ TEKİLLİĞİ TEOREMİ

olarak buluruz.

Bu denklemin, bu kitapta ele aldığımız SONSUZLUK kavramıyla ilgili, İKİ adet önemli sonucunu burada vermek şimdilik gerekli görüldü:

Not: Daha fazla teorik detay için, "BİRLEŞİK ALAN TEORİSİ-I ve II*" isimli eserime başvurabilirsiniz..

*www.ekitaprojesi.com/books/birlesik-alan-teorisi-ii

***

BİRİNCİSİ

Evrenin Yoktan Yaratılması

Bu denklemden çıkaracağımız ilk ve en önemli sonuç şudur: Evrenin ilk anlarında tüm parçacıkların çok yoğun bir kütle halinde bir arada olduğunu kabul edersek tüm parçacıklar, henüz partikül haline gelmedikleri için dalga formunda olmalıdırlar ve elektromanyetik kütleçekim alanını meydana getiren dalgaların üzerinde hareket ettiklerinden ışık hızında hareket etmeleri gerekir. Eğer tüm parçacıkların ve alanların yaratılması yeterince yüksek bir enerji gerektiriyorsa, çok erken bir dönemde yaratılmış olmalıdırlar ve çok erken bir dönemdeki yaratılış, çok kısa bir zaman diliminde yaratılan parçacıkların ışık hızındaki enerjisini sonsuz yapmaktadır. Bu durumun tersini düşünürsek bu kez de, sonsuz enerjili (ΔE) ve çok küçük kütleli (Δm) bu parçacıkların çok kısa bir zaman diliminde (Δt) yaratılmış olmaları gerektiği sonucuna ulaşırız ki, eğer tüm parçacıklar bu şekilde yaratıldıysa, onların toplamından oluşan tüm evren de bu şekilde yaratılmış olmalıdır. Dolayısıyla sonuç olarak, yukarıda ışık hızı sınırında incelediğimiz limit duruma göre, tüm evren $\Delta t=0$ anında yaratılmış olmalıdır. İşte bu çok büyük bir sonuçtur. Bu sonuç bize, tüm evrenin sıfırdan, yani YOKTAN YARATILDIĞINI Matematiksel olarak ispatlamaktadır. İşte bu Yaratıcı da, tüm Kâinatı yoktan var ettiğini Kur'ân'da bildiren ALLAH (C.C.)'tan başkası değildir.

İKİNCİSİ

Maddenin Küçük Zaman Dilimlerinde Yok Olması

Bu denklemin başka bir sonucu daha vardır: Maddenin ışık hızında hareket eden atomik ölçeklerine inildiğinde bu ölçeklerde, ışık hızında hareket eden elektronlar, kuarklar, gravitonlar ve hemen hemen bütün elektromanyetik ışınımlar, ışık da dahil olmak üzere, birim zaman aralıklarındaki yer değiştirmelerinin (konumlarının) momentumlarıyla çarpımının enerjilerine oranı sıfıra eşit olmaktadır. Limit durumda sıfıra giden bu ifade, aslında parçacığın yörüngesi üzerindeki birim zamandaki var oluş süresini de belirlemekte ve çok küçük diferansiyel yer değiştirmeler için, bu var oluş süresi sıfıra gitmekte, yani bir nevî parçacıklar ışık hızındaki çok küçük yer değiştirmeler için yok gibi olmaktadır. Bu konu, biraz da kuantum mekaniğinin derinliğine inen belirsizlik ilkesiyle örtüşmekte ve bu ilkeye göre savunulan, parçacığın yörünge üzerindeki konumuyla hızının çarpımının belirsiz kalacağı ve kesin olarak yörüngesinin tespit edilemeyeceği görüşüyle de uyuşmaktadır. Yalnız burada elde ettiğimiz sonuç, bir farklılık içerir: Parçacıklar, ışık hızındaki hareketleri sırasında yalnızca belirsiz olarak kalmamakta, adeta çok kısa yörünge parçacıklarındaki diferansiyel yer değiştirmeler incelendiğinde var oluş süreleri de sıfıra gitmekte ve dolayısıyla parçacıklar bu kısa zaman dilimi içerisinde yok gibi olmaktadırlar.

İşte tasavvufta, Fenâfillah ve Bekâbillah diye bilinen evliyâlık mertebelerinin sonu, fiziksel olarak bu duruma işaret etmektedir. Kişi, maddenin ve böylece tüm evrenin ve kendisinin de, çok küçük zaman aralıklarında bir HİÇ olduğunu ve Allah'ın karşısında YOK olduğunu, ve sadece onun SONSUZ OLARAK VAR olabildiğini, varlık aynasında görür.

***

[◉Kod-007◘]

HİPOTEZ-I

a- HER ŞEY YOKKEN SAYILAR DA YOK İDİ; VE,
b- SONLU SAYILARIN TOPLAMI NE KADAR BÜYÜK OLURSA OLSUN, TOPLAMDA BELLİ VE SINIRLI BİR SAYIYA YAKINSAYACAKTIR.

Çünkü sayılar her şeyin, yaratıkların, değişkenlerin, ömürlülerin, sonluların belirteçleridirler.

MATEMATİKSEL İSBAT:

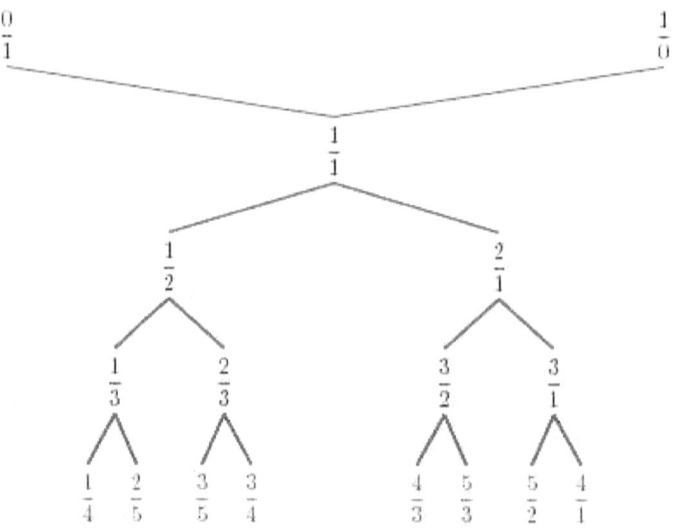

Şimdi elinize bir cetvel, kalem ve kağıt alın ve yukarıda verilen koordinat ekseninde görüldüğü gibi, [0,1] aralığındaki reel sayı olarak istdiğiniz bir noktadan sayısız kez bir sayı seçerek sürekli koordinat eksenini küçük parçalara ayırın. Öyle ki, 0 ila 1 arasını sonsuz adet parçaya ayırdığımızı düşünelim.

Sonsuz Toplamlar:

Aşağıdaki sonsuz toplam sonlu mu, yoksa sonsuz mudur?

$1/1^2 + 1/2^2 + 1/3^2 + 1/4^2 + 1/5^2 + ...$

Sonsuz tane sayıyı topladığımızda sonuç her zaman sonsuz bir sayı olmayabilir. Örneğin bu örnekte, sonsuz toplam sonlu bir sayıdır. Hangi sayı olduğunu birazdan söyleyeceğim.

Sonsuz toplamı bulmadan önce sonlu toplamları bulalım.

$1/1^2 = 1$

$1/1^2 + 1/2^2 = 1.25$

$1/1^2 + 1/2^2 + 1/3^2 = 1.361111...$

$1/1^2 + 1/2^2 + 1/3^2 + 1/4^2 = 1.423611...$

$1/1^2 + 1/2^2 + 1/3^2 + 1/4^2 + 1/5^2 = 1.463611...$

$1/1^2 + 1/2^2 + 1/3^2 + 1/4^2 + 1/5^2 + 1/6^2 = 1.491389...$

$1/1^2 + 1/2^2 + 1/3^2 + 1/4^2 + 1/5^2 + 1/6^2 + 1/7^2 = 1.511797...$

$1/1^2 + 1/2^2 + 1/3^2 + 1/4^2 + 1/5^2 + 1/6^2 + 1/7^2 + 1/8^2 = 1.527422...$

$1/1^2 + 1/2^2 + 1/3^2 + 1/4^2 + 1/5^2 + 1/6^2 + 1/7^2 + 1/8^2 + 1/9^2 = 1.539768...$

$1/1^2 + 1/2^2 + 1/3^2 + 1/4^2 + 1/5^2 + 1/6^2 + 1/7^2 + 1/8^2 + 1/9^2 + 1/10^2 = 1.549768...$

Toplamlar gittikçe büyüyorlar. Doğru. Ama bu, sonsuz toplamın sonsuz olacağı anlamına gelmez. Örneğin, 0.9, 0.99, 0.999, 0.9999,... sayıları da durmadan büyürler, ama 1'i hiçbir zaman geçemezler.

Not: Bu dizi sonsuzda 1 olur. Bir başka deyişle, 9/10 + 9/102 + 9/103 + ... sonsuz toplamı, yani 0,9999.... sayısı 1'e eşittir.

Bir Bilgisayarda sonlu toplamları biraz daha hızlı hesaplattırırsak:

$1/1^2 + 1/2^2 + 1/3^2 +...+ 1/100^2 = 1,634984...$

$1/1^2 + 1/2^2 + 1/3^2 +...+ 1/200^2 = 1,639947...$

$1/1^2 + 1/2^2 + 1/3^2 +...+ 1/300^2 = 1,641606...$

$1/1^2 + 1/2^2 + 1/3^2 +...+ 1/1000^2 = 1,643935...$

$1/1^2 + 1/2^2 + 1/3^2 +...+ 1/2000^2 = 1,644432...$

$1/1^2 + 1/2^2 + 1/3^2 +...+ 1/3000^2 = 1,644595...$

$1/1^2 + 1/2^2 + 1/3^2 +...+ 1/4000^2 = 1,644714...$

$1/1^2 + 1/2^2 + 1/3^2 +...+ 1/5000^2 = 1,644725...$

Gördük ki, Sonlu toplamlar hâlâ daha durmadan büyüyorlar. Bundan daha doğal bir şey olamaz, çünkü hep pozitif sayıları topluyoruz. Bu sayıların 1,7'ye sanki hiç varamayacaklar gibi bir izlenim elde ettiniz mi? Ettiyseniz haklısınız. Çünkü bu sayılar sonsuzda $\pi^2/6$'ya, 1,644934067277794... sayısına eşit olurlar. Bir başka deyişle,

$1/1^2 + 1/2^2 + 1/3^2 + ... = \pi^2/6$

eşitliği geçerlidir. Hepsi bu, çok ilginç değil mi?

Bunu, büyük matematikçilerden birisi olarak Kabul edilen **Leonard Euler** kanıtlamıştır.

Bu eşitlik beni her zaman şaşırtmıştır. Soldaki sayının π'yle yani çemberle ne ilgisi olabilir?

Ne yazık ki yukardaki eşitliğin kanıtını burada veremeyeceğiz, kanıt oldukça ileri düzeyde matematik (sanal analiz) gerektirir.

Peki $1/1^3 + 1/2^3 + 1/3^3 + 1/4^3 + ...$ gibi sonsuz toplam nasıl bir sayıdır? $1/n^2 \geq 1/n^3$ olduğundan, ilginçtir, bu yeni toplam da $\pi^2/6$'dan daha küçük bir sayıdır. Bu sayının hangi sayı olduğu bilinmiyor. Nasıl bir sayı olduğu da bilinmiyor, tek bildiğimiz, bu sayının kesirli bir sayı olmadığı. Bu da, 1990'ların başında kanıtlandı.

$1/1^4 + 1/2^4 + 1/3^4 + 1/4^4 + ...$ sonsuz toplamının kaç olduğu biliniyor. Genel olarak, eğer n çift bir sayıysa, $1/1^n + 1/2^n + 1/3^n + 1/4^n + ...$ sonsuz toplamının π^2'yle kesirli bir sayının çarpımı olduğu biliniyor, ama eğer $n \geq 5$ tek bir sayıysa, bu sonsuz toplam üzerine bir şey bilindiğini sanmıyorum.

Bu tür matematiksel işlemler ve başka sonlu/sonsuz toplamlar aynen şu duruma benzer:

Hata!+ Hata!+ Hata!+ ... = Hata! (Saçmalık),

Çünkü, gerçek dünyada, evrende hiçbir sonlu sistem bu şekilde çalışmamaktadır.

Benzer şekilde;

Sonsuz!+ Sonsuz!+ Sonsuz!+ ... = Sonsuz! (Saçmalık)

Çünkü, sonsuz adet sonsuz olması zaten fiziksel evrende matematiksel olarak imkansız.

***

Nasıl, güzel değil mi? Böyle bir eşitliği ilk kez bulmak ilk başta insana büyük bir haz verir ve sınırlı adet bir sayı aralığındaki sayıların toplamı bile bizi sonsuza götüreceği varsayımına dayanır.

Oysa şimdi, dikkatle aşağıdaki sonsuz toplamı ele alalım şimdi:

1/1 + 1/2 + 1/3 + 1/4 + 1/5 + 1/6 + ... Bu sonsuz toplam sonlu bir sayı mıdır? Yoksa sonsuz mudur?

Yavaş yavaş toplayalım:

1/1 + 1/2 = 1,5

1/1 + 1/2 + 1/3 = 1,8333...

1/1 + 1/2 + 1/3 + 1/4 = 2,08333...

1/1 + 1/2 + 1/3 + 1/4 + 1/5 = 2,28333...

1/1 + 1/2 + 1/3 + 1/4 + 1/5 + 1/6 = 2,45

1/1 + 1/2 + 1/3 + 1/4 + 1/5 + 1/6 + 1/7 = 2,592857143...

1/1 + 1/2 + 1/3 + 1/4 + 1/5 + 1/6 + 1/7 + 1/8 = 2,717857143...

1/1 + 1/2 + 1/3 + 1/4 + 1/5 + 1/6 + 1/7 + 1/8 + 1/9 = 2,828968254...

1/1 + 1/2 + 1/3 + 1/4 + 1/5 + 1/6 + 1/7 + 1/8 + 1/9 + 1/10 = 2,928968254...

Dikkat ederse, her bir kesirli toplamda toplam ifade büyümekdedir, fakat iyi dikkat edersek çok sınırlı bir artış oranı vardır, ve ne kadar sayıyı dahil edersek edelim, evrendeki bilinen bir fiziksel madde sayısı toplamı kesinlikle bu işlem sonucunda asla sonsuza ulaşmayacak, büyük de olsa sınırlı bir sayıda tıkanıp kalacaktır. Peki, bu toplamlar farz edelim ki, sonsuz adet olsa ne olurlar? Sonlu bir sayıya mı yakınsarlar, yoksa her sayı bir zaman sonra aşılır mı (yani sayılar sonsuza mı giderler)? Cevap, belki size yine çok ilginç gelecek ama, sayılar sonsuz adet bile, örneğin birkaç trilyar adet oldu, böyle de olsa, kesirli toplam belli bir sınırlı toplama yakınsayacaktır yine..

Örneğin, bu toplamlar bir zaman sonra 100'ü geçer mi? Geçerse ne zaman geçer?

Bilgisayarımıza tekrar hesaplatalım bu toplamları. Eğer ki,

$1/1 + 1/2 + ... + 1/n$

sayısına S_n diyecek olursak, bulduğum sonuçları daha rahatlıkla yazabilirim:

$S_2 = 1,5$

$S_3 = 1,833333...$

$S_4 = 2,083333...$

$S_5 = 2,283334...$

$S_6 = 2,45$

$S_7 = 2,592857...$

$S_8 = 2,717857...$

$S_9 = 2,828969...$

$S_{10} = 2,928968...$

$S_{11} = 3,019877...$

$S_{12} = 3,103211...$

$S_{13} = 3,180134...$

$S_{14} = 3,251562...$

$S_{15} = 3,318229...$

$S_{16} = 3,380729...$

$S_{17} = 3,439553...$

$S_{18} = 3,495108...$

$S_{19} = 3,54774...$

$S_{20} = 3,59774...$

Bilgisayarımda daha da ileri gittim. 4'ü ne zaman aştım biliyor musunuz? 31'inci toplamda:

$S_{30} = 3,994987...$

$S_{31} = 4,027246...$

Ya 5'i aştım mı? Aştım. Ama oldukça geç aştım. 83'üncü toplamda aşabildim ancak:

$S_{82} = 4,990021...$

$S_{83} = 5,002069...$

6'yı da aştım. 227'inci toplamda...

$S_{226} = 5,999962...$

$S_{227} = 6,004367...$

7'yi aşmak için çok bekledim. 7'yi ancak 616'ıncı terimde aşabildim:

$S_{615} = 6{,}999652\ldots$

$S_{616} = 7{,}001276\ldots$

8'i aşıp aşmayacağım merak konusu... Onu da aştım:

$S_{1673} = 7{,}99989\ldots$

$S_{1674} = 8{,}00048\ldots$

Ya 9? 9'u aşabilir miyiz? Ben aştım, daha doğrusu bilgisayarım aştı:

$S_{4549} = 8{,}999995\ldots$

$S_{4550} = 9{,}000215\ldots$

10'u, 11'i, 12'yi de aştım:

$S_{12366} = 9{,}999969\ldots$

$S_{12367} = 10{,}00005\ldots$

$S_{33616} = 10{,}99998\ldots$

$S_{33618} = 11{,}\ldots$

$S_{91328} = 12{,}00001\ldots$

Süreci ilerleterek böylece sürekli devam edelim. Her sayıyı bir zaman sonra aşacak mıyız?

Örneğin 100'ü aşacak mıyız?

Evet aşacağız! $1{,}5 \times 10^{43}$'üncü toplamdan sonra...

Size sonucu kestirmeden açıklayayım:

"Yukardaki dizinin toplamı asla sonsuza gitmeyecektir."

Yani, her sayıyı bir zaman sonra aşarız, ama geldiğimiz noktada yine belirli bir sınırlı sayıya takılıp kalmış oluruz.

Kanıtlayalım.

Aşağıdaki tabloya bakın:

$1/3 + 1/4 \quad > 1/4 + 1/4 \quad = 1/2$

$1/5 + 1/6 + 1/7 + 1/8 \quad > 1/8 + 1/8 + 1/8 + 1/8 \quad = 1/2$

$1/9 + 1/10 + \ldots + 1/16 \quad > 1/16 + 1/16 + \ldots + 1/16 \quad = 1/2$

$1/17 + 1/18 + \ldots + 1/32 \quad > 1/32 + 1/32 + \ldots + 1/32 \quad = 1/2.$

Bu hesaplardan sonra, $1/1 + 1/2 + 1/3 + 1/4 + \ldots$ toplamının neden sonsuz olmadığı da anlaşılıyor:

$1 + 1/2 + (1/3 + 1/4) + (1/5 + \ldots + 1/8) + (1/9 + \ldots + 1/16) + (1/17 + \ldots + 1/32) + \ldots > 1 + 1/2 + 1/2 + 1/2 + 1/2 + 1/2 + \ldots$

Felsefi olarak, Mantık ilkesine göre; Sağdaki toplam sonsuz olamayacağından dolayı, daha küçük olan soldaki toplam da asla sonsuza ulaşamayacaktır.

Her sayının tersini toplayacağımıza, asal sayıların terslerini toplayalım:

$1/2 + 1/3 + 1/5 + 1/7 + 1/11 + 1/13 + 1/17 + \ldots$

Asal sayı sayısı oldukça az olduğundan, bu toplam da sonsuz gibi görünebilir ilk başta; ama değil, bu toplam da sonludur. Bu teorem de Euler'indir ve sonuçta gördük ki, 0 ila 1 aralığındaki sonsuz gibi görünen kesirli sayıların toplamı Cantor'un iddia ettiği gibi, ilk başta sonsuza gibi gidiyor görünse de; gerçekte sonsuza değil, <u>sınırlı ve sonlu bir sayıya yakınsamaktadırlar</u>..

[◘Kod-008◘]

HİPOTEZ-II

TEORİ = SAYILAR SONSUZ, DEĞİL, SONLUDURLAR.

SAYILAR SONLUDURLAR. VEYAHUTTA MATEMATİKSEL OLARAK SONSUZLUK SONUCUNU VEREN HER ŞEY, ALLAH'A İŞARET ETMEKTEDİR. DOLAYISIYLA, BİR TEK SONSUZ VARDIR, O DA YÜCE ALLAH'TIR. BUNUN FELSEFİ SONUCU İSE, ALLAH'DAN BAŞKA HİÇBİR ŞEYİN SONSUZ OLMADIĞININ KESİN OLUŞUDUR. ANCAK KAVRAMLARDAN OLAN SAYILAR DA SONSUZ DEĞİLDİR, SÖZÜ HAKKINDA ZAN KELİMESİNİ KULLANIŞIMIZ. ŞÜPHESİZ TEK SONSUZ VARLIK YÜCE ALLAH OLMASINDANDIR.

Eğer sonsuzluktan kasdedilen, zaman, ömür olarak başı ve sonu olmamak ise sadece yüce Allah içindir. Eğer kasdedilen sonsuzluk, genişlik ucu bucağı olmamak anlamında ise o sadece yüce Allah hakkında geçerlidir. Kavramsal nesneler de zaman olarak önce ve sonraya doğru devamlılık veya mekân olarak içe ve dışa doğru yönlülük hakkındadırlar, öyleyse zaman olarak geçmiş ve gelecek ve mekân olarak, her yönde genişlik anlamında, yüce Allah hâriç tüm nesneler sonlu olduğuna göre, bu nesneler hakkındaki kavramlar da sonlu olmak zorundadırlar. Öyleyse, sonlu nesneler hakkındaki kavramlardan biri olan sayılar da sonlu olmak zorundadırlar. ÖYLEYSE SAYILAR SONSUZ DEĞİLDİRLER, SONLUDURLAR. Peki, neden böyledir? Çünkü kainatın ve doğanın yapısında SÜREKLİLİK ilkesinden çok SÜREKSİZLİK ilkesi çalışmaktadır, yine Heisenberg tarafından Kuantum Mekaniği'nin gelişmesinde önemli bir rol oynayan "BELİRSİZLİK İLKESİ" de bunu destekleyen evrendeki önemli kuramlardan biridir.

Şimdi, bunu geometrik bir örnekle açıklamaya çalışalım, konunun uzmanı olmayanlar, belki bu örnekle çok şey anlamasa da süreksizliğin de demek olduğu ve neden sıkıştırılmış bir madde yığınının (Kütle, yük, sıcaklık, yoğunluk vs. gibi) özelliklerinin kapalı ve sonlu bir evrene yol açacağını ve bu şekildeki bir evrende asla sonsuzda yolunun kesişmeyeceğini basitçe anlayabilir.

GEOMETRİK İSBAT:

Doğru mu? Yanlış mı? Asla Belli Olmayan Varsayım: "Süreklilik Hipotezi"

Ünlü Matematikçi **George Cantor** tarafından, sonsuzları hiyerarşik sıraya sokan bir deney yapılmıştır. Bu çalışmaya göre, **sonsuz** kavramı: Eğer ki bir koleksiyon bir alt koleksiyonu ile birebir eşitlenebiliyorsa o koleksiyon sonsuz kabul edilir ya da sonsuz **eleman** içerir denilebilir. **Matematikte** öncelikle saymaya başladığımızdan aklımıza gelen ilk sonsuzluk haliyle doğal sayıların sonsuza gittiğidir. Doğal sayıların alt kümesi olan çift sayılar ve tek sayılar da sonsuz tanedir. Bu iki küme, birbiri ile eşlenebilir. Benzer bir eşleme, gerçel sayılarla doğal (ya da rasyonel) sayılar arasında yapılamamaktadır. Bu da gerçel sayıların başka bir sonsuz olduğunu akıllara getiriyor.

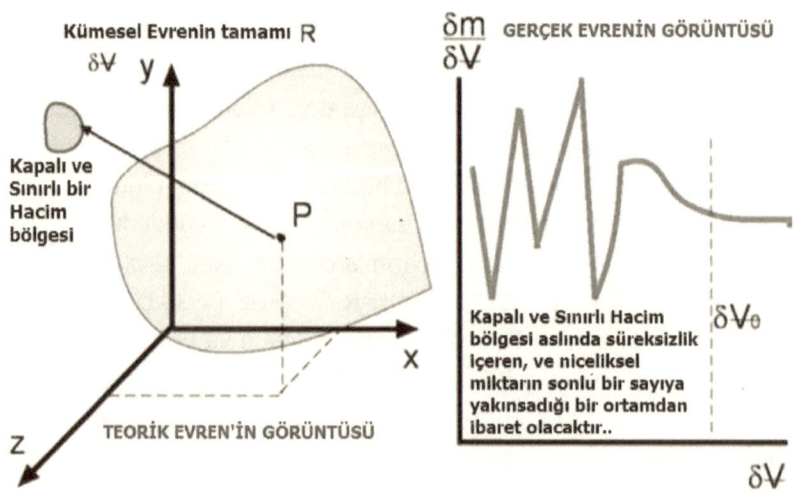

Şekil: Kapalı ve sonlu ve sıkıştırılmış bir ortamdaki maddeni (örneğin sıvı veya gaz gibi), niceliği o ortamın hacimsel yapısı içerisindeki diferansiyel (çok küçük) zaman aralıklarına bölünerek, yukarıdaki şekilde sağdaki gibi verilen süreksizlik bölgelerine sahip olduğu görüldüğünde, maddesel niceliğin hiçbir argümanının sonsuz olamayacağı, dolayısıyla kütle veya hacim artışı ne kadar büyürse büyüsün, az önceki matematiksel örnekte verdiğimiz, kesirli sayıların süreksiz sonsuz toplamının yine sonlu bir değeri vermesi benzeri, sonlu ve sınırlı bir niceliğe doğru yakınsayacaktır..

Sözü geçen durumda, ilk sonsuzluk doğal sayılar ve ikinci sonsuzluk ise reel sayılar olmaktadır. Bu sonsuzluklar **İbranice**'de **Alef ($\aleph$)** harfi ile ifade edilir. Doğal sayılar $\aleph$ 0 iken gerçel sayılar $\aleph$ 1 olmaktadır. Aklımıza takılan en büyük **sorun** şudur: Sonsuz sayıda eleman içeren öyle bir küme olsun ki; eleman sayısı $\aleph$ 0'dan büyük, $\aleph$ 1'den küçük olsun. **Süreklilik Hipotezi,** bu tarz bir kümenin var olamayacağını bize söylemektedir. 1963 yılında matematikçi **Paul Cohen**'in hem bu ifadenin hem de zıttının, küme kuramı aksiyomları ile tutarlı olduğunu ispatlaması ile akıllarda şu ifade kaldı: bu ifade ile, küme kuramı yazılırken en başta doğru ya da yanlışlığı tartışılmadan kabul edilen ifadeler gibi kabul görürler. Fakat bu teoremlerin varlığı, mevcut aksiyomlar ya da onlardan çıkan teoremler kullanılarak ispatlanamaz. Çünkü, hakeza evrenin kendi doğasında işleyen bir Süreksizlik, Termodinamik II. ilke veya Belirsizlik yasaları var olduğu müddetçe ve bunların sonuçları neticesinde bize maddenin gerçekte hiçbir zaman sonsuz bir toplama veya niceliğe yakınsayamayacak ölçüde dağınık veya sınırlı kapalı bir miktarda bulunduğunu ortaya koymaktadır.

***

[◉Kod-009◼]

HİPOTEZ-III

VARLIK VARLIKTAN VAR OLUR.... YOKTAN BİR ŞEY VAR OLMAZ.... VAR OLAN YOK OLMAZ, ÇÜNKÜ O VARLIKTAN VAR OLMUŞTUR. Hiçbir varlık yok olmaz, değişir. EZELÎ OLMAYAN, SONRADAN VAR OLAN HER VARLIK DEĞİŞİR.... Öyleyse, diyebiliriz ki, Evrendeki en önemli değişmeyen kural değişimin kendisidir, ve değişim oldukça süreksizlik olacak demektir, ve bu da bizi, Termodinamik veya Belirsizlik ilkesi gereğince, kapalı ve sınırlı bir alanda sonsuzluğun olmayacağı anlamına götürecektir.

HİÇBİR DEĞİŞKEN VARLIK KENDİ VARLIĞININ VAR OLUŞUNUN SEBEBİ DEĞİLDİR.... HER DEĞİŞKEN VARLIK BİR VAR EDİCİ SEBEBE SÂHİPTİR. BÖYLECE DEĞİŞKEN VARLIKLARDAN OLUŞAN TÜM EVRENLERİN DE BİR VAR EDİCİ SEBEBİ VARDIR.... EVRENLER YÂNİ TANIMLADIĞIMIZ YA DA EĞER VARSA Kİ VARLIĞI HAKKINDA DA DELİL VARDIR , EVRENLERİN DIŞINDAKİ HENÜZ FARKINDA OLMADIĞIMIZ VE TANIMLAYAMADIĞIMIZ NE VARSA, TÜM VARLIKLAR YÂNİ KÂİNÂT DEĞİŞKENDİR VE VAR EDİCİ BİR SEBEBE SÂHİPTİR....

DOLAYISIYLA, BU NOKTADA, HİÇBİR DEĞİŞKEN KENDİSİNİN VAR EDİCİSİ OLMADIĞINA GÖRE, TÜM VARLIKLAR TOPLAMI OLAN KÂİNÂT YÂNİ VAR OLANLAR DEĞİŞKEN OLMAYAN MUTLAK SÂBİT BİR VARLIĞIN VAR ETMESİ İLE VARDIRLAR. ÖYLEYSE VAR OLAN HER ŞEYİN BAŞLANGICI VE SONU BU MUTLAK SÂBİT OLAN, SEBEPLERİN SEBEBİ OLAN VAR EDİCİ SEBEPTİR.... ÖYLEYSE, HER DEĞİŞKENİN BAŞLANGICI VE SONU OLDUĞU GİBİ DEĞİŞKENLERDEN OLUŞAN KÂİNÂTIN DA, VAR OLAN HER ŞEYİN DE BAŞLANGICI VE SONU VARDIR.... ÖYLEYSE, VAR OLAN DEĞİŞKENLER VE ONLARDAN OLUŞAN KÂİNÂT, VAR OLANLAR YA DA VAR OLANLARIN HER HANGİ BİRİ SONSUZ OLAMAZ, SONSUZ DEĞİLLERDİR.

Her şeyin sonradan olduğunun yâni HADİS olduğunun delili, yine Allâh'ın rasûlünün şu sözüne istinadendir = "BAŞLANGIÇTA, HİÇ BİR ŞEY YOK İDİ, SADECE ALLAH VAR İDİ."

***

HER ŞEYİN SINIRLI OLDUĞUNUN VE SONSUZ OLMADIĞININ DELİLLERİ OLAN BÂZI ÂYETLER İSE ŞUNLARDIR:

- HER ŞEYDEN İKİ EŞ YARATILDIĞI hakkındaki âyet = (Sûre 51 Zâriyât, âyet 49)
- YÜCE ALLÂHIN HER ŞEYİ KUŞATTIĞININ delîli olan âyetler = (Sûre 4 Nisâ, âyet 126), (Sûre 41 Fussılet, âyet 54)
- YÜCE ALLÂHIN HER ŞEYİ İLİMLE KUŞATTIĞININ delîli olan âyet = (Sûre 65 Talak, âyet 12)
- HER ŞEYİN SONRADAN OLDUĞUNUN, yaratık yâni hadis olduğunun kurandaki delilleri şu âyetlerdir = (sure 6 En'âm, âyet 102), (Sûre 13 Ra'd, Âyet 16), (Sûre 25 Furkân, âyet 2) (Sûre 39 Zumer, âyet 62), (Sûre 40 Mü'min, âyet 62)
- HER ŞEYİN SAYISININ BELİRLİ OLDUĞUNUN SONSUZ OLMADIĞININ delili olan âyetler şunlardır = (sûre 13 Ra'd, âyet 8), (Sûre 36 Yâ Sîn, âyet 12)
- HER ŞEYİN SAYISAL OLARAK KAVRANILDIĞININ BİLİNDİĞİNİN delîli olan âyet = (Sûre 72 Cin, âyet 28)
- HER ŞEYİN YAZILI OLARAK KAVRANILDIĞININ, BİLİNDİĞİnin delîli olan âyet = (Sûre 78 Nebe, âyet 29)
- HER ŞEY GRUBUNUN BİR ÖLÇÜ İLE YARATILDIĞI hakkındaki âyet = (Sûre 54 Kamer, âyet 49)
- HER ŞEYİN YOK OLUCU OLDUĞUNUN HELÂK OLUCU OLDUĞUNUN delili = (Sûre 28 Kasas, âyet 88)

***

[◘Kod-010◘]

HİPOTEZ-IV

Sonsuz sayıda sonsuz olduğunu ilk kez iddiâ eden sözde ALMAN Matematikçi George CANTOR olmuştur. Türkiye'de yayınlanan mühim bir bilim dergisi olan, Bilim ve teknik dergisine göre matematiğe olağan üstü katkılar yapmış olan yahûdî kökenli bir bilim adamıdır. Bu arada bu dinsiz teori üretiminin karşılığını belli ki dünyâda da almış ve delirmiş ve sonuç olarak bir tımarhânede ölmüştür. Yaşarken fikirlerine destek bulamamış, yaşarken en önemli destekçisi ise yine büyük bir matematikçi sayılan David HILBERT olmuştur. Bilim ve tekniğe göre, sözde, Cantor rasyonel sayıların sayılabilir sonsuzlukta eleman içerdiğini ispatlamış. Bu ise, tamâmen deli saçmasıdır. Hiçbir değişken varlık, zaman ve mekânla sınırlı her hangi bir mahluk sonsuz olamaz ve sonsuz içerik bulunduramaz. Üstelik, eğer zannettikleri gibi sonsuz bir sayı dizisi olabilseydi, sonsuz vasfıyla da açıkça belli olduğu gibi sonuna varılamaz ve sayılamazdı. Bu bahsedilen kişi, sayılabilen bu sonsuz sayıdaki sayıların en küçüğüne bir ad da koymuş. Hal bu ki sonsuzun büyüğü ve küçüğü olmaz, eğer birden fazla sonsuz olsaydı, hiç biri diğerinden büyük ya da küçük olamazdı. Sonsuz sayıdaki sayıların en küçüğüne koyduğu ad ise YAHUDİ alfabesinin ilk harfi olan ALEF-SIFIR adıdır. Anlaşılan bu kişi bir yahûdidir. İngiliz pisliklerinin maşası yahûdiler, nasıl ki Komunizmi, Darwinizmi, Evrim teorisini de kurup bu inkarcı ve zararlı fikirleriyle dünyâyı kana bulamışlar ve sömürdükleri gibi, uzun yıllar bu görüşleri ile ateizmi şiddetli bir şekilde desteklemiş ve ilim/bilim sahasında kendilerince deliller sunmaya çalışmışlardır. İşte tüm bu işleri bu inkarcı fikir akımları ile dünyâyı karıştırarak yaptılar. Her alanda olduğu gibi matematikte de bu inkarcı fikirleri yaymak için, dinsizliğe destek yapmak ve uluhiyet iddia etmek için çabaladıkları buradan bellidir.

Bu YAHUDİ projesi olan SONSUZ SAYIDA SONSUZ VARDIR iddiâsı MATEMATİK SONSUZLUK ya da SÜREKLİLİK HİPOTEZİ değil, olsa olsa "MATEMATİKSEL BİR DİNSİZLİK" olabilir. SONSUZ SAYIDA SONSUZ vardır demek BİR TEK TANRI DEĞİL, "SONSUZ SAYIDA TANRI VARDIR" DEMEKLE EŞDEĞERDİR. ÇÜNKÜ, SONSUZ OLAN SÂDECE YÜCE TANRIDIR VE O BİRDİR, ONDAN BAŞKA TANRI YOKTUR. BİR TEK SONSUZ VARDIR demek ise BİR TEK TANRI VARDIR, ONDAN BAŞKA TANRI YOKTUR demektir. Çünkü, YÜCE TANRIDAN BAŞKASI SONLUDUR, O BİR OLAN TANRIDAN BAŞKA SONSUZ YOKTUR.

Tam sayıları bir sonsuz sayı dizisi olarak kabul ediyor ve küsürlü sayıların küsürlarının sayımı ile de ikinci bir sonsuz sayı kümesi oluştuğunu, böylece birden çok sonsuz olduğunu iddiâ ediyorlar. Hal bu ki küsürlü ya da küsursuz tüm sayılabilir sayılar ve tüm sayı türleri de dâhil olarak ileri sürülen bilinen bilinmeyen her sayı türü ve nesne ve kavram ve ne varsa her şey sayma sayıları ile sayılan varlıklar olarak sayma sayılarının saydığı ve sayma sayılarının, tam sayıların kümesine dahildirler. Bu hâliyle bir HER ŞEY kümesine dâhil olan sayı ve varlık ikinci bir grup oluşumuna imkân vermeyen TEK KÂİNÂT SAYI KÜMESİ olur. Bu durumda tüm sayılar ve sayılabilenler bu kümeye dâhil olduğu halde, bu kümeye dâhil olan bir sayı çeşidini ayrı bir şey gibi yeniden hesâba dâhil etmek ve bu da vardır demek mümkün olmaz. Eğer sonsuz bir değer veren bir sayı var olsaydı, bir tek bu sayı kümesi var olur, HER ŞEY bu sayı kümesine ait olurdu. Bu durumda iddiâ ettikleri gibi ikinci ve üçüncü ve daha başka sonsuz sayı kümesi var olamaz.

HER ŞEY SÖZ KONUSU OLDUĞUNDA, HER ŞEY SAYI KÜMESİ DIŞINDA HİÇ BİR SAYI KÜMESİ YOKTUR. SAYILABİLİR NESNELER VE SAYILABİLİR SAYILARIN DIŞINDA, SAYILABİLİR SAYILARDAN SAYILMAYAN, TEK OLAN BİR SONSUZ HÂRİÇ, HİÇ BİR SAYILABİLİR NESNE VEYÂ SAYI YOKTUR.

Öyleyse, SÜREKLİLİK HİPOTEZİ yaratılmış olanlar ve onlara âit kavramlar hakkında gerçek değildir. Kâinâtta, sonsuzluk anlamında bir SÜREKLİLİK VAR OLAMAZ. Sonsuz tane sonsuz olduğu iddiâsı gerçeği saptırmak, tek olan tanrıyı inkâr etmek için uydurulmuş, sonsuz sayıda tanrı olduğunu iddiâ etmek anlamında büyük bir şirktir, tanrıya ortaklar kabul etmedir. Sonsuz sayıda sonsuz olduğunu iddiâ edenler sonsuz sayıda tanrı olduğunu ileri süren nankörler yâni ancak kâfirlerdir. Bunun farkında olmayarak aldananlara gelince mâzeretli görülebilirler. Çünkü, belli ki mantığı şeytanî tarzda kullanarak, dinsizliği yaymaya çalışanlar, matematikte de bunu yapmış ve kafaları karıştırmıştır. Russell açmazında da bu yapılmıştır. Sonsuz tane sonsuz iddiâsında olanlar kafa karıştırmalardan yararlanmaktalar. Bu sebeple, hiçbir nesnel örnekle iddiâlarını isbâta kalkışmıyorlar. Eğer nesnel bir örnekle iddiâlarını isbâta çalışacak olursalar, kafasını karıştırıp aldattıkları kişiler aldatıldıklarını anlar ve uyanırlar çünkü. Nesnel örnek olarak az önce verdiğimiz iki bilimsel örnek, biri geometrik ve biri matematiksel olmak üzere, zaten tüm bu inkarcılara bir cevap olarak da yeterlidir, ve bunun delilidir. Onların gösterişli reklâmlarını, evrensellik hikâyelerini reddeden, 5 yaşındaki bir çocuğun bile fark ettiği açık net, basit bir büyük red.

SONSUZ ANLAMINDA BİR TEK SÜREKLİ VARLIK VARDIR, O DA YÜCE TANRIDIR, ÖYLEYSE MATEMATİK TANIKTIR Kİ, KENDİSİNDEN BAŞKA TANRI OLMAYAN, TEK TANRIDAN, ALLAHDAN BAŞKA SONSUZ YOKTUR, ALLAHDAN BAŞKA TANRI YOKTUR.

ÖYLEYSE SONSUZ EŞİTTİR ALLAH.

SONSUZLUK = ALLAH

şeklinde matematiksel / fiziksel / felsefi / sosyolojik, vs. neyle ve hangi bilimle tanımlarsanız tanımlayın, bu şekildeki bir denklem ve ifade ile karşımıza çıkacak olan yegane GERÇEKLİK'tir.

***

[◘Kod-011◘]

DEFINITIONs [Matematiksel / Fiziksel Tanımlamalar-5]

"BELİRSİZLİK İLKESİ"

"**H**er şey TAM, TAMAMLANMIŞ ve/veya OLMASI GEREKTİ-Ği gibi güzel, tam istediğin gibi gidiyor ve/veya sana mı öyle geliyor, veya DELİ'riyor muyum diye düşünüyorsun, bunu bir türlü anlamadın. Ama bilki ey dostum, BELİRSİZLİK ilkesi aslında, DELİLİK'tir ki, veya öyle bir halde olmaktır ki, tasavvufta HAKİ-

KAT'e yaklaşmakla kişinin kendisini bulması olarak tanımlanır, maksat başka değil, görünen alemde varsın da sana deli desinler, Hz. Peygamber'e de deli dememişler miydi? Hakeza Said Nursi'ye de.

Öyleyse, sana deli denmesinden niçin çekiniyorsun, demek ki Allah da Delileri seviyor, belirsizliği seviyor.."

Vesselam..

***

[◉Kod-012◾]

DEFINITIONs [Matematiksel / Fiziksel Tanımlamalar-6]

"ŞİMDİKİ AN İLKESİ"

"**Y**ıllarca GERÇEĞİ aradım, ama bulduklarımın hiç birisinin o AN'da olmadığını gördüm..

Anda gördüm, Çünkü, bil ki ey aziz dostum; ulaşmış olduğumu zannettiğim her o AN ve/veya ZAMAN PARÇASI, SONSUZ bir ZAMAN-UZAY parçasının göreli küçük bir YANSIMASI idi. Buradan yola çıkarak, ulaşmış olduğunuz AN parçaları da aslında sonsuz küçük DİFERANSİYEL alemde, hiçe indirgenebilir, ve bir noktadan sonra O AN PARÇALARI da kendi içerisinde kaybolmaktadır..

Misal olarak, bu konuda ne diyordu bir dizesinde üstad Necip Fazıl;

"Düşünüyorum: O'ndan evvel Zaman var mıydı?

Hakikatler, boşluğa bakan Aynalar mıydı..?"

Bu hakikatin güzel bir aynası olmuş, güzel bir söz.

İşte, bu NOKTA'da SONSUZ DURGUN ve/veya dingin ve her şeyi kaplayan bir BİRLEŞİK SONSUZ UZAY-ZAMAN ALANI içinde hiç bir hükmünüz, zamanınız, değeriniz ve öneminizin olmadığını, aslında bir HİÇ olduğumuzu BASİT'çe anlarsınız..

Çünkü, o AN'da sadece SONSUZ GÜÇ sahibi olan YEGANE ve BİR TEK GÜÇ ve/veya YARATICI, aslında GERÇEK olarak algılayamadığımız, ve onun karşısında denizdeki çok küçük bir damla misali, hakiki varlığımızın SONSUZ BİR HİÇ'e indirgendiğini, SONSUZ bir kudret her şeyi kuşatmakta olduğunu görürüz ki, işte bu ALLAH VAHDANİYYETİ ve TEKLİĞİ ve/veya TEKİLLİĞİ'dir, O'nun HERŞEY, VAR OLUŞ, VARLIK alemi SONLU'dur.."

***

[◉Kod-013◘]

[Felsefi / Sosyolojik Tanımlamalar-1]

"ŞİMDİKİ ANI ANLAMAK İLKESİ"

Ey benimle birlikte Hakikati ve Zamanın mahiyetini arayan Kıymetli Dostum;

Bu dünyada telaşa ve korkuya kapılmamanın tek yolu var...

Kafanızdaki hiç susmayan kötü düşünceler ancak tevekkülle ve Allah'a güvenle son bulur...

İnsanlar hep bu dünyada rahata ermek, huzur içinde yaşamak istiyorlar. İstiyorlar ki kafalarında hiç durmadan dönüp duran o kötü düşünceler kaybolsun, istiyorlar ki telaşları, korkuları kaybolsun. Bir parça rahat yüzü görmek istiyorlar ve/veya istiyorsun.

Peki ama bunca zorluklarla dolu dünya hayatında bunu nasıl yapacaklar? Çok zengin bir akrabaya sırtını dayamakla bitiyor mu endişeler ve/veya sıkıntıların? Ya da çok iyi bir kariyer yapmakla? Kendince kurnaz davranıp zengin biriyle evlenmekle? Ya da paraları bankaya yığıp biriktirmekle? Yoksa endişeler ve korkular giderek daha da mı artıyor? Dünyada alınan her tedbir sürekli boşa mı çıkıyor?

Bu dünyada telaşa kapılmamanın tek yolu var. O da önce Allah'a iman etmek, sonra da şirk koşmadan iman etmek. Gerçek huzuru, dinginliği ve mutluluğu yaşamanın başka hiçbir yolu yok. Bu dünyada yaşayan hiçbir insanın kendisine ait bir gücü yok. Kimse Allah'tan bağımsız hareket etmiyor, kimse Allah'tan bağımsız tek bir söz bile söylemiyor. Bil ve/veya Biliniz ki, tüm gerçekleşen olaylar hep Allah'ın kontrolünde gerçekleşiyor. Allah bir insanı getiriyor, diğerini götürüyor ve saniyesi saniyesine olacak olan olayları hayatımızda tek tek yaratıyor. Daha biz doğmadan on yıl sonra saat iki de yaşayacağımız olay belli. Allah bu olayları bir imtihan olarak kaderimizde yaratıyor ve/veya olgunlaştırıp bizi yıllar sonra o olayla karşılaştırıyor, böylelikle bize büyük bir eğitimi ve/veya terbiyeyi de vermiş oluyor biz zamanın farkında olmadan fark edemesek de.

İşte insan bu hayatın keşmekeşi içinde "şimdi bu da nereden çıktı, bu insan neden bana böyle söyledi, neden ters yola saptım, neden ben hastalandım, neden bu işe giremedim, neden istediğim bölümü kazanamadım..." demeye başlıyorsa ve Allah'ı unutuyorsa, işte o zaman şirk içinde yaşıyor demektir.

Bakın Allah Kur'an'da "Allah'tan habersiz bir yaprak bile düşmez" diyor. Bunu neden diyor? Hiç oturup düşündün mü? Basit bir örnek belki yaprak, ama bilki yaprağın arkasında o küçük olaylardan koskoca bir dünya ve/veya yaşanacak nice ömürler olduğunu görürsün. Yine Bak ve/veya Bakın ki, O kudret kalemi ile yeryüzünde yaşayan trilyonlarca ağaçtan düşen tek bir yaprak bile Allah'ın kontrolünde o ağaçtan yere düşüyor. Senin kaderine düşen veya yaşadığın yaşayacağın her olayı da o yaprak gibi görebilirsin bu manada. Hatta bil ki, Yere düşeceği saniye ve/veya An ve seyyale dahi belli. O zaman seninde yaşadığın olayların bir hayrı, bir hikmeti var. Mümin burada imtihanın sırrını kavrıyor ve her seferinde Allah'a tevekkül ediyor ve etmeli de.

O zaman geriye telaş edecek bir şey kalıyor mu? "Allah her şeyi hayırla yaratıyor" diyecek mümin, o yüzden her şeyin başında "Bi ism illah" ile başlanmıyor mu.? Başına gelen her olayı güzel görecek. Güzel görüp güzel düşünecek ki; telaşa kapılacak, üzülecek, sıkılacak, yese kapılacak bir durum yok ortada asl-i hakikatinde, her şey kaderle tayin edilmiş birer hayat programları manzumesidir ömrünün geçen her saniyesi. Tam tersine şirkten sıyrılınca insanın üzerine bir bereket, bir güzellik geliyor, gelmeli. İnsan, Allah'tan yana olduğunda ve Allah'ı unutmadığında, O'nu zikredip varlığını hatırladığında ve hep yanında olduğunun bilincine tam varabildiğinde, Allah'ta şüphesiz onun, kulunun kalbine huzur ve güvenlik duygusu indiriyor.

***

[◘Kod-014◘]

[Felsefi / Sosyolojik Tanımlamalar-2]

"DÜNYANIN YARATILIŞ AMACI İLKESİ"

*A*llah dünyayı geçim derdi yaşansın, hayatla boğuşulsun diye yaratmadı...

"Bu dünyanın hiçbir öneminin olmadığını burada kavramayanlar ölünce bu gerçeği anlayacaklar."

Şimdi dünya hayatında öyle büyük bir çekişme var ki, borsalar sürekli hareket halinde. İnsanlar çek/senet, borç/alacak derdinde. Adama bir şey söylüyorsun, dönüp bakmıyor bile. "Ben yiyecek ekmek bulma, geçim, çoluk/çocuk derdindeyim, çocuklarımı okutma derdindeyim, sen bana neler anlatıyorsun" diyor. Herkes iyi bir üniversiteyi kazanmanın, mutlaka bir yabancı dil öğrenmenin, iyi bir kariyer yapmanın peşinde koşup duruyor. Ama öyle böyle bir koşturma ki, tam bir yarışa dönmüş, herkes nefes nefese, herkes kendi başının derdine düşmüş, önüne çıkanı da ezip geçiyor. Peki hakikatte Allah'ın bizden istemiş olduğu hayat tarzı bu mudur, veya bizi sadece bunun için mi yarattı, bu dünyaya geliş amacımız nedir, Kainatın yaratılış amacı nedir? Kimse bunları durup düşünmüyor bir an bile.

Siyasetçiler başka bir dünyanın peşinde koşuyor, bilim adamları başka bir dünyanın peşinde, iş adamları ise bambaşka bir alemde. Peki ama hiç durup da düşünmüyor musunuz? Allah bu dünyayı her daim sadece siz ekmek peşinde koşasınız, siz makam mevki edinesiniz, siz borsada paralar kazanasınız diye mi yarattı? Dünyanın yaratılışının bunlarla uzaktan yakından alakası bile yok. Belki çok garip ama, Dünyanın çok büyük bir kesimi, milyarlarca insan bu gerçeğin farkında bile değil. Onlar dünyaya bu şekilde boğuşmaya geldiklerini zannediyorlar. Koskoca dünya çek, senet ödemek için, hiç durmadan para kazanmak için ya da ticaret yapmak için yaratılır mı? Bunu düşünüp akıl edemiyorlar.

Peki, gel dostum, eğer sen de müştak isen, öyleyse şimdi bu suallerin gerçek cevaplarını Kur'an'dan arayalım:

Biz, gökleri, yeri ve ikisi arasında bulunanları bir oyun ve oyalanma konusu? olsun diye yaratmadık. (Duhan Suresi, 38)

Size verilen herşey, yalnızca dünya hayatının metaı ve süsüdür. Allah Katında olan ise, daha hayırlı ve daha süreklidir. Yine de, akıllanmayacak mısınız?

(Kasas Suresi, 60)

Bu dünya hayatı, yalnızca bir oyun ve '(eğlence türünden) tutkulu bir oyalanmadır'. Gerçekten ahiret yurdu ise, asıl hayat odur. Bir bilselerdi.

(Ankebut Suresi, 64)

***

Dünyadaki bunca detay insanlar yiyecek ekmek peşine düşsün diye yaratılmadı. Oyun ve eğlence peşinde koşsun diye de yaratılmadı. Bakın kafanızı kaldırın ve dikkatlice etrafınıza bir bakın. Milyarlarca, trilyonlarca detay var. Her insanın vücudu 100 trilyon hücreden oluşuyor, kainatta muazzam bir denge var, atomlar yaratılmış, kofullar yaratılmış. Uzayda yüzlerce galaksi yaratılmış. Burada müthiş bir titizlikle yaratılmış bir dünya var. İnsan doğduğunda muazzam bir dünyaya gözlerini açıyor. **Şimdi, bu dünyanın içinde yaratılan milyarlarca insanın yaratılış amacının sadece ekmek kavgası olmadığı çok açık değil mi? İnsanın bu dünyada bulunmasının tek amacı Allah'a kul olmaktır, imanla yaşamaktır.** Ama insanlar bu gerçeği bir türlü kavramıyorlar. Direndikçe direniyor yine dünyanın karmaşasına dalıyorlar. İşte ben de adeta derin bir uykuda hayatına devam eden bu insanları uyandırmaya çalışıyorum.

Bakın Allah dünyanın hiçbir amacı kalmadığında dünyayı tamamen yok ediyor. Kıyametten önce hadislere göre göre dünyada tek bir iman eden insan kalmayacağını biliyoruz. Hatta, inkar edenler o kadar azgınlaşacak ki, Kuran'ı bile ortadan kaldıracaklar. İşte o zaman dünyanın bir anlamı kalmadığı için Allah kıyameti koparacak ve tüm dünyayı helak edecek. İçinde iman eden insan olmadıktan sonra dünyanın var olmasının hiçbir anlamı yok.

Sonuçta, dünya amaçsız bir boğuşma ve dünya hırsı yaşansın diye yaratılmadı. Dünya insan Allah'a iman etsin, imtihan olsun, kaderini yaşasın ve Allah'a kul olsun diye yaratılmıştır.

Kur'an-ı Kerim'de insanın yaradılış gayesi. Görev ve sorumluluğu hakkında pek çok ayetler vardır. Misal olarak, aşağıdaki ayetler İnsanın Yaratılış Gayesine iyi birer örnektir:

"Cinleri ve insanları sadece bana kulluk etsinler diye yarattım." (Zariyat, 56)

"Biz, insanı katışık bir damladan yarattık. Onu imtihan edelim diye onun işitmesini ve görmesini sağladık." (İnsan, 2)

"İnsan kendisini başıboş bırakacağımızı mı sanır?" (Kıyamet, 36)

"Biz emaneti göklere, yere ve dağlara teklif ettik. Hepside onu yüklenmekten kaçındılar ve korktular. İnsan ise onu yüklendi. Gerçekten insan çok zalim, çok Cahildir." (Ahzab, 72)

"Ölümü ve hayatı, hanginizin daha iyi çalışacağını denemek için yaratan O'dur." (Mülk, 2)

"O, gökleri ve yeri hak ile yaratmış, sizi de en güzel sürette şekillendirmiştir. Dönüş de O'nadır." (Teğabun, 3)

"Ey iman edenler! Kendinizi ve ailenizi ateşten koruyun. Onun yakıtı insanlar ve taşlardır." (Tahrim, 6)

Dünya, Cennet ve Cehennem için sadece bir geçiş yeridir, bir köprüden ibarettir. Ama insanlar bu yaratılış amaçlarının farkında olmadıkları için sürekli bu köprüde çekişip, kavga edip, birbirlerine saldırıp, yaşam mücadelesi veriyorlar. Halbuki iman edip o korkunç dünyadan bir çıksalar, o zaman bunun için yaratılmadıklarının da bilincine varacaklar...

***

***

NOT: Buraya kadar olan kısımlar Sonsuzluğun Kur'an ve Hadisler ve Kainatın yaratılışı ekseninde gerek Felsefi ve gerek Vahiysel sonuçlarının ele alınarak tanımlanması ve akademik düzeyde tam anlaşılması ve doğru bir tanımlama ile isbat edilmesine yönelik bir giriş niteliğinde idi.

Bundan sonraki kısımlardaki yazılar ise, "SONSUZLUĞUN", "KIYAMET"e bakan TOPLUMSAL, TARİHSEL, SOSYOLOJİK, ETİK ve GÜNLÜK hayattaki dini motifleri ele alınarak, bir bakıma herkesin anlayacağı bir şekilde avama yönelik tüm yönleriyle, basitçe işlenecektir.

***

[◉Kod-015◘]

SONLU BİR HAYAT SADECE DÜNYA'DA MI VAR?

"ENOCH'UN BÜYÜK SIRRI NEYDİ?"

Hz. İdris'in kitabı olarak bilinen Enoch'ta;

Kıyamet ve Zamanın sonu dönemine bazı işaretler ile birlikte, Hz. Mehdi'ye yönelik bazı mühim sırlar ve diğer dünyalarda yaşayan muhtemel canlılar olabileceğine dair bazı önemli sırlar bulunmaktadır. Sonsuzluk ve Sonlu alem açısından konuyu burada ele alacağız..

Hz. İdris peygamberin Enoch isimli kitabında ahir zamanda tüm dünyanın kurtarıcısı olarak gelecek olan Hz. Mehdi'ye ait birtakım sırlar var. Peygamberimizin hadislerine göre Hz. Mehdi şu anda dünyada, sadece zuhur vaktini bekliyor. Hz. İdris'in kitabı olan Enoch'u incelediğimizde peygamberimizin hadisleriye son derece mutabık olduğunu hayretle görüyoruz.

"Dikkatlice inceledim ve içinde yüce bir tahtın bulunduğunu gördüm. Görünümü buza benziyordu. Çevresi parlak güneş küresini andırıyordu ve Cherubim'in sesleri vardı." (Enoch, s. 62, 18)

"Bu kudretli tahtın altından alevli ateş nehirleri çıkıyordu. Ona gözle bakmak imkansızdı." (Enoch, s. 62, 19)

Enoch'da diyor ki, **"Dikkatlice inceledim ve içinde yüce bir tahtın bulunduğunu gördüm, görünümü buza benziyordu"** yani metal görünümlü, fakat içinde oturulan bir vasıta. **"Çevresi parlak; güneş küresini andırıyordu"**, yani ışıklar vardı çevresinde; arabanın ön farları, arka farlarından bahsediliyor. **"Ve cherubim sesleri vardı"**, yani arabadan çıkan sesleri söylüyor. **"Bu kudretli tahtın altından alevli ateş nehirleri çıkıyordu."** Arabanın biliyorsunuz yanma odası var, değil mi? Yani motoru ve oradan da gaz çıkıyor, yanan gazlar. **"Ona gözle bakmak imkansızdı"** diyor, çünkü çok süratle gidiyor. Çok hayret verici bir açıklama, 2000 yıllık bir kitap bu.

"Şan ile Şeref'i yüce biri üzerinde oturuyordu. Kaftanı, güneşten parlak ve kardan beyazdı." (Enoch, s. 62, 20)

"Şan ve şerefi yüce biri üzerinde oturuyor" diyor bu atın. "Kaftanı güneşten parlak ve kardan beyazdı". Beyaz takım elbise giymiş, güneş gibi de parlıyor.

"Tüm bu derin fakat geniş olmayan vadiler, sert bir kayadan oluşmuştu ve içlerinde dikili bir ağaç vardı. -." (Enoch, s. 92, 5)

"Bulunduğu yerin içinde dikili bir ağaç vardı" diyor, bu da çok şaşırtıcı, bir ev; "evin içinde bir ağaç vardı" diyor.

"Kutsallar ve seçilmişler, alevli ateşe benzer görünümde olan O'nun önünde zikrediyorlardı. Ağızları hamd ile doluydu ve dudakları Ruhların Rabbi'nin adını övüyordu. O'nun huzurunda doğruluk namütenahi olarak ikamet ediyordu." (Enoch, s. 112, 7)

"Bu şanlılar ve seçilmişler, alevli ateşe benzer görünümde olan, O'nun karşısında zikrediyorlardı" diyor. Mehdi'yi alevli ateşe benzetiyor; "öyle parlak ve etkileyici" diyor. "Önünde Allah'tan bahsediyorlardı" diyor. "Onun önünde ağızları hamd ile doluydu" diyor. "Dudakları Rabbim'in adını övüyordu", yani sürekli Allah'a hamd edip Allah'tan bahsediyorlardı diyor.

"...Duyduğum ikince ses, Seçilmiş Olan'ı ve Ruhların Rabbi için acı çeken seçilmişleri yüceltiyordu.

(Enoch, s. 116, 4)

"O gün Seçilmiş Olan'ımı onların arasında ikamet ettireceğim. Göğün yüzünü değiştireceğim. Onu kutsayacağım ve sonsuza dek aydınlatacağım."

(Enoch, s. 126, 4)

"**Duyduğum ikinci ses seçilmiş olanı ve ruhların Rabbi için acı çeken seçilmişleri yüceltiyordu**" yani onlar acı çekeceklerdi diyor Mehdi ve Mehdi talebeleri için. "**O gün seçilmiş olanı mı onların arasında ikamet ettireceğim**" yani Mehdi'yi ikamet ettireceğim. "**Göğün yüzünü değiştireceğim**", yani gökte, güneşte, yıldızda ve ayda alametler olacak diyor. Ay ve güneş tutulmaları var ya hadiste, "**güneşte alamet olacak**" diyor. Güneşte yüzyılın en büyük patlaması oldu. "**Onu kutsayacağım ve sonsuza dek aydınlatacağım.**" Onu kutsal hale getireceğim sonsuza kadar anlamındadır.

"**Aynı zamanda dünyanın yüzünü de değiştireceğim ve onu kutsayacağım. Onu, üzerinde ikamet etsinler diye seçtiklerime vereceğim. Fakat davranışlarını kaydettiğim için günah işleyenler ve haksızlık yapanlar orada yaşamayacaklar. Sadıklarımı huzuruma yerleştirerek huzurla tatmin edeceğim: fakat onları dünyanın yüzünden yok edebileceğim diye günahkarların kınanmaları yaklaşacak.**"

(Enoch, s. 126, 5-6)

"**Aynı zamanda dünyanın da yüzünü değiştireceğim**", "**onu da kutsayacağım**", yani dünyanın yüzünü de değiştireceğim, bütün dünya değişecek diyor. "**Onu üzerinde ikamet etsinler diye seçtiklerime vereceğim**", Hz. Mehdi'ye vereceğim diyor. "**Fakat davranışlarını kaydettiğim için günah işleyenler ve haksızlık yapanlar orada yaşayamayacaklar**", yani dünyada onları etkisiz hale getireceğim diyor, günah işleyenleri, dine, İslam'a karşı olanları diyor.

"*Onunla doğruluğun ikamet ettiği ve gizli tüm hazineleri açıklayacak olan İnsan Oğlu'dur. (Enoch, s. 126, 3)*

"Onunla doğruluğun ikamet ettiği ve gizli tüm hazineleri açıklayacak olan insanoğludur" diyor. Burada kast edilen Gizli hazineler, Peygamberimiz zamanından daha eski olan. Hz. Süleyman zamanından kalma, Hz. Musa zamanından kalma, kutsal sandık dahil kutsal emanetlerin bulunuşuna işaret ediyor.

Senin görmüş olduğun bu İnsan Oğlu, kralları ve kudretlileri koltuklarından kaldıracak ve güçlülerin boyunduruğunu gevşetecek günahkârların dişlerini parçalara ayıracak. (Enoch, s. 128, 4)

"**Görmüş olduğun bu insanoğlu**", burada Hz. Mehdi'den bahsediyor. "**Kralları koltuklarından kaldıracak**", yani iktidarlar kalkacak onun zamanında diyor. "**Güçlülerin boyunduruğunu gevşetecek**", yani onlar insanları boyunduruğa vuruyor, güçlü olanlar, işte onu gevşetecek diyor. Yani boyunduruğu gevşetecek ve insanlar rahatlayacak diyor." **Günahkarların dişlerini parçalara ayıracak**", yani günahkarların tahrip etme gücünü ortadan kaldıracak, dişleriyle zarar verdikleri için, zarar vermelerini ortadan kaldıracak diyor.

"... Onlar, Ruhların Rabbi'nin adını inkar edecek; O'nu ve Ruhların Rabb'i adına acı çeken insanları, içinde toplandıkları tapınaklarından çıkaracaklar."

(Enoch, s. 128, 7-8)

***

Burada Deccaliyetten bahsediyor, "**onlar ruhların Rabbinin adını inkar edecek**", Allah'ı inkar edecek diyor deccaliyet. "**O'nu ve ruhların Rabbi adına acı çeken insanları**" Hz. Mehdi'den bahsediyor; Mehdi'nin talebelerini içinde toplandıkları tapınaklardan çıkaracaklar, yani evlerinden çıkaracaklar, tutuklayacaklar, göz altına alacaklar diyor. Çok şaşırtıcı değil mi? Mehdinin talebelerinin tutuklanacakları veya hapse gireceklerinden bahsediyor.

"O yerde, birçok hikmet pınarıyla çevrelenmiş ve asla kesilmeyen sadıklığın bir çeşmesini gördüm. Onlardan susayıp içen herkes hikmetle dolardı ve onların kametleri seçilmiş ve kutsallarla birlikteydi."

(Enoch, s. 130, bölüm 48, 1)

"... Onlardan susayıp içen herkes hikmet ve bilgiyle dolardı", yani o bilgiyi alan, onları dinleyen herkes, hikmetle ve bilgiyle doluyorlardı diyor. **"Onların kametleri seçilmiş ve kutsallarla birlikteydi."** Onların çağrıları seçilmiş ve kutsallarla birlikteydi.

"O yerde, birçok hikmet pınarıyla çevrelenmiş ve asla kesilmeyen sadıklığın bir çeşmesini gördüm", yani sürekli hikmet aktaran. **"Asla kesilmeyen sadıklığın"** sadık olan Hz. Mehdi'nin. Bediüzzaman da Hz. Mehdi'nin sadık olduğunu söylüyor. "Sadakat, ihlas, tesanüt" diyor. **"Sadıklığın bir çeşmesini gördüm"**, müthiş bir güç ve sadakat var.

"Onlardan susayıp içen herkes hikmetle dolardı ve **onların kametleri seçilmiş ve kutsallarla birlikteydi"**, yani o bilgiyi alan, onları dinleyen herkes hikmetle ve bilgiyle doluyordu diyor. **"Onların kametleri seçilmiş ve kutsallarla birlikteydi"**, onların çağrıları seçilmiş ve kutsallarla birlikteydi.

"O, sadıklar ve kutsallar için, devrilmeyen bir destek olacak; o, milletlerin ışığı olacak. O, kalpleri sıkıntılı olanların umudu olacak.

(Enoch, s. 132, bölüm 48, 4)

"O (Hz. Mehdi) sadıklar ve kutsallar için devrilmeyen bir destek olacak"**, yani Mehdi insanlık için yıkılmayan bir destek olacak diyor. "O milletlerin ışığı olacak"**, bütün milletlerin ışığı olacak. "O, kalpleri sıkıntılı olanların umudu olacak."

"Dünyada yaşayanların hepsi, onun huzurunda (yere) düşecek ve ona ibadet edecek. O'nu, kutsayacaklar ve O'nu övecekler. Ruhlarının Rabbi adına şarkılar söyleyecekler."

(Enoch, s. 132, bölüm 48, 5)

***

ARA NOTLAR:

ENOCH VE DİĞER SONLU ÖTE DÜNYALAR?

Dünyaya benzer bir Gezegen daha bunundu? Peki Kainat ne kadar büyük?

NASA gerçekleri gizliyor; Kepler-186f, Dünya'dan yaklaşık olarak 500 ışık yılı uzaklıkta bulunan kırmızı cüce yıldız Kepler-186 yörüngesindeki bir öte gezegendir. Kepler-186f, başka bir yıldızın yaşama elverişli bölgesinde keşfedilen, Dünya ile benzer yarıçapa sahip ilk gezegendir.

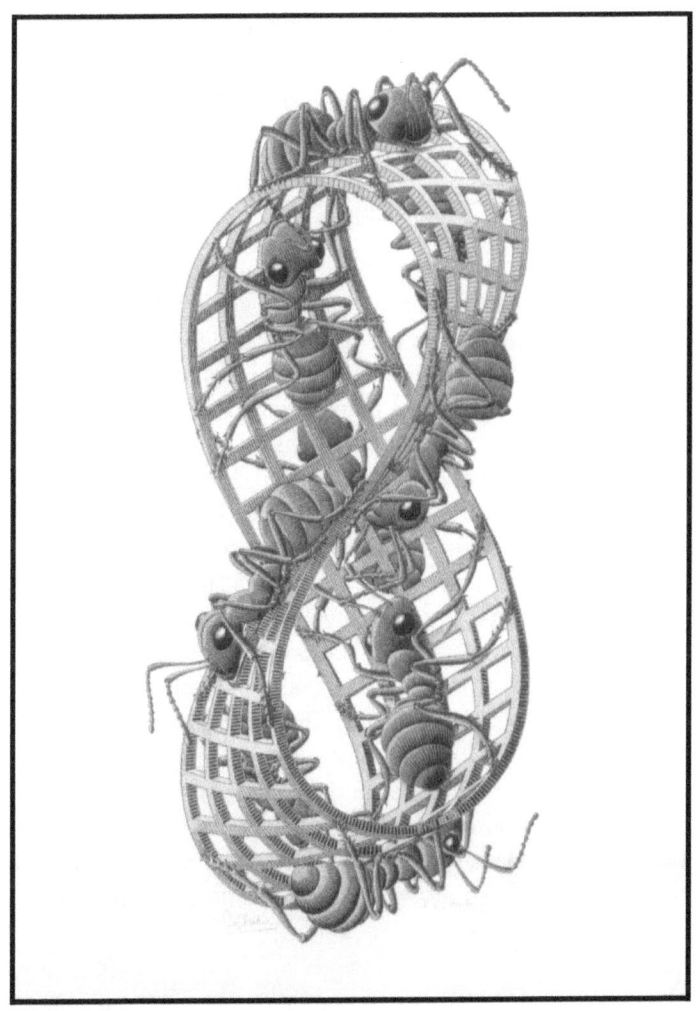

KÜÇÜKLERİN EVRENİNDE SONSUZ ne demektir? Kainat, zaman, boşluk ve uzay sözcüklerinin geçtiği her bağlamda; bir çocuğun ilk tinsel sorusudur hayata başladığında bile. Sanki yanıtlamak çok kolaymış gibi, sabırsızca gözlerinizin içine bakarlar. Bir cümleyle anlatıvermeniz, dahası bir yerlerde onlara "sonsuz"u göstermenizi beklerler hep. Ama bir türlü yapamazsınız veya betimleyemezsiniz ve sonunda dar bir alanda sıkışıp kalırsınız; öyle değilmiş gibi yaparak. Böylesi durumlarda çok sık olmasa da el çabukluğuyla başvurabileceğiniz bir yöntem var aslında: Derhal renkli bir karton, bir makas ve yapıştırıcı alın ve iki dakikada yukarıdaki gibi kusursuz bir möbius şeridi* kesin. Sizin iki dakikada oluşturduğunuz bu şeridin, aslında SONSUZ'u ifade etmek ve göstermek için, yüzlerce matematiksel denkleme, yıllar süren zihinsel çalışmaya sebep oluşunu düşündükçe şaşırabilirsiniz aslında. Ama genelde yeni yetişen nesiller, biraz da Hazıra konmuşluğun, "armut piş, ağzıma düş"çülüğün alışkanlıkları üzerine büyümüş bir nesil olduğundan, bunda bir tuhaflık da bulmanıza da gerek yok.

Yukarıdaki şekilde, ilk defa M. C. Escher olarak bildiğimiz Maurits Cornelis Escher'in çalışmalarında "SONSUZ" kavramı sadece basit grafikler ve çizimlerle anlatılmaya veya gösterilmeye çalışılmıştır. Çünkü, hafiften popüler matematik yazınına meraklı olanlar bu şeritten haberdar olsalar da, bazıları ancak onun çok yorucu simetrik oyuncaklarını, litograflarını gördüğünde şans eseri duymuştur bu şeridin ne ifade ettiğini, nasıl bir şey olduğunu. Kabaca anlatırsak, dikdörtgen bir şeridin iki ucunu 180 derece, yani yarım tur büküp, diğer uçlarla birleştirdiğinizde elde ettiğiniz, pek de gösterişli olmayan; tek yüzlü bir bant möbius şerididir. Başladığınız noktaya dönersiniz her seferinde, başka bir yüzü yoktur. Bu yüzden, tıpkı içi olmayan şu meşhur Klein Şişesi** gibi, Sonsuzluğu elle tutulur bir betimleme alegorisi sağlar insana. Son derece basit görünür; ancak karmaşanın, mümkünsüzlük teorilerinin ana uğraşlarından da biridir. Escher; bu şerit üzerinde karıncalar yürütmüştü: Biçare ve Çaresiz karıncalar! Oysa ki, Bir başladılar yürümeye; sonsuza dek yol bitmedi. Oysa, hepi-topu bir metre bile tutmayan bir acayip şerittendi bütün bir yol. Dönmedolap gibi, dön babam dön: Sonsuzluk? Tekrarlar mantığı! İşte, Sonsuzluk da aslında karıncalar için böyle bir şey demekti..!

"İşte" çocuklar da; biraz uğraşsalar da yolun sonunu göremezler, ama yetişkinler gibi bunalacaklarına, heyecanlanıp sevinirler her seferinde. Yanıtlarlar kendi sorularını aynı türden, ama bu kez daha "hafif" bir soruyla: "Sonsuzluk da bunun gibi mi?" der susarız. Bundan sonrası "bana ne"dir çünkü bir çocuk ve hatta karınca için.

KARINCA İÇİN SONSUZLUK: Bizim için yukarıdaki gezegen ne kadar büyük geliyorsa; aynen öyle de, küçük bir karınca için de, ufak bir su birikintisi veya küçük bir yaprak üzerindeki yaşam, ona da o kadar sonsuz gibi gelir. Oysa, bize göre çok küçük bir kütlenin üzerinde yaşamaktadır..

*[Bir önceki Resim: M. Escher, Mobiüs Şeridi "Mobius Strip"]

Escher'in diğer bazı SONSUZ çizimleri
ise aşağıda verildi:

Sonsuzluğun Sonsuzluğu

**[Klein Şişesi: Oscar Klein tarafından betimlenmiş 3 boyutlu, sonsuzluk ifade eden matematiksel bir şekil]

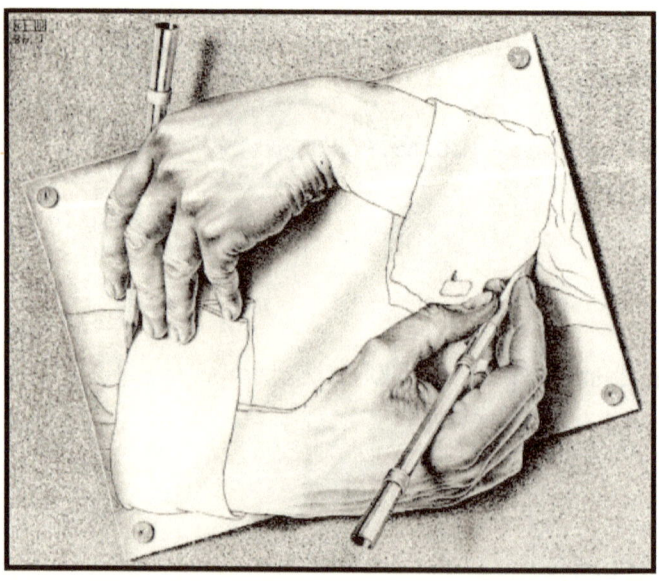

Birbirini çizen eller, "Drawing Hands" [M. Escher]

114 Kod

Sonsuzluk içeren su arkı ve birbirini tekrar eden devir daim kuleleri [M. Escher]

Sonsuzluğun Sonsuzluğu

Sonsuzluk içeren Babil Kulesi, "Babilean Tower" [M. Escher]

Sonsuzluğa Uçuşan Kelebekler, "Circle Limit with Butterflies" [M. Escher]

***

Uzayda hayat var mı sorusunun en güvenilir cevâbı, hiç şüphesiz, Mûcize olduğu kanıtlanmış olan, kendisinden başka tanrı olmayan allâh'ın kitabı Kur'ân'dadır.

Özellikle, iki âyette açıkça bildirilmiştir ve uzayda hayat ve başka canlılar da vardır.

1- Kur'ân'ın 16'ncı sûresi olan nahl sûresinin 49'uncu âyeti:

"Ve allâh'a secde etmeyen ne (var) göklerde ve ne de (var) yer(yüzün)de dâbbeden (kımıldayandan, canlıdan) ve meleklerden olamayan hiçbir canlı olmasın, ve onlar büyüklenmezler."

2- Kur'ân'ın 42'nci sûresi olan şûrâ sûresinin 29'uncu âyeti; **"Ve o'nun (allâh'ın) âyetlerinden (belirtilerinden)dir ki, yaratılış (tarz)ını gökler ve yer(yüzünü)n her yerine yaydı o ikisinde dâbbeden (kımıldayandan, canlıdan) varlıklar yarattı ve o (onların) toplanmalarına dilediğinde de kadîrdir (çok iyi ölçüler, kanunlar ve şeriatlar koyandır)."**

Görüldüğü üzere, bu iki âyette bahsedilen açıkça gökler, yani kast edilen aslında açık uzaydır. Gökler kelimesi her ikisinde de çoğuldur, bu da bildiğimiz evrende her yerde hayat olduğuna delildir. İkinci âyetteki yaydı kelimesi tozun yayılmasını ifâde eden "besse" fiilidir. Bu fiil ile ifâde edilen yayılma, tozun yayılması gibi, üste, alta, öne, arkaya, sağa, sola, her yöne yayılmayı anlatır. Öyleyse, âyette bu fiille anlatılan, göklerde, uzayda yayılmadan anlaşılan, evrenin her bölümünde hayatın varlığıdır ki, tarık ve rahman sureleri de bu sonucu destekler niteliktedir. Yine 24'üncü sûre olan nûr sûresinin 45'inci âyetinde de, bu iki âyette de bahsi geçen "dâbbe" kelimesi tarif edilmiştir. Bu âyette anlatılan dâbbe târifi;

1- Her dâbbe (kımıldayan, canlı) su'dan yaratıldı. (öyleyse uzayda her yerde su var)
2- Dâbbenin (kımıldayanın, canlının) bir kısmı karnı üzerinde gider, yâni sürüngendir.
3- Dâbbenin (kımıldayanın, canlının) bir kısmı iki ayağı üzerinde gider.
4- Dâbbenin (kımıldayanın, canlının) bir kısmı dört üzerinde gider. (dört ayaklılar ve iki ayak, iki kol üzerinde giden maymun türleri gibileri)

Kur'ân'da târif edilen dâbbe (kımıldayan, canlı) târifi budur. Göklerde, uzayda var olan hayat budur. Yâni dünyâdaki hayat gibidir uzaydaki hayat da. Bâzı âlimlerin, tefsircilerin dâbbe, meleklerdir demeleri, büyük bir hatâdır, bu Kur'ân âyetlerini inkardır. 16'ncı sûre olan nahl sûresinin 49'uncu âyetinde "ne (var) yer(yüzün)de dâbbeden ve melekler" sözünde "dâbbe" ve "melekler"in ayrı ayrı anılması da "dâbbe" ve "melekler"in farklı varlıklar olduğu anlaşılıyor. Ayrıca meleklerin su'dan yaratılmadığı ışıktan yaratıldığı hakkında hadis vardır.

Böylece hiç şüphesiz anlaşılıyor ki Kur'ân, göklerde ve hatta yerin altında yaşayan başka insanımsı canlılar da vardır, yâni uzayda hayatın varlığını, ki (Kimileri ve NASA onları UFO olarak tanımlıyor) açıkça bildiriyor.

Ayrıca göklerde, uzayda hayatın varlığına dâir hadisler var. Bu da ayrı bir delil olarak Kur'ân'la uyumludur. Böylece bu konudaki hadislerin Kur'ân'a uygun olduğu kesinleşir.

Örnek bir hadis:

"Bilim süreyyâ'da (ülker takım yıldızları'nda) olsa, onunla birbirine kavuşur Fars oğullarından (îranlılardan) adamlar."

Kaynakça:

- (Hadîsin kaynağı: (1) Ahmed bin Hanbelin Müsnedi, (2 (297-420-422-469))
- (Hadisdeki "bilim" kelimesi yerine "îmân" kelimesi kullanılan aynı hadîs'in diğer bir naklinin kaynağı: Tirmizî, Tefsîr bölümünde 47 (3), 62 (1), menkıbeler 70)
- (Hadisdeki "birbirine kavuşur" kelimesi yerine "elbet ona kavuşur" kelimesi kullanılan diğer bir naklinin kaynağı: buhârî, tefsîr bölümü 62 (1). Müslim, sahâbenin fazîletleri bölümü 231. Tirmizî, tefsîr bölümü 47 (3), 62 (1), menkıbeler 70. Ahmed bin Hanbel 2 (417))
- Hadisteki "süreyyâ" (türkçede, "ülker", "yedi kız kardeş" adları ile bilinir. Ayrıca farsça "peren", "pervin". Yunanca "pleiades". Japonca "subaru".) Adları ile bilinir. Uluslar arası gök bilim adlandırmasında "M-45" olarak bilinir. Boğa burcundadır, dünyâdan uzaklığı 440 ışık yılı (135 parsek). Âletsiz bakıldığında yedi yıldızı görünür.

***

"Dünyada yaşayanların hepsi onun huzurunda yere düşecek", yani etkisiz olacaklar diyor. Burada Materyalizmin yıkılışına işaret ediyor. **"O'nu kutsayacaklar"**, Allah'a ibadet edecekler diyor. Allah'ı kutsayacaklar ve O'nu övecekler. O devirde **"Ruhların Rabbi adına, Allah için şarkılar söyleyecekler"** diyor. Yani birlikte şarkılar söyleyecekler diyor.

Ne savaş için demir ne de göğüs için zırh bulunacak. Bakır işe yaramayacak. Aynı zamanda ne paslanan ne de aşınan işe yarayacak ve kurşuna da tamah edilmeyecek.

(Enoch, s. 140, bölüm 48, 8)

"O devirde ne savaş için demir, ne de göğüs için zırh bulunacak", yani insanlar kendilerini korumaya gerek duymayacaklar, silah sanayiinde de demir kullanılmayacak çünkü silahlar yapılmayacak diyor. **"Kurşuna da tamah edilmeyecek."** Çok manidar, bakın kurşuna tamah edilmeyecek. İki bin yıllık eser bildiriyor bunu, tıpkı peygamberimizin hadislerinde bildirildiği gibi Hz. Mehdi'nin savaşa izin vermeyeceğini.

"...Dünyanın sütunu temelinden sarsıldı ve o ses, dünyanın sınırlarından doğru aynı anda duyuldu."

(Enoch, s. 150, bölüm 57, 2)

"Dünyanın sütunu temelinden sarsıldı ve o ses dünyanın sınırlarından doğru aynı anda duyuldu." Depremler olacak diyor; **"dünyanın sütünü sarsıldı"** diyor, sarsıntı olacak diyor. **"Ve o ses"** yani deprem, **"dünyanın sınırlarından doğru aynı anda duyuldu"**, diyor. **"Dünyanın sınırlarından doğru aynı anda duyuldu"**, yani her yerde deprem haberleri duyulacak diyor, dünyanın sınırlarından doğru olarak duyulacak. Dünyanın her yerinden her gün deprem haberleri duyuyoruz.

Evet, 2000 yıllık Hz. İdris'in Enoch isimli kitabından Hz. Mehdi ile ilgili hayret verici açıklamalar bunlar, peygamberimizin hadisleriyle tamamen mutabık, örtüşen bilgiler içeriyor.

***

[◘Kod-016◘]

"HZ. YUSUF'UN BÜYÜK SIRRI NEYDİ?"

Bil ki ey dostum, Hz. Yusuf'un en büyük sırrı ne güzelliğiydi ve/veya bilgeliği ve ne de saltanatıydı. Onun en büyük Allah'a bağlılığını ifade eden "AŞK" onun büyük sırrı idi. Lakin bu büyük sırra çoğu eremedi. Şimdi kısaca o kıssayı sana anlatacağım.

Bana Hz. Yusuf'un Allah'a olan aşkı gibi bir AŞK gerek...

Hz. Yusuf imtihandan imtihana geçerken kalbindeki Allah aşkı da yükseldikçe yükseliyordu...

Hz. Yusuf'un Allah'a duyduğu aşk ne kadar güçlü, ne kadar güzel ve ne kadar derin... Uçsuz bucaksız masmavi okyanuslar gibi, uçsuz bucaksız insanın başını döndüren masmavi gökyüzü gibi...

Bakın, Hz. Yusuf daha küçük yaşta kardeşleri tarafından kuyuya atıldı, tek başına bırakıldı ama bir kere bile isyan etmedi. Sadece "Allah" dedi. Daha küçücük yaşta Allah onu ciddi bir imtihandan geçirdi.

Bildiğiniz gibi, Hz. Yusuf kuyudan çıkarıldıktan sonra zengin bir malikane sahibine köle olarak satılıyor. Hz. Yusuf o kadar yakışıklı ve çekici idi ki, efendisinin karısı onunla birlikte olmak istiyordu. Hz. Yusuf saray gibi bir malikanede, her türlü zenginliğin içinde yaşarken evin son derece güzel hanımı sürekli Hz. Yusuf ile zina yapmak istiyordu. Hz. Yusuf da kadını beğeniyor ama zina olacağı için asla yanaşmıyor ve "Rabbim zindan benim için daha hayırlıdır" diyerek kadından uzaklaşıyor ve Allah'a şöyle dua ediyordu:

(Yusuf) Dedi ki: "Rabbim, zindan, bunların beni kendisine çağırdıkları şeyden bana daha sevimlidir. Kurdukları düzeni benden uzaklaştırmazsan, onlara (korkarım) eğilim gösterir, (böylece) cahillerden olurum."

(Yusuf Suresi, 33)

Hz. Yusuf hiçbir günahı olmadığı halde kadının reddedilmekten dolayı duyduğu nefretle suçlu çıkarılıyor ve zindana atılıyor. Bakın yedi gün değil, yedi ay değil, tam yedi yıl korkunç şartlarda bir zindanda kalıyor. Ama Hz. Yusuf'un Allah'a olan aşkı o kadar güçlü ki zindana da razı, her zorluğa da razı, malikaneden zindana gitmeye de razı. İşte, Allah insanın kendi sevgisi uğruna böyle büyük bir zorluğa katlanmasını çok beğeniyor.

Hz. Yusuf'un imtihanları bununla da bitmiyor, Hz. Yusuf hapiste unutuluyor, hem de yıllarca orada kalıyor. İmanı zayıf biri olsa "neden kadınla birlikte olmadım" diye düşünebilir. Ama Hz. Yusuf asla böyle bir zayıflığa kapılmıyor. Zindanda sürekli tebliğ yapıyor, Allah'a olan müthiş sevgisini anlatıyor. Yedi yıl çekilen zorlu hapis karşısında Allah'ta Hz. Yusuf'u çok seviyor.

Daha sonra Hz. Yusuf zindandan çıkarılıp başa getirildiğinde kendisini kuyuya atan kardeşlerini yanına çağırıyor ve onlardan hiç hesap sormuyor. Önüne tüm imkanlar sunuluyor, kendisi tahta geçiyor ama o yine de yalnızca ahireti istiyor. Dünyaya kapılıp gitmiyor. Başına gelen her olayın kaderinde olduğunu çok iyi biliyor:

"Rabbim, Sen bana mülkten (bir pay ve onu yönetme imkanını) verdin, sözlerin yorumundan (bir bilgi) öğrettin. Göklerin ve yerin Yaratıcısı, dünyada ve ahirette benim velim Sensin. Müslüman olarak benim hayatıma son ver ve beni salihlerin arasına kat."

(Yusuf Suresi, 101)

***

Allah, aşık sevgisi seviyor, çileli sevgi seviyor, her zaman kulun Kendisinden razı olmasını istiyor. İşte bu güzellik, bu derin aşk, bu sonsuz sevgi Hz. Yusuf'ta çok güzel tecelli ediyor. Allah bize de tüm samimi müminlere de böyle derin Allah aşkı nasip etsin. Kalbimizdeki sevgiyi, coşkuyu kat kat arttırsın, bizi nuruyla nurlandırsın. Çünkü Allah aşkıyla dopdolu bir kalple yaşamaktan daha güzel hiçbir şey yok bu dünyada. Her şey O'nunla güzel, her şey O'nun sevgisiyle güzel...

"İnsanlar içinde, Allah'tan başkasını 'eş ve ortak' tutanlar vardır ki, onlar (bunları), Allah'ı sever gibi severler. İman edenlerin ise Allah'a olan sevgileri daha güçlüdür. O zulmedenler, azaba uğrayacakları zaman, muhakkak bütün kuvvetin tümüyle Allah'ın olduğunu ve Allah'ın vereceği azabın gerçekten şiddetli olduğunu keşke bir bilselerdi.."

(Bakara Suresi, 165)

***

Sonsuzluğun Sonsuzluğu

[◉Kod-017◉]

İnsan neden herşeyi erteliyor, Sırrı Nedir?

𝕯ini yaşamayı her erteleyen ancak kendisini kandırır...

Namaz kıl diyorsun, erteliyor...

Dini tebiğ et diyorsun, erteliyor...

İslam için, Allah için bir şeyler yap diyorsun, erteliyor...

İbadetlerin hepsini yerine getir diyorsun, erteliyor...

Kısaca herşeyi ama herşeyi, erteliyor...

Nereden biliyor yaşlanacağını, nereden biliyor daha yıllarca yaşayacağını? Belki yarın ölecek? Belki de birkaç saniye sonra ölecek...

Ama insan dini yaşamayı yıllarca öteye ertelerken ne kadar da emin değil mi kendinden? Ne kadar da emin değil mi yıllar sonra başını secdeye götürebileceğinden? Belki aniden ölecek, belki ciddi bir kaza geçirecek, belki alzheimer olup şuurunu kaybedecek? Böylece dini hiç yaşamadan, Allah için hiçbir şey yapmadan, alnı hiç secdeye varmadan ölüp bu dünyadan gidecek.

Oysa Allah Kuran'da "ertelemek inkarda bir artıştır" diyor, insan erteledikçe inkarı artıyor, erteledikçe daha da çok imansızlığa sürükleniyor.

Allah bir başka ayetinde;

"Hayır; insan, kendi nefsine karşı bir basirettir. Kendi mazeretlerini ortaya atsa bile. (Kıyamet Suresi, 14-15)

şeklinde bildirdiği gibi, aslında her nefis kendisini çok iyi bilir, mazeretlerinin de aslında yalan olduğunu bilir. Peki, bütün bu öne sürülen mazeretlerin yalan olduğunu Allah bilmez mi? Tabii ki bilir. Sonuçta, insan dini yaşamayı erteleyerek kimi kandırır? Tabii ki yalnızca kendisini...

***

[◙Kod-018◘]

Müminin cennetteki makamının yüksek olması sırrı

Mümin daima elinden geldiğinin en fazlasını yapmaya çabalayacak.

"Biz, dilediğimizi derecelerle yükseltiriz. Şüphesiz senin Rabbin, hüküm ve hikmet sahibidir, bilendir." (En'am Suresi, 83)

Ey iman edenler, size meclislerde "Yer açın" dendiği zaman, yer açın; Allah size genişlik versin. Size: "Kalkın" denildiği zaman da kalkın. **Allah, sizden iman edenleri ve kendilerine ilim verilenleri derecelerle yükseltsin.**

Allah, yaptıklarınızdan haberdardır.

(Mücadele Suresi, 11)

"Biz, dilediğimizi derecelerle yükseltiriz." diyor Allah ayetinde. Müslümanlar hep derecesinin yüksek olmasını istemeli Allah'tan. "Ben namazımı kılıyorum, zekât da veriyorum, oruç da tutuyorum, bu cennete gitmem için yeterli olur." demeyecek. Cennette de makamlar var, dereceler var. Müslüman daima en yükseği hedefleyecek. En güzel ahlakı gösterecek, sevgisini, merhametini, ahlakını, derinliğini, yardım severliğini sonsuz geliştirecek. "Bu benim için yeterli" demeyecek.

Mümin imanda derinleşecek ve peygamberlerin gösterdiği ahlakı göstermeye, onların tevekküllerini göstermeye, onlar gibi sabretmeye ve Allah'a yakın olmaya ciddi çaba gösterecek. Kuşkusuz Allah müminlerin bu güzel çabasını görür ve onları Cennette derecelerle ödüllendirir. Her çaba, her gayret, her güzel söz anında ahirete kilitlenir ve müminler bu güzel tavırlarının karşılığını Cennette alırlar. Bu yüzden güzel ahlakta yarışmak ve ciddi bir çaba göstermek gerek.

***

Kim de Ahireti ister ve bir mü'min olarak ciddi bir çaba göstererek ona çalışırsa, işte böylelerinin çabası şükre şayandır.

(İsra Suresi, 19)

Artık kim, bir mü'min olarak salih amellerde bulunursa, onun çabası için (karşılık olarak) küfran (nankörlük) yoktur. Şüphesiz Biz, onun yazıcılarıyız.

(Enbiya Suresi, 94)

Rabbinizden olan bir mağfirete ve Cennete (kavuşmak için) 'çaba gösterip-yarışın ki, (o Cennet) genişliği gök ile yerin genişliği gibi olup Allah'a ve Rasûlü'ne iman edenler için hazırlanmıştır. İşte bu, Allah'ın fazlıdır ki, onu dilediğine verir. Allah büyük fazl sahibidir.

(Hadid Suresi, 21)

Şüphesiz, bu, sizin için bir mükafaattır. Sizin çaba-harcamanız şükre değer (meşkur: makbul) görülmüştür.

(İnsan Suresi, 22)

***

[◘Kod-019◘]

İman etmeyen milyonlarca insan olması üzerine

Her insan bu dünyada kaderini yaşıyor, istese de istemese de aslında Allah'a iman ediyor.

Bu dünyaya öylesine kaptırmış gidiyor ki insanlar, sıkı sıkıya yapışmışlar ve asla dünyanın peşini bırakmıyorlar. Yapış yapış bir dünya sevgisi, mal, mülk sevgisi, para sevgisi var, onları hiç ummadıkları bir şekilde köleleştiren, bunaltan ve sıkan hırsları var...

Ne bekliyorlar dünyadan? Kariyer, para, güzel bir ev, harika bir araba, iyi bir eş ve çocuklar... Peki bunlar olunca mutlu oluyorlar mı? Hayır. Zaten bu dünya şartlarında hepsi bir arada olmuyor bunların. Zar zor bunları sağlayanda sadece etrafına mutluluk taklidi yapıyor. Yoksa gerçek anlamda mutlu olmuyor, tam tersine hepsini elinde tutmak için sıkıldıkça sıkılıyor, çırpındıkça çırpınıyor. Ne diyor ünlü aktör Jim Carey bir konuşmasında:

"Dilerim herkes bir gün zengin ve ünlü olur ve hayalini kurduğu her şeye kavuşur; böylece aranılan esas cevabın bu olmadığını anlar."

Evet, çok doğru. Mutluluk bu dünyada parayla, malla, mülkle, kariyerle olmuyor. İnsana ne kariyeri, ne yanındaki insanlar, ne bankaya yığdığı paralar mutluluk getirmiyor, tam tersine bunların hepsi başına bela oluyor. Çünkü mutlu olmak, huzurlu olmak ancak imanla mümkün. Kişinin kalbi ne kadar Allah'a yakınsa o kadar mutlu oluyor, o kadar da bu dünyanın geçici olduğunu biliyor.

Peki ama bu çok net bir gerçekse, neden iman etmiyor insanlar? Neden bu yolun sonunda ölümün onları beklediğini göremiyorlar? Neden Ahiret yerine kısacık geçen dünya hayatında yararlanmaya bakıyorlar? Neden Allah'ı unutup O'nun rızasını kazanmak için en ufak bir çaba dahi göstermiyorlar?

Bütün bu soruların tek bir cevabı var... Çünkü öyle yaratılıyorlar. Allah'ın varlığı çok açık, Allah'ın gücü, kudreti, heybeti her yerde hissediliyor. Eğer insan bunu göremiyorsa, fark edemiyorsa ve imansız bir şekilde hayatını sürdürüyorsa o zaman kalbi kapalı demektir. Gözleri olan ama görmeyen, kulakları olan ama duymayan, kalbi olan ama hissetmeyen milyonlarca insandan birisi de o demektir. Allah insanların daha bu dünyaya gelirken imanla ya da imansız olarak bu dünyaya gözlerini açtıklarını şöyle bildiriyor:

Allah, onların kalplerini ve kulaklarını mühürlemiştir; gözlerinin üzerinde perdeler vardır. Ve büyük azap onlaradır.

(Bakara Suresi, 7)

Andolsun, Cehennem için cinlerden ve insanlardan çok sayıda kişi yarattık (hazırladık). Kalpleri vardır bununla kavrayıp-anlamazlar, gözleri vardır bununla görmezler, kulakları vardır bununla işitmezler. Bunlar hayvanlar gibidir, hatta daha aşağılıktırlar. İşte, bunlar gafil olanlardır.

(Araf Suresi, 179)

İnsan bu ayetleri bildiğinde milyonlarca insanın neden iman etmediğine hiç şaşırmıyor, çünkü Allah bir görüntü olarak milyonlarca insanı ve cinleri Cehennem için yarattığını söylüyor. Dünya bir imtihan yeri. Biz böyle bir dünyaya gözlerimizi açıyoruz. Ve bu kadar iman etmeyen insanın içinde iman edip Rabbimize yöneliyor, büyük bir umutla Ahireti bekliyoruz. Ve Kuran'la bize bildirilen bu büyük sırrı kavrıyoruz.

"...Onlar, öyle kimselerdir ki, (Allah) kalplerine imanı yazmış ve onları Kendinden bir ruh ile desteklemiştir. Onları, altlarından ırmaklar akan Cennetlere sokacaktır; orda süresiz olarak kalacaklardır. Allah, onlardan razı olmuş, onlar da O'ndan razı olmuşlardır. İşte onlar, Allah'ın fırkasıdır. Dikkat edin; şüphesiz Allah'ın fırkası olanlar, felah (umutlarını gerçekleştirip kurtuluş) bulanların ta kendileridir."

(Mücadele Suresi, 22)

[◘Kod-020◘]

Peygamberlere atılan delilik iftirası, Hz. Mehdi'ye de atılacak olması üzerine

Hz. Mehdi de tıpkı peygamberler gibi delilik iftirasıyla baskı altına alınmaya çalışılacak.

Asrın velilerine, peygamberlere hep delilik iftirası atılır. Hatırlarsanız Bediüzzaman'a da delilik iftirası atılmıştı. Bu mevzuda Gaziantep'in eski ve meşhur doktorlarından Dr. Hamid Uras şunları anlatıyor:

"İkinci Meşrutiyet senelerindeydi. Biz Mekteb-i Tıbbiyede (Tıp Fakültesinde) talebe idik. Bediüzzaman da İstanbul'da bulunmaktaydı. Kendisi müderrisler içinde Fatih müderrisini beğenir, takdir ederdi. Onun ünvanı ve şöhreti her tarafa yayılmıştı. Daha sonra kendisini adlî tıbba sevkedilince Adlî tıptaki doktorlar, muayenesini sohbet ederek yapıyorlar. Bediüzzaman orada bulunan bir teşrih [anatomi] kitabını eline alarak dört-beş sayfasını okuyor ve kendisinin o sahifelerden imtihan edilmesini istiyor. Biraz sonra da, mezkûr sahifeleri aynen ezberden okuyor. Durumu hayretler içinde tâkip eden Rum doktor heyecan ve şaşkınlıkla, **'Bediüzzaman'da cinnet değil, dehâ vardır'** diye raporunu veriyor."

Bakın Kuran Hz. Nuh'a atılan delilik iftirasını nasıl bildiriyor:

(Kamer Suresi, 9),

"Kulumuzu yalanladılar ve: "Delidir" dediler. O 'baskı altına alınıp engellenmişti." diyor Allah, Hz. Nuh için. Asrımızda da "O 'baskı altına alınıp engellenmişti." Ve, "Delidir" diyorlar. Kulumuz diyor, kulumuz! "Kulumuza delidir" dediler. Yöntem bu demek ki.

O zaman aynısı Hz. Mehdi'ye de yapılacak demektir. Tıpkı Bediüzzaman'a yapıldığı gibi.

Peygamber Efendimiz bir hadisinde tüm bu baskı ve saldırıların Hz. Mehdi'yi daha da güçlendireceğine şöyle işaret ediyor:

Mümin şahıs (Hz. Mehdi) Deccal'i görünce: "Ey insanlar! Rasulullah'ın zikrettiği Deccal işte budur" der. Deccal hemen onunla ilgili emrini verir de o zat karnı üzerine uzatılır ve arkasından: "Onu alın da yaralayın" der. Artık o zatın sırtı ve karnı döve döve genişletilir. Bu sefer onu iki eli ve iki ayağı ile yakalar da fırlatır atar. İnsanlar Deccal'in onu bir ateş içine attığını sanırlar. Hâlbuki o bir Cennet içine atılmıştır.

Hadiste ayrıca, Deccal ve taraftarlarının yapacakları her türlü sözlü ya da yazılı saldırının, halkın nazarında sözde Müslümanların itibarlarını zedelemek için ortaya atacakları her iftira ve karalamanın, Hz. Mehdi cemaatinin hayrına olacağına da işaret edilmektedir. Hz. Mehdi aleyhinde yürütülecek olan tüm bu faaliyetler, salih müminlerin dünya çapında daha iyi tanınmalarına, mümin vasıflarının daha fazla ortaya çıkmasına, Allah'a olan imanlarında derinleşmelerine ve Allah'ın izniyle Cennette derecelerinin artmasına vesile olabilir. Tabii en doğrusunu Allah bilir.

Ahir zamanda Hz. Mehdi'ye atılacak delilik iftirasına karşı müminlerin çok dikkatli olması ve yaşanan olaylara Kuran'la bakmaları gerekir. Allah'ın sünnetinde hiçbir değişiklik olmaz. Hz. Mehdi de peygamberler gibi türlü zorluklarla, iftiralarla, saldırılarla mücadele edecek, fakat her seferinde bu saldırılardan büyük bir zaferle çıkacaktır.

***

Onlar: "Ey kendisine kitap indirilen (Muhammed). Gerçekten sen cinlenmiş (bir deli)sin," dediler.

(Hicr Suresi, 6)

O inkar edenler, zikri (Kur'an'ı) işittikleri zaman, seni neredeyse gözleriyle devireceklerdi. "O, gerçekten bir delidir" diyorlar. (Kalem Suresi, 51)

Sonra, ondan yüz çevirdiler ve dediler ki: "(Bu,) Öğretilmiştir, bir delidir."

(Duhan Suresi, 14)

Kavminin önde gelenlerinden inkar edenler dediler ki: "Gerçekte biz seni 'akli bir yetersizlik' içinde görüyoruz ve doğrusu biz senin yalancılardan olduğunu sanıyoruz."

(Araf Suresi, 66)

***

[◘Kod-021◘]

Gemiye bindin, ama sırtındaki yükü bir türlü bırakmıyorsun!

Kaderini yaşadığını bilmek kadar büyük bir konfor olabilir mi? İşte, şu hakikatin bir sırrını öğrenmek için, dinle:

(Tevbe Suresi, 51),

"De ki: "Allah'ın bizim için yazdıkları dışında, bize kesinlikle hiçbir şey isabet etmez. O bizim mevlamızdır. Ve mü'minler yalnızca Allah'a tevekkül etmelidirler."

Bu ayette çok büyük bir sır var. Allah diyor ki "Allah'ın yazdıkları dışında bir kula hiçbir şey isabet etmez."

***

Bir hastalığa mı yakalanıyorsun, bir yakının mı ölüyor, iflas mı ediyorsun, istediğin üniversiteyi kazanamıyor musun, istediğin işe giremiyor musun, çocuğun mu olmuyor, paran mı çalınıyor... Hepsinde ama hepsine bir hayır var, bir hikmet var. Allah yaşadığın tüm zorlukları bir imtihan olarak yaratıyor. Sen sabretmekle, güzel davranmakla ve tevekkül etmekle yükümlüsün o kadar. Gerisini Allah'a bırakacaksın. Bu imtihanı yaratan Allah ne zaman kaldıracağını da kaderde belirlemiştir.

Tevekkülün sırrını yakalayan, bulan, ona sarılan, dünyanın en büyük nimetine sarılmıştır. En büyük ferahlığa kavuşmuştur. Bediüzzaman diyor ki: "Adam gemide gidiyor" diyor, "sırtında fazlaca yük var" diyor. "Gemiye biniyor, daha hala gemide de bırakmıyor yükü" diyor. "Halbuki gemiye bıraksa, gemi alıp götürecek onu" diyor. Tevekkülü öyle açıklıyor Bediüzzaman. "Bırakın Allah'a tevekkül edin" diyor. "Kader bir gemi gibidir, alır götürür sizi" diyor.

Yine misal Bediüzzaman'ın yaklaşımına günümüz lisanıyla şöyle güzel bir örnek getirebiliriz kadere iman konusunda:

> Ey Genç Kardeşim! Bil ki, Allah bu kainatı mükemmel bir tarzda yaratmış. Galaksileri, içindeki binlerce yıldızları, güneş sistemlerini ve uydularını, ayını ve dünyasını mükemmel bir nizam, ince bir intizam, dakik bir düzen, harika bir sistem içinde çalıştırıyor. Hiçbir yerde ne bir eksiklik, ne bir yırtılma, ne bir düzensizlik ve bozukluk yok.

Her şey mükemmel ve sonsuzluğa doğru akıp gidiyor. Peki gerçekten, Öyle mi? Her şey mükemmel çalışıyor, mükemmel işliyor. Bu mükemmel işleyiş içinde Allah'ın ilim, irade ve kudret sıfatları açıkça gözüküyor. Yani ilim sıfatı ile bir plan ve program yapıyor, irade ve kudret ile de o plan ve programı icra ediyor. İşte, ilim ile yapılan plan ve programa kader, bu plan ve programın irade ve kudretle icra edilmesine de kaza diyoruz.

***

Yani burada, plan ve program kader, işleme koyma fiili ise kaza'dır.

Kainatta olmuş olan ve olacak tüm işler ve faaliyetleri büyük bir "hard diske" veya bir "CD'ye" kaydedilmiş gibi düşün. Bil ki, bunun dini literatürdeki ismi "Levh-i Mahfuzdur". Bunun delilleri ise, küçük küçük bizim sonsuz adet kader programlarımıza ilm-i ezelide yüklenmiş olan küçük programcıklar olan ve sonsuza açılacak olan kader programının küçük alt programları hükmünde olan "hard diskler ve CD'lerdir". Evet, büyük bir ağacın programının küçük bir tohumda yazılması, insanın tüm hayat ve hadisesinin bir DNA içine derc edilmesi, ve yine alabildiğine uçsuz bucaksız ve sonsuz gibi görünen bu evrende gördüğümüz ve yaşadığımız hayatın hafızalarımıza kaydedilmiş olması, bizlere o büyük "hard diskten" haber veren küçük küçük "hard diskler"dir.

Hem yine nasıl ki, Cenab-ı Hak kader kalemi ile şu kainatın plan ve programını çizmiş ve sonsuz küçük paket programları, ileride Ahiret aleminde yeniden açılmak üzere, belli bir program dahilinde içimizde derc etmiş, işte öyle de, kudret kalemi ile de inşasını yapmış ise, aynı tarzda Cennetten bir köşe olarak yarattığı şu dünya meydanı içine yerleştirdiği insan denilen biz kulları için de kaderden bir program tayin etmiş ve bizim meyil ve davranışlarımıza göre de inşa etmektedir.

***

İnsanın kader programını kainatın kader programından ayıran en önemli gösterge ise, belki o kader pragramcıklarına küçük bir sonsuz döngü komutası şeklindeki "IF" (Küçük küçük "EĞER" döngüleri şeklinde Cüz-i İrade komutları) eklenmesi yapılmasıdır. Yani şu şekilde yaparsan şöyle bir neticeye ulaşırsın, bu şekilde yaparsan da böyle bir neticeye ulaşırsın. Yine bilki, İyi-kötü, Hayır-şer, Yanlış-doğru, Hak-haksızlık hep bu "IF" eklentisinin sonucudur ve tamamı cüz-i irade dairesindeki göreceli (relatif) olarak değişen kader-i ilahinin sonsuzluktan şu aleme yansıyan küçük küçük görüntüleridir.

İşte, aynen böyle de, biz her ne kadar bunu serbest davranma, hür olma, istediği gibi hareket etme, fikir hürriyeti içinde olma şeklinde tanımlıyorsak da, bunun dini tabiri "Cüz-ü İrade" veya "Meyelan"dır.

***

Yine bil ki, Ey Genç Kardeşim!..

Meylini hep Hak yönünde kullan ki, Hakka ve Hakikate eresin. Serbest davranma ve o hakiki sana verilen cüz-i irade hürriyetini hep iyiye yönlendir ki, hep iyiler içine giresin. Cüz-i iradeni Allah Rızası yönünde sarf et ki, Cennetin sonsuzluğunu şu alemde dahi görebilesin...

Amma, şunu da bil ki, alemde öyle insanlar var ki, o insanlar Allah'a güvenemedikleri için sürüm sürüm sürünüyorlar. İmansızlıkları, tevekkülsüzleri başlarına bela oluyor. Başlarına gelen her olayda tevekkül yerine isyan etmeyi seçiyorlar. O zaman da belalar başlarından gitmiyor. Gemiye biniyorlar ama omuzlarından yüklerini bırakmıyorlar, bir süre sonra da bu yükün altında ezilip gidiyorlar.

Mümin her olayda kaderini yaşadığını bilecek, "her olayda vardır bir hayır" diyecek ve güzel bir teslimiyetle Allah'a yönelecek. Bu dünya hepimiz için bir imtihan yeri.

***

Andolsun, Biz sizi biraz korku, açlık ve bir parça mallardan, canlardan ve ürünlerden eksiltmekle imtihan edeceğiz. Sabır gösterenleri müjdele.

(Bakara Suresi, 155)

Ne bilir ki insan "hayır zannettiği şey şer, şer zannettiği şey ise hayır" olabilir. İnsan bir hastalıktan, bir ölümün ardından, bir zorluğun ardından çok olgunlaşıp, derinleşebilir, bu dünyanın geçiciliğini çok daha net görebilir. İmtihanlara karşı boyun eğicilik ve teslimiyet olayların hikmetini çözmek için ilk adımdır. Allah dilerse müminin kalbine ilham ederek imtihanın hikmetini de açıklayacaktır...

Eğer Allah size yardım ederse, artık sizi yenilgiye uğratacak yoktur ve eğer sizi 'yapayalnız ve yardımsız' bırakacak olursa, O'ndan sonra size yardım edecek kimdir? Öyleyse mü'minler, yalnızca Allah'a tevekkül etsinler.

(Ali İmran Suresi, 160)

***

[◘Kod-022◘]

SAMİMİYET ÜZERİNE

Bil ki ey Dost'um. "30 yıldır nefsimle uğraş veriyorum, egomu mümkün mertebe sıfırlamaya çalışıyorum. **Yıllarca mücadele ettim nefsimle, hep güzellikleri aradım."**

"Bir insan, toprağa bir tohum eker. O tohumun bir fidan, bir gül, bir ağaç olabilmesi ve meyve verebilmesi için zaman gerekir. Ama o tohumu ekmezsen, o neticeye ulaşamazsın. Bu istemektir. Ama bil ki, tek başına istemek de yetmez. Sulayacaksın, çapalayacaksın, bakımını yapacaksın. Güneş görecek, belli bir zaman geçecek. Meyveye ancak o zaman kavuşabilirsin.

Aynı şey insanlar için de ve senin için de geçerli. İnsan değişmek istiyorsa, iyiye, güzele yönelmek istiyorsa kalbine sevgi tohumu ekmeli.

"İnsan değişmek istiyorsa bir arayışa giriyor, bu yol mürşitsiz olmaz. Kendi başına arayarak bulamaz. Seni değiştirecek olan kişi, gelir seni bulur ve toprağa ekilen tohum gibi senin kalbine güzel bir düşünce eker. Sen de o güzel düşünceye us, akıl verirsin.

O Güneş, mürşidin kendisi, sizin değişim ve dönüşüm süreci içerisindeki yaptığınız bütün eksiklikleri, hataları, kusurları size bir bir anlatır. Mürşit olmadan olmaz. Siz kendiniz kapıyı bulamazsınız, mürşit size kapıyı gösterir, siz gidersiniz. Yaşayacaksınız, düşeceksiniz, kalkacaksınız, canınız yanacak, ciğeriniz parçalanacak, her gün ağlayacaksınız ama yine de **"Her halimize şükürler olsun!"** diyeceksiniz. Allah'ın hiçbir şeye ihtiyacı yok. O'nun bizden istediği tek şey samimiyet.

Bu yüzden yüce Allah buyuruyor ki;

De ki: "Size bundan daha hayırlısını bildireyim mi? Korkup sakınanlar için Rablerinin Katında, içinde temelli kalacakları, altından ırmaklar akan Cennetler, tertemiz eşler ve Allah'ın rızası vardır. Allah, kulları hakkıyla görendir."

(Ali İmran Suresi, 15)

Allah dedi ki: "Bu, doğrulara, doğru söylemelerinin yarar sağladığı gündür. Onlar için, içinde ebedi kalacakları, altından ırmaklar akan Cennetler vardır. Allah onlardan razı oldu, onlar da O'ndan razı olmuşlardır. İşte büyük 'kurtuluş ve mutluluk' budur."

(Maide Suresi, 119)

***

[◘Kod-022◘]

Neden kadın peygamber yok?

Peygamberimiz'in sevgisi nam salmıştır, yüz binlerce insan kafileler halinde müslüman olmuştur. Peki, neden hiç kadın peygamber gönderilmemiştir, uzun tarih süresi boyunca?

Kuran'da hiçbir çelişki yok, fakat bununla birlikte Kuran'da kadın ve erkek ayrımı da yok. *"Peki, öyleyse neden tarih içerisinde hiç kadın peygamber yok"* diye soruyorsun? Tam tersine Kur'an kadınları daima üstün tutmuş, kadınların hakları sonuna kadar ayetlerle korunmuştur. Buna rağmen bazı cahiller Kuran'da bazı çelişkiler olduğunu öne sürerler. Oysa ki, Kuran'da hiçbir çelişki yoktur. Kur'an tüm kâinatı çok ince bir düzenle ve büyük bir ilimle yaratan Allah tarafından tüm insanlara gönderilmiştir. Tüm insanlar için en doğru rehber, en doğru yol göstericidir.

İnsanların kafasında söylediğimiz gibi bilmediklerinden, akletmediklerinden, araştırmadıklarından çok fazla soru var. Hâlbuki insan bütün bu soruları öncelikle bir kenara bırakıp önce kendi aklının, kendi şefkatinin, kendi merhametinin bir zerre kadar olduğunu; Allah'ın aklının, şefkatinin ve merhametinin ise sonsuz olduğunu kabul etmeli, bunu kalbiyle ve vicdanıyla görmeli. Eğer, insanın kafasında Kur'an ile ilgili konularda bir çelişki varsa, bu kendi bilgisizliğinden ve iman zafiyetindendir. Her sorunun bir cevabı vardır ve en doğru cevaplar da yine Kur'an'dadır.

Şimdi "Neden kadın peygamber yok?" sorusuna gelelim. Bildiğiniz gibi peygamberlerin görevi, kendinden önce gelip tevhid dinini anlatan Peygamberin, müşrikler tarafından değiştirilmiş olan halini tekrar tevhid dinine çevirmektir. Yani karşınızda müşrikler vardır. Müşrikler dini vahye dayalı değil, geleneksel – atalarından gördükleri gibi ayni- olarak yaşayan saldırgan, akılsız, kalitesiz, sürekli hakaret eden, ezberci ve laf söz anlamayan insanlardır.

Dolayısıyla Peygamberlik hiç kolay değildir. Müşriklerin saldırıları, hakaretleri, baskıları ve tehditleri çok ağırdır. Peygamberlere kâfirlerden daha çok müşrikler karşı çıkar. Bu nedenle Kuran'da genelde müşrikler örnek verilir. Peygamberlerin yaşadığı zorluğa ayetlerde şöyle dikkat çekilir;

***

Sizden önce gelip-geçenlerin hali başınıza gelmeden Cennete gireceğinizi mi sandınız? Onlara öyle bir yoksulluk, öyle dayanılmaz bir zorluk çattı ve öylesine sarsıldılar ki, sonunda elçi, beraberindeki mü'minlerle; "Allah'ın yardımı ne zaman?" diyordu. Dikkat edin. Şüphesiz Allah'ın yardımı pek yakındır. [Bakara Suresi (2/214]

"... Şirk koşmakta olanlardan elbette çok eziyet verici (sözler) işiteceksiniz. Eğer sabreder ve sakınırsanız (bu) emirlere olan azimdendir."

[Âli İmran Suresi (3/186]

Allah'ın ayetlerini inkâr edenler, peygamberleri haksız yere öldürenler ve insanlardan adaleti emredenleri öldürenler; işte onlara acıklı bir azabı müjdele.

[Âli İmran Suresi (3/21]

***

Peygamberlerin yaşadıkları zorlukları anlatan yüzlerce ayet var. Dolayısıyla Allah'ın kadınlara Peygamberlik görevi (vermemesi değil) **yüklememesi**, Allah'ın kadınlar üzerindeki şefkatinin bir göstergesidir. Şüphesiz ki, kadın Peygamber olsaydı bu sefer ateistler "Allah neden Peygamberlik görevini sadece erkeklere vermemiş, bu kadar baskı ve zorluk kadınlar için zulüm değil mi" derlerdi.

Biz senden evvel kendilerine vahyettiğimiz erkeklerden başka (peygamberler) göndermedik. Eğer bilmiyorsanız, zikir ehline sorun.

[Nahl Suresi (16/43]

***

[◉Kod-023◉]

İslam, Savaş ve Kuran'a göre cihat üzerine

Bil ki, Kuran'a göre savaş değil, barış esastır.

İslam'ın barış, sevgi, şefkat ve merhamet dini olduğunu sürekli yazılarımızda anlatıyoruz. İslam daima barıştan, uzlaşmadan, adaletten ve hoşgörüden yanadır. İslam'ın cihat adı altında savaştan yana olduğunu savunanlar, başka dinlerden olan insanların öldürülmesini savunanlar Kuran'a göre değil kendi uydurdukları bağnaz dine göre hareket ediyorlar. Kuran'a göre savaş yalnızca savunma amaçlı yapılır. Ancak karşı taraf saldırırsa o zaman Müslümanlar kendilerini korumak amacıyla karşılık verebilirler:

Sizinle savaşanlara karşı Allah yolunda savaşın, (ancak) aşırı gitmeyin. Elbette Allah aşırı gidenleri sevmez.

(Bakara Suresi, 190)

Savaş ancak, **MÜSLÜMANLARA KARŞI SAVAŞANLARA** yönelik olarak yapılmalıdır yani bir SAVUNMA savaşı olmalıdır. Müslümanların karşı tarafa sebepsiz yere saldırmaları Kuran'da kesin olarak **YASAKLANMIŞTIR.**

Müslümanlara Allah'ın Kuran'da verdiği emir, bir topluluğa, yaptıkları haksızlıktan ve saldırganlıklarından dolayı öfke duysalar bile, onlara karşı daima adaleti ayakta tutmaları gerektiği şeklindedir. Allah ayetinde şöyle bildirir:

Ey iman edenler, adil şahidler olarak, Allah için, hakkı ayakta tutun. Bir topluluğa olan kininiz, sizi adaletten alıkoymasın. Adalet yapın. O, takvaya daha yakındır. Allah'tan korkup-sakının. Şüphesiz Allah, yapmakta olduklarınızdan haberi olandır. (Maide Suresi, 8)

Örneğin Allah ayetinde, Müslümanların Kabe'ye girişini engelleyen topluluklara karşı haddi aşmaktan Müslümanları men etmiş, onlara ve herkese karşı iyilikte bulunmayı öğütlemiştir:

"... Sizi Mescid-i Haram'dan alıkoyduklarından dolayı bir topluluğa olan kininiz, sakın sizi haddi aşmaya sürüklemesin. İyilik ve takva konusunda yardımlaşın, günah ve haddi aşmada yardımlaşmayın ve Allah'tan korkup-sakının..."

(Maide Suresi, 2)

Kasıtlı olarak Hac ibadetleri engellenmiş ve kendilerine haksızlık yapılmış olmasına rağmen Müslümanlar, haddi aşma konusunda Yüce Rabbimiz tarafından uyarılmaktadırlar. Allah Müslümanlara, bu şartlar altında bile adaletle davranmayı, öfkelenmemeyi ve iyilik yapmayı emretmektedir. Müslüman, her ne şart olursa olsun Kuran'daki bu hükme uymak zorundadır.

Kuran'da savaşın tek gerekçesinin (savunma savaşının) tarif edildiği ayette, Müslümanlara savaş konusunda getirilmiş bir başka şart daha vardır: "Aşırı gitmemek".

Bunun anlamı, saldırı durumunda Müslümanın kendisini sadece koruması, haddi aşmaması, savunmanın dışında bir harekette bulunmamasıdır. Yani Kuran'da saldırı, vahşet, şiddet ve aşırılık yasaklanmıştır. Yalnızca ve yalnızca kendilerine saldıranlara karşı bir savunma savaşı yapma zorunluluğu başka ayetlerde de şöyle bildirilmiştir:

***

Allah, sizinle din konusunda savaşmayan, sizi yurtlarınızdan sürüp-çıkarmayanlara iyilik yapmanızdan ve onlara adaletli davranmanızdan sizi sakındırmaz. Çünkü Allah, adalet yapanları sever. Allah, ancak din konusunda sizinle savaşanları, sizi yurtlarınızdan sürüp-çıkaranları ve sürülüp-çıkarılmanız için arka çıkanları dost edinmenizden sakındırır ...

(Mümtehine Suresi, 8-9)

***

Burada önemli bir ayrım vardır. Müslümanlara fikren karşı olduğu halde, onlara karşı herhangi bir saldırı ve taşkınlıkta bulunmayanlara karşı saldırıda bulunmak Müslümanlar için haramdır. Müslüman, onlara karşı saygıyla ve adaletle davranmakla yükümlüdür. Bu ayetteki tarife göre sadece Müslümanlara inançları yüzünden zulmeden ve onlara fiili olarak saldıran, yani savaşı başlatan tarafın atağına karşı bir savunma izni verilmiştir. Daha önce de belirttiğimiz gibi elbette her insan, kendisine yöneltilen bir saldırıda kendisini korur. Bu her insanın, her milletin, her devletin kendisinde hak bulduğu, zaten olması gereken bir davranış biçimidir.

Peygamberimiz'in savaş izni verilen ayet gelene kadar hiçbir şekilde savunma yapmamış olması, müthiş bir fedakarlık ve dindarlıktır.

***

O ana kadar "**...onlarla en güzel bir biçimde mücadele et...**"

(Nahl Suresi, 125) ayetinin hükmü gereği Peygamberimiz sadece ikna ve uzlaşma yöntemine başvurmuştur. Putperest Kureyşlilerin amaçlarının yalnızca katliam yapmak olmasına rağmen...

Peygamberimizin savaştığı topluluk, "kendileriyle anlaşma yapılmış olan" müşrik bir topluluktur. Dolayısıyla bu savaşların tümü, söz konusu topluluğun karşılıklı barış ve dostluk anlaşmalarını bozarak yaptıkları saldırılara, hal ve tavırlarına göre şekillenmiştir. Dolayısıyla inen ayetler de, tam olarak o zamanki durum ile ilişkilidir, o ortamı tarif etmektedir.

***

[◙Kod-024◘]

Sen de bir gün toprak olacaksın, sonsuzluğa karışacaksın, o kadar!

Bil ki, Ey Dost! Ölümlü olan insanın büyüklük hissine girmesi, şu fani alemde kendini baki, sonsuz gibi hissetmesi çok şaşırtıcıdır...

İnsanlar nasıl da kendilerini büyütüyorlar... Birçoğunun burnu adeta Kaf dağında. Kimi binlerce çalışanın patronu olmuş, onun havasını atıyor. Kimi dünya çapında bilim adamı olmuş, onun havasına giriyor. Kimi ben milyonları etkileyen bir sanatçıyım deyip kendisini yere göre sığdıramıyor. Bütün bu imkanları kendisine verenin Allah olduğunun farkına bile varmıyor.

Hâlbuki ister zengin ol, ister fakir ol, ister dünyanın hepsine sahip ol, sen de gelmiş geçmiş bütün ümmetler gibi bir avuç toprak olacaksın o kadar... Senin de bedenin sade bir kefene sarılıp toprağa verilecek ve mezarın içinde bütün kemiklerin dökülecek.

İşte, insanların sürekli düşünmekten kaçındıkları esas gerçek bu: "Ölüm". Öldüğünde o mezarın içine bütün paralarını, mallarını, evlerini, arabalarını, altınlarını, mücevherlerini doldurabilecek misin? Bu dünyadan Ahirete tek bir çöp götürebilecek misin? Eğer götüremeyeceksen ki hiçbir şey götüremeyeceksin, o zaman bu kavga neden? Bu çekişme, bu dehşetli hırs neden? Çok büyük akılsızlık değil mi bu?

Söylediğimiz gibi insan bu dünyada çok başarılı olabilir, dünyanın en zeki insanı olabilir, dünya çapında şirketleri yönetebilir. Ama bu insan iman etmemiş ve Allah'ı fark edememişse, o insan aslında dünyanın en akılsız insanıdır. Çünkü ölümle birlikte her şeyini ama her şeyini, bedeniyle birlikte dünyada bırakacak ve yapayalnız, hiçbir şeyi olmadan Ahirete gidecektir. İşte, o zaman **"Keşke dünyada hiçbir şeyim olmasaydı, bu kadar dünya hırsı gözümü bürümeseydi, ben de iman etseydim, bende Rabbime yönelseydim"** diyecek...

Şimdi bu sözleri söyleyecek milyonlarca insan olacağını düşünün ve bu yakınmaları duymamak ve kendinizde bu insanların arasında olmamak için kendinizi uyandırın. Çok derin, insanı adeta hipnoza sokan dünya sevgisini, dünya amaçlarını bırakın. Tek gerçek olan sonsuz ahirete ve Allah'ın rızasına dönün, çünkü tek kurtuluş yolu, tek mutluluk yolu budur.

***

Onlar birbirlerine gösterilirler. Bir suçlu-günahkar, o günün azabına karşılık olmak üzere, oğullarını fidye ola-

rak vermek ister; Kendi eşini ve kardeşini, Ve onu barındıran aşiretini de; Yeryüzünde bulunanların tümünü (verse de); sonra bir kurtulsa. Hayır; (hiçbiri kabul edilmez). Doğrusu o (Cehennem), cayır cayır yanmakta olan ateştir.

(Mearic Suresi, 11-15)

Dinlerini bir oyun ve bir eğlence edinen ve kendilerini dünya hayatının aldattığı kimseleri bırak! Ve hiçbir kimsenin kazandığı şey yüzünden kendisini helake atmamasını, kendisi için Allah'tan başka hiçbir dost ve hiçbir şefaatçi bulunmadığını Kur'ân ile hatırlat. O, azaptan kurtulmak için bütün varlığını feda etse bile, kendisinden o azap alınmaz. Onlar kazandıkları şey yüzünden helake uğratılmışlardır. Onlar için, inkâr ettiklerinden dolayı, kaynar bir içecek ve can yakıcı bir azab vardır.

(Enam Suresi, 70)

***

[◉Kod-025◘]

Bu zamanda, Kuran'a göre İslam'da savaş için hiçbir gerekçe yoktur!

Bil ki, Işid ve diğer terör örgütleri Hz. Mehdi'ye tabi olduktan sonra kan dökmeyi bırakacaktır.

Amma, yine bilki şu anda, tüm dünyada İslam'ın bir terör dini olduğu ciddi şekilde yayılmaya çalışılıyor ki, Ortadoğu'yu kan gölüne çeviren İşid bütün bu katliamları İslam adına yapıyor gibi gözüküyor. Oysa İşid Kuran'a göre hareket eden bir topluluk değil, tamamen hurafelere ve yobazların uydurduğu din anlayışına ("Selefilik" anlayışına göre, Kur'anı kendi heva ve hevesleri doğrultusunda yorumlayan ve az bir batıl topluluk tarafından uydurulan) ve buna uyan bir örgüttür. İslam adına yaptıkları savaş cihat değil, katliamdır ve hepsi masum insanları öldürdükleri için katil hükmündedir. Kuran'da haksız yere bir insanın öldürenin suçunun tüm dünyadaki insanları öldürmekle eşit olduğu bildirilir:

"...**Kim ki bir nefsi, bir başka nefse ya da yeryüzündeki bir fesada karşılık olmaksızın (haksız yere) öldürürse, sanki bütün insanları öldürmüş gibi olur. Kim de onu (öldürülmesine engel olarak) diriltirse, sanki bütün insanları diriltmiş gibi olur. Andolsun, elçilerimiz onlara apaçık belgelerle gelmişlerdir. Sonra, bunun ardından onlardan birçoğu yeryüzünde ölçüyü taşıranlardan olmuşlardır.**"

(Maide Suresi, 32)

İslam'ın bir savaş dini olduğunu iddia edenler, temelde böyle bir görüşün, İslam'ın öğretileri ile tamamen zıt olduğunu anlamalılar. **Kuran'da karşı tarafa saldırıda bulunmak için bir gerekçe yoktur. Kuran, demokrasi ve özgürlüklerin en mükemmel tarifini yapar. Demokrasinin ve özgürlüklerin bulunduğu bir ortamda ise, karşı tarafı düşman ilan etmek veya onu susturmaya çalışmak söz konusu değildir.** Çünkü, böyle bir ortam herkese saygı duyulan ve herkesin rahatlıkla konuştuğu özgür bir ortamdır. İslam Şeriatı asıl bu ortamı tarif eder. Dolayısıyla, Kuran'da savaşın gerekçesi yoktur.

***

İslam'ı zorla kabul ettirmek için savaş yapılamaz:

Savaş, zor, dayatma veya baskı yoluyla bir insana İslam'ı kabul ettirme yöntemini uygulayanlar Kuran'a ihanet ederler. Kuran'daki en açık hükümlerden biri "Dinde asla zorlamanın olmadığıdır". Eğer zorlarsanız karşınızdaki kişi dindar olmaz, münafık olur.

***

Dinde zorlama (ve baskı) yoktur... (Bakara Suresi, 256)

Bu açık ayet Kuran'ın hükmüdür. Hiçbir Müslüman bu hükmün dışına çıkarak bir başkasına dindar olması için baskı uygulayamaz. Bu Kuran'da yasaklanmıştır.

Peygamberimiz yalnızca bir öğütçüdür, tebliğ yapmakla ve son gelen hak din İslam'ı topluluklara tanıtmakla yükümlüdür. O dönemde, İslam dinini Peygamberimiz'in ve diğer Müslümanların ağzından dinleyenlerin kimi iman etmiş, kimi ise etmemiştir. Kuran'ın açık hükmü gereği, Peygamberimiz de, beraberindeki Müslümanlar da kesin olarak baskı yoluna gitmemişlerdir. Kuran'da Peygamberimiz'e,

***

"Sen, yalnızca bir öğüt verici-bir hatırlatıcısın. ONLARA 'ZOR VE BASKI' KULLANACAK DEĞİLSİN"

(Gaşiye Suresi, 21-22)

hatırlatması yapılmış ve baskı kesin olarak yasaklanmıştır. Kuran'a göre tüm diğer Müslümanlar da İslam ahlakını tanıtmakla görevlidirler. **Ama hiç kimseye "sen Müslüman olacaksın", "dindar olacaksın" veya "ibadetleri uygulayacaksın" gibi bir baskı yapamazlar. Kuran'ın amacı dünyaya sevgi ve huzur getirmektir. Dolayısıyla böyle bir baskı ortamının Kuran'a uygun olmayacağı açıktır.**

Kuran'da baskının açıkça yasaklandığı diğer bazı ayetler şöyledir:

Ve de ki: "Hak Rabbinizdendir;

ARTIK DİLEYEN İMAN ETSİN, DİLEYEN İNKAR ETSİN...
(Kehf Suresi, 29)

Eğer Rabbin dileseydi, yeryüzündekilerin tümü, topluca iman ederdi. Öyleyse, **ONLAR MÜ'MİN OLUNCAYA KADAR İNSANLARI SEN Mİ ZORLAYACAKSIN?**

(Yunus Suresi, 99)

Biz onların neler söylediklerini daha iyi biliriz. **SEN ONLARIN ÜZERİNDE BİR ZORBA DEĞİLSİN;** şu halde, Benim kesin tehdidimden korkanlara Kur'an ile ÖĞÜT ver.

(Kaf Suresi, 45)

Artık sen, öğüt verip-hatırlat. Sen, yalnızca bir öğüt verici-bir HATIRLATICI'sın. **ONLARA 'ZOR VE BASKI' KULLANACAK DEĞİLSİN.**

(Gaşiye Suresi, 21-22)

De ki: "Ey kafirler." "Ben sizin taptıklarınıza tapmam." "Benim taptığıma siz tapacak değilsiniz." "Ben de sizin taptıklarınıza tapacak değilim." "Siz de benim taptığıma tapacak değilsiniz."**"SİZİN DİNİNİZ SİZE BENİM DİNİM BANA."**

(Kafirun Suresi, 1-6)

Zor ve baskı Kuran'da yasaklandığına göre, savaş, saldırı, düşmanlık ve öfke için bir gerekçe kalmamaktadır. Eğer baskı ile dinin kabul ettirilmesi haram ise, Müslümanlar müşrik toplulukları neye zorlayacaklardır? Dolayısıyla **Kuran'daki İslam'a göre, İslam'ı kabul ettirmek asla ve asla savaş gerekçesi olamaz.**

İdeolojik ve etnik bir üstünlük için savaş yapılamaz:

İslam'da her ideolojiye, her millete, her etnik gruba, her düşünceye, her dine saygı vardır. İslam, tüm fikirlerin dinlendiği, fikir özgürlüğünün alabildiğine yaşandığı bir dindir. **Böyle bir demokrasi anlayışının ve hürriyetin olduğu dinde, fikir çatışması veya etnik çatışma nedeniyle savaş olması elbette mümkün değildir.**

***

[◘Kod-026◘]

Bağnazların sanat, estetik, müzik, resim ve heykel nefreti!

𝒴obazlık insanlık tarihinin en büyük felaketidir. Yobaza laf anlatamazsın, söz dinletemezsin.

Elimizden geldiği kadar bağnazların insanlara dayattığı sözde İslam ile Kuran'ın birbirinden nerdeyse taban tabana zıt olduğunu yazılarımızda sık sık sizlere anlatıyoruz. Kuran beyaz diyorsa bağnazlar siyah diyor, Kuran kadına özgürlükten yanayken, kadınlara çok değer verip onları yüceltirken, bağnazlar kadınlardan nefret ediyor. Ellerinden geldiği kadar kadını toplum dışına itip, köleleştirip eve kapatmak istiyorlar. Kadınları var güçleriyle iş hayatından, tebliğden, ibadetlerden uzaklaştırmaya çalışıyorlar.

Bağnazların ve yobazların tek istediği kadınları eve kapatıp erkeğin hizmetine adamak, başka bir şey bildikleri yok. Bunun için de yüzlerce hurafe uydurmuşlar, kendi karanlık ve kirli zihniyetlerini bu hurafelere aktarmışlar. Sonra da tüm insanlara bu uydurdukları sahte dini gerçek İslam olarak tanıtmışlardır.

İşte, Kur'an bizzat kendisi, yobazların bu kirli zihniyetine ve yalancılığına dikkat çekiyor, bunların yalan yere helalleri haram, haramları helal kılacaklarından bahsediyor:

Dillerinizin yalan yere nitelendirmesi dolayısıyla şuna helal, buna haram demeyin. Çünkü Allah'a karşı yalan uydurmuş olursunuz. Şüphesiz Allah'a karşı yalan uyduranlar kurtuluşa eremezler.

(Nahl Suresi, 116)

Yobazlar bizim dinimizde helal olan birçok şeyi haram kılmışlar, Kuran'a göre yapılabilecek birçok özgürlüğü çok büyük marifetmiş gibi kısıtlamışlardır. Yobazlar yine uydurdukları hurafelerle resmi, sanatı, müziği tüm Müslümanlara yasaklamışlardır. Şimdi bu uydurma hadislerin bir kısmına bakalım:

***

Cehennemde en şiddetli azaba uğratılacak kişiler ressamlardır.

(Buhari-Tesavir, 89)

Rasulullah buyurdular ki: "Kim resim yaparsa, Allah onu kıyamet günü, yaptığı resim sebebiyle, onlara ruh

üfleyinceye kadar azap eder. Hiçbir zaman da ruh üfleyici değildir."

(Buhârî, Tâ'bir)

Allah'ın yanında azabı en şiddetli olan insanlar tasvircilerdir. (Müslim, 6:369)

Şu suretleri yapanlar kıyamet gününde azap görürler ve kendilerine yaptığınız suretlere can verin denilir.

(Müslim, 6:368)

İçinde suretler bulunan eve melekler girmez.

(Buhari, Libas 91)

Her musavvir Cehennemdedir. Musavvirin, tasvir ettiği her surete Kıyamet gününde Allah hayat verir de o canlı suret Cehennemde kendini yapana azap eder.

(Müslim, 6: 370)

İşte, bu sahte hadisler yoluyla bağnazlar tarafından Müslümanlara resim ve heykel sanatı da haram kılınmıştır. Hatta, öyle ki, uydurulan bazı hadislere göre ressamlar Ahirette en büyük azap gören insanlar arasında sayılmaktadır. Bu çarpık anlayışa göre bu kişiler, Allah'ın yarattıklarını taklit ederek - haşa - ilahlık iddiasında bulunmaktadırlar. Oysa, bir ressamın veya bir heykeltıraşın bir sanat eseri meydana getirmesinin ilahlık iddiasıyla nasıl bir bağlantısı olabilir? Bir ressam veya heykeltıraş eğer böylesine sapkın bir iddiayla ortaya çıkıyorsa bu onun icra ettiği sanat yüzünden değil, olsa olsa ancak ve ancak aklen ve ruhen içine düştüğü zaafları ve yanlış inançları nedeniyle olabilir. Bu ise, her meslekten her insan için geçerli bir ihtimaldir.

Doğadaki tüm güzellikler Allah'ın birer sanat eseridir. Bizler, bir sanatın nasıl muhteşem olabileceğini Rabbimiz'in bu eserlerine bakarak anlarız. Nitekim, yeryüzünde neredeyse her teknoloji Allah'ın yarattıklarının taklit edilmesiyle geliştirilmiştir. Teknoloji için yaratılan güzelliklerin varlığı bir nimettir. Örneğin, uçak inşasında insanlar Allah'ın yarattığı kuşları ve bazı sinek türlerini taklit ederler. Bu uçaklar, bir canlıdan esinlenilerek geliştirilmiş olduğu için mükemmel uçma ve manevra kabiliyetlerine sahip olurlar. Bu bir ayrıcalıktır, çünkü doğada zaten yaratılmış ve mükemmel işleyen bir örnek vardır. İşte bu örnek, Allah'ın bütün mühendislere bir model olarak verdiği armağandır. Şu anki teknolojik dünya, hayatımızı kolaylaştıran ve konforumuzu artıran her türlü bilimsel gelişme, doğadaki bu sanat eserlerinin birer kopyasıdırlar. Allah doğadakileri de, teknolojik taklitlerini de bize birer nimet olarak yaratır.

Bağnazlar tarafından heykel sanatının özellikle hedef alınması aslında sadece geçmişten gelen bir gelenek nedeniyledir. Geçmişte putperestliğin yaygın olduğu dönemlerde bazı yöneticiler, halklarından bir kısım kişilerin put inşasına yönelmelerini engellemek için heykel yapımına dair çeşitli tedbirler almışlardır. Geçmişte toplumların içinde bulundukları muhtemel tehlikeleri önlemek amacıyla alınan bu tedbirler, Kuran'da herhangi bir hüküm olmamasına rağmen, adeta dinin bir yasağı olarak yaygınlaştırılmıştır. İşte bu bazı insanların, Kuran yerine gelenekleri benimsemelerinin getirdiği en büyük tahribatlardan biridir.

Mecusiler ateşe, Hindular ineğe, bazı topluluklar güneşe tapıyor diye, inekleri öldürüp, ateş veya güneşten uzak bir hayat süremeyeceğimize göre; puta tapan putperestler var diye tüm heykelleri yasaklamanın olağanüstü derecede ilkel bir düşünce tarzı olduğu ortadadır. Burada anormal olan nesneleri ve varlıkları ilahlaştır-

maktır ve harama girenler bunu yapan insanlardır, nesnelerin kendileri değil.

Bağnazların Müslümanlara haram kılmaya çalıştıkları resim ve heykel sanatı, Müslümanların yol gösterici kitabı Kuran'a göre kesinlikle haram değildir. Allah sanatı ve sanatkarı sever ve kullarına da sevdirmiştir; hatta öyle ki bütün kâinatı sanat ile yaratmıştır. Kuran'da resim ve heykel gibi güzel sanatları haram kılan bir ayet bulunmamaktadır. Tam aksine Kuran'da sanat eserlerinden övgüyle bahsedildiğini görürüz.

Hz. Süleyman'ın sarayında bulunan ve saltanatının bir ihtişamı olarak övülen heykeller ve sanat eserleri Kuran'da şu şekilde geçer:

Ona dilediği şekilde kaleler, heykeller, havuz büyüklüğünde çanaklar ve yerinden sökülmeyen kazanlar yaparlardı. "Ey Davud ailesi, şükrederek çalışın." Kullarımdan şükredenler azdır.

(Sebe Suresi, 13)

Bu Kuran ayetine rağmen sanata yasaklar getiren bağnazlar, sarayında olağanüstü güzellikte heykeller bulunan Hz. Süleyman hakkında ne düşündüklerini de açıklamak zorundadırlar. Söz konusu hurafecilerin İslam toplumlarına zararı çok büyük olmuştur. İslam dünyasında heykel ve resim sanatı hurafelerin yayıldığı dönemlerin sonrasında hiçbir zaman gelişememiştir. Sanatını geliştiremeyen toplumlar donuk, ruhsuz ve köhne kalırlar. Yeniliklere kapalıdırlar. Yaratıcılıklarını, pratik düşünme yeteneklerini, detay görme anlayışlarını zamanla yitirirler. Zevksizlik ve donukluk ruhlarına, yaşadıkları mekânlara, birbirlerine karşı davranış biçimlerine de yansır. Bağnazların kapkaranlık dünyasında, sanattan uzaklaşmalarının bir sonucu olarak da incelik ve detaylardan uzak, ürkütücü bir tekdüzelik ve donukluk ve zevksizlik hâkimiyeti vardır. İnsanlar yobazların uydurduğu din ile Kuran'a göre yaşanması gereken gerçek İslam'ın birbiriyle hiçbir alakası olmadığını bilmelidir.

***

[◘Kod-027◘]

Kalp sırrına ermek hakkında

Kader tesadüfler sonucu akmaz. Kader Allah'ın planladığı şekilde, Allah'ın yarattığı şekilde akar.

Kap sırrına erenler neler yapar bilir misin? Kızmazlar... küsmezler... kırmazlar... kırılmazlar. Her şeyde bir güzellik bulurlar. Hiçbir şeyi insanoğlundan bilmezler, Rabbinden bilirler. Herşeyi ondan umup ondan beklerler. Ve susarlar... Susarak konuşurlar.

Mevlana

Ne kadar doğru söylemiş Mevlana. Bugün tam düşündüğüm bu konu üzerine bu söze rastladım. Ne kadar doğru, ne kadar hikmetli, tam anlamıyla Kuran'a uygun bir bakış açısı. Hepimiz bu dünyada imtihan oluyoruz. Burası hepimiz için denenme yeri, sadece bir geçiş yeri. Adeta, Cennete ve Cehenneme giden, sonsuz hayatımıza giden bir köprü gibi. O kadar gelip geçici ki, o kadar göz açıp kapayıncaya kadar bitecek ki, bu yüzden bu dünyaya değer vermek çok büyük akılsızlıktır. Bu dünyada tek ehemmiyetli olan Allah'ın rızasını kazanmak, başka hiçbir şeyin önemi yok.

***

Dünya hayatı yalnızca bir oyun ve bir oyalanmadan başkası değildir. Korkup-sakınmakta olanlar için Ahiret yurdu gerçekten daha hayırlıdır. Yine de akıl erdirmeyecek misiniz?

(En'am Suresi, 32)

Derin imana kavuşan bir insan için kızmak, üzülmek, küsmek, darılmak diye bir şey yok. Çünkü her şeyde, yaşadığımız her olayda bir hayır, bir güzellik gizlemiş Rabbimiz. Yapan insan yok, söyleyen insan yok. Hepsini yaptıran, söyleten ve kader içine yerleştiren Allah var. Dolayısıyla derin imanla herşeyden razı olan, mutmain olan, zorlukta da, bollukta da, her türlü imtihanda da Rabbinden razı olan bir ruh var...

Ey mutmain (tatmin bulmuş) nefis,

Rabbine, hoşnut edici ve hoşnut edilmiş olarak dön.

Artık kullarımın arasına gir.

Cennetime gir. **(Fecr Suresi, 27-30)**

Müminler bu dünyada kalplerinde duydukları Allah aşkıyla, her olayda Allah'tan razı olarak, aşkla, şevkle O'na kavuşmayı umarak çok farklı bir hayat yaşıyorlar. Bu dünya bu güzel ruh haliyle adeta Cennete dönüşüyor, dünya adeta Mü'min ve inanan kul sayesinde Cennet'i barındırıyor ve ona namzet bir yer oluyor, hatta kafirler için bile. Adeta, Cennete hazırlık mekanı oluyor...

Her nefis ölümü tadıcıdır.

Biz sizi, şerle de, hayırla da deneyerek imtihan ediyoruz,

Ve siz, Bize döndürüleceksiniz.

(Enbiya Suresi, 35)

***

[◘Kod-028◘]

Yüzlerinde secde izi olmayanlar, öldüklerinde şaşırmasın

*N*amaz ve ibadetler çok kolay, insanın bir niyetle hemen başlaması lazım.

Çalıştığım işyerinde nerdeyse hiç namaz kılan yok, oturduğum sitede sabah namazında ışıkları yanan tek bir pencere yok diyorsun değil mi bazen içinden... Öyle zorlu bir dönemde yaşıyoruz ki, insanlar dinden uzaklaşmışlar ve namaz kılma duyarlılığını kaybetmişler. Milyonlarca insanın yüzünde secde izi yok. Namaz vakitlerinin girdiğinden, ezan okunduğundan, namaz kılmaları gerektiğinden haberleri bile yok. Onlar o sırada gezme derdinde, para kazanma derdinde, nefsini eğlendirme peşinde...

Halbuki, gerçek böyle mi? Namaz, bir kulluk ve yaratılış borcu, Kuran'da tüm Müslümanlara vakitli olarak emredilen çok önemli bir ibadet. Kuran'a göre namazı erteleyemezsiniz, "daha sonra kılarım" diye düşünemezsiniz. Allah, bu ibadetin vaktinde yapılmasını Kuran'da şöyle bildiriyor:

Namazı bitirdiğinizde, Allah'ı ayaktayken, otururken ve yan yatarken zikredin. Artık 'güvenliğe kavuşursanız' namazı dosdoğru kılın.

Çünkü namaz, mü'minler üzerinde vakitleri belirlenmiş bir farzdır.

(Nisa Suresi, 103)

Hayatı boyunca namaz kılmayanlar ve bu güzel ibadeti yaşlılıklarına erteleyenler son derece samimiyetsizler. Öncelikle, insanın yaşlılığa ulaşıp ulaşamayacağı, yaşlandığında bu ibadeti yapmaya güç yetirip yetirmeyeceği de belli değil. Kaderde bu insanın canı melekler tarafından çok gençken de alınabilir. Ayrıca, Allah bu namaz ibadetinin yaşlanınca değil; insanın tüm hayatı boyunca yapmasını emrediyor, bilhassa gençlikte yapmasını istiyor, bu ibadetin ne zaman yapılacağı insanın kendi isteğine bırakılmamış:

Ayağın üstünden (örtünün) açılacağı ve onların secdeye çağrılacakları gün, artık güç yetiremezler.

(Kalem Suresi, 42)

Gözleri 'korkudan ve dehşetten düşük', kendilerini de zillet sarıp-kuşatmış. Oysa onlar, (daha önce) sapasağlam iken secdeye davet edilirlerdi.

(Kalem Suresi, 43)

Sonra onların arkasından öyle nesiller türedi ki, namaz (kılma duyarlılığını) kaybettiler ve şehvetlerine kapılıp-uydular. Böylece bunlar azgınlıklarının cezasıyla karşılaşacaklardır.

(Meryem Suresi, 59)

***

Namaz ibadetinden yüz çevirenler, Kuran'ı da bilmediklerinden öldüklerinde ne ile karşılaşacaklarının da şuurunda değillerdir. Halbuki, Allah Kuran'da insanlara "sizi Cehenneme sokan nedir?" sorusuna bu inkarcıların cevap olarak: "Biz namaz kılanlardan değildik!" dediklerini bildirir. Cehennemdeki insanların verdikleri cevabın ilk sebeb-i illetinin "namaz kılmamaları" olması namazın ne kadar önemli olduğunu gösterir. İnkarcının yüz çevirmesi, ayetlerden habersiz bir yaşam sürmesi, onu Allah'ın karşısında çok pişman olacağı bir duruma düşürecektir. Hayatı boyunca namaz kılmamasının karşılığını bilmiyor olması da kendisini kurtarmayacaktır.

"Sizi şu Cehenneme sürükleyip-iten nedir?"

Onlar: "Biz namaz kılanlardan değildik" dediler.

(Müddesir Suresi, 42-43)

Allah'ın biz kullarından istediği yalnızca samimiyettir, mümin Allah aşkıyla, Allah sevgisiyle hayatını sürdürür. Allah'ın rızası herşeyden önce gelir. Dolayısıyla hayatını Allah'a adayan ve ibaadetlerini titizlikle koruyan mümin, Allah'ın karşısında samimiyetiyle, başı dimdik bir şekilde duracak, Allah'ın razı olduğu bir kul olmanın karşılığını sonsuza kadar Cennette alacaktır.

Muhammed, Allah'ın elçisidir. Ve onunla birlikte olanlar da kafirlere karşı zorlu, kendi aralarında ise merhametlidirler. Onları, rüku edenler, secde edenler olarak görürsün; onlar, Allah'tan bir fazl (lütuf ve ihsan) ve hoşnutluk arayıp-isterler. Belirtileri, secde izinden yüzlerindedir...

(Fetih Suresi, 29)

Namazı dosdoğru kılın, zekatı verin; önceden kendiniz için hayır olarak neyi takdim ederseniz, onu Allah Katında bulacaksınız. Şüphesiz Allah, yaptıklarınızı görendir.

(Bakara Suresi, 110)

***

[◘Kod-029◘]

Hz. Mehdi soru sormaz, tüm sorulara, meselelere cevap verir..

Kısa bir süre sonra insanlar akın akın Hz. Mehdi'nin çevresinde toplanmaya başlayacaklar.

Bildiğiniz gibi Bediüzzaman'ın kapısında **"Burada her soruya cevap verilir, kimseye soru sorulmaz."** yazılıydı. Bediüzzaman yaşadığı dönemin alimiydi ve ilmiyle sayısız insanı eğittiği gibi, onların derin imanına vesile oldu.

Hz. Mehdi de ahir zamanda, yaşadığı dönemde tam bir kanaat önderi olacak, ilmiyle, irfanıyla insanları tam anlamıyla aydınlatacak çok mübarek birisi olacaktır. Peygamberimiz, Hz. Mehdi'nin her konuda bilgi sahibi olacağını hadislerle çok detaylı anlatmıştır. Bu hadisleri kısaca burada açıklayacağım;

Hz. Mehdi her konuda çok bilgilidir:

Hâkim sahihtir kaydiyle Ebu Hüreyre'den şu haberi nakletmiştir: Peygamber (sav) buyurdu: "İnsanların MEDİNE (ŞEHİR) ÂLİMİNE (HZ. MEHDİ) ulaşmak için develerini sürerek yollara çıkacağı günler yakındır. İşte o zaman ONLAR, MEDİNE ÂLİMİNDEN (HZ. MEHDİ 'DEN) DAHA BİLGİLİ BİRİSİNİ BULAMAYACAKLARDIR." [1]

HZ. MEHDİ'NİN İLİM VE HİLMİ HERKESTEN DAHA ÇOKTUR. Hz. Mehdi'nin adı, Peygamber'in adına benzer ve ahlakı da Muhammedi (SAV) ahlaktır. [2]

Her konuyu delilleri ile ispatlar, öyle ki kimse ona karşı delil getiremez:

Şeyh Tusi'nin Gaybet'i: "HZ. MEHDİ'NİN HAKİMİYETİ (manevi liderliği) ALLAH'IN TÜM YARATTIKLARI HAKKINDAKİ DELİLLERİNDEDİR; bunlar öyle çoktur ki, ONUN (HZ. MEHDİ'NİN) DELİLLERİ BÜTÜN İNSANLAR ÜZERİNDE GALİP GELECEK (ETKİLİ OLACAK, HAKİM OLACAK) VE KİMSENİN ONA KARŞI GETİRECEK BİR GEREKÇESİ (NEDENİ) OLMAYACAKTIR." [3]

Kendisine yöneltilen sorulara çok akılcı cevaplar verir:

"...HZ. MEHDİ DOĞU İLE BATI ARASINDAKİ ŞEYLER HAKKINDAKİ TÜM SORULARA İLMEN CEVAP VERİR." [4]

Olacak gelişmeleri en isabetli şekilde tespit eder:

Ebu Basir şöyle rivayet etmiştir: Ebul Hasan (Musa b. Cafer)'e dedim ki: "Seni yaratan Allah'a kurban olayım! İmam Mehdi hangi işaretiyle bilinir?" Buyurdu ki: "İmam Mehdi'nin bilinmesini sağlayan birkaç özelliği vardır. İNSANLAR ONA SORU SORDUKLARINDA DERHAL CEVAP VERİR; EĞER HUZURUNDA SUSSALAR, O KENDİLİĞİNDEN KONUŞMAYA BAŞLAR VE YARIN OLACAKLARI (yaşanacak gelişmeleri) ANLATIR. İNSANLARLA HER DİLDEN KONUŞUR." [5]

Hz. Mehdi'nin tebliği insanlar üzerinde çok etkili olur:

HZ. MEHDİ KURU BİR AĞACI DİKTİĞİNDE DE AĞAÇ HEMEN YEŞİLLENİP YAPRAKLANACAKTIR. [6]

Asrında CAHİL, CİMRİ VE KORKAK OLAN BİR ADAM HEMEN ALİM, CÖMERT VE CESUR OLACAK. [7]

***

Dipnotlar / Kaynaklar:

1. (Celaleddin es-Suyuti, Peygamberimizin Mucizeleri ve Büyük Özellikleri, Uysal Kitabevi: 2/265)

2. (El-Mehdiyy-il Mev'ud, cilt 1, s. 281-282 ve 266 ve 300)

3. (Kitab-ül Gaybet, [Bihar-ul Envar, cilt 51], Ansariyan Yayıncılık, Derleyen: Muhammed Bakır el-Meclisi, İran-Kum, 2003, s. 70)

4. (Şeyh Muhammed b. İbrahim-i Numani, Gaybet-i Numani s. 283)

5. (İman Ve Küfür Kitabı / Usul-U Kafi (El-Usul Min El-Kafi) / El-Kuleyni, Cild 1S. 402)

6. (El-Kavlu'l Muhtasar Fi Alamet-il Mehdiyy-il Muntazar, s. 43)

7. (Kıyamet Alametleri, s.186)

***

[◘Kod-030◘]

Sezai Karakoç ve Mehdi şiiri

"Mehdi, hem çok gizli, hem de apaçık, işte karşında durmakta..." (Hz. Mevlana)

Sezai Karakoç'un Mehdi'ye duyduğu özlemi anlattığı muhteşem bir şiirini paylaşmak istiyorum. Şair şiirinde nasıl da ince detaylar vermiş. "Bütün şiirlerde söylediğim sensin" diyerek Hz. Mehdi'ye duyduğu sevgiyi ifade ediyor. Hep Kanlıca'da Emirgân'da,

Kandilli'nin kurşunî şafaklarında... diyor şair, bu mısralarda da çok güzel, derin manevi sırlar var.

"Sırların sırrına ermek için sende anahtar vardır" diyerek Hz. Mehdi'nin Dünya hakimiyetinin anahtarına sahip olacağını söylüyor.

***

Bütün şiirlerde söylediğim sensin
Suna dedimse sen
Leyla dedimse sensin
Seni saklamak için görüntülerinden faydalandım
Salome'nin Belkıs'ın
Boşunaydı saklamaya çalışmam öylesine aşikarsın bellisin
Kuşlar uçar senin gönlünü taklit için

Ellerinden devşirir bahar çiçeklerini
Deniz gözlerinden alır "SONSUZLUĞUN HABERİNİ"
Ey gönüllerin en yumusağı en derini
Sevgili
En sevgili
Ey sevgili

Uzatma dünya sürgünümü benim

Yıllar geçti sapan ölümsüz iz bıraktı toprakta
Yıldızlara uzanıp hep seni sordum gece yarılarında
Çatı katlarında bodrum katlarında
Gölgelendi gecemi aydınlatan eşsiz lamba
Hep Kanlıca'da Emirgân'da
Kandilli'nin kurşunî şafaklarında
Seninle söyleşip durdum bir ömrün baharında yazında
Şimdi onun birdenbire gelen sonbaharında
Sana geldim ayaklarına kapanmaya geldim
Af dilemeye geldim affa layık olmasam da

Ey çağdaş Kudüs (Meryem)
Ey sırrını gönlünde taşıyan Mısır (Züleyha)
Ey ipeklere yumuşaklık bağışlayan merhametin kalbi
Sevgili
En sevgili
Ey sevgili
Uzatma dünya sürgünümü benim

Ülkendeki kuşlardan ne haber vardır
"MEZARLARDAN BİLE YÜKSELEN BİR BAHAR" vardır
Aşk celladından ne çıkar madem ki yâr vardır
Yoktan da vardan da ötede bir var vardır
Hep suç bende değil beni yakıp yıkan bir nazar vardır
O şarkıya özenip söylenecek mısralar vardır
Sakın kader deme kaderin üstünde bir kader vardır
Ne yapsalar boş "GÖKLERDEN GELEN BİR KARAR" vardır
Gün batsa ne olur geceyi onaran bir mimar vardır
Yanmışsam külümden yapılan bir hisar vardır
Yenilgi yenilgi büyüyen bir zafer vardır
Sırların sırrına ermek için sende anahtar vardır
Göğsünde sürgününü geri çağıran bir damar vardır
Senden ümit kesmem kalbinde merhamet adlı bir çınar vardır
Sevgili!
En sevgili!
Ey sevgili!

***

[◉Kod-031◘]

Akıl, hikmet ve az konuşmak üzerine

Oğlum, dinle ve bilge ol, yüreğini doğru yolda tut.

(Süleyman'ın Özdeyişleri, 23:19)

Boş konuşmak... Ne hikmet var, ne de karşısındaki kişiye bu konuşmalar bir değer katıyor. Allah, Kuran'da da insanları boş konuşmaktan, boş işlerden sakındırıyor. Aynı zamanda da daima sözün en güzelini söylemelerini öğütlüyor.

Kullarıma, sözün en güzel olanını söylemelerini söyle. Çünkü şeytan aralarını açıp bozmaktadır. Şüphesiz şeytan insanın açıkça bir düşmanıdır.

(İsra Suresi, 53)

Akıllı insan, imanlı insan, Allah'ın varlığını her an hisseden insan hikmetli ve güzel konuşur. Tevrat'ta da akıl, hikmet ve konuşma ile ilgili insanı çok etkileyen güzel sözler var. Şimdi o sözlerden bir kaç tanesini sizlerle paylaşmak istiyorum.

- Bilge kişi boş sözlerle yanıtlar mı, karnını doğu rüzgarıyla doldurur mu? Boş sözlerle tartışır, yararsız söylevler verir mi? (Eyüp, 15:2-3)
- Akıllı kişiyi azarlamak, akılsıza yüz darbe vurmaktan etkilidir. (Süleyman'ın Özdeyişleri, 17:10)
- Bilgenin dili bilgiyi iyi kullanır, akılsızın ağzındansa ahmaklık akar. (Süleyman'ın Özdeyişleri, 15:2)
- Bilge nereye gittiğini görür, ama akılsız karanlıkta yürür... (Vaiz, 2:14)
- Bilgili kişi az konuşur, akıllı kişi sakin ruhludur. Çenesini tutup susan ahmak bile bilge ve akıllı sayılır. (Süleyman'ın Özdeyişleri, 17:27-28)
- Küstahlığın ardından utanç gelir, ama bilgelik alçakgönüllülerdedir. (Süleyman'ın Özdeyişleri, 11:2)
- Bilge kişi terbiye edilmeyi sever, alaycı kişi azarlansa da aldırmaz. (Süleyman'ın Özdeyişleri, 13:1)
- Kibirden ancak kavga çıkar, öğüt dinleyense bilgedir. (Süleyman'ın Özdeyişleri, 13:10)
- Çabuk öfkelenen ahmakça davranır, düzenbazdan herkes nefret eder. (Süleyman'ın Özdeyişleri, 14:17)
- Geç öfkelenen akıllıdır, çabuk sinirlenen ahmaklığını gösterir. (Süleyman'ın Özdeyişleri, 14:29)
- Bilge kişiyi azarlarsan, seni sever. Bilge kişiyi eğitirsen daha bilge olur, doğru kişiye öğretirsen bilgisini artırır. (Süleyman'ın Özdeyişleri, 9:8-9)
- Terbiyeden kaçan kendine zarar verir, azara kulak verense sağduyu kazanır. (Süleyman'ın Özdeyişleri, 15:32)
- Akılsıza öğüt vermeye kalkma, çünkü senin sözlerindeki sağduyuyu küçümser. (Süleyman'ın Özdeyişleri, 23:9)

- Akılsıza ahmaklığına göre karşılık verme, yoksa sen de onun düzeyine inersin. (Süleyman'ın Özdeyişleri, 26:4)

***

[◘Kod-032◘]

Ölüm ve Kıyamet yaklaşmış, yaklaşmış, hatta çok yaklaşmıştır!

Zaman hızla akıyor ve hepimiz ölümle buluşma noktamıza doğru ilerliyoruz...

Ne kadar hikmetli anlatıyor Bediüzzaman:

"Aklı başında olan insan, ne dünya umurundan kazandığına mesrur ve ne de kaybettiği şeye mahzun olmaz. Zira dünya durmuyor, gidiyor. İnsan da beraber gidiyor. Sen de yolcusun. Bak, ihtiyarlık şafağı, kulakların üstünde tulü etmiştir. Başının yarısından fazlası beyaz kefene sarılmış. Vücudunda tavattun etmeye niyet eden hastalıklar, ölümün keşif kollarıdır. Maahâzâ, ebedî ömrün önündedir. O ömr-ü bakide göreceğin rahat ve lezzet ancak bu fani ömürde sa'y ve çalışmalarına bağlıdır. Senin o ömr-ü bakiden hiç haberin yok. Ölüm sekerâtı uyandırmadan evvel uyan." (Bediüzzaman Said Nursi Hz.)

Evet, ölüm seni uyandırmadan önce sen kendin uyan! Etrafında dünyanın eğlencesine dalan insanlar sakın seni kandırmasın. Bundan 50 yıl önce resimlerde yer alan, filmlerde yer alan, dünyayı ünleriyle, güzellikleriyle, sesleriyle sarsan hiçbir insan yok şu an dünyada.

Bil ki, ey dost! Bundan 50 yıl önce var olmadığın gibi, 50 yıl sonra da yok olacaksın, yani bu dünyada var olmayacaksın, bu sana daim fenayı ve ölümü hatırlatsın. Şimdi o eski dostlarına ve ahbaplarına akrabalarına bir geriye dönüp bak! Hepsi ama hepsi, bir film şeridi gibi, bu aleme gelip gittiler, fotoğraflarında hayatlarında kendilerini seyrettiğin herkes, hemen hepsi toprağın altında. Her şeyden önemlisi hepsi ölür ölmez yepyeni hayatlarına, Ahiret hayatlarına başladılar. Dünyada yaptıklarının karşılığını alıyorlar şu anda, hesap veriyorlar.

Şimdi senin de saçların beyazlamaya başladı... Kim bilir yaşlılıkla birlikte vücudunda ne hastalıklar başladı. Kimse ölümsüz değil bu dünyada... Sadece kimi tam anlamıyla farkında, kimi ise tamamen unutup dünyaya dalmakta...

Senden önce hiçbir beşere ölümsüzlüğü vermedik; şimdi sen ölürsen onlar ölümsüz mü kalacaklar? (Enbiya Suresi, 34)

Her nefis ölümü tadıcıdır. Biz sizi, şerle de, hayırla da deneyerek imtihan ediyoruz ve siz Bize döndürüleceksiniz. (Enbiya Suresi, 35)

***

[◘Kod-033◘]

Cenneti kazanmak için, sabrı öğrenmek çok önemlidir

*S*abır müminin özelliğidir.

Dünyadaki her konu müminin sabretmesi için özel olarak yaratılır.

Senden önce gönderdiklerimizden, gerçekten yemek yiyen ve pazarlarda gezen (elçi)lerden başkasını göndermiş değiliz. Biz, sizin kiminizi kimi için deneme (fitne konusu) yaptık. Sabredecek misiniz? Senin Rabbin görendir. (Furkan Suresi, 20)

***

Allah, bu ayetinde "kiminizi kiminiz için deneme konusu yaptık" diyor ve "Sabredecek misiniz" diye soruyor. Demek ki, hem sabreden var, hem de sabredemeyen. Dünya, bir imtihan yeri. Ama insanlar sabredemiyor, kendisine verilen imtihanı çok görüyor. Sırf vicdansızlığından, sevgisizliğinden, samimiyetsizliğinden sabredemiyor. Yoksa, ortada öyle can alıcı bir konu da olmuyor.

Cennete gittiğinde dünyada Allah için sabrettiği, güzel tavır gösterdiği, tevekkül ettiği bir durum olmazsa insan o zaman utanmaz mı? Cenneti kazanmak için ne yapmış oluyor o zaman? Allah için hiçbir zorluğa katlanmamış, sabredememiş, tevekkül edememiş, her şeyden önemlisi imtihan olduğunu fark edememiş.

Her mümin kısacık dünya hayatını yaşarken, güzellikle sabretmeyi öğrenecek, Allah için büyük bir hoşnutlukla sabredecek ve güzel ahlak gösterecek. Böylece, onu bekleyen "SONSUZ CENNET"E girmeye layık olacak...

Yoksa siz, Allah, içinizden cihad edenleri belirtip-ayırt etmeden ve sabredenleri de belirtip-ayırt etmeden Cennete gireceğinizi mi sandınız?

(Ali İmran Suresi, 142)

Allah'a ve Rasûlü'ne itaat edin ve çekişip birbirinize düşmeyin, çözülüp yılgınlaşırsınız, gücünüz gider. Sabredin. Şüphesiz ki Allah, sabredenlerle beraberdir.

(Enfal Suresi, 46)

Sizin yanınızda olan tükenir, Allah'ın Katında olan ise kalıcıdır. Sabredenlerin karşılığını, yaptıklarının en güzeliyle Biz muhakkak vereceğiz.

(Nahl Suresi, 96)

Onlar ki, Allah anıldığı zaman kalpleri ürperir; kendilerine isabet eden musibetlere sabredenler, namazı dosdoğru kılanlar ve rızık olarak verdiklerimizden infak edenlerdir.

(Hac Suresi, 35)

De ki: "Ey iman eden kullarım, Rabbinizden sakının. Bu dünyada iyilik edenler için bir iyilik vardır. Allah'ın arz'ı geniştir. Ancak sabredenlere ecirleri hesapsızca ödenir."

(Zümer Suresi, 10)

***

[◘Kod-034◘]

Cehennemin yaratılış amacı nedir?

Mümin olan bir insan, Allah'tan korkan bir insan Cehenneme girmez.

Allah bir ayetinde "Eğer şükreder ve iman ederseniz, Allah azabınızla ne yapsın? Allah şükrün karşılığını verendir, bilendir. (Nisa Suresi, 147)" diyor.

Allah, kullarına azap vermek istemez ama dünyayı da bir imtihan yeri olarak yaratmış. İyi de var kötü de, güzel de var çirkin de. İman eden de var, etmeyen de. Aksi takdirde dünya bir imtihan yeri olmazdı, Ahirete geçiş için bir sınama dönemi olmazdı.

Aslında, Allah samimi kullarını, iman eden kullarını sonsuza kadar Cennette mutlu yaşatmak istiyor. Bu yüzden de, dünyada böyle bir sistem kuruyor. Müminin eğitimi için inkar eden ihtiyaç var. Müminler bu zorlu ortamdan, nefislerini eğiterek, sabırla ve tevekkülle çıkıyorlar. Böylece, Cennete girmeye layık oluyorlar. Aksi takdirde dünyada zorluk görmeseler Cennetteki sonsuz nimetlerin şükrünü tam anlamıyla veremezler.

Müminler, ayrıca yine ayetlerden anladığımız kadarıyla Cennetten Cehennemi seyredebiliyorlar. Bir ekrandan Cehennemdekilerin yaşadıkları zorlu ortamı, o dar ve izbe sokakları, insanların nasıl bir damla suya ihtiyaçlarının olduklarını bir sinema salonunda film seyreder gibi, görüyorlar. Bu yüzden de sürekli Allah'a Cennette oldukları için şükrediyorlar.

De ki: "Size bundan daha hayırlısını bildireyim mi? Korkup sakınanlar için Rablerinin Katında, içinde temelli kalacakları, altından ırmaklar akan Cennetler, tertemiz eşler ve Allah'ın rızası vardır. Allah, kulları hakkıyla görendir."

(Ali İmran Suresi, 15)

Rabbinizden olan mağfiret ve eni göklerle yer kadar olan Cennete (kavuşmak için) yarışın; o, muttakiler için hazırlanmıştır.

(Ali İmran Suresi, 133)

Bilmiyorlar mı ki, kim Allah'a ve elçisine karşı koymaya çalışırsa, gerçekten de onun için, onda ebedi kalmak

üzere Cehennem ateşi vardır? İşte en büyük aşağılanma budur.

(Tevbe Suresi, 63)

***

[◘Kod-035◘]

Her şey ya hakikaten güzeldir, ya da neticeleri itibarıyla!

Bil ki, ey Dost'um Kader değişmez. Kadere karşı direnmenin asıl adı aslında Şirk'tir.

"Her şey hakikaten güzeldir. Ya bizzat güzeldir veya neticeleri itibariyle güzeldir" diyor Bediüzzaman. Ne kadar hikmetli, ne kadar anlamlı bir söz. Bediüzzaman'ın sözlerinde çok derin ve güzel, katlamalı anlamlar var.

Evet, kaderimizde yaratılan her şey çok güzel. Bir hata mı yapıyorsun, çok güzel, bir hastalıkla mı mücadele ediyorsun, o da güzel, hayatla yalnız başına mı mücadele ediyorsun, o da güzel.

Çünkü, bu dünya bir imtihan yeri. Allah, tabii ki seni de imtihan edecek, sen de imanınla ve tevekkülünle, sabrınla bu imtihanlardan güzellikle geçeceksin. "Allah bana yeter, O ne güzel vekildir. O bir işe hükmetti mi, en doğrusunu, en güzelini yapar" diyeceksin.

Kimi zaman ilk anda anlayamayabilir bunu insan. Ama, her olayın ardında bir hikmet gizlidir. İnsanın nefsinin eğitimi için özel olarak verilir, özel olarak Allah tarafından yaratılır. İşte iman eden ve etmeyenin farkı burada ortaya çıkar. İman eden daima kaderinden razı olup, hikmetleri keşfederken, inkâr eden de hayatı boyunca isyan edip "neden ben?" diyerek ağlayıp durur...

***

Göklerde ve yerde ne varsa Allah'ındır. Vekil olarak Allah yeter.

(Nisa Suresi, 132)

Allah'a tevekkül et; vekil olarak Allah yeter. (Ahzab Suresi, 3)

Allah, herşeyin yaratıcısıdır. O, herşey üzerinde vekildir. (Zümer Suresi, 62)

***

Mümin Allah'ı anma konusunda gevşek olmamalı

Allah sevgisi olunca, Allah korkusu olunca, Allah aşkı olunca her şey güzel olur.

Mümin demek, kalbi her an Allah ile olan insan demek... Çiçeğe bakar, Allah'ı görür mümin, çocuğa bakar, Allah'ı görür, nimetlere bakar Allah'ı görür. Kalbinde hep Allah olduğu için zikrinde de hep Allah vardır.

Allah kullarını çok sever ve onlara çok şefkat gösterir. Aynı zamanda hep sevilmeyi ister, zikredilmeyi ister. Bu yüzden müminler her fırsatta bir aradayken Allah'ı zikrederler, yalnız başlarına kaldıklarında da için için kendi kendilerine Allah'ı zikrederler.

"... Beni zikretmekde gevşek davranmayın." (Taha Suresi, 42)

"Rabbini, sabah akşam, yüksek olmayan bir sesle, kendi kendine, ürpertiyle, yalvara yalvara ve için için zikret. Sakın, Gaflete kapılanlardan olma."

(Araf Suresi, 205)

Bakın, Allah ayetinde "beni zikretmede gevşek davranmayın" diyor. Allah aralıklı olarak zikretmeyi, aralıklı yapılan tebliği gevşek davranmak olarak kabul ediyor ve bunu da kabul etmiyor. Çok sık yapılmasını istiyor. Bu yüzden, mümin daha uyanır uyanmaz gözlerini "Allah" diyerek açacak, gün içinde sürekli Allah'ı zikredecek, Allah'a şükredecek ve yatana kadar da her gün bu içli zikir devam edecek...

Allah, kendisinde sükun bulmanız için geceyi; aydınlık olarak da gündüzü sizin için var etti. Şüphesiz Allah, insanlara karşı (sınırsız, sonsuz) bir fazl sahibidir. Ancak, insanların çoğu şükretmiyorlar.

(Mü'min Suresi, 61)

***

[◘Kod-036◘]

Mutsuzluğun Kökeni: mutsuzluğunun kökeninde ne var?

İmansızlık mutsuzluğa, mutsuzluk imansızlığa neden olur...

Eski komünist Rusya'da yaşayan insanların yüzlerini gözünüzün önüne getirin. Ya da komünist bir rejimle yönetilen Kuzey Kore'de ya da Çin'deki insanların donuk bakışlarını düşünün. Hepsi bir tornadan çıkmış gibidirler, robot mu yoksa insan mı anlamakta güçlük çekersin. Yolda hızla koşturan donuk yüzlü bu insanların ruhları adeta çalınmış gibidir. Ölmeden ölmüş gibilerdir.

Bu insanların mutsuzluğunun ya da duygusuzluğunun altında yatan tek neden imansızlıktır. Eğer, bir insan Allah'a iman etmezse, kalbi Allah sevgisiyle dolmazsa o zaman tüm dünya üzerine gelir. İman eksikliğinde ağlamak vardır, üzülmek vardır, tevekkülsüzlük vardır, isyan vardır, ölüm korkusu vardır. Hepsinden önemlisi Allah'ı sevmeyen ne karşısındaki insanı gerçek anlamda sevebilir, ne de gerçek mutluluğu yakalayabilir. Sadece ölümün olması ve bu dünyanın kısa bir süre sonra bitecek olması bile, iman etmeyen bir insanın mutsuz olması için yeterlidir. Şeytan, bu insanın yoluna oturacak ve bu suretle çeşitli bahanelerle zihnine girerek onu mutsuz etmek için her yolu deneyecektir. İmansız bir insanın şeytanın tuzağına düşmesi ise çok kolay olacaktır. Tevekkül etmek nedir bilmeyen insan, hayatı boyunca karşılaştığı her imtihana yenik düşecektir.

İnsana bir nimet verdiğimizde sırt çevirir ve yan çizer; ona bir şer dokunduğu zaman da umutsuzluğa kapılır. (İsra Suresi, 83)

Biz insanlara bir rahmet tattırdığımız zaman, onunla sevinirler; kendi ellerinin takdim ettiği dolayısıyla onlara bir kötülük isabet ettiğinde ise, hemen umutsuzluğa kapılırlar. (Rum Suresi, 36)

İnsan, hayır istemekten bıkkınlık duymaz; fakat ona bir şer dokundu mu, artık o, ye'se düşen bir umutsuzdur. (Fussilet Suresi, 49)

Halbuki gerçek mü'min böyle mi? Allah'ın varlığına yüzde yüz emin olan bir insan, Cennetin varlığına yüzde yüz emin olan bir insan ve samimi iman eden bir insan dünyanın en mutlu insanıdır. Başına ne gelirse gelsin, o her olayda bir hayır görecektir. Kısacık dünya hayatında imtihan olduğunu çok iyi bilecektir. Bu kısacık hayatın sonu, samimi bir kalple gelen için "SONSUZ CENNET"TİR. İmanlı bir insan hem bu Dünyada hem de Ahirette mutlu olur.

Allah en yakın dostudur. İman insana akıl, dinçlik, neşe ve güzellik verir, hayatına müthiş bir bereket getirir. Her yeni gün sevaplarla, dualarla, ibadetlerle doldurulacak yeni bir gündür. Mümin son nefesine kadar Allah için yaşar ve Allah için ölür. Mutluluğun tek anahtarı vardır, o da imandır...

De ki: "Şüphesiz benim namazım, ibadetlerim, yeniden dirilişim ve ölümüm alemlerin Rabbi olan Allah'ın üzerinedir." (En'am Suresi, 162)

***

[◐Kod-037◑]

Her şeyi ya güzel gör, ya da güler yüzle bak!

Hayat hepimiz için bir imtihan yeri, şüphesiz ki, imanla bakan hep güzeli görür...

Bugün senin için çok güzel apaydınlık bir gün olsun. Her şeye, her olaya neşeyle, güler yüzle, duayla, hayırla baktığın bir gün olsun. Dışarıda güneş olması gerekmez, senin kalbin apaydınlık olsun. O kadar olumlu ol ki, o kadar güzel bak ki, imanının neşesi yüzüne yansısın. Sana bakan herkes yüzünden tevekülünü, sabrını, teslimiyetini anlasın. Öyle ki, sana bakan Allah'ı hatırlasın.

Eğer çok olumlu, güler yüzlü, neşeli, kadere teslimiyetli olmayı bugün başarırsan bunu her gün yap. Çünkü sen müminsin, bu dünyaya Allah'ın yarattığı tüm görüntülerden razı olmaya geldin. Eğer Cennetten geldiysen bunun neşesini göster, göster ki herkes görsün, göster ki herkes müminin teslimiyetini ve ruhundaki güzelliği örnek alsın...

"...Olur ki hoşunuza gitmeyen bir şey, sizin için hayırlıdır ve olur ki, sevdiğiniz şey de sizin için bir şerdir. Allah bilir de siz bilmezsiniz." (Bakara Suresi, 216)

***

[◉Kod-038◼]

Peygamberimiz Cebrail ile nasıl görüşüyordu?

Kuran'dan uzak olan insanın aklı gider, tavırları bozuk olur.

Kuran tüm insanlığa indirilen mucizevi bir kutsal kitaptır. Tam 6666 ayet Allah tarafından teker teker indiriliyor ve hiçbir değişikliğe uğramadan günümüze kadar geliyor. Bu gerçekten de çok büyük bir mucizedir. Allah, nasıl bu binlerce ayeti indirmeye ve peygamberimizin kalbine yazmaya muktedirse; aynen öyle de, onu korumaya da muktedirdir. Bugüne kadar Kuran'ın tek bir harfini bile değiştirmeye kimsenin gücü yetmemiştir. Bu, başka hiçbir kutsal kitaba özgü olmayan, bu açık mucizenin günümüze kadar uzanan en güzel timsali ve örneğini teşkil etmektedir.

Binlerce ayetin nasıl tek tek indirildiğine gelince, Allah Kuran indirilirken peygamberimizin kalbine ayetleri büyük bir mucize olarak yazıyor, kaydediyordu. Çünkü, çok uzun ayetler de var. Peygamberimizin üzerinden tülbenti açıyorlar, peygamberimiz Cebrail geldiğinde baygınlık geçiriyor ve terliyor. Peygamberimizin üzerini örtüyorlar. Peygamberimiz gözlerini kapatıyor. Daha sonra uyandığında bütün ayetleri ezberinden baştan sona kadar söylüyor. Hatta önce ağzını kıpırdatmaya çalışıyor ama Allah ona "sen ezberlemeye çalışma, Ben zaten onu senin kalbine yazacağım" diyor. Böylece peygamberimizin ayetleri unutması ya da söylerken yanılması diye bir durum söz konusu olmuyordu.

Cebrail ayetleri bir kere söylüyor. Normal şartlarda bir insanın o kadar uzun ayetleri bir kerede ezberlemesi mümkün değildir. Ama peygamberimiz hepsini büyük bir mucize olarak ezberden söylüyordu. Sahabeler de hemen yanında yazıyorlardı. Aynı zamanda sahabeler de ezberliyorlardı. Peygamberimiz döneminde çok fazla hafız vardı, ama daha sonra hafızların çoğu şehit edildiğinden, Kuran yazı haline getirilmeye başlandı. Yoksa hepsi onu ezbere biliyorlardı.

- **Kitab'ın sana (kalbine vahy ile) bırakılacağını umud etmezdin; (bu,) Rabbinden ancak bir rahmettir. Öyleyse sakın kafirlere arka çıkma (onlardan olma). (Kasas Suresi, 86)**
- **Onu (Kur'an'ı, kavrayıp belletmek için) aceleye kapılıp dilini onunla hareket ettirip-durma.**
- **Şüphesiz, onu (kalbinde) toplamak ve onu (sana) okutmak Bize ait (bir iş)tir.**

- Şu halde, Biz onu okuduğumuz zaman, sen de onun okunuşunu izle.
- Sonra muhakkak onu (Kıyametin Zamanını) açıklamak Bize ait (bir iş)tir. (Kıyamet Suresi, 16-19)

Vesselam

***

[◉Kod-039◘]

Dikkat edin, dedikodudan dolayı size azap dokunmasın

Hayat sevgiye, merhamete, şefkate ve affetmeye dayalı olmalıdır.

Mümin kardeşinin yaptığı bir hatayı, söylediği bir sözü gidip başka bir mümin kardeşine anlatma, çünkü o zaman onun yaptığı hatadan çok daha büyüğünü yapmış olursun. O hiçbir şey yapmamış olabilir, onun sözleri ya da yaptıkları çok yanlış anlaşılmış olabilir; ama senin yaptığın dedikodunun karşılığı Allah katında büyüktür. Böylece, onun hiç suçu yokken sen üzerine çok ağır bir yük almış olursun. Böyle yaptığında Ahirette utanır insan. Bu yüzden, karşınızdaki ne yaparsa yapsın; Allah'tan korkun ve kimseyi arkasından çekiştirmeyin. Eğer bir şey söyleyecekseniz güzellikle, iyilikle, en güzel sözle mümin kardeşinizle konuşun, o zaman Allah'ın kalpleri uzlaştırdığını göreceksiniz. Mümin daima derin imanlıyla, asaletiyle, hoşgörüsüyle, güzel ahlakıyla ve hikmetli sözleriyle öne çıkmalı, bağışlayıcılığı, sevgisi ve hoşgörüsü herkese örnek olmalıdır...

Eğer Allah'ın Dünyada ve Ahirette sizin üzerinizde fazlı ve rahmeti olmasaydı, içine daldığınız dedikodudan dolayı size büyük bir azap dokunurdu.

(Nur Suresi, 14)

Dedikodunun karşılığı Kuran'da şöyle bildirilmiştir:

Ey iman edenler, zandan çok kaçının; çünkü zannın bir kısmı günahtır. Tecessüs etmeyin (birbirinizin gizli yönlerini araştırmayın). Kiminiz kiminizin gıybetini yapmasın (arkasından çekiştirmesin.) Sizden biriniz, ölü kardeşinin etini yemeyi sever mi?

İşte, bundan tiksindiniz. Allah'tan korkup-sakının. Şüphesiz Allah, tevbeleri kabul edendir, çok esirgeyendir. (Hucurat Suresi, 12)

Mümin zandan çok kaçınacak, hiçbir şekilde dedikodu yapmayacak, böyle büyük bir günahı üzerine almaktan şiddetle kaçınacak. Allah'a dayanıp güvenecek ve kendi haklarından bağışlama ile vazgeçecektir...

***

[◘Kod-040◘]

Alevilik ve Hz. Ali'nin sözleri üzerine

Alevilik, hem bir nevi Mehdiyetin okulu olduğu gibi ve Ehl-i Beyt mektebi olduğu gibi; Aleviler dahi Hz. Mehdi (as) aşığıdır, Ehl-i Beyt aşığıdır, Hz. Ali (ra) aşığıdır. Dolayısıyla, sakın Alevileri dışlamayalım, onlar ehl-i beyt'in ve ve onun soyunun devamı olan, 12 imamın yüzyıllardır sancaktarlarıdırlar.

Ne kadar hikmetli ve güzel söylemiş Hz. Ali bir sözünde; **"Düşündürücü ve hikmetli sözlerle ruhlarınızı dinlendirin! Zira bedenlerin yorulduğu ve zayıfladığı gibi ruhlar da yorulur."**

Evet, hepimiz insanız ve dünya hayatında birçok güzellikle ve zorluklarla sürekli imtihan oluyoruz. Sabreden ve güzel ahlak gösteren hem bu dünyada kazanıyor, hemde Ahirette gideceği Cennetine güzellik katıyor. Dünyadaki zorlu süreçte nefis eğitimi gerçekten çok önemli. Bunun için bir yol olarak, düşünmek ve akletmek için İslam Alimlerinin sözlerini okumayı ve onlar üzerinde düşünmeyi çok faydalı görüyorum. Bu yüzden Hz. Ali'nin hikmetli sözlerinden birkaç tanesini şimdi burada paylaşalım;

• "Huşusuz kılınan namazda, dilin afetlerinden ve boş şeylerden sakınmaksızın tutulan oruçta, Kur'an'ı tefekkürsüz okumakta, kalbe nakşolmayan ilimde, infak edilmeyen malda, zor günlerde gösterilmeyen kardeşlikte, şükredilmeyen nimette, gönülden edilmeyen ihlassız duada hayır yoktur."

• "İnsanlar bilmedikleri şeyin düşmanıdır."

• "Cennet cömertlerin, Cehennem cahillerin yeridir."

• "Âlimlere: "Niçin öğretmediniz?" sorusu sorulmadan, cahillere: "Niçin öğrenmediniz?" sorusu sorulmayacaktır."

• "Cenneti arzulayan, hayırlara koşar. Ateşten korkan, şehvetlerden sakınır. Öleceğine inananın, nefsanî ve şehvanî lezzetleri yıkılır. Dünyayı bilene, musibetler zahir olur."

• "Namus, güzelliğin sadakasıdır."

• "Dinde edep ve mürüvvet, akl-ı selimin meyvesidir."

• "Aklı tam olanın, sözü az olur."

• "Sözlerinin amellerinden sayıldığını bilen kimse, az konuşur ve ancak kendisini ilgilendiren şeyleri söyler."

- "Soruluncaya kadar susmak, susturuluncaya kadar söylemekten hayırlıdır."

- "Alçakça söylenen söze karşılık vereyim deme, çünkü o sözün sahibinde onun gibi daha nice düşük sözler vardır. Cevabına yine onlarla cevap verir."

- "Cahil ile sakın latife etme. Dili zehirli olduğundan gönlünü yaralar."

- "İnsanlara anlayacakları şekilde konuşunuz."

- "Eğrinin gölgesi de eğri olur."

- "Allah'ın kullarına karşı hüsn-ü zan sahibi ol! Böyle olursan birçok yorgunluktan kurtulursun."

- "Yanında Allah'ın, Rasûlullah'ın ve evliyanın sünneti olmayan kimsenin elinde hiçbir şey yok demektir. Allah'ın sünneti sırrı gizlemek; Rasûlullah'ın sünneti insanlar arasında güzel ahlak ile idare yolunu bulmak; evliyanın sünneti de insanlardan gelen eziyetlere katlanmaktır."

- "Bir adamla dost olmak istersen (önce) onunla muayyen bir mesafede kal. Bu durumda iken sana normal davranırsa dostluğunu sürdür, yoksa vazgeç."

- "Kalbi düşmanlıklarla meşgul olan kişi, faydalı işler yapamaz. Çünkü kalp, iki zıt meşguliyeti bir arada bulunduracak kadar geniş değildir."

- "Müminin tebessümü yüzünde, hüznü ise kalbindedir."

***

[◘Kod-041◘]

İnsanların sözleri seni mahzun etmesin!

فَلَا يَحْزُنْكَ قَوْلُهُمْ إِنَّا نَعْلَمُ مَا يُسِرُّونَ وَمَا يُعْلِنُونَ

Türkçe Okunuş:

Fe lâ yahzunke kavluhum, innâ na'lemu mâ yusirrûne ve mâ yu'linûn (yu'linûne).

Meal: Sakın, artık onların sözleri seni mahzun etmesin. Muhakkak ki Biz, sakladıklarını da açıkladıklarını da biliriz.

***

$\mathcal{B}$u hayatta insanlar ne diyecek diye kendisini kahreden insanlar var, Ahirette bunun ne kadar boş olduğunu görecekler.

Bakıyorum da çevremdeki insanlara, birbirlerinin sözlerini ne kadar çok değer veriyorlar. Bir kadın kocasının bir sözünden günlerce küsüyor, yine bir anne çocuğunun bir sözünden ağlayıp üzülüyor. Ya da bir iş adamı patronundan bir söz işittiğinde sinirine hakim olamayıp etrafı kırıp geçirebiliyor.

Dünyada yüzbinlerce insan karşılarındaki insanı gözlerinde büyütüp onun bir sözünden dolayı günlerce uyumayıp kendisine zulmedebiliyor, hatta üzüntüden hastalanabiliyor. İnsanların burada unuttukları ve yanıldıkları çok önemli bir konu var. Kuran'la bakıp Kuran'la düşünmüyorlar. O zaman karşılarındaki insanı şirk koşuyorlar. Kuran'la baksalar insanlara değil Allah'ın sözüne, Allah'ın ne düşündüğüne önem vermeleri gerektiğini görecekler. Ama bunu bir türlü fark edemiyorlar. Kuran'a göre şirk en büyük günahlardan birisidir.

Gerçekten, Allah, Kendisi'ne şirk koşulmasını bağışlamaz. Bunun dışında kalanı ise, dilediğini bağışlar. Kim Allah'a şirk koşarsa, doğrusu büyük bir günahla iftira etmiş olur. (Nisa Suresi, 48)

Onların çoğu Allah'a iman etmezler de ancak şirk katıp-dururlar.

(Yusuf Suresi, 106)

Sonuçta o çok değer verdikleri insan da kendileri gibi ölümlü, aciz, hataları olan bir insan. Yanılabilir, unutabilir, boş bulunabilir, ağzına geleni konuşabilir. Üstelik iman etmemişse her türlü hatayı da yapabilir. Bu yüzden insanın karşısındaki insanın sözüne değer verebilmesi için önce iman etmesi, sonra karşı taraftaki kişinin de imanlı olması şarttır. Ayrıca her iki tarafta Allah'tan korkmalı ve vicdanla hareket etmelidir.

Mümin mümini dinler, karşı taraftan öğüt alır. Ama sonuçta her zaman Allah'a yönelip döner. Onun için üzüntü yoktur, kaderi izlemek vardır. Yanlış bir söz duyabilir, yanlış bir hareketle karşılaşabilir. Ama bütün bunların kaderinde Allah tarafından yazıldığını bilir. Onun için insanlar yoktur, Allah tarafından yönetilen, konuşturulan, hareket ettirilen ve kaderlerini yaşayan insanlar vardır. Sonuçta mümin zahire değil batına bakar. Allah'ın kendisi için belirlediği kaderin en hayırlısı olduğunu bilir. Dolayısıyla karşısındaki insanı gözünde büyütmez, onu hayatının merkezi haline getirmez. Eğer karşısındaki müminse ve hayırlı bir söz söylüyorsa mümin ona uyar, ama aksinde herşeyi Allah'a bırakır. Sonuçta Ahirette doğru ve yanlış ortaya çıkacaktır.

Bu hayatta yaşarken karşınızdaki kişilerin, ailenizin, akrabalarınızın, iş arkadaşlarınızın aciz bir kul olduklarını unutmayın ve her şeyde Allah'a yönelip dönün. Ancak o zaman huzura ve mutluluğa kavuşabilirsiniz. İnsanlarla yaşadığınız hayatta detaylara boğulursanız batındaki güzellikleri yakalayamazsınız...

De ki: "Göklerden ve yerden sizlere rızık veren kimdir? Kulaklara ve gözlere malik olan kimdir? Diriyi ölüden çıkaran ve ölüyü de diriden çıkaran kimdir? Ve işleri evirip-çeviren kimdir? Onlar: "Allah" diyeceklerdir. Öyleyse de ki: "Peki siz yine de korkup-sakınmayacak mısınız?

(Yunus Suresi, 31)

[◘Kod-042◘]

Neden bu kadar üzgünsün?

Bil ki, şu zamanda insanlar ilgisizlikten, sıkıntıdan, üzüntüden dert sahibi, kanser olup gitmişlerdir...

Bir bakıyorsun insanların kafası hep bir şeylere takılı. Kimi işyerinde patronun söylediği bir söze takıyor, kimi çocuğunun söylediği bir sözü günlerce düşünüp ağlıyor. Kimi bir arkadaşının tek bir hareketinden etkilenip günlerce kendine gelemiyor. Peki ama gerçek yaşam böyle olur mu?

Üzüntüyle, sıkıntıyla, kederle yaşamak için gelmedik ki bu dünyaya biz. Tevekkül etmeye, sabretmeye, başımıza ne gelirse gelsin şükretmeye geldik. Öncelikle, insanların bu gerçeği kavramaları gerek. Her gün değişik değişik olaylarla imtihan oluyoruz. Müminler Allah tarafından denendiklerini biliyorlar, bu yüzden olaylara akılla ve şuurla yaklaşıyorlar. Sabrederek ve şükrederek bu imtihanlardan güzellikle geçiyorlar.

Andolsun, Biz sizi biraz korku, açlık ve bir parça mallardan, canlardan ve ürünlerden eksiltmekle imtihan edeceğiz. Sabır gösterenleri müjdele.

(Bakara Suresi, 155)

Her nefis ölümü tadıcıdır. Biz sizi, şerle de, hayırla da deneyerek imtihan ediyoruz ve siz Bize döndürüleceksiniz.

(Enbiya Suresi, 35)

Müminler için üzülmek yok, sıkılmak yok, sadece kadere teslimiyet var. İnsan her türlü hatayı yapabilir, bu dünyada hastalanabilir, hiç duymak istemediği bir sözü duyabilir. Malını kaybedebilir. Dünya hayatı eksiklikle doludur. Mümin bunu çok iyi bilir. Bu dünyanın Allah tarafından eksik yaratıldığını bilir. Bu yüzden karşılaştığı olaylara Kuran ahlakıyla davranır. Gerçek hayat ölümden sonra başlayacaktır. Bunu bilerek şuurla yaşayan mümin ile bilmeden, dünya hayatına kapılarak yaşayan bir insanın bakış açısı tabii ki çok farklı olur.

Küçük, küçük her şeye üzülen insanlar bir an için durup dışarıdan kendilerine bakmalılar bence. Dünyada kan gövdeyi götürüyor. Her gün yüzlerce Müslüman şehit ediliyor. Suriye'de her dakika iki çocuk ölüyor. Dünyada milyonlarca mülteci evsiz, barksız sokaklarda yatıyor. Yine, dünyada binlerce insan bir lokma ekmek, bir damla su bulamıyor. Eğer insan vicdanlıysa asıl kafayı bunlara takması lazım. Kendi küçücük dünyasından çıkıp bunları görmesi lazım. Eğer, çıkamıyorsa kendi üzüntüleri içinde boğulacaktır. Ama unutmayın ki, bu zulmü kendisine yapan yalnızca kendisidir. İmanlı bir kalple olaylara baksa görüntünün apaydınlık olacağını, her şeyin hayırla ve hikmetle yaratıldığını kendisi de görecektir.

Şüphesiz ki Allah, insanlara hiçbir şeyle zulmetmez. Ancak insanlar, kendi nefislerine zulmediyorlar.

(Yunus Suresi, 44)

Öyleyse kazandıklarının cezası olarak az gülsünler, çok ağlasınlar.

(Tevbe Suresi, 82)

Size ne oluyor ki, Allah yolunda ve: "Rabbimiz, bizi halkı zalim olan bu ülkeden çıkar, bize Katından bir veli (koruyucu sahib) gönder, bize Katından bir yardım eden yolla" diyen erkekler, kadınlar ve çocuklardan zayıf bırakılmışlar adına savaşmıyorsunuz?

(Nisa Suresi, 75)

***

[▣Kod-043▫]

Hz. Mehdi'nin fark edilememesinin özel nedeni nedir?

Hz. Mehdi şu anda zuhur vaktini bekliyor. Kavminin üzerine adeta güneş gibi doğacak.

Ahir zamanda olduğumuz bu dönemde sadece Müslüman âlemini değil; Hristiyan alemini ve Musevi alemini de kurtaracak Hz. Mehdi gelecek, tam kırk yıl boyunca <u>gizliden gizliye</u> tebliğ yapacak ve insanların kalplerine İslam'ın tohumlarını serpecek.

Sonra o tohumlar sümbüllenecek ve insanlar dalga dalga İslam'a girecekler. Peki, Hz. Mehdi <u>tam kırk yıl</u> bizim aramızda böylesine yoğun faaliyet yaparken, üstelik peygamberimiz onun dış görünüşünden yapacağı işlere kadar yüzlerce detay bildirmişken, biz neden Hz. Mehdi'yi tanıyamıyoruz, neden fark edemiyoruz?

Bu sorunun cevabı, Hz. Mehdi'nin rahat faaliyet yapabilmesi için Mehdiyetin Allah tarafından perdelenmiş olmasındadır. Hem Hz. Mehdi kendisini perde ile örtmekte; hem de diğer alimler bilerek veya bilmeyerek Hz. Mehdi'yi perdelemektedirler.

Bediüzzaman Said Nursi başta olmak üzere bütün Ehli Sünnet alimleri ve Hz. Mehdi'nin Hicri 1400, yani Miladi 1980'li yıllardan itibaren çocuk yaşlarda göreve başlayacağını, bir şahıs olacağını, ona yardım eden talebeleriyle birlikte hareket edeceğini, tüm dünyaya hakiki imanı anlatacağını; 40 yıl süren bir fikri mücadelenin ardından da İslam'ı bütün dünyaya hakim kılacağını anlatmışlardır. İslam ahlakının hâkim olacağı, Kuran'da da müjdelenmiş ve sahih hadislerde haber verilen Hz. İsa ve Hz. Mehdi'nin gelişi de tüm **"Ehli Sünnet ulemasınca bir itikad konusu olarak kabul edilmiştir"**.

Ancak buna rağmen, şu anda dünyada Mehdiyet'in varlığını ve ilerleyişini görebilenler çok azdır. Hz. Mehdi'yi anlayıp tanıyanlar ise bundan daha da az. Yalnızca çok küçük sayıdaki mübarek insanlar imanın nuru ile Hz. Mehdi'yi görüp fark edebiliyorlar.

Harita: Mehdiyet ve Hareket alanı; "merkezi İstanbul, yani son halifelik merkezi" olarak konumlandırılmış ve Anadolu, Ortadoğu ve Balkanların tamamı ile, Güney Rusya ve Kuzey Afrika'nın bir kısmını manevi ve maddi bir küre-i daireviyeyi içine alacak şekilde kapsayan bir hareket alanıdır.. Bir de harita üzerinde şu dikkatimizi çekiyor ki, "öncü çatışmalar ve ilk cepheler" bu geniş dairenin dış halkasına yakın hatlar üzerinden açılarak içeri doğru bir kuşatma planlar; şöyle ki, 3. dünya savaşına hazırlık niteliğinde olacak olan bu ilk çatışmaların dairenin dış halkası olan Arnavutluk, Bosna Hersek, Mısır, Gürcistan, Ukrayna ve Kırım gibi stratejik yerler olması ve ilk çatışmaların buralarda çıkarılması, böyle bir kuşatma planının varlığını isbatlayan önemli son zaman verileridir..

Bazı âlimler de Hz. Mehdi'nin perdelenmesine doğrudan hizmet ediyorlar. Tarihte hiç bu kadar Hz. Mehdi gelmeyecek denildiği görülmemiştir. Özellikle de, belirli bir tarihe kadar, Hz. Mehdi'nin geleceğini savunan bazı kesimler, 1980'lerden sonra büyük bir telaşla Hz. Mehdi'nin çıkmayacağını anlatmaya başladılar. 1978, 1979 ve 1980'lerde yayınlanan İslami dergi, kitap, kaset, broşür gibi eserlere bakanlar, o devirde yoğun olarak Hz. Mehdi'nin geleceğinden bahsedildiğini göreceklerdir. Ancak 1986-87'lerden sonra ani bir dönüşle bu konudan vazgeçildiği, çeşitli tevillerle Mehdilik konusunun kapatılmasının istendiği görülecektir. Bu tarihten sonra Hz. Mehdi'nin gelmeyeceğini iddia eden yayınlar ya da söylemler ani bir şekilde yoğunlaşmıştır.

Hem de peygamberimizin söylediği bu kadar kesin alametler çıktığı halde. Şimdi kimisi 300 sene sonra gelecek diyor. Kimisi benim şeyhimdi, geldi geçti diyor. Kimisi Mehdi gelmeyecek diyor. Kimisi şahs-ı manevi diyor, kimisi ruhtur diyor. **Ortak noktaları ise, hepsi de ısrarla, çeşitli yorum ve tevillerle Hz. Mehdi'nin gelişini örtbas etmeye çalışıyor.** Hatta bir kısmı **"Mehdi konusunu açmanın, ondan bahsetmenin dahi fitne olacağını" söyleyecek kadar ileri gidiyor.** Kısacası çok büyük bir panik ve tedirginlik yaşanıyor. Ancak, burada büyük bir çelişki ortaya çıkıyor. Hz. Mehdi'nin varlığına, geleceğine ve yapacağı faaliyetlere inanmıyorlarsa, Mehdi konusunu bu kadar önemsemelerine de gerek yoktur. **"Nasıl olsa gelme ihtimali yok deyip, geçebilirler". Ama bunu yapamıyorlar; televizyonlardan, radyolardan, gazetelerden hemen her fırsatta "Mehdi'nin gelmeyeceğini ispatlamaya çalışıyorlar.** Hâlbuki, eğer bir insan bir şeyin var olduğuna ve gerçekleşeceğine inanmıyorsa, bu konuda son derece rahat olur. Çünkü nasıl olsa bir sonuca varmayacaktır; konu zaten kökten hallolmuş durumdadır. Ama Hz. Mehdi söz konusu olduğunda böyle bir rahatlık görülmüyor; aksine büyük bir kaygı ve endişe, panik ve ajitasyon ile Hz. Mehdi aleyhinde çalışmalar yapılıyor.

İşte, burada Allah'ın, harika yaratma sanatının önemli bir örneği ortaya çıkıyor. **Allah kaderde 'Hz. Mehdi'nin gelişinin, kimliğinin, yapacağı faaliyetlerin ve faaliyet alanlarının perdelenmesini' istiyor.** Çünkü, Peygamberimiz, Hz. Mehdi'nin yapacağı faaliyetlerin uzun yıllara yayılacağını ve ancak tüm bu çalışmalarının sonucunda, adım adım İslam ahlakının hâkimiyetine ulaşacağını anlatıyor. İşte, bu uzun süreç içerisinde eğer Hz. Mehdi'nin adı, yeri, faaliyetleri ve faaliyet alanları tam olarak bilinmiş olsa idi, elbette ki tüm kötü niyetli odakların hedefi haline gelirdi. Zarar vermek, çalışmalarını durdurmak isteyen insanların tuzaklarına, engellemelerine ve saldırılarına açık bir ortam oluşurdu. Bu konuda, bir önceki asrın müceddidi <u>Üstad Bediüzzaman</u>'ın hayatı bunun nihayetsiz örnekleriyle ortadadır. Ama, bu asırda ise, İslam'ın dünya hâkimiyeti ve Hz. Mehdi'nin zaferi Allah'ın kesin bir vaadi olduğu için, Allah buna engel olabilecek her şeyi durduracak bir sistem yaratmıştır. İşte, "Mehdi gelmeyecek" diyen insanların farkında olmadıkları görevleri de, 'Hz. Mehdi'yi perdeleyerek Allah'ın bu takdirine zemin hazırlamaktır.

Dolayısıyla, inkâr edenler de, münafıklar ve müşrikler de, Kuran ahlakı aleyhinde bir fikri benimseyenler de, Hz. Mehdi'ye düşman olanlar da, her ne kadar istemeseler de, -Allah'ın dilemesiyle- bilerek ya da bilmeyerek Hz. Mehdi'ye ve İslam ahlakının tüm dünyada yayılmasına büyük destek veriyorlar.

'Mehdi gelmeyecek' diyenlerin, her ne yaparlarsa yapsınlar Hz. Mehdi'ye hizmet etmekten kurtulamamaları da bir mucizedir. Hz. Mehdi aleyhindeki her girişim, bu mübarek şahsın etkisinin giderek daha da artmasına katkıda bulunacaktır. "Ben Hz. Mehdi'ye inanmıyorum" diyen her şahıs, Hz. Mehdi aleyhinde yaptığı her çalışma ile bu mübarek şahsa hizmet etmiş olacaktır.

Ayrıca şunu da hatırlamakta fayda vardır:

Hz. Muhammed'in gelişi de önlenmek istenmiş ama bu çabalar, sonucu değiştirmemiştir. Dönemin müşrikleri de büyük bir panik yaşamış ama Peygamberimiz'in gelişini durduramamışlardır. Hz. Muhammed, kaderde yaratıldığı şekilde gelmiş, Allah'ın kaderinde takdir ettiği sözleri söylemiş ve görevini tamamlamıştır. Aynı şekilde, tarih boyunca hiçbir elçi, nebi ya da rasulün gelişi engellemeyle, önlemeyle durdurulamamıştır.

Ayrıca, Hz. Mehdi karşıtlarının farkında olmadan yerine getirdikleri çok önemli bir görev daha var ki; Hz. Mehdi'nin en kesin çıkış alametlerinden birinin gerçekleşmesini sağlıyorlar.

Çünkü, **'Mehdi ve Mehdiyet gelmeyecek nidaları'**, Hz. Mehdi'nin gelişinin çok yaklaştığının bir diğer alametidir:

"**İNSANLARIN ümitsiz olduğu ve "HİÇ MEHDİ FALAN YOKMUŞ" DEDİĞİ BİR SIRADA ALLAH HZ. MEHDİ'Yİ GÖNDERİR...**"

Ali Bin Husameddin el-Muttaki, Kitab-ul Burhan fi-Alamet-il Mehdiyy-il Ahir Zaman, s. 55

"...**HZ. MEHDİ**, Rasulullah (sav)'ın bayrağı ile, insanların başlarına bela üzerine bela yağdığı ve **ÇIKIŞINDAN ÜMİT KESİLDİĞİ BİR SIRADA ÇIKAR...**"

Ali Bin Husameddin el-Muttaki, Kitab-ul Burhan fi-Alamet-il Mehdiyy-il Ahir Zaman, s. 55

***

Yine, herkesin şunu bilmesi lazım ki, Hz. Mehdi'nin hadislerde bildirilen bütün alametleri mucizevi bir şekilde gerçekleşti. Hz. İsa da, Hz. Mehdi de çok yakında bütün insanlığın göreceği şekilde zuhur edecek inşa/Allah.

***

[◉Kod-044◘]

Masonların gizli sembolleri ile Mehdiyet arasındaki bağlantı nedir?

Mesih ve Mehdi'nin Tevratta geçen İbranice ismi olan Adonay (Moşiyah) Masonlara göre de Meşrik-i Azamıdır ki, Ahir zamanda masonluk kurumu da, hepsi birden ona tabi olacaklar, aynen Süleyman AS. zamanında kendisine cinlerin tabi olması gibi.

Evet, Ahir Zamandayız. Yani Sonlu zamanın Son dönemi, Sonsuzluk aleminin başlangıcına çok yakın, hatta en yakın bir dönem bir anlamda. Hz. Mehdi'nin ve Hz. İsa'nın zuhuruna çok az bir vakit kaldı. Bu önemli dönemde Hz. Hızır ile birlikte Masonların da Hz. Mehdi'ye çok fazla yardımcı olacağı biliniyor. Hz. Hızır'ın da çok iyi bir duvarcı ustası olduğu biliniyor. Hatta, Kur'an'da da, Hz. Hızır'ın Musa AS ile yolculukları sırasında yıkılan bir duvarı tamir etmesi anlatılır.

Hz. Mehdi Masonların üzerinde de bir güç ve dolayısıyla Hz. Mehdi Masonlara değil, Masonlar Hz. Mehdi'ye hizmet edeceklerdir. Nasıl ki, Hristiyanlar ve Müslümanlar ahir zamanda tüm dünyayı kurtaracak kişiyi bekliyorlarsa; Masonlar da "Adonay" olarak adlandırdıkları bu kişiyi bekliyorlar. Adonay (Hz. Mehdi) ortaya çıktığında hem Masonlar, hem de Tapınak Şövalyeleri ona talebe olacaklar. Masonlar Adonay'ın etrafında toplanıp, dünyada tek din oluşturup bütün dünyanın mutlu olmasını sağlayacaklarına inanıyorlar. Sonuç olarak, Masonlar İslam'ın dünya hakimiyetinde çok büyük rol alacaklardır.

Masonların gizli sembolleri ile Mehdiyet arasındaki bağlantıya gelirsek, **ilk sembolümüz beş köşeli yıldız.** Bu yıldız 5 tane A harfinden oluşuyor. Nereye dönülse A harfi ortaya çıkıyor. Orta kısımda Omega'yı yani O harfini işaret ediyor. (Alfa ve Omega)

Bunlar ise, bilindiği gibi, İncil'e göre Hz. İsa'nın ikinci gelişinin sembolleridir..

Diğer bir Mason sembolü yuvarlak içinde beş köşeli yıldız. Bu sembol Allah'ın sevilen kulu Moşiyah yani Mehdi anlamını taşıyor. Bu sembolde O harfi içerisinde A harfinden oluşuyor.

Düğümlenmiş iplik, diğer bir Mason sembolü. Çözümsüz görünen olayları Moşiyah Mehdi geldiğinde, herkese uygun bir biçimde çözeceğini anlatıyor bu sembol. Hz. Mehdi bütün olayları Musevilere, Müslümanlara ve Hristiyanlara uygun bir şekilde çözüyor.

Şaha kalkmış aslan sembolü. Bu sembol de 12 aslana işaret ediyor. Haydar, Aslan Hz. Mehdi'nin bir lakabıdır. Aynı zamanda Hz. Ali'nin de lakabıdır. 12 imama işaret eder. Sonuncu imamda Muhammed Mehdi'dir ve ayrıca bu sembol Mehdi'nin

"Aslan burcundan" olmasıyla yakından bağlantılıdır. Hz. Musa da bildiğiniz gibi 12 kişi seçiyor, 12 tane pınar buluyor, 12 tane imam var, Yusuf Kıssasında 12 yıldızdan bahsediliyor. (11 yıldız ve güneş 12 ediyor.)

Masonların Gönye ve pergel sembolü. Doğruluk, dürüstlük, görev bilinci ve ölçülü olmanın sembolüdür, bu da "**A**" harfini ifade eder. Ayrıca bu sembol Hz. Mehdi'nin, **A**ltın Çağ dönemiyle geleceğini ve dünyayı çok güzel bir sanat (İngilizcede "**A**rt" sanat demek olup baş harfine işarettir) ve estetikle ve mimariyle (İngilizcede "**A**rchitecture" mimari demek olup baş harfine işarettir) inşa edeceğine de işaret ediyor.

Kendi kuyruğunu ısıran yılan (Ouroboros). Hayatın Allah'ın yarattığı sonlu alem içerisinde olduğunu ifade eden çok eski bir semboldür. Yani, bir nevi sonsuzluğun sonlu gösterimi bu sonsuz döngü ile temsil edilmektedir. Aynı zamanda, Hz. Musa'nın büyük mucizelerini gerçekleştirdiği eliyle tuttuğu değneğine ve sonradan yılana dönüşebilen tılsımlı yılanına da işaret eder. Tahtadan yılana dönüşme, yılandan tahtaya dönüşmeyi vs. ifade eder ki, bu da hakikatte maddenin uzay ve zamandaki yaratılış sırrını ve elementlerin ve kimyevi unsurların birbirine zamanla dönüşebilme kabiliyetini, evrensel yasalarını bildirir. Bu sembolün içinde de iç içe geçmiş "A" harfleri vardır.

Masonların sembollerinden kördüğüm, dünyanın Ahir zamanda alacağı şekli gösteriyor. Masonlar bu kördüğümün ne anlama geldiğini söylemiyorlar ama bu sembolde Moşiyah'a yani Hz. Mehdi'ye bakıyor ve aynı zamanda Kıyamet'e de bakıyor.

Masonların diğer bir sembolü Şakül, Teraziyi ve Dengeyi, yani Doğru yolu gösterir.

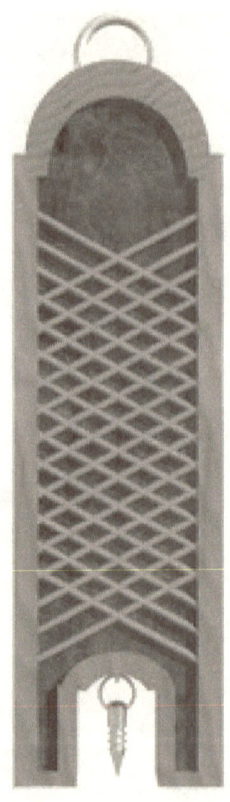

Masonların Jakin ve Boğaz Sütunları. Sütunların önünde Hz. Süleyman'ın sarayının yeniden inşa edilip kurulacağı gün büyük bir özlem ile şu dua yapılır.

"Ey Beni İsrail, Hz. Mehdi ve talebeleri, Allah Moşiyah'ın (Mehdi'nin) gelişini ve Hz. Süleyman'ın tapınağının yeniden inşasını yaklaştırsın. Masonlar bu duayı sık sık ederler. Museviler de günde iki kere Moşiyah'ın gelmesi için dua ediyorlar. Bu iki sütun tapınağın sütunlarını ifade ediyor. Bu tapınağı ahir zamanda tekrar inşa edecek kişi de, onu ilk kez yapan Hz. Süleyman'a benzeyecek olan Hz. Mehdi'dir.

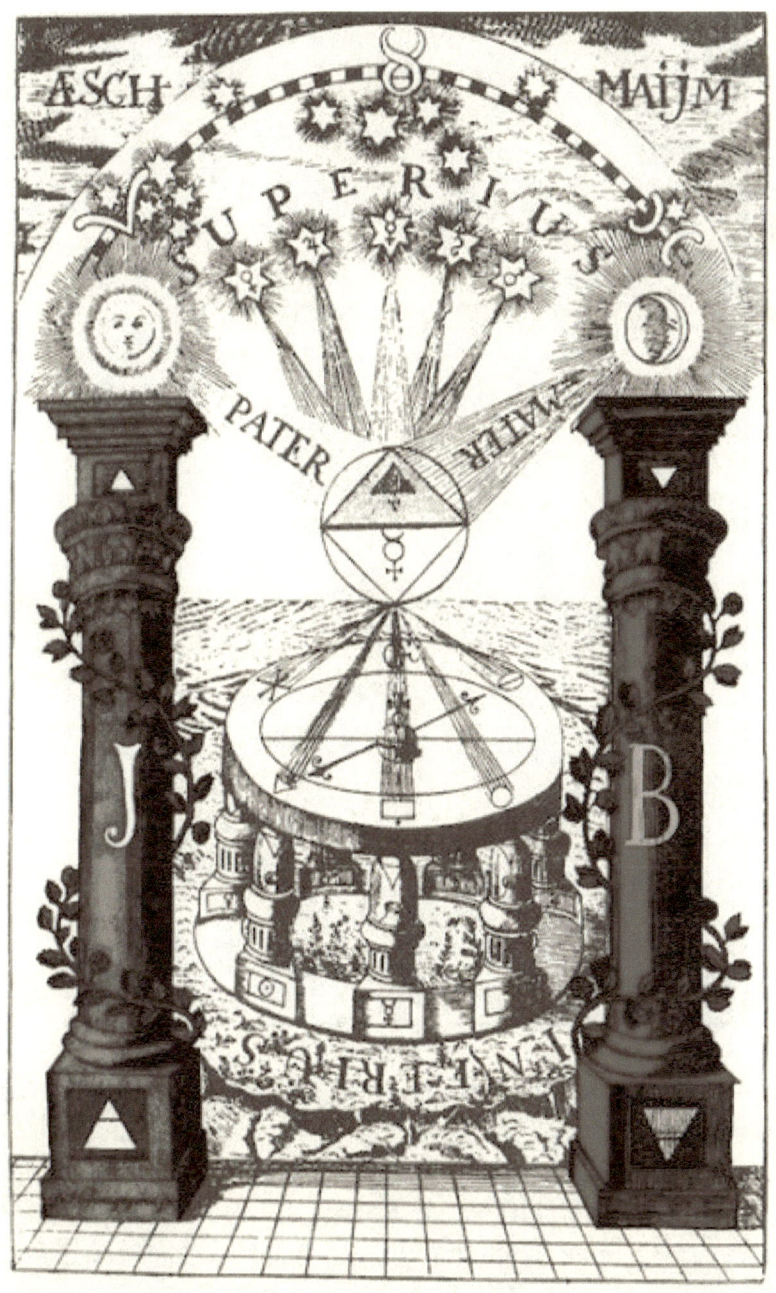

Masonların üçgen içinde göz sembolü ise, Allah'ın her zaman her şeyi gördüğü anlamını taşıyor.

Mason sembollerinden Güneş, ay ve yıldızlar Hz. Yusuf kıssasında var.

Masonluktaki çift başlı kartal sembolü Moşiyah'ın (Hz. Mehdi'nin) mutlak iktidarını, dünya hakimiyetini –zülcenaheyn (çift yönlü, tüm doğu-batı hattını kapsayan) olmasını- simgeliyor. Roma imparatorluğu ve İngiltere kraliyeti gibi dünyayı uzun süre yöneten hükümdarlıkların da bu sembolü kullanmış olması tesadüf değildir. Yine, bütün dünya ordularının sembolünde çift başlı kartal sembolü vardır. Bu sembol, Mehdiyetin dünya hakmiyetini gösterir. Çift başlı olması ise, biri Hz. Mehdi'ye diğeri İsa Mesih'e baktığı içindir. İsa Mesih de üstaddır, Masonlar da onu üstad olarak görürler. Kuran'da Hz. İsa'nın çamurdan bir kuş yaptığını bildirir, burada Hz. İsa'nın sanatçı yönüne, taşa ve çamura şekil verebildiğine dikkat çekilir.

Kuran'da iki dul kadının iki çocuğundan bahsedilir.
Masonlukta ise iki dul kadının iki çocuğu Moşiyah (Mehdi) ve İsa Mesih'i anlatır. Masonlar da kendilerini dul kadının çocukları olarak adlandırırlar. Bu mesaj aslında, "Biz, onlar geldiklerinde dul kadının çocuklarına uyacağız" anlamındadır.

Masonlukta dul kesesi vardır. Masonlar bu keseye para yardımı yaparlar ve oradan parayı dağıtırlar. Bu da Hz. Mehdi'nin dağıtacağı paraya işaret eden bir semboldür. Kadınların, dulların ve yetimlerin korunacağına da bir işarettir. Kuran'da da yetimlerin korunmasına özel olarak işaret edilir.

Masonluğun kuruluş amacı zaten Mehdiye, Moşiyah'a yardım etmektir. Bütün semboller buna işaret eder. Ama birçok alt dereceli Mason Moşiyah'a yardım edeceğini bilmez. Ancak üst derecelere erişen Masonlara Mehdi (Moşiyah) konusu anlatılır.

***

[▫Kod-045▫]

Zohar ve Tevrat'ta Mehdi AS'ın Gelişi

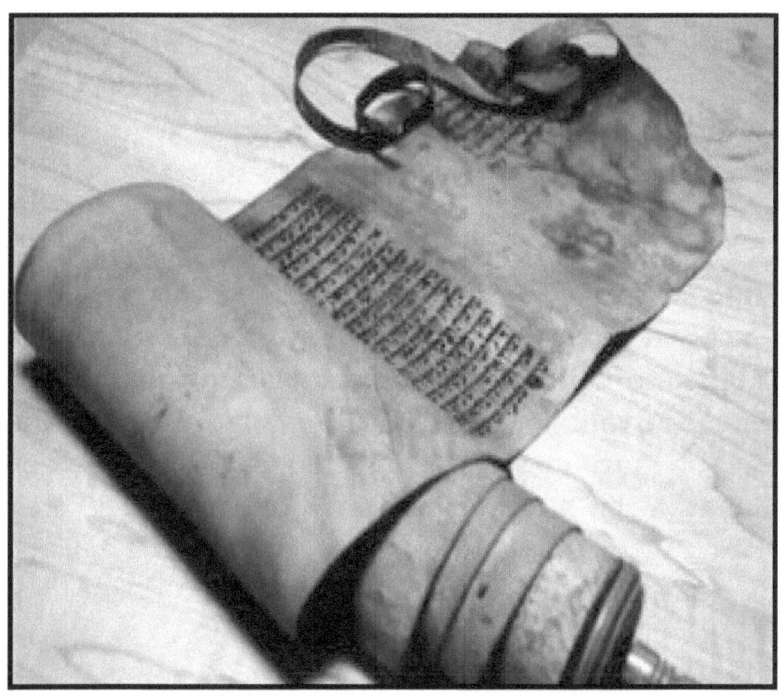

İsa Mesih de hayatta, Mehdi (as) Moşiyah da hayatta. Vakit bitti. Dünyanın sonundayız artık.

Tevrat'ta ve Zohar'da Kral Moşiyah olarak tanımlanan (Hz. Mehdi) hakkında birçok detay bilgi veriliyor. Tevrat'a baktığımızda tıpkı peygamberimizin hadislerinde bildirdiği gibi Hz. Mehdi'nin gelişinden önce ülkelerde kargaşa ve terör olacağını görüyoruz:

Yalkut Şimoni adıyla bilinen, 13. Yüzyıla ait Rabbanilerin Tevrat tefsirlerini içeren dini eserde:

Kral Moşiyah'ın çıkacağı yıl, dünya üzerindeki tüm ülkelerin kralları birbirleriyle mücadele edecekler: Pers kralı, Arap kralını kışkırtacak; Arap kralı, tavsiye için Aram'a [Şimdiki Suriye olarak tanımlanan, Şam ve civarındaki bölgeye] gidecek. Dünyanın tüm ulusları kargaşa ve terör içinde olacak; yüzlerinin üzerine düşecekler, doğum sancıları gibi acılara tutulacaklar.

İsrail de kargaşa ve terör içinde olacak, şöyle diyecek, "Nereye geleceğiz ve nereye gideceğiz, nereye geleceğiz ve nereye gideceğiz?" [Allah] onlara diyecek ki, **"Çocuklarım [kullarım], korkmayın, tüm yaptıklarımı yalnız sizin iyiliğiniz için yaptım. Neden korkuyorsunuz? Korkmayın, sizin için Kurtuluş zamanı geldi. Bu öncekilere benzer olmayacak, bu son Kurtuluş'tur**; çünkü öncekilerin ardından zulümler geldi, başka ülkelere boyun eğdiniz. Fakat, bu son Kurtuluş ardından hiçbir zulüm gelmeyecek ve diğer uluslara boyun eğilmeyecek.

Bildiğiniz gibi nasıl ki, Müslümanlar yüzyıllardır Hz. Mehdi'nin çıkmasını hasretle bekliyorlarsa; aynen öyle de Museviler de Kral Moşiyah'ın çıkışını özlemle bekliyorlar. Tevrat'a göre Musevilerin Kral Moşiyah'ı beklerken Allah'a derin imanla yönelme sorumlulukları var:

"**Eğer layık olurlarsa, 'bunu hızlandıracağım'** "

[Yeşaya, 60:22] (Sanhedrin 98a).

Zohar'da, Tevrat üzerinde çalışmanın **Kurtarıcı'nın gelişinin hızlandıracağını** açıklar.

Gemara da benzer şekilde ifade eder:

"Kendisini samimi niyetle Tevrat çalışmasına veren kişi Kurtarıcı'nın gelişini yakınlaştırır" (Sanhedrin 99b) ve 'uluslar arasında [Tevrat üzerine] çalışma yaptıklarında... onları bir araya toplayacağım' [Hoşea, 8:10]"

(*Bava Basra* **8a**).

"Musevi halkı acı çektikleri, mahkûm oldukları, dolaşıp durdukları, karışıklık içinde oldukları, baskı veya yiyecek eksikliği nedeniyle kurtarılmayacaklar, fakat birlikte oturup birbirleri ile yüksek sesle Tevrat üzerinde çalışma yapan on kişinin faziletiyle kurtulacaklardır."

(*Tanna DeVei Eliyahu Zuta,* **Bölüm 14**).

Allah halkını sürgünden kurtarmak istediğinde, Kral Mesih'e diyecek, "Sürgün sona erdi. Doğruluğun fazileti Bana baharatların kokusu gibi ulaştı: Bu neslin âlimleri çalışma odalarında Tevrat öğreniyorlar! Şimdi çık ve senin için gizlediğim krallığı kabul et."

Ardından Kral Mesih kendisini Musevi halka tanıtacak ve onlar da ona diyecekler ki, "Gel, kardeşimiz ol! Hep birlikte Kudüs'e gidelim ve kendimizi Tevrat'ın tatlarıyla... besleyelim."

(*Targum,* **Shir Hashirim 7:14-8:1**)

Tevrat'a göre tövbe etmek de Kral Moşiyah'ın (Hz. Mehdi) gelişini hızlandıracaktır:

***

Midraş'da söylendiği gibi:

"Haham Levi dedi ki, 'Eğer [Museviler] bir gün bile tevbe etseler, hemen kurtuluşa ereceklerdir ve Davud oğlu gelecektir'." (*Shir Hashirim Rabbah* **5:1**)

"Eğer bir gün bile tevbe etseler, belirlenmiş zamanı olmasa bile onu [Kurtarıcı'nın gelişini] gerçekleştireceğim.

(*Shemos Rabbah* **25:16**)

"Eğer İsrail bir gün bile tevbe ederse, onlar hemen kurtarılacaklar [Sanhedrin 98a] ve Davud Oğlu [Hazreti Mehdi (as)] hemen gelecektir, çünkü şöyle söylenmiştir (Mezmurlar 95:7) *Bugün* sesini duyarsanız."

***

SONUÇ:

Nasıl ki, Müslüman'ların Hz. Mehdi'yi beklemek, onun için hazırlık yapmak ve onu aramak gibi bir sorumlulukları varsa; Ehl-i Kitab'dan oldukları için, Musevilerin ve Hristiyanların da Hz. Mehdi'yi bekleme ve hazırlık yapma sorumluluğu vardır:

Moşiyah [Hazreti Mehdi (as)]'ın gelişini inkâr eden veya bundan şüphe duyan kişi kendisini Musevi halkından uzaklaştırmış olur, dinden çıkmış ve bir *apikores (kafir)* **sayılır. (Rambam, "Perek Helek")**

***

[◘Kod-046◘]

Aynı kulvarda hırsla koşan milyonlarca kör insan!

$$\text{أَوْ كَظُلُمَاتٍ فِي بَحْرٍ لُجِّيٍّ يَغْشَاهُ مَوْجٌ مِنْ فَوْقِهِ مَوْجٌ مِنْ فَوْقِهِ سَحَابٌ ظُلُمَاتٌ بَعْضُهَا فَوْقَ بَعْضٍ إِذَا أَخْرَجَ يَدَهُ لَمْ يَكَدْ يَرَاهَا وَمَن لَّمْ يَجْعَلِ اللَّهُ لَهُ نُورًا فَمَا لَهُ مِن نُورٍ}$$

Türkçe Okunuş: Ev ke zulumâtin fî bahrin lucciyyin yagşâhu mevcun min fevkıhî mevcun min fevkıhî sehâb (sehâbun), zulumâtun ba'duhâ fevka ba'd (ba'dın), izâ ahrace yedehu lem yeked yerâhâ ve men lem yec'alillâhu lehu nûren fe mâ lehu min nûr (nûrin).

Meal: Veya O (Kafirlerin) durumu derin denizdeki karanlıklar gibidir. Onun üstünü, dalga üstüne dalga kaplar. Onun üzerinde de bulutlar vardır. Karanlık üstüne karanlıktır, elini çıkarttığı zaman neredeyse onu göremez. Ve Allah, kime nur kılmamışsa (vermemişse) artık onun için bir nur yoktur.

***

*A*llah için yaşanmazsa insanlar Cehenneme doğru koşar, yolun sonunda hüsran vardır..

Neredeyse tüm hayatını bir hiç uğruna harcayan, koştukça koşan, yoruldukça yorulan, tükendikçe tükenen milyonlarca insan... Hiçbirinin birbirinden farkı yok aslında. Baktığınızda hepsi aynı kulvarda koşuyor. Bu kulvarda para var, hırs var, mal var, güzellik hırsı var, şöhret hırsı var, malı yığıp biriktirme hırsı var, genç kalma hırsı var, gezme/eğlenme tutkusu var.

Aynı kulvarda koşan milyonlarca insanın tam anlamıyla ortak bir özelliği var, ne bu özellik biliyor musunuz? Hepsi kör... Evet, hepsi tam yanı başında yıllardır aynı yolda koşan fakat ne duruma gelmiş olan insanı göremiyor. Bakmıyor ki, yanı başındaki tüm bu hırslarıyla yaşlanmış, çökmüş, mahvolmuş. Hayat bitmiş, ömür bitmiş, ama hala koşmaya devam ediyor ama hayat onu çoktan bırakmış. Giyse o yaşlı bedenine ne giyecek, yese o kadar hastalığın içinde ne yiyecek, malı yığıp biriktirse ne elde edecek? **Zira, bitiş çizgisi çok ama çok yaklaşmış.** O her adımında hızla sona doğru yaklaşıyor. Kısa bir süre sonra her şeyini ama her şeyini o yolun ortasında bırakıp gidecek, bindiği bu gemiyi hiçbir şey ardında bırakmadan terk edecek. Bilmiyor ki, bedenini, dünyada tüm biriktirdiklerini, dostlarını, mallarını, mülklerini, kısaca her şeyini bitiş çizgisinin bir adım gerisinde bırakıp o yolu terk edecek...

Peki, ne götürebileceksin çizginin diğer tarafına? Bu yolda attığın binlerce adım, koştuğun onca yol, yanından geçip giden insanlar, dünya hayatında yaşadığın onca olay, biriktirdiklerin, gizlediklerin, günahların, sevapların... Bunların hiçbirisi sana ders olmadı mı? Ne götürebileceksin diğer tarafa? Allah için yaptığın bir güzel amelin, ilmin var mı? O yolda hırsla koşarken ettiğin bir samimi duan var mı? Hiç bir an için durup soluklandın mı? Çevrene şöyle şuurlu bir gözle baktın mı? Hiç düşündün mü, seni yaratan kim? Sana bunca nimeti bağışlayan kim? Hiç alnın secdeye gitti mi? Hiç kendinden vaz geçip Allah için bir şey yaptın mı?

Hiç Kuran'ı eline alıp sana indirilen onca ayete baktın mı?

Eğer Allah için koşmadıysan, o aştığın binlerce kilometrenin karşılığı bomboş. Bunu hiç düşündün mü onca adımı atarken? Yoksa, şeytan milyonlarca insana yaptığı gibi senin de gözlerini kör mü etti? Seni boş amellere kaptırıp dünya hayatına mı çekti? Bitiş çizgisini göremeyecek kadar mı kör oldun? Tamamen hayallere kapılıp mı bu kadar mı büyülendin? Dünyada elde edeceklerin için bu kadar hırsla koşarken, neden Allah için tek bir adım atmadın? Peki, bütün bu yaşadıklarının, yaptıklarının yanına kalacağını mı sandın...

Hayat, ancak Allah için yaşanırsa güzel, ancak dine sımsıkı bağlanılırsa güzel, ancak Ahiret özlemiyle yanıp tutuşulursa güzel ve ancak şuurla yaşanırsa güzel. Yoksa, bilki ey dost, milyonlarca kör insanın içinde yaşayıp gider insan. Ve en kötüsü bunun şuurunda bile olmaz. Bitiş çizgisi gelir, insan adımı atar ve ruhu anında ölüm melekleri tarafından çekip alınır. İşte, o zaman gözleri açılır, ama artık çok geçtir. Artık o kulvara, o kilometrelerce koştuğu yola geri dönüş mümkün değildir.

İnsan bu yüzden geriye bakıp hep "Ah keşke" der, "Keşke geri dönebilsem"

"Keşke Allah için yaşayıp, Allah için ölsem" Ama artık çok geçtir, bir daha yolun diğer tarafına geçiş mümkün değildir...

Nebe, 40:

"Biz, gelmesi yaklaşmış bir azabı bildirerek sizi uyarıyoruz. O gün gelecek ve her şahıs önünde, yalnız yapıp ettiklerini bulup bakacak ve kâfir: Ah ne olurdu, keşke daha önce toprak olsaydım! diyecek.."

***

[◘Kod-047◘]

Dua'nın önemi hakkında

"Biz ALLAH'a güvendik. Ey Rabbimiz! Bizi zulme sapan bir kavim için itmihan vesilesi kılma. Ve bizi kafirler topluluğundan rahmetinle kurtar." [Yunus, 85-86]

Biz bu dünyaya kul olmaya, dua etmeye, İslam'ı yaşamaya geldik.

Niçin mi böyle? Şimdi kısaca dinle:

Bazı insanların kafasında yanlış bir dua inancı var. Mutlaka bir yere çekilip, yalnız kalıp, Allah'a uzun uzun dua edilmesi gerektiğine inanıyorlar. Hâlbuki, Kuran'da Allah insana günün her anında kendisiyle birlikte olmasını söylüyor.

Gaflete kapılmamasını ve sürekli kendisini anmasını istiyor.

Rabbini, sabah akşam, yüksek olmayan bir sesle, kendi kendine, ürpertiyle, yalvara yalvara ve için için zikret. Sakın, Gaflete kapılanlardan olma. (Araf Suresi, 205)

Müminin gün içinde sürekli Allah'ı düşünmesi, O'nunla çok yakın bir bağ kurması gerek. Samimi mümin duaya kendisini iyice verecek. Ama dua deyince saatlerce dua etmek değil burada kast edilen. Burada yorucu ve uzun uzun duadan bahsetmiyoruz. Kuran'da peygamberlerin dualarına baktığımızda hep kısa kısa ve sık dua ettiklerini görüyoruz. "Rabbim benim ilmimi arttır" "Rabbim beni doğru yolda ayırma" "Rabbim bana Senin razı olacağın salih amellerde bulunmamı ilham et." diye gün içinde sürekli Allah'a dua etmek gerek.

Allah'a her konuda dua edebiliriz. Samimi iman için, derin iman için, Allah'a olan sevgimizin artması için, O'nun en sevdiği kullarından olmamız için...

Her müminin Allah ile bu yakın bağlantının zevkini tatması lazım. Allah'ı yakın dost edinmemin güzelliğini, rahatlığını, huzurunu tatması lazım. Mümin sadece zor anlarında değil, her an Allah'a dua edecek, dualarında Allah'ı yücelten övgüler olacak. Allah duayı seviyor, bu yüzden müminler de gün içinde tam anlamıyla Allah'a yönelmeliler.

Bil ki ey dostum! İnsanın asıl yaratılış amacı Allah'a kul olmak, O'nun güzelliğini görmek, O'nun heybetini takdir etmek, O'nun kadrini kıymetini bilmektir... Allah'ın insanların duasına zaten ihtiyacı yok. Hem zaten, tüm kâinat saygıyla her an O'na secde ediyor. Öyle mi? Ama acizlik içinde yüzen insanın Rabbine duayla yaklaşmaya ve O'na yakın olmaya, hatırlamaya çok daha fazla ihtiyacı var...

***

[◘Kod-048◘]

Hayat yalnızca Allah için yaşanınca güzel!

فَاصْبِرْ صَبْرًا جَمِيلًا

Türkçe Okunuş: Fasbir sabren cemîlâ (cemîlen).

Meal: Şu halde, artık güzel bir sabırla sabret. (Mearic, 5. Ayet)

Hayatımı yaşıyorum, yalnızca Allah için...

Evlenmedim, Allah için...

Çocuklarım olmadı, Allah için...

Mal yığıp biriktirmedim, malımı mülkümü harcadım Allah için...

Kariyer peşinde koşmadım, hayatımı paraya pula adamadım Allah için...

Hayatımın her anını tebliğe, Kuran'ı anlatmaya adadım Allah için...

Her gün nefsimi ince ince eğittim, asla taviz vermedim Allah için...

Kendimi hiç yüceltmeyip Allah'ın aciz bir kulu olarak gördüm Allah için...

Her gün başım secdeye gitti, şevkle ibadetlerimi yerine getirdim Allah için...

Tövbe ettim, sabrettim, güzel söz söyledim, bağışladım, yardım ettim Allah için...

Mücadele ettim, karşıma çıkan hiçbir engele yenilmedim Allah için...

Bu dünyayı hiçbir zaman ahirete tercih etmedim Allah için...

Ben hayatımın her anını yaşadım yalnızca Allah için...

Vesselam..

"Benim namazım, ibadetim, dirilişim ve ölümüm
Alemlerin Rabbi olan Allah içindir." (En'am Suresi, 162)

***

[◘Kod-049◘]

Nasıl güçlü bir tevekküle sahip olabilirsin?

İnsan bu dünyada ancak derin bir imanla, güçlü bir tevekkülle ve kadere teslimiyetle rahat ve huzurlu yaşayabilir. Mutluluğun anahtarı herkesin yazıp çizdiği gibi parada, pulda, kariyerde, malda, mülkte değil. Tam tersine bunlar insana mutluluk değil mutsuzluk, stres ve bıkkınlık getirir, tabii iman olmadıktan sonra. Ne insanlar tanıyorum, en tepede oturup yüzlerce insanı yöneten ama stresten mide kanaması geçiren.

Ne insanlar tanıyorum, mal, mülk içinde, birçok insan içinde yalnızlıktan ve sevgisizlikten sürünen...

Bu yüzden bu dünyada ancak tam bir teslimiyetle Allah'a dayanıp güvenmemiz gerek, gerçek konforun sırrı burada gizli...

Eğer Allah size yardım ederse, artık sizi yenilgiye uğratacak yoktur ve eğer sizi 'yapayalnız ve yardımsız' bırakacak olursa; Ondan sonra size yardım edecek kimdir? Öyleyse mü'minler, yalnızca Allah'a tevekkül etsinler.

(Ali İmran Suresi, 160)

De ki: "Allah'ın bizim için yazdıkları dışında, bize kesinlikle hiçbir şey isabet etmez. O bizim Mevlamızdır. Ve mü'minler yalnızca Allah'a tevekkül etmelidirler."

(Tevbe Suresi, 51)

Demek ki, müminler ayette bildirildiği gibi sadece Allah'ın kendileri için yazdığı kaderi yaşadıklarını bilecekler. Allah'a gönülden güvenecekler. **Güçlü bir tevekküle sahip olmanın yolu Allah ile bağlantıyı hiç kesmemektir. Allah ile bağlantı kesilirse insan tevekkülünü kaybeder, sarsılır, sıkılır, üzülür, pişmanlık duyar.** Oysa, Kuran ahlakında bunların hiçbirine yer yoktur. İnsan tevekkül etmeyi bir saniye bile unutmayacak, bir saniye bile Allah'ın yarattığı görüntülerle imtihan olduğunu unutmayacak. Samimi bir mümin olarak Allah'tan mükemmel bir tevekkül istemeliyiz. **"Yarabbi, bana Sana mükemmel tevekkül eden kul olmayı nasip et"** demek gerek.

Gerçek anlamda tevekkül yaşanmadığında tüm dünya insanın üzerine gelir, her şey sıkıntı verir, insan her şeyden korkar, gelecek korkusu benliğini sarar, deprem korkusu, ölüm korkusu, sevdiklerini kaybetme korkusu, yalnız kalma korkusu, yaşlanma korkusu, parasız kalma korkusu gibi binlerce korku ruhunu sarar.

İnsanın sürekli kalbi sıkışır ve sonunda kendi kendisini hasta eder.

Gerçekten inanan samimi bir mümin ise başına gelen her olayda Allah'a hüsn-ü zan eder. **"O yaratmışsa ne güzel yaratmış"** der. Allah'a olan güveninde en ufak bir sarsılma olmaz. Allah'ın çizdiği kader hiçbir zaman tartışmaya açılmaz. Yaşananların mutlaka bir hikmeti, hayrı vardır, insan bunu bu dünyada görmeyebilir ama ahirette anlar. Önemli olan çok büyük bir aşkla, sevgiyle kalbi Allah'a bağlamaktır. Bu dünyada derin imanlı bir insanı yere yıkacak, onu üzecek, sıkacak hiç bir güç yoktur.

Her nefis ölümü tadıcıdır. Biz sizi, şerle de, hayırla da deneyerek imtihan ediyoruz ve siz Bize döndürüleceksiniz. (Enbiya Suresi, 35)

Olur ki, hoşunuza gitmeyen bir şey, sizin için hayırlıdır ve olur ki, sevdiğiniz şey de sizin için bir şerdir. Allah bilir de siz bilmezsiniz. (Bakara Suresi, 216)

***

[◉Kod-050◼]

Hz. Mehdi'nin yüzü gökyüzünde parlayan yıldız gibidir

Hz. Mehdi bütün zulümleri bitirecek, herkes ondan razı olacak.

Çok özel bir dönemde yaşıyoruz, yaşadığımız her olay Mehdiyete bağlanıyor. Peygamberimiz adeta görmüş gibi anlatmış yaşadığımız olayları. Peki ama Hz. Mehdi'yi de görmüş mü? Kendisine acaba kıyametten önceki son dönemde gelecek olan Hz. Mehdi gösterildi mi? Bakın nasıl anlatıyor peygamberimiz:

Peygamberimiz "Hz. Mehdi'nin çıkışından önce büyük bir dehşet olacak" diyor, "kızıl ölüm olacak" diyor. Yani komünistlerin yapacağı katliama değiniyor. "Sonra Haresta denen bir Şam köyünün battığını görürüsünüz." diyor.

Bu olay da şu anda Suriye'de yaşanıyor. Bak "ciğer yiyicinin oğlu" Beşar Esad "Şam minberinde oturmak için Yabis vadisinden gelir." Müslümanları yani orada Müslüman gibi gösterir kendini minberde, hakikaten gidiyor namaz kılıyor, camiden çıkmıyor, vaaz veriyor Müslümanlara. "Bundan sonra" diyor Peygamberimiz, "Muhammed Mehdi'nin çıkışını bekleyin" diyor.

Bakın diyor ki Peygamberimiz; "iki ordu" diyor "Şam'da ihtilafa düşecekler" Şimdi El Nusra ile PYD çatışıyor, IŞİD çatışıyor. "Allah'tan bir işaret dışında bu sona ulaşmayacaktır. Sürekli çatışacaklardır" diyor. "Hz. Mehdi Allah'ın azameti karşısında çok huşu edendir" diyor Peygamberimiz. **"Kanatlarını açıp, başını aşağı dökerek gökyüzünün zirvesinden yere doğru inen bir kartal gibidir"** diyor, Hz. Mehdi için. Allah'ın celali karşısında böyle huzu, tevazu ve huşu edendir. Allah ve yüceliği onun için Hz. Mehdi'nin vücudunda tecelli etmiştir ve **"Hz. Mehdi Allah'ın varlığında yok olmuştur."** diyor. Tasavvufun önemli bir sırrını Mehdiyet'in çok hayati bir sırrını, Hz. Mehdi madde olmaktan çıkacağını zaman zaman, Allah'ın varlığında eriyeceğini ve yok olacağını açıkça hadiste belirtiyor.

Sahabeler peygamberimize sürekli Hz. Mehdi hakkında sorup duruyorlar. "ey inananların efendisi bize senin Mehdi'n hakkında haber ver" diyorlar. İnanların Efendisi dedi ki; **"o Mehdi, en iyi sığınaktır"** "aranızda en iyi bilendir." Yani Allah'ın ilhamıyla en iyi bilendir, "en nezaketli olandır. **Ey Allah'ım ona, (Hz. Mehdi'ye) sadakat andını ıstıraptan çıkışın vesilesi yap."** Yani Müslümanların sadakat yeminini, ızdıraptan çıkış için, bu belalardan çıkış için vesile yap diyor. **"Ve ümmetin dağılmışlığını Mehdi'nin eliyle birleştir"** diyor.

Bakın, ümmetin dağılacağını biliyor peygamberimiz, "dağılmışlığını Mehdi'nin eliyle birleştir" diyor. "Ve eğer ona (Hz. Mehdi'ye ulaşacak bir yol bulursanız, ondan (Hz. Mehdi'den) başka bir yol tutmayın." Başka bir yere gitmeyin. Sıkı sıkıya Hz. Mehdi'ye sarılın.

"Denildi ki; **"Ey Emr-il Müminin, bu Mehdi kimdendir?"** Rasulullah buyuruyor ki; "Mehdi Ben-i Haşim'dendir." Yani Arap'tır. Benim soyumdandır diyor. "Arapların yüce dağının zirvesinden, **o Mehdi öyle bir denizdir ki; o mana denizinde insanlar ilmen ve ahlaken sınırsız gelişebilir.**" Yani sınırı yoktur diyor. İlminin de sınırı olmaz gelişmekte, ahlakın da olmaz. Alabildiğine gelişirler Hz. Mehdi'nin yanında diyor. "Mehdi kendisine sığınanlar için amandır." Kurtuluştur.

"Halk kinle dolduğunda onları pak temiz kılan madendir." İnsanlar kin ve nefretle dolu olduğunda, birbirlerinden nefret ettiklerinde onları sevgiye, barışa, kardeşliğe çağıran, "pak temiz kılan bir madendir" diyor peygamberimiz.

"Mehdi, ölüm nazil olduğunda korkmaz. Ölüm ona vardığında sarsılmaz."

Bakın, bu da Allah'ın izniyle görülecek. O sık sık ölüm tehlikesiyle karşılaşacağı için, "Ölüm ona vardığında sarsılmaz" yani talebelerinin, inşaAllah ileride göreceği bir şey, sarsılmaz. **"Mücadele meydanından asla geri çekilmez."** Yani yeninceye kadar devam eder. **"Tecrübelidir."** Bediüzzaman da diyor ki, Hz. Mehdi'nin vasıflarından biri de tecrübeli olduğunu söylüyor. Tarihçe-i Hayat'ta, "Galiptir" mutlaka galip geliyor. "Muzafferdir ve Arslandır" diyor Peygamberimiz. "Çok sağlamdır" diyor.

"Kavminin direğidir. Cesurdur, **Allah'ın ilim kılıcıdır, liderdir. Herkesi etrafına toplar. Yücelik ve şerefin kaynağı** olan evde büyümüştür." <u>Evini de övüyor Peygamberimiz.</u> Başka bir yerde değil, kaldığı evi de <u>bilinen bir ev</u>. Yani meşhur bir ev, uzunca bir süre tüm dünyayı o evden yönetiyor. Peygamberimiz'in dikkat çektiği bir ev. Yani Kuran'da da ona işaret var zaten. "Onun, (Hz. Mehdi'nin) yüceliği, en asil yücelikten kaynaklanır." Yani Allah'tan.

"Mehdi ve Mehdiyet, imdada gelen ve feryadperesttir." Yani feryat edenin yardımına koşan, yardım edendir. "Allah, Mehdi'yi dünyadaki insanların imdadına yetişmek için gönderecektir." Şu zamanda "İmdat" diye bağırıyor insanlar, Hz. Mehdi de yetişiyor.

"Rasulullah şöyle ferman buyurdu: "Miraç gecesi, Allah ezze ve celle bana şöyle vahyetti: **"Ey Muhammed; onları görmek ister misin?"** Konusu geçmiş, biliyor zaten. **"Hz. Mehdi ve talebelerini"** diyor. "İsterim Ya Rabbim' dedi" diyor, Cenab-ı Allah'a. Cenab-ı Allah şöyle buyurdu "Öyleyse biraz ilerle." "Biraz ilerleyince Ali Bin Ebu Talib'i gördüm." Hz. Ali'yi. "Sonra Hasan, Hüseyn, Ali Bin Hüseyn, Muhammed Bin Ali, Cafer Bin Muhammed, Musa Bin Cafer, Ali Bin Musa, Muhammed Bin Ali, Ali Bin Muhammed, Hasan Bin Ali" Muhammed Bin Ali, Hz. Mehdi'nin dedesi, Hz. Ali'nin torunu.

"Ve Hüccet-i Kâim (Hz. Mehdi'yi) gördüm" diyor Peygamber Efendimiz. **"Mehdi, onların içinde parlayan yıldız gibiydi."** Diyor. "Çok dikkatimi çekti" diyor Peygamberimiz. "Pırıl pırıl parlıyordu aralarında" diyor.

"Dedim ki: "Ey Rabbim! Kimdir bunlar?"

Şöyle buyurdu: "Onlar imamlardır. Bu da Kaim (Hz. Mehdi'dir." Cenab-ı Allah gösteriyor. "Helalimi helal edecek, haramımı ise haram edecektir."

Kuran'a göre hareket edecek. "Düşmanlarımdan intikam alacaktır." İlimle, irfanla. **"Ey Muhammed, Hz. Mehdi'yi sev"** diyor Cenab-ı Allah. Bu öyle derin bir mesele ki, bakın Allah Peygamber'e Hz. Mehdi'yi sevmesini tavsiye ediyor, çünkü bizzat Allah seviyor. Çünkü Ben onu (Hz. Mehdi'yi) seviyorum" diyor Cenab-ı Allah. **"Onu (Hz. Mehdi'yi) seveni de seviyorum" diyor Cenab-ı Allah. Sevmeyeni de helak ediyor Allah, mahvediyor.** Öyle ki, ahir zamanda kim Mehdi'ye düşman olursa, onu sevmezse, onunla savaşırsa imansız olarak kabre giriyor. Bu Allah'ın bu zamandaki müminler üzerindeki iman-ı tahkiki imtihanıdır. **Hz. Mehdi'yi seven, ona yardım eden kişiler imansız kabre girmeyeceklerdir.**

"Mehdi zuhur ettiği zaman 'ben Allah'ın bakiyesi ve hüccetiyim' diyeceği rivayet edilmiştir. Böylece onu, Hz. Mehdi'yi ancak **"Selam olsun sana ey Allah'ın yeryüzündeki bakiyesi (Bakiyetullah)"** şeklinde selamlayacaklar" diyor.

Hz. Mehdi demeyecekler. Bakiyetullah, Allah'ın bakiyesi. Çünkü genel bir isim Bakiye. Bütün Müslümanlar için de denebilir. Ama ona özellikle "Bakiyetullah" deniyor. Allah bizlere de Hz. Mehdi'yi görmeyi nasip etsin, onun yoluna uyan, sadık ve ihlaslı müminlerden olmamızı nasip etsin. Amin, ve selamun al-el mursen ve muttekin.

***

ARA NOTLAR:

DR. ALİ ŞERİATİ'DEN KÜÇÜK SÖZLER VE DUALAR

"Okuyun, çünkü mürekkebin akmadığı yerde kan akıyor.."

A. Şeriati, [Sözler]

"Allahım, rahmet et de, imanım bana ad ve ekmek kazandırmasın. Bana imanım uğrunda ekmeğimi, hatta adımı tehlikeye atabilecek bir güç ver ki, dünyanın parasını kazanıp, din için çalışanlardan olayım; dinin parasını kazanıp, dünya için çalışanlardan değil." A. Şeriati, [Dualar]

"Senin dinin, sadece seni kurtaran bir dindir. Ben ise, tüm insanlığı kurtaracak ve uğrunda feda olacağım bir dinin peşindeyim."

A. Şeriati, [Sözler]

"Dindar bir toplumu ancak din adına, sahte Din Alimleri kandırabilirdi ve öyle de oldu."

A. Şeriati, [Sözler]

"Bu dünyası olmayan dinin, öteki dünyası da yoktur."

A. Şeriati, [Sözler]

"Bu Kitap (Kur'an) Uyanıkken terk edip, yatarken başlarının üzerine asarak uyuduklarından beri görüyorsun ki, ölülerin hizmetine sunulmaktadır. Ölüp gitmişlerin ruhuna ithaf edilmektedir ve sesi yalnızca mezarlıklarda duyulmaktadır.."

A. Şeriati, [Sözler]

"Ey Sünniler, ey Şiiler, ey Selefiler..

Görüyorum ki, gruplara ayrılmış,

Allah'ın ipi yerine, kendi heva putlarınıza sarılmışsınız!

Ey aldanmışlar sürüsü!

Biz kavmiyetçilik putu için savaş verdik

Siz kavmiyetçiliği dinle süsleyerek Mezhebçiliği ortaya çıkarmışsınız.."

A. Şeriati, [Sözler]

DUA / Dr. Ali Şeriati

Allah'ım! "Akîdem"i "sorunlarım"ın elinden kurtar ve koru!

Rabbim! Bana sorumluluktan kaçan inanç ucuzluğuna karşı dayanma gücü ver!

İlahî! Aklî ve bilimsel olgunluğum anında bile beni taassuba düşürme! Duyarlılık ve aydınlık fazîletinden mahrûm kılma!

Ya Rabbi! Beni sürekli bilgili ve uyanık kıl ki, bir kimseyi ya da bir düşünceyi olumlu, olumsuz- iyice tanımadan önce bir yargıya varmayayım.

Allah'ım! Egoizm, çekememezlik ve kıskançlıkla karışmış cehalet ve başıboşluğumu, düşmana savaş, dosta saldırı aracı yapma!

Rabbim! Benliğimin; şöhreti olmam istenen benliğin kurbanı durumunu bana verme!

Allah'ım! Benim rûhumda, "insanlık"ta ihtilafı, "düşünce"de ihtilaf ve "ilişki"lerdeki ihtilaf ile karıştır ki, bu üç temel şeyi birbirinden ayrı tanıma gücünü bulamayayım.

İlahî! Beni garaz, kin, kıskançlık nedeniyle zulmün oyuncağı yapma!

Ya Rabbi! Egoistliği benden uzaklaştır ve egoizmi kaldır ki, başkalarının egoistliğini görüp eziyet çekmeyeyim!

Allah'ım! Bana imanda "mutlak itaati" bağışla ki, dünyada "mutlak isyan" içinde olayım!

Rabbim! Bana "kavgacı ve inatçı" bir takvâyı öğret ki, sorumluluğun çokluğu arasında kaybolmayayım. Beni "perhizkâr, münzevî" takvâdan koru ki, tenhâlık ve uzlet köşelerinde gizlenmeyeyim!

İlahî! Beni ideallerinin mutluluğuna çekme! Büyük ıstırapları, sonsuz gamları, ilginç tuhaflıkları benim rûhuma da tattır! Lezzetlerini hakîr kullarına verirken benim canıma da aziz dertlerini bağışla!

Rabbim! Düşünce ve duygularımı düşük bir ortamda tutma ki, alçak açıkgözlüğe, bela getirici adiliklere ve insanlara azıcık benzeyen pisliklere yönelmeyeyim. "Aldanmış" büyükleri daha çok seven, "aldatılmış" küçüklere daha çok ilgi duyanlardan kıl!

Allah'ım! Beni insanlığın dört büyük zindanı olan "tabiat", "tarih", "toplum" ve "benlik"ten kurtar! Sen, ey Yaratıcı! Beni yaratmışsın. - Benliğini, benliğimin yaratıcısı bilirim. Başka da değil- Öyleyse benliği çevreye, çevreyi de benliğe uyarlayabileyim, uygulayabileyim!

İlâhî! Toplumumu "kitap, adalet ve demir -silah ve teknik-"ten oluşan üç sağlam ve sağlıklı temel üzerinde kurmam; gönlümü, "hakikat, güzellik ve hayr"dan ibaret üç kaynaktan doyurabilmem için bana yardım et!

Ya Rabbî! "Rousseau"ya ilham ettiğin şu sözü asla aklımdan çıkarma: "Ben senin -halk- ve inancının düşmanı olsam da, senin ve' inancının özgürlüğü uğruna canımı fedaya hazırım."

Rabbim! Dostoyevski'nin ağzından döktürdüğün şu delili, aydın . ve düşünürlerin gönlüne de ulaştır: "Eğer Allah yoksa her şey muhaldir. Dünya anlamsız, yaşam hedeften yoksun ve insan bomboş demektir. Anlamdan yoksun insan, sorumluluktan da yoksundur."

Allah'ım! Sevdiğin herkese öğret ki; aşk, yaşamaktan iyidir. Daha çok sevdiklerine de; sevmenin aşktan üstün olduğunu bildir!

İlâhî! Beni bırakma!

Çünkü; İslam'a olan imanım, Peygamber'e ve âl'ine olan sevgim, beni, din kisvesi altında tutucu bir saldırgan ve gerici eylemlerle uyumlu bir kişi yapabilir.

Çünkü özgürlüğüm, halkın köleliğine neden olabilir.

Çünkü "dinim", bir "dinî görüntü" ardında gizlenebilir, gömülebilir.

Çünkü halk, beni taklit olunan biri, ya da taklitçi yapabilir.

Çünkü "hak bildiğim" şeyleri "kötü biliyorlar" diye gizleyebilirim.

Allah'ım! Senin Peygamberinin İslam'ı ile Ali'nin tavrı, "hayır" sözcüğüyle başlamıştır, bunu biliyorum.

Ey Muhammed'i gönderen! Beni, "her şeye evet"çi bir tavır takınanlardan eyleme!

Ey Yaratıcı Rabbim!

Sen, insanoğluna keremi bağışlamışsın. Sen, kendi özel emanetini insanoğlunun omuzlarına yüklemişsin. Sen, bütün peygamberlerini, kitabı öğretmek ve adaleti gerçekleştirmek için göndermişsin. Sen, kendine, peygamberlerine ve iman eden insanlara izzeti bağışlamışsın. Sana ve peygamberlerinin getirdiği mesaja inanıyoruz. Senden özgürlük, bilgi, uygarlık, adalet ve şeref istiyoruz. Bize bunları bağışla! Çünkü çok muhtacız ve her zamandan daha dertliyiz ve alçaklık, esaret ve cehaletin kurbanı olmuşuz.

Ey zayıf bırakılmışların Rabbi!

Sen, yeryüzünün zavallılarını, mahkum ve zayıf yığınlarını ve hayattan yoksun bırakılanları – ki onlar, köle arayan azgınların; çağın karanlık zulmünün; kin ve nefret cehenneminin tarihteki kurbanlarının devamıdırlar ve her zamankinden daha çok zulme ve baskıya maruz kalmışlardır –insanların önderliğine eriştireceğini ve onları dünyaya varis kılacağını irade etmişsin. İşte şimdi zamanı gelmiştir. Yeryüzünün lanetlileri senin vaadini gözlemekte ve beklemektedir.

Ey gaybın bilicisi Allah'ım!

Şu çağımızda sana gerçekten tapanlar, yalnızca yeryüzünün mustaz'aflarıdır.

Ey Yüce Rabbim!

Sen tüm meleklerini Adem'e secde ettirensin. Şimdi insanoğlunun, idarecilerin ayağına kapanarak secde toprağına yüz sürdüğünü görmüyor musun? Onları bu çağın putlarına –ki hepsini kendimiz yapmışız – tapıcılıktan, onlara kulluktan kendi özgür kulluk ortamına çek ve kendilerine özgürlük bağışla!

Ey güçlü Rabbim!

Senin ayetlerine küfredenler, senin peygamberlerini yalanlayıp haksız yere öldürenler ve adalet, eşitlik istemek için ayaklanan kullarını öldürenler hâlâ yeryüzünde egemendirler. Müjdelediğin azabı onlara ulaştır!!

Ey Kâdir olan Allah'ım!

Ailemize sorumluluk, halkımıza bilim, inananlarımıza aydınlık, aydınlarımıza iman, tutucularımıza anlayış, kavramışlarımıza tutuculuk, kadınlarımıza bilinç, erkeklerimize şeref, ihtiyarlarımıza bilgi, gençlerimize soyluluk, öğretmen ve üstatlarımıza, öğrencilerimize inanç, uyuyanlarımıza uyanıklık, uyanıklarımıza irade, tebliğlerimize gerçek, dindarlarımıza din, yazarlarımıza güvenirlik, sanatkarlarımıza dert, şairlerimize şuur, araştırıcılarımıza hedef, ümitsizlerimize ümit, zayıflarımıza güç, muhafazakarlarımıza hareket, ölümcül uykularda olanlarımıza hayat ve dirilik, körlerimize görme, suskunlarımıza feryat, Müslümanlarımıza Kuran, Sünnet ve Ehl-i Beyt bilinci, tüm mezheplerimize birlik, kıskançlarımıza şifa, egoistlerimize sabır, halkımıza kendini bilme, tüm uluslardan kurulu milletimize samimiyet, basiret, feraset, cesaret, fedakarlık yeteneği, kurtuluşa layık oluş ve izzet bağışla!!

Ey Kabe'nin Rabbi!

Şu ömürleri boyunca, her sabah ve her akşam bütün dünyada senin evine yönelen, senin evine dönerek yaşayıp ölen, İbrahim'in evinin etrafını tavaf eden insanlar; cehalet ve şirkin kurbanı olmuş; Nemrud'un eziyet ve zulmünün bağlıları durumuna düşmüştür, ve onu övmekte devam ediyorlar.

Ey güç, özgürlük ve uyanıklığın peygamberi!

Senin evinde yangın çıkmış, kapını tutmuş; senin toprağını batıdan doğma bir sel basmış, senin ailen ise çoktandır illetin siyah örtüleri altında uyuya kalmış. Onların başında dur ve bağır:

– Kalk ve Uyar! Onları uyandır.

Ey Ali!

Allah'ın ve halkın insanı... Aşk ve kılıcın adamı!

Biz seni, iyice tanımayı unutmuşuz.. Seni iyi tanımayı aklımızdan çıkarmışlar. Ama senin sevgini, çağın zulmüne karşıt, vicdanlarımızın derinliklerinde, gönül perdelerimizin ardında yakıp durmak zorundayız. Sen, seni sevenlerin eğri yolda olmalarına nasıl razı olabilirsin? Sen, haksızlığın bir Yahudi kadına yönelmesini bile kabul etmedin. Gel de şimdi Müslümanların, boyunduruğunda yaşadığı kapkara zulmü gör! Gör, bak! Müslümanların başından geçenleri gör!

Ey güçlü kolların sahibi!

Bir darbe daha!...

Ve siz ikiniz; ey bacı, ey kardeş! Ey siz! "insan olma"ya anlam verdiniz. Özgürlüğe can; iman ve ümide iman ve ümit; ulu ve yüce ölümünüze "yaşam ve dirlik" kazandırdınız; bağışladınız.

Evet, iki beden ve ten, evet!

O dertli günden – ki hayal onu tasarlamaktan korkar, gönül onun derdiyle paramparça – bu yana, İslam ümmetinin gözyaşı kurumamıştır. Halkımız, asırlardır sizin gamınızı çekmekte, sizin için ağlamakta!.. Oysa aşk, salt gözyaşıyla söyleşme değil midir? Bir tarih boyunca İslam ulusu, sizin keder ve gamınızla inlemektedir. Bu aşktan dolayı, İslam ulusundan bazıları kırbaçlanmış, katliamlar görmüş, işkencelere uğramış; fakat hatırınızı aklından; yanan ateş gibi aşkınızı gönlünden çıkarmış değil! Her caninin kırbacı, sizin mührünüzün sırta kazılışıdır.

Ey Zeyneb!

Ey damaklarda, amaçlar için, Ali'nin dili!

Kendi halkına söyle!

Ey kadın!

Ey mertlere, cesurlara bu sıfatları öğreten!

Senin aşk ve derdini can ve gönüllerinde duyanlar sana muhtaçtırlar. Hem de her zamankinden çok... Bu eski ve yeni sömürünün, bozulmuş gelenek ve kurumların, modernist ilericilerin oyuncağı olanları; Bir şehrin başındaki güçlü feryadın gibi bir feryatla, Kasvet ve vahşet şehrini, -ki şehri onunla ezmiştin- bir sarayın temellerini, -saltanat ve cinayetin sarayını sallamış, titretmişsin!- karıştır, sinirlendir, canlandır! Tâ ki kendi kendilerine canlanıp sinirlenerek, etraflarını saran örümcek ağı perdelerini yırtıp parçalayabilsinler. Tâ ki bu kötü ve yıkıcı tufanın çağdaş biçimine karşın, durmayı öğrensinler!

Bu korkunç ve tehlikeli makineyi, -ki bu onlardan, insanlardan- yeni oyuncaklar yapmak için, sonra yeni sömürü düzeni kurmak, modern uyutmalar için, başıboş günleri artırmak için, sermayedarların piyasaya sunduklarını ihtirasla yutabilmek için, burjuvazinin zevk verici yoğun hevesleri için, ruhsuz yeni soyluluğun daha ilginç görünümü olan yalnızlık, tecrit ve unutulmuşluğu için müreffeh toplumu hedefleyen bomboş bir yaşamla uğraşmak için yapılmıştır- kırıp parçalasınlar!!

Ve kendilerini eskinin saygın köleliğinden, yeninin saygın piyasasından – senin mesajının parıltılarıyla- kurtarsınlar!

Ey amaçta Ali'nin dili!

Ey Hüseyin'in mesajı gönül ve beyninde olan.

Ey Kerbela'dan gelerek şehitlerin mesajını, tüm cellat ve canilerin baskılarına rağmen tarihin kulağına ulaştıran!

Ey Zeyneb! Bize söyle! Başınızdan geçeni söyleme! O kan kırmızısı çölde ne gördüğünü söyleme! Orada, cinayetlerin ulaştığı doruk noktasını da söyleme! O günün acısından sonra, Fırat'ın kenarında, Allah'ın insanı melekleri niçin secde ettirdiğini de söyleme! Ve Fırat sahilindeki gösteriyi ve durumu da söyleme!

Evet, Zeyneb! Düşmanlarının ne yaptığını da, dostlarının tavrını da söyleme!

Evet, ey Hüseynî devrimin mesajı! Biz biliyoruz, Biz, hepimiz, işitmişiz. Senin Kerbela ve şehitler mesajını dürüstçe ulaştırdığını biliyoruz. Sen kendi varlığında söz üreten bir şehitsin! Tıpkı damla damla kanıyla söz söyleyen şehit kardeşin gibisin sen.

Fakat söyle ey bacı! De ki "ne yapalım?" Bir an bak ki biz ne çekiyoruz? Kulağını bir anlık bize ver ki, kendi isteklerimizi sana ulaştıralım.

Ey sevgili ve güçlü bacımız!

Ey kardeşinin emin ulağı! Kerbela'dan gelerek tarih süresince tüm nesillere şehitlerin mesajını ulaştıransın! Sen şehitliğin kıpkırmızı bahçelerinde yeni açılmış güllerin kokusunu can ve elbisesinde taşıyansın.

Ey Ali'nin kızı!

Ey esirler kervanının komutanı! Bizi de bu kafilenin izinde kendine ulaştır!

Ey Hüseyin!

Seninle ne söyleşelim? O korkunç, fırtınalı, girdaplı ve karanlık gecede yol lambasının ışığı! Ey kurtuluş gemisi! Ey her zamana yayılan, her nesle ulaşan, kıyama hazır her zeminde kanı hatırlanan, her elverişli tohumu toprağın altında açan ve yeşeren, her susuz çiçeği kanıyla, yaprak, hayat ve canlılığa kavuşturan!

Ey şehadetin büyük üstadı!

Bizim de bu karanlık ve ümitsiz gecemize bir şimşek çak! Bizim kurumuş, yarı ölü halimize bir damla kanını yay! Bizim bu soğuk ve donmuş kışımıza, o çöl kıyamındaki ateşinden bir kor bağışla! Ey aşıklarını "siyah ölümden" kurtarmak için "kırmızı ölümü" seçen! Sen, her damla kanınla halka hayat ve dirilik verirsin. Tarihi hareketlendirirsin. Çağın donuk, ölü bedenini ısıtırsın ve bu coşkuyla dirilik, aşk ve ümit saçarsın. İmanımızın, halkımızın, tarihimizin ve de zamanımızın bedeni; "sana ve senin kanına muhtaçtır."

Nietzsche'nin neden "Tanrı Öldü" dediğini çok iyi kavrayamadığınızı düşünüyorum,

"Ve aslında Nietzsche'nin "Tanrı Öldü" derken kastettiği ve Tanrıyı öldürdünüz diyerek suçladığı kitle aynı zamanda Ali Şeriati'nin özellikle "Din'e Karşı Din" adlı eserinde sözünü ettiği şirk dinin mensuplarının tanrısı ile örtüşmektedir ki, onlar kendileri için yarattıkları bu tanrıyla, gerçek manadaki tapılası "Tanrı(yı) Öldü(rdüler)"."

M. Ukray, [Sözler, Düşünceler, A. Şeriati eserleri üzerinde Analizler, 2015]

"Gerçekten, Yaşamak istiyorsun,

Öyleyse, Ölümü anlamalısın.."

Ölümü anlamak için de hayat içindeki mu'cizeleri anlamalısın.."

[M. Ukray, Düşünceler & Sözler, 2015]

***

DR. ALİ ŞERİATİ KİMDİR? [Kısaca Hayatı]

Ali Şeriati'nin biyografik öyküsünden çok, burada onun sözlerindne kısa alıntılar yaptıktan sonra, biraz da onun kim olduğu, aksiyonu ve Mehdiyet aksiyonu, devrimsel ve yenilikçi İslam'ın yeniden ayağa kaldırılmasındaki rolü açısından, <u>bilimsel ve araştırmaya dayalı tahkiki ekolün</u> yeniden dinamik bir şekilde İslam'a kazandırılması açısından oynamış olduğu, <u>Doğu dünyası ile Batı'nın medeniyetini birleştirme ve entegrasyonu</u> rolü açısından kısaca değinmeye çalışacağım.

Kuşkusuz, bu cesur ve duygusal adamdan bizim daha öğrenecek çok şeyimiz var. Bugün dünyada gelişen olaylarla beraber, Ali Şeriati'yi daha iyi anlayabilecek durumdayız. Ali Şeriati bizim için bir son değil, tersine bir başlangıç noktasıdır. Onun bakış açısını, yaklaşımlarını ve metodunu içinde yaşadığımız topluma ve zamana göre geliştirmek bizim elimizde. Ali Şeriati'nin bizden istediği en önemli şey bilgi sahibi olmadan fikir sahibi olmaktan kaçınmamız ve bilgiyi her zaman ve koşulda sevginin önüne koymaktı. Elbetteki bugün, postkolonializm, postmodernizm, deconstruction, hermenetik, semiyotiks, oryantalizm gibi daha birçok yeni kavramla karşı karşıyayız. Bugün felsefe alanında Frankfurt okulunun temsilcisi, Habermas, Postmodern felsefenin temsilcileri, Althusser, Derida, Foucalt, Lyotard, postkolonializmin savunucuları Homi Babbha, Goyatri Spivak, Achebe, Naipaul ve bunların Marksist eleştiricileri, Terry Eagleton, Arif Dirlik, Ajaz Ahmed, Kenan Malik ve islah olmaz muhalif Noam Chomsky ile oryantalizmin maskesini düşüren Edward Said gibi düşünürlerin fikirleriyle etkili olduğu bir dünyada yaşıyoruz. Şeriati'nin arkadaşı Frantz Fanon'un sömürü karşıtı düşünceleri bugün edebiyat ve felsefe alanında postcolonializm felsefesine dönüşerek üniversitelerin edebiyat bölümünde temel dersler arasındaki yerini almış durumda. Edward Said isimli Filistinli hristiyan düşünür, Fanon'un izini takip ederek batının ikiyüzlülüğünü "Oryantalizm" adlı çalışmasıyla ortaya sermiş. Ameri Taheri adlı, zaman zaman CNN ve BBC gibi uluslararası televizyon kanallarında boy gösteren ve batı ağzıyla konuşan meşhur bir zat, Ali Şeriati ve Edward Said'in fikirlerini eleştirel bir bakış açısıyla karşılaştıran bir makale kaleme almış. Akbar S. Ahmad *İslam ve Postmodernizm* adlı bir kitap kaleme almış. Hüseyniye i-İrşad'ta Şeriati'yle beraber konferanslar veren Seyyid Hüseyin Nasır, İran İslam Devriminin ardından Amerika'ya sığınmış ve İslam'ı gelenek olarak yeniden yorumlayarak, batı dünyasında kendine yer açmış ve haklı bir ün edinmiş. Bir zamanlar Ali Şeriati ve Mutahhari'nin sentezi olarak görülen Filozof Abdulkerim Suruş, molların hışmından kaçarak, yaşamını İngiltere'de sürdürmeye başlamış ve daha şimdiden adını bu yüzyılın yaşayan en büyük filozofları arasına yazdırmış ama ne pahasına? Kendisinin övünerek söylediği gibi, o İslamı Ali Şeriati gibi kalınlaştırmayıp, tersine inceltiyormuş. Şeriati'nin her zaman bize hatırlattığı bir şey vardı; bir fikir ne kadar yüce ve değerli olursa olsun, eğer o fikir insanlık pazarına sürecek ürünlere yani dünya çapında insanlara sahip değilse, etkili olma şansını yitirmiştir. Şeriati bir defasında İslam'ı elmasa benzetecek, ancak çamurun altına saplanmış, kimsenin farkında olmadığı bir elmasın değerinden bir şey yitirmese dahi, kimseye yararı olmayacağını söyleyecekti. Şeriati, İslam mektebinde yetişen çok boyutlu bir insana dönüştü ve yığınların yüreğine ve zihnine inancın damgasını vurmayı başardı. Ve bunu da, birçoğunun yaptığı gibi ne ruhanilere, ne halka, ne aydınlara ne de batılı sömürgeci devletlere dalkavukluk yapmadan, sadece Allah'a sığınarak sözünü eğip bükmeden yaptı.

Bugün yukarıda saydığım, zihinlere egemen olmak için birbirleriyle yarışan düşüncelere ve çoğu zaman gençliğimizin imanını tehdit eden bu düşünceleri, bitmek bilmeyen bir enerjiyle pompalayan bir entelektüeller ordusuna karşı biz ne yapmaktayız? İslam'ı, uluslararası bir düşünce platformunda savunabilecek kaç tane Müslüman düşünüre sahibiz? Türkiye'de kaç tane Müslüman düşünürümüzün yazdığı kitaplar dünyanın diğer dillerine tercüme ediliyor? İsmail Raci Faruki, Muhammed Esed, Seyyid Kutup, Said Nursi, Mevdudi, Vahdeddin Han, Muhammed İkbal, Muhammed Hamidullah, Roger Garaudy, Ali İzzet Begoviç, Mutahhari, Muhammed Bakır es-Sadr, Fazlurrahman, Seyyid Hüseyin Nasr, Beheşti, Said Havva, Hasan el-Benna, Ramazan el-Buti, Muhammed Gazali, Yusuf el-Kardavi ve Abdulkerim Süruş gibi ünü yaşadığı toprakları aşan, bu yüzyılda yaşamış daha kaç Müslüman aydın ya da alim sayabilirsiniz? Yazık ki bugün bizler bu değerli düşünürlerin fikirlerini öğrenme ve anlama çabalarının bile oldukça uzağındayız. Bugün Türkiye'de bu dindar aydın ve alimlerin fikirlerini karşılaştırmalı olarak inceleyip tartışabileceğimiz bir platformumuz bile yok.

Ali Şeriati'nin ilk kitabı Türkçeye 1980'li yılların başında çevrildi. O günden bu yana yıllar geçti, ancak Şeriati'nin hayatı ve fikirleri üzerine kaleme alınmış en sıradan bir kitap çalışması bile gerçekleştirilemedi. Oysa bu konuda yazacak o kadar çok bakir alan mevcuttu ki. Sözgelimi, Ali Şeriati Türkiye'de hangi aydınları, ne ölçüde etkiledi? Şeriati hangi yazarların yeni yazım çalışmalarının ilham kaynağı oldu? Batıda bilimsel araştırmalar alanında kullanılan karşılaştırmalı tekniği kullanarak Ali Şeriati ile İkbal'i, Mutahhari'yi, Seyyid Kutubu ve hatta Said Nursi'yi karşılaştırmaya ne dersiniz? Gerçekten de Ali Şeriati ile Said Nursi arasında hem mücadeleleri ve hem de fikirleri açısından inanılmaz benzerlikler var. Amerika'da bir üniversitede görev yapan İngiliz asıllı büyük Müslüman profesör Hamid Algar boşuna özellikle bu her iki alimin bazı eserlerini seçerek İngilizceye çevirmedi. Son dönemlerinde Said Nursi'nin fikirlerinden oldukça etkilenen büyük üstad Cemil Meriç'in, aynı zamanda Ali Şeriati'yi gerçek bir aydın olarak övmesi sadece bir raslantı mı? Bugün Said Nursi'yi -hiç bir zaman doğrudan öğrencisi olmadıysa da- hareketinin başlangıç noktası yapan, Türkiye'nin en etkili simalarından biri olan, Fettullah Gülen'in, Dücane Cündioğlu'nun Yeni Şafak'taki bir yazısında da belirttiği gibi, eserlerini yazarken özellikle Ali Şeriati'nin etkisi altında kalmış olması bir tesadüf mü? Ali Şeriati Hüseyniye-i İrşadı çok yönlü bilimsel bir üniversiteye dönüştürmeye çalışırken, Said Nursi tüm hayatını din ve modern bilimlerin beraber öğretildiği İslam dünyasının en büyük üniversitesi olacak Medreset-üz Zehra projesine vakfedecekti. Her ikisi de eğitimi İslam dünyasının yeniden ayağa kalkması ve şahlanması için bir başlangıç noktası olarak görecek ve Tevhid, insan, kainat ve toplum bağlamında birbirine paralel, dönemlerine göre oldukça özgün fikirler ileri sürecekti.

Ali Şeriati, Said Nursi, Mehmet Akif Ersoy, Seyyid Kutup, Hasan el-Benna ve Mevdudi gibi insanları tanımak neden önemlidir? Çünkü onlar; bu yüzyılda İslam'ın gerek bireysel gerekse toplumsal alanda yaşanma deneylerinin yapıldığı adeta birer laboratuar hükmündedirler. Çünkü onlar; gençliğin imanını kendi ahiretlerini bile riske ederek savunmayı kendilerine görev bilmişlerdir. Çünkü bu aydın ve alimler; Nietzsche'nin Tanrı öldü dediği, Betrand Russel'ın böbürlenerek neden Hristiyan olmadığını anlatmak için bir kitap yazdığı, Camus ve Sartre'ın Tanrısızlık sızısını varlıkla hafifletmeye çalıştığı, Heideger'in insanı boşluğa atılmış bir taş parçası olarak yorumladığı, Albert Bayet'in bilim ahlakından bahsettiği bir çağda, kitlelere İslam'ın modernizme karşı direnen tek yaşayan din olduğunu ve hala toplumları değiştirebilecek bir dinamizm ve potansiyele sahip olduğunu, yaşamları, fikirleri, mücadeleleri ve ölümleriyle gösterebilmişlerdir. Çünkü ismini saydığım bu ve benzeri aydın ve alimler, son peygamber Hz. Muhammed'(S.A.V.)in 20. yüzyıldaki varisleriydi. Çünkü onları tanımak, bizi kaynağa biraz daha yaklaştıracak, bizleri olmak istediğimiz ama bir türlü olamadığımız kendimizle, insani ve toplumsal özümüzün uyanık aydınlığında yüz yüze getirecektir.

Vesselam

Dipnotlar ve Kaynakça:

www.shariati.com

www.aliseriati.com

tr.wikipedia.org/wiki/Ali_Şeriati

***

[◉Kod-051◻]

"Vaktinde namaz kılmadığımda namazım kabul olur mu?"

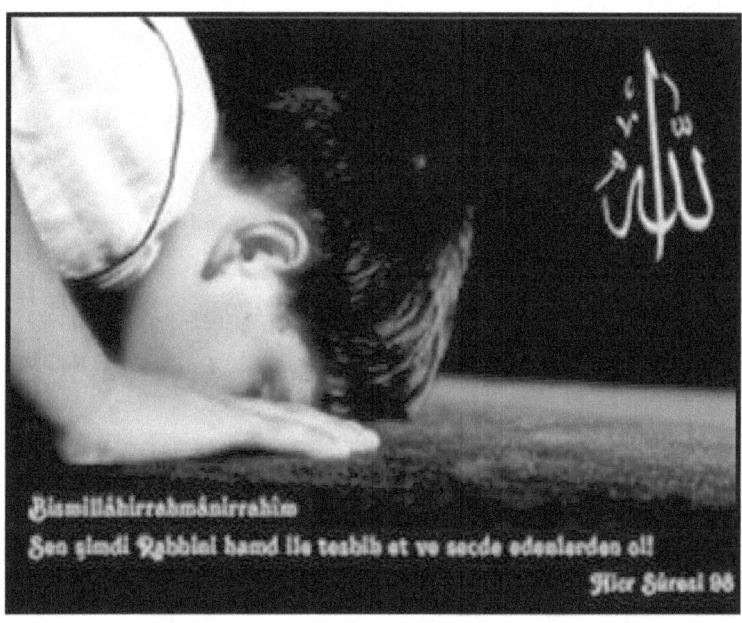

𝒩amaz Allah'a gösterilen sevgidir, şükürdür.

Geçen zamanlarda bir gün samimi bir arkadaşım sormuştu: **"Vaktinde namaz kılmadığımda namazım kabul olur mu"** diye. Aslında Kuran'daki hükümler çok açık, ben hüküm konularında, haram ve helal konularında pek yazmıyorum, yazılarımı takip edenler bilirler. Ama bugün tüm Müslüman kardeşlerimizin doğru bildikleri ama aslında;

Kuran'a göre yanlış olan iki konuya kısaca değineceğim.

Allah, Kuran'da namazı vakitli olarak farz kıldığını bildirmiştir:

Namazı bitirdiğinizde, Allah'ı ayaktayken, otururken ve yan yatarken zikredin. Artık 'güvenliğe kavuşursanız' namazı dosdoğru kılın.

Çünkü namaz, mü'minler üzerinde vakitleri belirlenmiş bir farzdır.

(Nisa Suresi, 103)

Bu ayet namazların vaktinde kılınması gerektiğini çok açık bir şekilde bildirmiştir. Yani sabah namazı, öğle namazı, ikindi namazı, akşam namazı ve yatsı namazı vaktinde kılınırsa namaz ibadeti yerine getirilir. Aksi takdirde belirlenen vakitlerin dışında namaz kılarsanız namazı kaçırmış olursunuz.

Bugün değinmek istediğim bir diğer konu da "oruç tutarken unutularak bir şey yense oruç bozulur mu" sorusunu soran arkadaşımıza. Oruç için de Allah ayetinde şöyle bildiriyor:

"(oruç) Sayılı günlerdir. Artık sizden kim hasta ya da yolculukta olursa tutamadığı günler sayısınca başka günlerde (tutsun). Zor dayanabilenlerin üzerinde bir yoksulu doyuracak kadar fidye (vardır). Kim gönülden bir hayır yaparsa bu da kendisi için hayırlıdır. Oruç tutmanız, -eğer bilirseniz- sizin için daha hayırlıdır.

(Bakara Suresi, 184)

Bu ayette de orucun Ramazan Ayında belirlenen günlerde tutulması gerektiğini Allah bize bildiriyor. O belirlenen günlerde oruç tutarken eğer unutup yanlışlıkla yerseniz, ya da birşey içerseniz orucunuz bozulur. Hasta olanlara sorumluluk yoktur. Hasta olanların özellikle sağlıklarına dikkat edip oruç tutmamaları gerek.

***

[▫Kod-052▫]

Hz. Peygamber diyor ki: "Ölünün arkasından ağlamayın"

Gün geçmiyor ki haberlerde, gazetelerde ölülerin arkasından ağlayan anaların, babaların, akrabaların görüntülerini görmeyelim. Herkes ağlıyor, bağırıyor, tabuta kapanıyor. Caminin her köşesinde ağlayan, üzüntüden ayakta bile duramayan insanlar göze çarpıyor. Herkes ölen kişinin ne kadar erken bu dünyadan ayrıldığını düşünüyor, ölen kişi genç olsun, yaşlı olsun hiç fark etmiyor. Ama her nedense kimse ölen kişinin "**Ahiret**"e gittiğini, sonsuz hayatına kavuştuğunu dile getirmiyor. Bu dünyanın geçiciliğinden bahsetmiyor.

Samimi mümin için üzülmek yok, isyan yok, ağlamak yok. Hayatımızın her anını **Allah** kaderde belirlemiş. Eğer, Allah bir kulunun hayatına son vermek isterse, ister kazayla, ister **hastalık**la, ister yatakta uyurken **ölüm melek**lerini gönderir. Onlar da emredileni hiç beklemeden, ertelemeden hemen yerine getirirler. Mümin olanın canı güzellikle, inkar edenin canı ise zorlukla alınır.

Ki melekler, kendi nefislerinin zalimleri olarak onların canlarını aldıklarında, "Biz hiçbir kötülük yapmıyorduk" diye teslim olurlar. Hayır, şüphesiz Allah, sizin neler yaptığınızı bilendir. (Nahl Suresi, 28)

Ki melekler, güzellikle canlarını aldıklarında: "Selam size" derler. "Yaptıklarınıza karşılık olmak üzere cennete girin." (Nahl Suresi, 32)

Tüm insanların ölüm anı daha doğmadan kaderlerinde belirlenmiştir, Allah anamızın, babamızın, çocuklarımızın akrabalarımızın ölüm saatini de belirlemiştir. Ölümden sonra sonsuz hayatımız başlayacağına göre, biz ölümü sonlu alemden sonsuz aleme bir geçiş anı olarak düşünmeliyiz. Eğer ölen kişi müminse anında (zaman kavramı kalktığı için) binbir nimetle dolu cennete kavuşuyor. Eğer ölen kişi inkar eden biriyse o da binbir azapla dolu **cehennem**e gidiyor. Eğer ölen çocuk ise, şehit ise, onlar da direk güzellikle cennete alınıyorlar. Dolayısıyla ölen herkes için hemen sonsuz hayat başlıyor.

İman edenler ve salih amellerde bulunanlar -ki Biz hiç kimseye güç yetireceğinden fazlasını yüklemeyiz- onlar da cennetin ashabı (halkı)dırlar. Onda sonsuz olarak kalacaklardır.

(Araf Suresi, 42)

Peygamberimiz müminlere ölen kişinin arkasından feryat etmemelerini, ağlayıp üzülmemelerini hadisinde şöyle bildiriyor:

Ümmü Atiyye şöyle demiştir: Hz. Peygamber (sav) beyat sırasında bizden ölünün arkasından feryat etmeyeceğimize dair söz aldı. [Sahihi Buhari]

Rasulullah (sav): "(Ölüler için) Yanaklarına vuran, yakalarını yırtan ve cahiliyedeki adet üzere feryat eden kimse bizden değildir."

Ölenin arkasından ağlamak, dövünmek, üzülmek Allah'a isyandır, Allah böyle bir tavrı beğenmez. Mümin her zaman tevekküllü olacak, her zaman sabırlı olacak, her zaman kaderinden razı olacak. Asla isyan etmeyecek, daima Allah'ın tarafında olacak. Bu dünyanın imtihan yeri olduğunu bilecek. Asıl hayatın ölünce başlayacağını bilecek. Eğer ölen kişi müminse ne mutlu ona. İmansız insanlar arkasından ağlarken o cennette neşe içinde gülüyordur. Eğer ölen kişi imansızsa o zaman cehennemde acı içindedir. Unutmayın ki, Allah sonsuz adalet sahibidir. Kişi eğer cehennemdeyse mutlaka hak ettiği için ve Allah'tan yüz çevirdiği içindir.

Sonuç olarak, müminlere düşen her her şartta, her koşulda itidal, sabır ve tevekküldür. Eğer Allah kaderimizi böyle belirlediyse şüphesiz en güzeli odur. Her anında bizim için hayır ve hikmet doludur. İnsan bu imtihanları imanla çözdüğünde kaderindeki her karenin kendi eğitimi için özel olarak yaratıldığını anlar ve samimi bir kalple Allah'a yönelir. Ölüm anında da tavrında en ufak bir sarsılma olmaz. Çünkü, mümin dünyayı düşünerek değil ahireti düşünerek yaşar. Bir ölüm olduğunda da aslında bunun yepyeni bir hayatın başlangıcı olduğunu bilir ve Allah'a yönelir.

De ki: "Allah'ın bizim için yazdıkları dışında, bize kesinlikle hiçbir şey isabet etmez. O bizim Mevlamızdır. Ve mü'minler yalnızca Allah'a tevekkül etmelidirler."

(Tevbe Suresi, 51)

***

[◉Kod-053◘]

Bu dünyanın nesini seveyim?

Dünya hayatı oyun ve oyalanmadan ibaret, bunu 30 yıl önce anladım ben...

Söylesenize bu dünyanın nesini seveyim?

Bir tabak yemek için saatlerce çalışmayı mı?

Günden güne yaşlanıp çökmeyi mi?

Müthiş sıcakta terlemesini, aşırı soğukta üşümesini mi?

Her gün sekiz saat uyumak zorunda olmayı mı?

Söylesenize bu dünyanın nesini seveyim?

Her gün acizliklerimi görmeyi mi?

Bedenimde oluşan değişiklikleri seyretmeyi mi?

Sürekli bedenimi, nefsimi temizlemek zorunda olmayı mı?

Yoksa saçlarımın tek tek ağarmasını mı?

Söylesenize bu dünyanın nesini seveyim?

Her gün nefsine engel olmaya onu eğitmeye çalışmayı mı?

Yüzüne bile bakmayan insanlarla dolu dünyayı mı?

Zorluğu, sıkıntıyı, çileyi hep birlikte yaşamayı mı?

Yoksa bir hastalığın bitip başka bir hastalığın başlamasını mı?

Ben bu dünyanın nesini seviyorum biliyor musunuz?

Allah aşkıyla yaşamasını...

***

Allah için uyanıp, Allah için çalışıp, yorgun bir şekilde yatağıma dönmeyi...

Her zor anımda O can dostumun yanımda olduğunu bilmeyi...

Ben bu dünyanın nesini seviyorum biliyor musunuz?

Bir gün bitecek olmasını, bir gün mutlaka sona erecek olmasını ve bir gün son nefesimi verip gerçek aşkımıza kavuşacak olmayı...

***

[◘Kod-054◘]

Gözler kör olmaz, ancak sinelerdeki kalpler körelir!

𝒩asıl derin bir uyku bu? Nasıl bir hipnoz? Tarifi mümkün mü bilmiyorum. Bunca insanı içlerine daldıkları bu derin uykudan kim uyandırabilir? Ya da hangi olay **şuur**larının açılmasına vesile olabilir?

***

Hiç düşünmeden, hiç akletmeden yaşayan milyarlarca insan. Kimi **Pompei** halkının **helak** edildiği yerde elinde sandviçini yiyerek sakin sakin geziniyor. Kimi Ad kavminin yeryüzünden silindiği topraklarda geziniyor. Kimi de müzelerde geçmiş **kavimler**den toplanan izleri seyrediyor. Hepsi geziyor, hepsi bakıyor ama bir türlü göremiyorlar. Bu insanlar neden ölmüşler, nasıl ölmüşler? Allah'ın gazabını neden üzerlerine çekmişler? **Azap** üzerlerine yağarken nasıl bir korku ve dehşet hissetmişler?

Yeryüzünde gezip dolaşmıyorlar mı, böylece onların kendisiyle akledebilecek kalpleri ve işitebilecek kulakları oluversin? Çünkü doğrusu, gözler kör olmaz, ancak sinelerdeki kalpler körelir.

(Hac Suresi, 46)

Bakmak ayrı, görmek ve kalpte hissetmek apayrı. Mümin eski kavimlerin izlerini gördüğünde derinden etkileniyor. Allah'ın müthiş gücünü hissediyor. İnsanların bu dünyaya kul olmak için geldiklerini, Allah'a karşı geldiklerinde ise bunun sonucunun felaket olacağını görüyor.

Allah insanların şuurunu açmak için birçok olay yaratıyor, elçiler gönderiyor. Alıp okusunlar diye her biri birbirinden değerli binlerce ayetle dolu **Kuran**'ı indiriyor. Ama milyarlarca insan bunları görmezden geliyor. Şuurunu açmamak için adeta direniyor. İşte burada gördükleri olayları düşünen, ibret alan ve imanlarına iman katan müminlerin farkı ortaya çıkıyor.

Biz, onlardan önce nice insan nesillerini yıkıma uğrattık; (şimdiyse) onlardan hiçbirini hissediyor veya onların fısıltılarını, seslerini duyabiliyor musun?

(Meryem Suresi, 98)

***

[◘Kod-055◘]

Bir insan başka bir insanın günahını yüklenebilir mi?

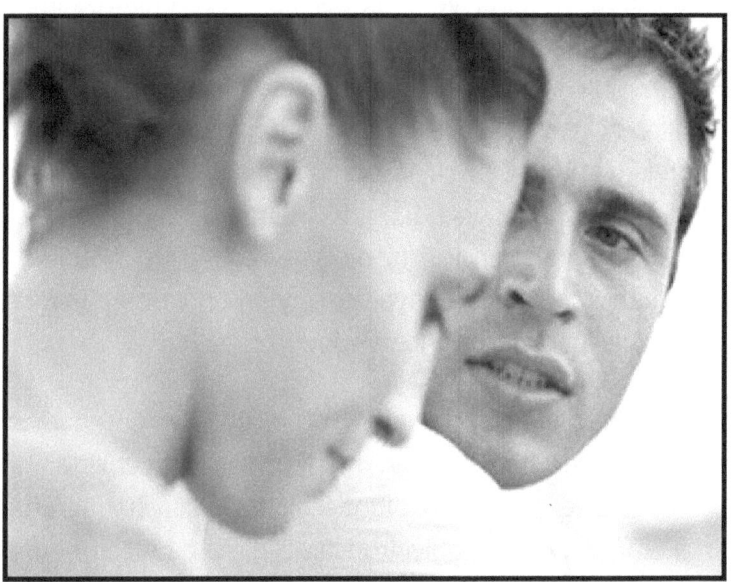

Hayatta kimse için dininizden, imanınızdan ve ibadetlerinizden taviz vermeyin.

Bundan otuz yıl kadar önce, daha küçük bir çocukken, hayatımı dindar bir insan olarak geçirmeye, hatta insanlardan uzaklara çekilip inziva halinde kesin olarak karar vermiştim. İbadetleri büyük bir şevkle yerine getiriyor, her gün düzenli Kuran okuyordum. Tamamen bambaşka bir insan olmuştum. Kafamdaki o pus kalkmış, her şeyi çok daha net görür hale gelmiştim. Artık bu dünyaya hangi amaçla geldiğimi biliyordum. Sürekli imtihan olduğumu biliyordum. Kaderimi izlemenin ve tevekkül etmenin derin huzurunu yaşayabiliyordum. Her şeyden önemlisi artık bu dünyanın son derece geçici bir yer olduğunu, asıl gerçek yurdum olan ahirete hazırlanmam gerektiğini biliyordum...

Dindar olmaya karar verip ilk adımlarınızı attığınızda imtihanınız da başlar. Allah, insanın samimiyetini ve kararlılığını dener. İşte orada dimdik durmak, her ne olursa olsun insanların rızasını değil; Allah'ın rızasını gözetmek ve Kuran'dan asla taviz vermemek gerekir. İman eden bir insanın kalbi artık Allah'a bağlanmıştır. Onu korkutmanız, elinden imkânlarını almanız, ona birçok şeyi yasaklamanız onun için hiçbir şey ifade etmez. Çünkü, artık samimi iman eden birini dünya hayatıyla kandıramazsınız. Ya da malla, mülkle, parayla yolundan döndüremezsiniz.

Söylediğim gibi kişi iman ettiğinde bazı kişiler onu namazdan, oruçtan ve diğer ibadetlerden men etmek isteyebilirler. Oysa, Allah müminlerle hangi şart altında olursa olsun namazlarını kılmalarını emreder. Namaz hiçbir insan için, ya da hiçbir neden için terk edilmez.

Engellemekte olanı gördün mü? Namaz kıldığı zaman bir kulu. Gördün mü? Ya o (kul) doğru yol üzerinde ise, Ya da takvayı emrettiyse. Gördün mü? Ya (bu engellemek isteyen) yalanlıyor ve yüz çeviriyor ise. O, Allah'ın gördüğünü bilmiyor mu? Hayır; eğer o, (bu tutumuna) bir son vermeyecek olursa, and olsun, onu perçeminden tutup sürükleyeceğiz; (Alak Suresi, 9-15)

(Öyle) Adamlar ki, ne ticaret, ne alış-veriş onları Allah'ı zikretmekten, dosdoğru namazı kılmaktan ve zekatı vermekten 'tutkuya kaptırıp alıkoymaz'; onlar, kalplerin ve gözlerin inkılaba uğrayacağı (dehşetten allak bullak olacağı) günden korkarlar. (Nur Suresi, 37)

İşte bu (Kur'an), önündekileri doğrulayıcı ve şehirler anası (Mekke) ile çevresindekileri uyarman için indirdiğimiz kutlu Kitap'tır. Ahirete iman edenler buna inanırlar. Onlar namazlarını (özenle) koruyanlardır.

(En'am Suresi, 92)

İnkâr edenlerin iman eden bir insanı yolundan döndürmek için **"sen boşver, ben senin günahını yüklenirim, sana günah yazılmasın, bana yazılsın"** diye konuştuklarını da duyarsınız. Bu da tam anlamıyla bir aldatmacadır. Eğer insan zayıf imanlı ise, iman kalbine tam olarak yerleşmediyse şeytan insanı bu sahte sözlerle kandırır. Oysa, hiçbir insan başka bir insanın günahını yüklenemez. Onun suçlarının vebalini üzerine alamaz. Her insan ahirette kendi yaptıklarından sorumlu tutulacaktır. Allah'ın huzurunda tek başına, yapayalnız, yalnızca kendi yaptıklarının hesabını verecektir.

İnkar edenler, iman edenlere dedi ki: "Siz bizim yolumuzu izleyin, hatalarınızı biz yüklenelim.? Oysa kendileri, onların hatalarından hiçbir şeyi yüklenecek değildir. Gerçekten onlar, elbette yalancıdırlar.

(Ankebut Suresi, 12)

Ölüp de Allah'ın huzurunda durduğunuzda tek başınıza olacağınızı hiç unutmayın. O gün yanınızda sizi dininizden döndürmeye çalışan hiçbir insan orada olmayacak. Hiçbir vaat orada tutulmayacak. Herkesin amel defteri bir bir açılacak. Ve insan orada yaptıklarıyla baş başa kalacak. Bu yüzden sakın şeytanın sizi kandırmasına ve dosdoğru yolunuza oturmasına izin vermeyin. Allah'ın daima iman edenlerin yanında olduğunu ve onları dost edindiğini bilin. Ve güçlü bir imanla dosdoğru yolunuza devam edin...

Allah, iman edenlerin Velisi (dostu ve destekçisi)dir. Onları karanlıklardan nura çıkarır; inkar edenlerin velileri ise tağut'tur. Onları nurdan karanlıklara çıkarırlar. İşte onlar, ateşin halkıdırlar, onda süresiz kalacaklardır.

(Bakara Suresi, 257)

***

[◙Kod-056◘]

Bir ayet açıklayalım: Bakara Suresi, 131-132

Müslümanlar için dosdoğru yol Kuran'dır, hurafeler ve uydurma hadisler değil.

Bizler samimi Müslümanlar olarak Deccaliyete ancak Kuran ile karşı koyabiliriz. Kuran'ı çok iyi bilmek, Kuran mucizelerini herkese anlatmak ve Kuran'la yaşamak Deccal'i tam anlamıyla köşeye sıkıştıracaktır. Kuran'ın nuru ve bereketi insanları kapladığında artık Deccal onları yıkamaz, üzüntüye kaptıramaz ve Allah'ın yolundan alıkoyamaz.

Ancak Kuran'ı çok iyi bilen ve tam anlamıyla hayata geçiren bir insan Allah'ın istediği gibi bir mümin olabilir. Kendisini çok takva gören birçok insan ahirette sağdan beklerken soldan kitaplarını alabilir. Bu yüzden müminin kendisini çok iyi yetiştirmesi, tam anlamıyla Kuran ahlakını ruhuna yerleştirmesi gerek. Bunun için burada Kuran'dan iki ayetin açıklamasını verelim;

Bakara Suresi: 131-132:

"Rabbi ona: "Teslim ol" dediğinde (O:) "Alemlerin Rabbine teslim oldum" demişti. Bunu İbrahim, oğullarına vasiyet etti, Yakup da: "Oğullarım, şüphesiz Allah sizlere bu dini seçti, siz de ancak Müslüman olarak can verin" (diye benzer bir vasiyette bulundu.)"

Ayette, Allah'ın "teslim ol" emri karşısında, Hz. İbrahim'in alemlerin Rabbi olan Allah'a olan itaati, boyun eğişi ve üstün ahlakını gösteren cevabı bildirilmektedir.

Ayetin devamında, Hz. İbrahim'in Allah'a iman etmeyi ve teslim olmayı çocuklarına vasiyet ettiği haber verilmektedir. Allah'ın mübarek elçisinin bu mirası, sadece Allah'ın hoşnutluğunu kazanmak için yaşadığını, sadece Allah'ı dost ve vekil edindiğini ve sadece Allah'tan korkup sakındığını göstermektedir.

Hz. İbrahim Allah'ın hidayet verdiği, peygamberlikle şereflendirdiği ve Kendi Katında seçkin kıldığı kullarındandır. Hz. İbrahim, hayatı boyunca Allah'ı birleyerek ve O'na hiçbir şeyi ortak koşmadan yaşamayı kavmine tebliğ etmiştir. Hz. İbrahim'in hidayet önderliği soyunda da devam etmiş; oğulları Hz. İsmail ve Hz. İshak, ayette de bildirildiği gibi torunu Hz. Yakup ve onun oğlu

Hz. Yusuf ve onları izleyen diğer mübarek elçiler de insanları din ahlakını yaşamaya hikmetli öğütlerle ve vakarla davet etmeyi sürdürmüşlerdir.

Hz. İbrahim'in Allah'a olan coşkulu imanı, derin sevgisi, Allah'ın bütün emirlerine gönülden boyun eğişi, itaati ve gösterdiği güzel ahlak müminler için çok güzel bir örnektir. Tüm iman sahiplerinin de, Hz. İbrahim'in bu üstün ahlakına özenmeleri ve tek başına kalsalar da Hz. İbrahim gibi tevekküllü, cesur, kararlı, samimi, teslimiyetli ve iradeli olmaları gerekmektedir. Hz. İbrahim'in vasiyetine uyan ve sadece Allah'a kulluk edip, tüm hayatını Allah'ın rızası için sürdüren her insan, Allah'ın hoşnutluğunu ve sonsuz mutluluk yurdu olan cenneti umabilir, İnşaAllah.

***

[◘Kod-057◘]

Her ne yaparsanız yapın, vicdanınızı kullanarak yapın!

Ceketle, kravatla, sakalla, bıyıkla ilgili değildir Müslümanlık. Müslümanlık; kalp, vicdandır.

Her insanın içinde konuşan ve doğruyu söyleyen bir ses vardır... İşte, bu ses vicdanınızın sesi... Kiminde çok şiddetli çıkıyor, kiminde ise oldukça cılız. Kimi ise, vicdanının sesini tamamen susturup şeytanın yoluna sapıyor. Artık yanlış adımları gördüğünde konuşan iç ses bir gün gelip de hiç konuşmaz, tek laf bile söylemez oluyor. Kişi bundan dolayı çok büyük bir kayıp içine girerken en kötüsü bunun farkında bile olmuyor.

Bildiğiniz gibi vicdan insana doğruyu yanlıştan ayırması için bir anlayış verir. Bu da ancak Allah korkusu ile sağlanır. Samimi olan ve gerçekten inanan bir insan vicdanını hayatının her noktasında kullanır. Vicdan öyle bir şeydir ki yapılan her işte, söylenen her sözde, atılan her adımda kendisini çok net bir şekilde gösterir.

Mesela bir yazı yazarken vicdanı kullanarak yazmak var, vicdanı belirli noktalarda kullanarak yazmak var, bir de vicdanı hiç kullanmadan yazmak var. O yazıyı okuyan insan hemen vicdanın kullanılıp kullanılmadığını anlar. Mesela, sevdiğiniz bir insanın tarifini yapacaksanız, vicdanınızı kullandığınızda, öncelikli olarak hep en güzel yönlerini ön plana çıkarırsınız. Yarım kullandığınızda o kişinin bazı güzel özelliklerinden bahsedersiniz. Hiç kullanmadığınızda da bir kusuru varsa hemen onu ezecek ve sıkıntıya sokacak bu yönünü ortaya atarsınız.

Söylediğim gibi, insan vicdanını ancak Allah korkusu ile tamamen kullanabilir. Ancak Kuran'a tam anlamıyla uyduğunda kendisinde gerçek, samimi ve hassas bir vicdan oluşur. Günümüzde sosyal medyaya baktığımızda yazı yazan ve düşüncelerini ifade eden pek çok kişinin aslında vicdanını kullanmadıklarını görüyoruz. Hep karşı tarafı aşağılamaya yönelik ifadeler, gaddar, suçlayıcı ve ezici ifadeler kullanılıyor. Sözcüklerde sevgiden eser bile yok. Doğrular ise hep çarpıtılıyor. Bütün bunlar da insanlar arasında derin uçurumlar oluşmasına, fitne ve karışıklığın çıkmasına neden oluyor.

Hâlbuki insan vicdanını kullansa hep sevgi dilini kullanır, hep mütevazı ve güzel ahlaklı olur. İnsanlar arasındaki husumeti arttırmaz, bilakis yatıştırır, onları barıştırır. Müslümanların böyle temiz vicdanlı olmaya gerçek anlamda çok ihtiyacı var. İnsanların sevgiye, barışa ve huzura çağrılmasına herkesin çok ihtiyacı var...

***

[◘Kod-058◘]

İncil'de Ahir zamandaki insanların durumu nasıl anlatılıyor?

Dünyada sevgiye önem vermiyorlar.

Halbuki en büyük lüks sevgidir. Sevgisiz dünya ölür, mahvolur.

Ahir zamandayız, milyonlarca insanın kalbinde kuşku, kin, öfke ve sevgisizlik var. Ama öyle büyük bir sevgisizlik ki bu, milyonlarca insan kimseyi sevmiyor, insanları sevmiyor, hayvanları sevmiyor, kuşu, kediyi, köpeği sevmiyor, doğayı sevmiyor, çiçekleri sevmiyor, Allah'ı sevmiyor, hatta kendinden bile nefret ediyor. Deccal insanların kalbine nefret tohumu serpti ve insanlar işte böyle birbirlerinden nefret eder hale geldiler. Şimdi sanki dünya kendilerine kalacakmış gibi durmadan çekişiyor, boğuşuyor ve didişiyorlar. Ama bu sevgisizliğin bir sonu olacak. Ahir zamanda insanların kalbine sevgiyi, şefkati, merhameti Hz. Mehdi koyacak. İnsanlar onda gördükleri derin ve tarifsiz Allah sevgisini örnek alacak ve kalpleri Allah aşkıyla dolacak.

Ahir zamanda insanlar arasında sevgisizliğin hakim olacağını Peygamberimizin hadislerinde bildirilmiş. Sevgisizlik, Hz. Mehdi'nin çıkışından önce gerçekleşecek önemli ahir zaman alameti. İncil'in Matta bölümünde yer alan, **"insanların büyük çoğunluğunda sevginin söneceği ve insanların birbirlerinden soğuyup, aralarında nefretin hakim olacağı"**na ilişkin sözler de Peygamberimiz'in bu hadisleriyle aynı doğrultudadır. Şimdi İncil'de sevgisizlik geçen ifadelere bakalım:

Matta, 24 (1-13)

İsa tapınaktan çıkıp giderken, öğrencileri, tapınağın binalarını ona göstermek için yanına geldiler.

İsa onlara, "Bütün bunları görüyor musunuz?" dedi. "Size doğrusunu söyleyeyim, burada taş üstünde taş kalmayacak, hepsi yıkılacak!"

İsa, Zeytin Dağı'nda otururken öğrencileri yalnız olarak yanına geldiler. "Söyle bize" dediler, "Bu dediklerin ne zaman olacak, senin gelişini ve çağın bitimini gösteren belirti ne olacak?" İsa onlara şu karşılığı verdi: "Sakın kimse sizi saptırmasın!"

Birçokları, 'Mesih benim' diyerek benim adımla gelip birçok kişiyi aldatacaklar.

Sakın korkmayın! Bunların olması gerek, ama bu daha son demek değildir.

Ulus ulusa, devlet devlete savaş açacak; yer yer kıtlıklar, depremler olacak.

Bütün bunlar, doğum sancılarının başlangıcıdır.

***

O ZAMAN BİRÇOK KİŞİ imandan sapacak,

... ve BİRBİRLERİNDEN NEFRET EDECEKLER.

Kötülüklerin çoğalmasından ötürü BİRÇOKLARININ SEVGİSİ SOĞUYACAK.

Ama sonuna kadar dayanan kurtulacaktır.

***

HERKESE UMUMİ OLARAK DEĞİLDE YALNIZ (TANIDIĞI, BİLDİĞİ) KİMSELERE SELAM VERİL(DİĞİ ZAMAN GEL)MEDİKÇE... kıyamet kopmayacaktır.

(Ölüm-Kıyamet-Ahiret ve Ahir Zaman Alametleri -İmam Şarani – Tezkiretil Kurtubi Bedir Yayınevi İstanbul 1981 s. 461; no. 845)

***

[◘Kod-059◘]

Tevekkül hakkında, Neden tüm dünya üstümüze geliyor?

*T*evekkül etmek nedir bilmeyip ömrü boyunca acı çeken milyonlarca insan var.

Şu anda dünyada milyarlarca insan işte bu ruh haliyle yaşıyor. Dünya nerdeyse üstlerine çöküyor. Öyle bir yük var ki omuzlarında, kimse bu yükü taşıyamıyor, bunalıyor, daralıyor ve kaçıp uzaklara gitmek istiyor. Kimi mücadele etmeyi bırakıp intihar ediyor, kimi de ağır depresyona girip ilaçlarla hayatına devam ediyor.

Peki neden yaşanıyor bunlar hiç düşündünüz mü? Neden insanlar hep çıkmaz sokaklara giriyor? Aslında bunun cevabı çok basit. Çünkü bu kadar insan tevekkül etmeyi bilmiyor, "Allah'a tevekkül etmek ne demek" ondan haberleri bile yok, bu dünyada imtihan olduklarından haberleri bile yok. Eğer insan Allah'a tevekkül etmezse her şey ona ızdırap verir, her şeyden sıkılıp bunalır. Her olay insanı korkutur, dünyanın bütün olayları üstüne üstüne gelir. İnkâr edenler Allah'a dayanıp güvenmemin konforunu bilmediklerinden aslında cehennem onlar için dünyada başlamış demektir.

Derin iman ve tevekkül çok büyük nimettir. Çünkü, Allah hepimizi bu dünyada sürekli imtihan eder. **Eğilip bükülenler, "neden ben" diye isyan edenler çok büyük yanılgının içine düşerler. Oysa mümin asla Allah'a karşı hüsn-ü zannını kaybetmez. Kaderini sorgulamaz.** Allah'a öyle bir aşkla ve sevgiyle bağlanır ki, bir an bile O'nu bırakmaz.

Tevekkül ise, hayattaki en büyük lükstür, en büyük rahatlıktır. Burada insanların yalnızca ve yalnızca Allah'a güvenmeleri gerek. Paralarına değil, mallarına mülklerine değil, ailelerine ve arkadaşlarına değil, kariyerlerine değil, silahlarına ve aşiretlerine değil. Tek güç Allah'tır ve tek tevekkül edilecek Allah'tır. Allah'ı vekil olarak tutmak gerekir.

Allah'a gerçek anlamda tevekkül eden bir insan dünyadaki en büyük konfora kavuşmuş demektir. Allah'a tevekkülün üstüne bir ferahlık veren, mutluluk veren bir olay yoktur. Çünkü, o zaman olaylar ve sebepler ortadan kalkar ve insan kaderini izlemeye başlar. Böylece, insanın üzerine müthiş ferahlık gelir, huzur ve neşe gelir. İnsanın hiçbir derdi, tasası olmaz. Böyle derin imanda insan bedeni hastalıkların çoğundan da kurtulur.

Allah'tan her zaman mükemmel tevekkül istemek lazım. "Yarabbi, bana Sana mükemmel tevekkül eden kul olmayı nasip et" diye. Söylediğim gibi müminler için, tevekkül edenler için daha bu dünyadan cennet başlamış oluyor. İnkâr edenler ise azap üstüne azap çekiyorlar. Tevekkül etmenin lüksünü, konforunu hiçbir şekilde yaşayamıyorlar.

***

Eğer Allah size yardım ederse, artık sizi yenilgiye uğratacak yoktur ve eğer sizi 'yapayalnız ve yardımsız' bırakacak olursa, O'ndan sonra size yardım edecek kimdir? Öyleyse mü'minler, yalnızca Allah'a tevekkül etsinler.

(Ali İmran Suresi, 160)

Mü'minler ancak o kimselerdir ki, Allah anıldığı zaman yürekleri ürperir. O'nun ayetleri okunduğunda imanlarını arttırır ve yalnızca Rablerine tevekkül ederler.

(Enfal Suresi, 2)

De ki: "Allah'ın bizim için yazdıkları dışında, bize kesinlikle hiçbir şey isabet etmez. O bizim Mevlamızdır. Ve mü'minler yalnızca Allah'a tevekkül etmelidirler."

(Tevbe Suresi, 51)

***

[◉Kod-060◉]

Sevginin ölçüsü?

Eğer sevgiyi Allah'a değil de direk insana yöneltirseniz, o zaman kalpte gerçek sevgi oluşmaz.

Ben daha çocuktum, çok yakın bir tanıdığım vardı. Adam çok zengin, fabrikalar, tekneler, New York'da ev, Miami'de yazlık... Arabalar, şoförler. Çocukluğum onların çocuklarıyla birlikte geçti. Nerdeyse her hafta sonu birlikteydik. Adamın sevgilisi (henüz onunla evlenmemişti) onu o kadar gözünde büyütüp, o kadar etrafında pervane oluyordu ki, o zaman da bana bu kadarı çok garip gelmişti. Adamı nerdeyse ilahlaştırmıştı. (Allah'ı tenzih ederim.) Bir dediğini iki etmiyor, adamın yaşamındaki her detayı ince

ince düşünüp ayarlıyordu. Sürekli elini ayağını öpüyor, ne dese ikiletmeden hemen yapıyordu.

Adam da son derece kibirli, alaycı biriydi. Kadını herkesin yanında aşağılıyor, olmadık esprilerle küçük düşürüyordu. Buna rağmen kadın hiç sesini çıkarmayıp aynı alakayla ona güzel davranmaya devam ediyordu. Söylediğim gibi, daha küçükken bile bir insanı bu kadar delicesine sevmek, bütün sevgiyi sadece bir insana yöneltmek çok garip gelmişti bana.

Oysa, böyle bir ilişkide hiçbir zaman iki insan arasında gerçek sevgi oluşmaz. Gerçek sevgi ancak Allah sevgisiyle oluşur. Eğer, insan tüm sevgisini Allah'a yöneltirse, karşısındakinin de aciz bir kul olduğunu bilip onu öyle severse, işte Allah o zaman iki insanın kalbini sevgiyle birbirine bağlar. Aksi takdirde gerçek sevgi asla oluşmaz, hatta bu sevgi zannedilen şey, giderek katlamalı nefrete dönüşür.

Allah bir insanın böylesine ilahlaştırılmasını, gözde büyütülmesini, tüm ilginin ona verilmesini hiç beğenmiyor. Çünkü, bu insanlar şirk içinde yaşıyor. Allah'ı unutan insanlar bu yüzden bir türlü gerçek sevgiyi bulamıyorlar. Ancak filmlerle hayali bir sonsuz aşkın tasvirini izleyip hayıflanıyorlar.

Söylediğim gibi, eğer insan karşısındakini Allah için sevmiyorsa, ahirette birlikte olmaya niyet etmemişse, o zaman eşi, karısı, kocası bu dünyada da ahirette de onun düşmanı oluyor. Dünyada iki insan ne kadar birbirini sever gibi gözükürse gözüksün; ahirette mutlaka birbirlerini satıyorlar. Çünkü, iki tarafta karşısındakini Allah'a yönlendirmemiş, iki tarafta Allah'ı unutup dünyaya dalıp gitmiş. İşte, bu yüzden orada birbirlerini suçlayıp duruyorlar.

***

Ne yakın akrabalarınız, ne çocuklarınız kıyamet günü size bir yarar sağlayamaz. (Allah) Sizin aranızı ayıracaktır. Allah, yaptıklarınızı görendir.

(Mümtehine Suresi, 3)

Malı ve kazandıkları kendisine bir yarar sağlamadı. Alevi olan bir ateşe girecektir. Eşi de; odun hamalı (ve) Boynuna bükülmüş bir ip (bağlanmış) olarak.

(Mesed Suresi, 2-5)

Bu yüzden çevrenizde yapış yapış, yapmacık sevgi gösterilerinde bulunan insanlar gördüğünüzde bu sözlerimi hatırlayın. Eğer bu insanlar iman etmezlerse, tüm sevgilerini Allah'a yöneltmezlerse, ahirette birbirlerini satacaklar demektir...

***

[◘Kod-061◘]

Biz, bu dünyaya imtihan olmaya mı geldik?

Allah'a tevekkül edeceksin.

Allah'a tevekkül etmezsen her şey sana ızdırap verir, her şeyden sıkılırsın.

Ortalama 60-70 yıllık kısacık bir ömür... Eğer bir trafik kazasıyla aniden bitmezse, ya da kanser, kalp krizi gibi bir hastalıkla tükenmezse... Bu koskoca ömrün nerdeyse hiçbir günü aynı olmuyor. Bir gün insan çok güzel sevinçler yaşarken, başka bir gün gerçekten de zorluklarla, sıkıntılarla, yoklukla mücadele ediyor. Peki, bütün bunlar özel olarak mı yaratılıyor, yoksa kainattaki milyarlarca insan hayatı boyunca güzelliklerle ve sıkıntılarla imtihan mı ediliyor?

İşte, bu sorunun cevabı şu ayette gizli:

"İşte, o günleri, biz onları insanlar arasında devrettirip dururuz. Bu, Allah'ın iman edenleri belirtip ayırması ve sizden şahidler (veya şehidler) edinmesi içindir. Allah, zulmedenleri sevmez." (Al-i İmran, 140)

Şüphesiz Biz, yeryüzü üzerindeki şeyleri ona bir süs kıldık; onların hangisinin daha güzel davranışta bulunduğunu deneyelim diye. (Kehf Suresi, 7)

Allah ayette bildirdiği gibi, günleri lehte ve aleyhte çeviriyor ve hangimizin güzel davranışta bulunacağını, hangimizin şükredeceğini, hangimizin isyan edeceğini deniyor. Mümin olanlar daha doğdukları andan itibaren yaşadıkları tüm olayların kaderlerinde önceden belirlendiğini biliyorlar ve Allah'tan her şartta razı oluyorlar. Her olayın büyük bir hikmetle, eğitim amaçlı yaratıldığını biliyorlar. Çünkü, biz bu dünyada cennete hazırlık yapıyoruz. Dünyadaki zorlukları yaşayarak eğitim alıyoruz. Eğer, dünyada zorluk çekmesek, yokluk görmesek o zaman cennetin kıymetini bilemezdik.

Andolsun, Biz sizi biraz korku, açlık ve bir parça mallardan, canlardan ve ürünlerden eksiltmekle imtihan edeceğiz. Sabır gösterenleri müjdele.

(Bakara Suresi, 155)

Her nefis ölümü tadıcıdır. Biz sizi, şerle de, hayırla da deneyerek imtihan ediyoruz ve siz Bize döndürüleceksiniz. (Enbiya Suresi, 35)

İnkâr edenler ise, bu kısacık dünyada imtihan edildiklerinden habersizler. Durmadan başlarına gelen olaylar karşısında **"bu neden benim başıma geldi, eğer daha dikkat etseydim böyle olmazdı, eğer şunu yapsaydım hastalanmazdım"** gibi düşüncelerle kendilerini hasta ediyorlar. Oysa, hastalığı veren Allah'tır, parayı kısan ve arttıran Allah'tır, sıkıntıyı veren ve açan Allah'tır. Ama insan imtihan olduğunu bilmezse ve isyan ederse o zaman hem ruhu, hem de bedeni çöker. Dünya çapında depresyonun yaygın olmasının gerçek nedeni budur. İnkâr edenler olayların kendi kontrollerinde olduklarını zannettiklerinden tüm dünya omuzlarına biner. Tevekkül etmenin, sabretmenin ve kalpten Allah'a yönelmenin ferahlığını hiçbir zaman yaşayamazlar.

Oysa ayette bildirildiği gibi "her zorlukla beraber bir kolaylık vardır." Her yağmurun ardından güneş açar, her gecenin ardından sabah olur. Kader çizgisinden hiç ama hiç şaşmadan akıp gider.

Evet, hepimiz bu dünyada imtihan olmaya geldik. Bizi ve tüm kâinatı yaratan, bizlere sonsuz nimetler bağışlayan Rabbimizi tanımaya geldik, ruhumuzu ve nefsimizi eğitmeye geldik. Kısacık dünya hayatında zorluklarla eğitilecek ve Allah'ın izniyle buradan gideceğiz. Gerçek yurdumuz olan cennetin kapıları Allah'ın izniyle açılacak ve bizler orada da hiç durmadan Rabbimize şükredeceğiz. Göz açıp kapayıncaya kadar geçen dünyada şeytana uymadığımız için, Rabbimiz bize iman verdiği için ve kaderimizi yaşadığımızı bize öğrettiği için...

Her nefis ölümü tadıcıdır. Kıyamet günü elbette ecirleriniz eksiksizce ödenecektir. Kim ateşten uzaklaştırılır ve cennete sokulursa, artık o gerçekten kurtuluşa ermiştir. Dünya hayatı, aldatıcı metadan başka bir şey değildir. (Ali İmran Suresi, 185)

[◘Kod-062◘]

Hücredeki Metobolik yollar Allah'ın Sonsuz yaratma gücünü isbatlıyor

إِنَّا كُلَّ شَيْءٍ خَلَقْنَاهُ بِقَدَرٍ

Türkçe Okunuş: İnnâ kulle şey'in halaknâhu bi kader (kaderin).

Meal: Muhakkak ki Biz, herşeyi, bir kaderle (takdir edilmiş belli bir süreye kadar olan plan, program, bir ömür ve yaşayış programı ile) yarattık.

[Kamer, 49]

Hücredeki kompleks yapı, evrim gibi tesadüfler zinciriyle açıklanamayacak derecede kompleksdir.

Aslında bugüne kadar evrim teorisini ve materyalizmi bilimsel anlamda çökertecek çok fazla delil bulundu. Evrimcilerin bizzat kendi ağzından evrim teorisinin geçersizliğini anlatan itirafları da yayınlandı. Hatta Evrim teorisini kabul ettirmek adına hangi yollara başvurduklarını, yaratılışı ispat eden fosilleri nasıl müzelerin arka odalarına gizlediklerini ve hayali rekonstrüksiyonlarla insanları nasıl yanılttıkları da açıklandı.

Evet, 21. yüzyılda evrim teorisi yaratılışı ispat eden bilimsel delillerle tam anlamıyla çökmüş durumdadır. Evrim teorisine en büyük darbeyi de fosiller ve mikrobiyoloji dalında yaşanan gelişmeler vurmuştur. Burada, son zamanlarda, keşfedlen önemli bir gelişmeyi, evrim teorisini çökerten bir başka delilden, hücrenin içinde meydana gelen kimyasal reaksiyonlardan bahsedeceğiz.

Metabolik yol, hücre içinde meydana gelen kimyasal reaksiyonlar dizisidir. Birbirine bağlı birçok metabolik yol ise metabolizmayı oluşturur.

Hücre içindeki metabolik faaliyetler, canlıların çevrelerinden enerji almalarını ve yaşamın temel parçalarını inşa etmelerini sağlar. Bu işlemler sonucunda organizmalar büyür, çoğalır, biyolojik yapılarını sürdürebilir ve çevredeki değişimlere tepki verebilir.

Metabolik reaksiyonlar, yani metabolizma, protein ve RNA moleküllerinin üretimini ve parçalanmasını, DNA replikasyonunu ve hücre zarı ve duvarının kurulmasını içerir.

Metabolizma, bunlar dışında küçük moleküllerin reaksiyonlarını da içerir. Önemli sayıda metabolik reaksiyon, hücrenin protein, DNA, RNA ve hücre zarının katmanlarını birleştirmekte kullanılan küçük molekülleri üretirler. Diğer yandan, bazı metabolik aktiviteler glükoz ve diğer şeker molekülleri gibi bileşenleri daha küçük moleküllere parçalayarak hücredeki işlemler için gerekli enerjiyi sağlar. Bazı metabolik aktiviteler, hücrenin artık ihtiyaç duymadığı maddeleri (hücresel atıkları) atılmak üzere hazırlarlar. Diğer reaksiyonlar, hücreyi zararlı maddelerden arındırır.

Metabolik işlemler genel olarak hücrenin içinde, sanki bir şehrin yollarının, cadde ve sokaklara ayrılması gibi bir seri kimyasal reaksiyonlar halinde organize olurlar. Bu reaksiyonlar, bir dizi kimyasal reaksiyonlar aracılığıyla ilk baştaki bir bileşeni son ürüne dönüştürürler. Metabolik bir yoldaki her adımda kimyasal dönüşüme yardımcı olan enzim olarak adlandırılan bir protein vardır. Bu yollar doğrusal, dallara ayrılmış veya dairesel olabilir. Doğrusal yola örnek glikozun parçalanmasıdır.

Bir metabolik dizinin parçası olan kimyasal bir madde bazen başka bir metabolik yolda da yer alır. Veya bir kimyasal reaksiyonun ürünü, bir sonraki kimyasal reaksiyon dizisinin bir parçasıdır. Bu paylaşılan elementler metabolik yolların birbirlerine bağlanmalarına ve son derece kompleks bir ağ oluşturmalarına neden olur. Metabolik işlemlerin toplamı, kompleks, kafesli bir kimyasal reaksiyon ağı oluşturur ve her biri bir enzim tarafından katalize edilir.

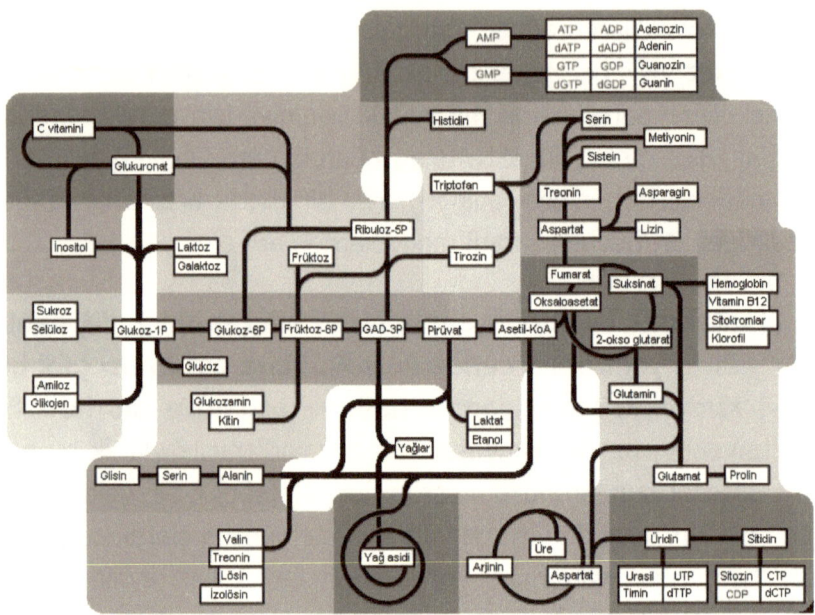

Hücre metabolizmasının olağanüstü kompleksliği düşünüldüğünde sözde evrimsel süreçlerin bunları teker teker oluşturup sonra birbirlerine bağlamalarının ne kadar imkansız olduğunu anlamak hiç de zor değil.

New York gibi büyük bir şehrin tüm caddelerinin, metro ağının, sokaklarının tesadüfen oluşması, otobanların, caddelerin ve sokakların birbirlerine tesadüfen bağlanmalarının imkansız olması gibi.

Yapılan bazı son araştırmalarda da, hücre içindeki metabolik yolların rasgele oluştuğu değil zarafetle tasarlandığı izlenimi verdiği itiraf edilmektedir.

Şimdi, aşağıda gördüğünüz şekle dikkatlice bakın. Bu metabolik yolların kağıda dökülmüş şeklidir. "Metabolik yollar" teriminin İngilizce karşılığı "metabolic pathways" yani metabolik patikalardır. Patika isminin verilme nedeni ise, bilindiği gibi patika, planlanarak yapılmış, inşa edilmiş bir yol değildir. Kullanıla kullanıla zaman içinde oluşan bir yoldur. Bazı evrimciler ise, kendilerince metabolik yolların da bazı kimyasal reaksiyonlar oluştukça zaman içinde kendiliğinden oluştuğu izlenimini vermek için patika terimini kullanmışlardır. Oysa, açıkça görüldüğü gibi muazzam bir komplekslik, birbirine geçmiş yüzlerce madde, kimyasal reaksiyon ve bu komplekslik içinde müthiş bir düzen vardır.

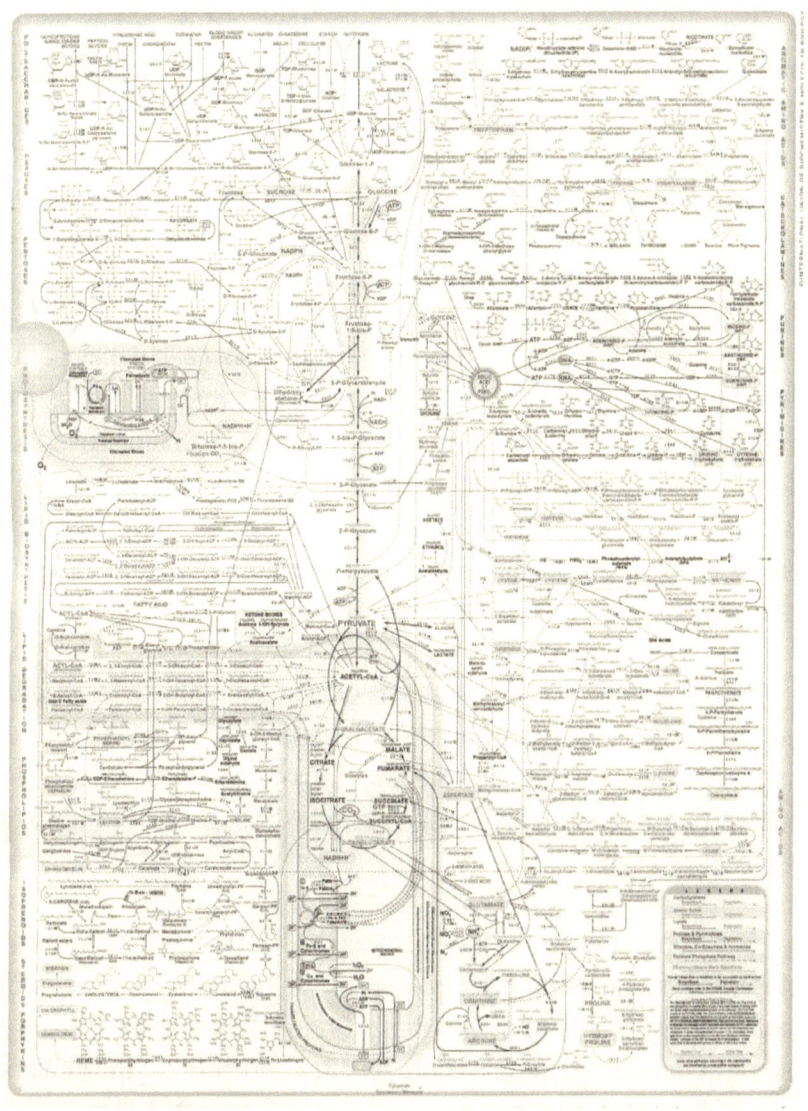

Tokyo ve Paris gibi büyük şehirlerin metro ağlarının haritalarını gözünüzün önüne getirin. Görüldüğü gibi hücre içindeki birbirine bağlı kimyasal reaksiyonları gösteren harita, bu metro ağlarından çok daha komplekstir.

Metabolik yolların tesadüfler sonucunda, sözde evrimsel süreçlerle, adım adım oluştuğunu iddia etmek, bu metro ağlarının da, kendiliklerinden, adım adım, semt semt oluşup birbirine bağlandığını iddia etmekten çok daha akıl ve mantık dışıdır.

Bu metabolik yollar kompleks olmanın dışında ayrıca olabilecek en iyi şekilde tasarlanmışlardır. Son zamanlarda yapılan bazı araştırmalarda bu yönü özellikle vurgulanmaktadır.[1]

Science dergisinde yayınlanan söz konusu çalışmanın sonuçlarında, araştırmacılar birkaç farklı bakterinin metabolik sistemlerinin performansını çok boyutlu optimizasyon teorisini kullanarak değerlendirdiler. Metabolik yollardaki moleküllerin hareketlerini (otobanlardaki araçların hareketi gibi) izleyerek metabolizmanın birçok amacı olan bir sistem için olabilecek en mükemmel şekilde çalıştığını gördüler.

Birbirine bağlı birçok parçadan oluşan tüm şebekelerde olduğu gibi, basamaklardan birinde meydana gelen hata ağın devamındaki diğer basamaklara da yansır. Örneğin, metabolik yoldaki adımlardan birini katalize eden enzimdeki bir hata, tüm ağı etkileyecektir.

Söz konusu araştırmada, biyoloji ve kimya mühendislerinden oluşan bir ekip, metabolik yolların bu tür hatalara karşı ne kadar dayanıklı olduğunu görmek istedi. Bunun için rasgele oluşturulmuş metabolik yollardaki hataları, tek hücreli organizmaların metabolik yollarında oluşan hatalar ile karşılaştırdılar. Rasgele oluşturulan metabolik yollardaki hataların daha uzun yol katederek daha çok basamağı olumsuz etkilediğini gördüler. Tek hücreli organizmaların hücrelerindeki metabolik yollarda oluşan hatalar ise çok daha az yol katederek ağın çok daha küçük bir kısmını etkiliyorlardı. Bu, doğadaki metabolik yolların son derece dayanıklı olduklarını, olabilecek en iyi şekilde tasarlandığını, protoplazmadaki metabolik ağın rasgele organize edilmediğini, ancak yüksek derecede organize olduğunu göstermektedir. Bu organizasyon bir Yaratıcı'nın eseri olduğunu göstermektedir.

***

Bir başka araştırmada ise, metabolizma ürünlerinin yani metabolitlerin konsantrasyonundaki değişikliklere karşı da metabolik yolların son derece dayanıklı olduğu gösterilmiştir.[2]

Hücrenin son derece dinamik ortamı düşünüldüğünde, metabolizma ürünlerinin seviyelerinde oynamalar olması da son derece olağandır. Bu istenmeyen değişiklikler meydana geldiğinde bunlar ağ boyunca dolaşırlar. Hücredeki bazı işlemler metabolit konsantrasyonuna hassastır ve sonuç olarak olumsuz yönde etkilenir. Bu etkilerin üstesinden gelmek için, metabolik sistemlerin düzenleyici sistemleri vardır. Bunlar konsantrasyon oynamalarını belirli sınırlar içinde tutarlar. **Diğer bir deyişle metabolik yollar kaçınılmaz olan metabolit konsantrasyonlarındaki oynamalara karşı dayanıklı olacak şekilde tasarlanmışlardır, yani yaratılmışlardır.**

Bu olağanüstü kompleks sistem içinde düzen muhteşem bir titizlikle korunmakta, hataya yer bırakılmamakta ve tüm önlemler alınmaktadır. Canlılığın tesadüfler sonucunda, kendiliğinden oluştuğunu iddia eden evrimciler, binlerce sistem gibi metabolik yolların da nasıl oluştuğunu açıklamak zorundadırlar.

Kaynaklar:

1. Robert Schuetz et al., "Multidimensional Optimality of Microbial Metabolism," Science 336 (2012): 601–4.

2. Guy Shinar and Martin Feinberg, "Structural Sources of Robustness in Biochemical Reaction Networks," Science 327 (2010): 1389–91.

NOT: Bu yazının hazırlanmasında Dr. Fazale Rana'nın "The Optimal Design of Metabolism" başlıklı yazısından faydalanılmıştır.

***

[◘Kod-063◘]

Hepimiz gerçekten uykuda mıyız, yoksa ölünce mi uyanacağız?

Ölüm, yepyeni, sonsuza kadar sürecek hayatımızın başlangıcıdır.

Bugün sabah namazından sonra tekrar yattığımda çok kısa bir rüya gördüm. Telefonda bir arkadaşımla konuşuyor, ona eşyalarımı odasında unutup unutmadığımı soruyordum. O da bana "şu anda odada değilim, gidince bakarım" diye cevap veriyordu. Ses aynı ses, arkadaşımın görüntüsü aynı görüntü. Konuşmalarımız o kadar gerçekti ki, uyandıktan sonra bir süre hatırlayamadım, fakat hatırlayınca yine her sefer olduğu gibi çok şaşırdım.

Rüyalarımız bazen ne kadar da gerçeğe yakın oluyor değil mi? Peki ya dünya hayatında da yaşarken aslında bir rüyadaysak? Ya farklı bir boyuttaysak? Ya aslında gerçek anlamda ölünce uyanacaksak? Evet bu dünyada yaşayan milyarlarca insanın bilmediği çok önemli bir gerçek. İnsanlar dünyada adeta derin bir uykudalar, gerçek anlamda ölünce uyanacaklar.

O, ölüm sarhoşluğu, bir gerçek olarak gelip de, (insana) "İşte bu, senin yan çizip-kaçmakta olduğun şeydir" (denildiği zaman da).

Sur'a da üfürülmüştür. İşte bu, tehdidin (gerçekleştiği) gündür.

(Artık) Her bir nefis, yanında bir sürücü ve bir şahid ile gelmiştir.

"Andolsun, sen bundan gaflet içindeydin; işte Biz de senin üzerindeki örtüyü açıp-kaldırdık. Artık bugün görüş-gücün keskindir." (Kaf Suresi, 19- 22)

Daha önce yazdığım yazılarımda (Özellikle *"Birleşik Alan Teorisi"*, *"Cem-ul İzafiyye"* isimli eserimde) maddenin bir görüntü olarak kapkaranlık beynimizin içinde yaratıldığını, maddenin aslıyla hiçbir zaman muhatap olamayacağımızı sizlere anlatmıştım. Dışarıda madde var ama biz maddenin sadece beynimizde oluşan görüntüsünü, gözlerimiz vasıtasıyla beynimizde algıladığımız sinirsel etkileşimin bir sonucu olan, elektromanyetik ışık dalgalarını görebiliyoruz. Beyindeki küçücük ve kapkaranlık görme merkezinde apaydınlık bir dünya bize gösteriliyor. Bizler beş duyumuzla görüyor, tadıyor, duyuyor, dokunuyor ve kokluyoruz. İşte, bu algıların toplamı bize dış dünyada maddenin olduğu hissini veriyor. Bu konuda daha fazla bilgi edinmek isteyen yukarıda bahsi geçen diğer eserlerime ve özellikle ("*Yaratılış Gerçekliği*", "*Kevnüt Tekamül*" Cilt I ve II isimli) eserlerime başvurabilir.

Evet, yaratılan her insan kısacık bir dünya hayatından sonra, gerçek anlamda ölünce uyanacak. Bakın ayette Allah "o gün görüş gücü keskindir" diyor. O zaman insanın üzerindeki gaflet perdesi kalkıyor. İnsan öldüğünde dört boyutlu bir hayattan, dünya hayatında bize şu an kapalı olan, fizik tabirle beş ila onbir boyut arasında değişen bir hayata geçiyor. Aynen atomaltı ve moleküler alemde de çokça misallerini gördüğümüz gibi. Dünya hayatının aslında bir görüntü olarak, bir imtihan olarak yaratıldığını ancak o zaman kavrıyor. Gerçek hayatın asıl ölümden sonra başladığını ve sonsuza kadar devam ettiğini çok net bir şekilde görüyor. Ama, o zaman imtihan da dünya hayatı da bitmiş oluyor, artık dünyaya geri dönüş yok. Dünyadaki insanları uyarmak yok. Her şey bitmiş oluyor. Ve insanın elinde kısacık dünya hayatında Allah için ne yaptıysa o kalıyor...

***

Sonsuzluğun Sonsuzluğu

[◘Kod-064◘]

İnsanın derisi kendi aleyhine konuşur mu?

Sonsuza kadar pişman olmamak için, şu kısacık hayatını Allah yolunda harca..

Dünyada o kadar çok insan var ki... İşlediği birçok günahı kimsenin görmediğini zanneden, kimsenin duymadığını zanneden. Kimse görmeden gidip bir şey çalıyor, kimse görmeden haraç alıyor, kimse görmeden rüşvet yiyor. Hiç kimse duymadan, gözlerden uzak bir yerde harama giriyor, yetimin malını yiyor. Sonra da kimselere göstermeden bunları başardığı (!) için kendi kendine sevinip duruyor. İşte, dünyada neredeyse milyarlarca insan kendisini böyle nerdeyse bir hayat boyu kandırıyor.

Oysa, siz gizlice bir kötülük yaparken, birisinin kuyusunu kazarken, ya da haram işlerken hiç kimsenin sizi görmesine ihtiyaç yok. Hiç kimsenin sizi duymasına ihtiyaç da yok. Çünkü, Allah zaten her an, her saniye yanınızda. Ve işlediğiniz her amel saniyesi saniyesine sizin defterinize yazılıyor. Melekler her söylediğinizi, attığınız her adımı kaydediyor.

Onun sağında ve solunda oturan **iki yazıcı kaydederlerken**

O, söz olarak (herhangi bir şey) söylemeyiversin, mutlaka yanında hazır bir gözetleyici vardır. (**Kaf Suresi, 17-18**)

Zaten insan bir haram işlerken onu kimsenin görmesine gerek yok. Çünkü, Allah her insanın bedenini ahirette konuşturuyor. İnsanın derisi, elleri, ayakları, dili, kısaca tüm bedeni yaptığı bütün kötülükleri bir bir anlatıyor:

***

- **O gün, kendi dilleri, elleri ve ayakları aleyhlerinde yaptıklarına dair şahitlikte bulunacaklardır. (Nur Suresi, 24)**
- **Sonunda oraya geldikleri zaman, işitme, görme (duyuları) ve derileri kendi aleyhlerine şahitlik edecektir.**
- **Kendi derilerine dediler ki: "Niye aleyhimizde şahitlik ettiniz?" Dediler ki: "Her şeye nutku verip-konuşturan Allah, bizi konuşturdu. Sizi ilk defa O yarattı ve O'na döndürülüyorsunuz."**
- **"Siz, işitme, görme (duyularınız) ve derileriniz aleyhinize şahitlik eder diye sakınmıyordunuz. Aksine,**

yaptıklarınızın birçoğunu Allah'ın bilmeyeceğini sanıyordunuz." (Fussilet Suresi, 20-22)

Ayetlerde açıkça bildirildiği gibi insanların görmediği zannına kapılıp alabildiğine günaha batanlar, ahirette kendi derileri, kendi elleri, kendi ayakları konuştuğunda çok şaşıracaklar ve bu yaptıklarına sonsuza kadar pişman olacaklar. Çünkü, tüm yaptıklarına kendi bedenleri de şahit, orada hepsi dile gelecek, hepsi tüm detayları Allah'ın huzurunda söyleyecek...

***

[▪Kod-065▪]

Dünya'da yaşadığınız şehir, Hakikatte bir Kerbela [Kısa Şiirler]

لَقَدْ كَانَ لِسَبَإٍ فِي مَسْكَنِهِمْ آيَةٌ جَنَّتَانِ عَن يَمِينٍ وَشِمَالٍ كُلُوا مِن رِّزْقِ رَبِّكُمْ وَاشْكُرُوا لَهُ بَلْدَةٌ طَيِّبَةٌ وَرَبٌّ غَفُورٌ

Türkçe Okunuş: Lekad kâne li sebein fî meskenihim âyeh (âyetun), cennetâni an yemînin ve şimâl (şimâlin), kulû min rızkı rabbikum veşkurû leh(lehu), beldetun tayyibetun ve rabbun gafûr (gafûrun).

Meal: Andolsun ki Sebe (halkı) için meskûn oldukları yerlerde, sağda ve soldaki iki bahçe âyettir (ibrettir). Rabbinizin rızkından yeyin ve O'na şükredin! (O), güzel bir beldedir. Ve (Allah), mağfiret eden bir Rab'dir.

İstanbul çok harika güzelliklere sahne olacak bir şehir...

Öyle bir şehirde yaşıyorum ki ben,

Kalplerinde tarifsiz bir coşku taşıyan,

Yürekli, cesur ve korkusuz insanlar var içinde...

Sonsuzluğun Sonsuzluğu

Öyle bir şehirde yaşıyorum ki ben,

Dost dediğin böyle olur dediğin,

İyi gününde, kötü gününde,

Yanından hiç ayrılmayan insanlar var içinde...

Öyle bir şehirde yaşıyorum ki ben,

Kendisini hak davaya adamış,

Ve bu uğurda tüm ömrünü vakfetmiş insanlar var içinde...

Öyle bir şehirde yaşıyorum ki ben,

Kendisi için hiç hayat yaşamamış,

Varını, yoğunu, hayatını,

Kısaca tüm varlığını Allah'a adamış insanlar var içinde...

Öyle bir şehirde yaşıyorum ki ben,

Kınayanın kınamasından hiç korkmayan,

Karşısına dağlar çıksa hiç durulmayan

Allah'ı ve Kuran'ı anlattıkça anlatan

Nefsini bile köle etmiş insanlar var içinde...

Öyle bir şehirde yaşıyorum ki ben,

Bu seçilmiş bir avuç mübarek insan,

Her gün, her saat, her dakika hayır peşinde,

Kalpleri Allah aşkıyla dopdolu, defterlerine sürekli sevaplar işlenmekte...

Öyle bir şehirde yaşıyorum ki ben,

Kaderleri Allah tarafından çizilen,

Dünyalar güzeli insanlar var içinde,

Batıdan, doğudan, güneyden gelen,

Ve güzelim istanbul'da yolları kesişen insanlar var içinde...

Öyle bir şehirde yaşıyorum ki ben,

Hiç kimse yapmazken yapan,

Hiç durmadan salih amellerde bulunan,

Kendilerine sunulan dünya hayatına yüz vermeyip,

Bu şerefli davalarını asla bırakmayan,

Yalnızca Allah için yaşayıp Allah için ölen insanlar var içinde...

Öyle bir şehirde yaşıyorum ki ben,

Allah'ın sınırlarını her yerde koruyan,

Çok ihlaslı, sadık ve güvenilir,

Yüzleri nur dolu, kalpleri imanla dolu insanlar var içinde...

Öyle bir şehirde yaşıyorum ki ben,

Kutsal emanetler sessizce çıkarılmayı beklemekte

Öyle bir şehirde yaşıyorum ki ben,

Ayasofya o müthiş buluşmanın heyecanı içinde...

Öyle bir şehirde yaşıyorum ki ben,

Bu bir avuç insan milyonların arasına karışmış bir şekilde...

Öyle bir şehirde yaşıyorum ki ben,

Yanından geçerler ama sen onları tanımazsın bile...

Öyle bir şehirde yaşıyorum ki ben,

Asrın en mübarek insanları onun sokaklarında, bahçelerinde...

Öyle bir şehirde yaşıyorum ki ben,

Allah'ın kıymetlisi, Hz. Mehdi o şehirde...

DÜNYA BİR KERBELA

Dünya, Kerbela misal bir hapishane,
Yezidler, sarmış 4 duvarımı,
Etrafımda kurşuni kelebekler,
Döner durur, Beynimde bir fikir akımı..

Dünya bir Cehennem,
Şeytan, insana imrenir olmuş,
Hayat, zorluk demek gerçekte,
Sana oyun gibi gelir, Düşünceler sarar 4 bir yanını..

[Dünya bir kerbela, Kısa şiir, 2015]

M. Ukrai

***

[◘Kod-066◘]

Uyuduğunuzda, yastığa başınızı huzur içinde koyabiliyor musunuz?

İnsanın en büyük yanılgılarından birisi kadere teslimiyetle yaşamanın rahatlığını yaşamamaktır...

Tam otuz yıldır geceleri yastığıma başımı büyük bir huzur içinde koyuyorum, içimde hiçbir korku ve huzursuzluk duymadan... Gelecekle ilgili hiçbir endişe taşımadan, yarın ne yapacağım diye düşünmeden, acaba başaracak mıyım demeden, para, sevdiklerini kaybetme, yaşlanma, yalnız kalma, ölüm korkusu taşımadan, her gece ama her gece hiç değişmeden huzur içinde uyuyorum. Neden biliyor musunuz? Çünkü ben tam 30 yıl önce kendimi Allah'a teslim ettim. Ama bu öylesine teslim etmek değildi, tam anlamıyla kendini Allah'a bırakmaktı. Canımı, malımı, ailemi, dostlarımı, kısaca her şeyi bıraktım, çünkü bunların hepsinin gerçek sahibinin O olduğunu anlamıştım. Yalnızca O'na teslim olursam, bu dünyada gerçek huzuru ve mutluluğu bulacağımı anlamıştım...

Tam, şimdi 30 yıl olmuş, Allah yolunda canla başla çabalamaya başladım, birçok insana tebliğ yaptım, her günümü, her saatimi Allah için yaşadım. Boş zevklere kapılmayıp gerçekten şerefli ve onurlu bir hayatın nasıl yaşanacağını kavradım. Allah yolunda başarılan bir zaferin nasıl tüm zevklerden üstün olduğunu tattım. Allah'ı anmanın, Allah ile dost olmanın nasıl insana büyük bir güven verdiğini tüm ruhumda hissettim. İnsan, Allah'ın tarafında olunca isterse tüm dünya karşısında olsun hiç fark etmiyor. Çünkü, insanların rızası, kendi nefsinin tutkuları tamamen ortadan kalkıyor, yalnızca Allah'ı mutlu etmek, her şeyden çok büyük bir aşkla sevdiğin gerçek dostunu razı etmek istiyorsun, bunun için de ciddi bir çaba gösteriyorsun. Kazandığın paranı da yığıp biriktirmeden Allah yolunda harcıyorsun.

Dünyanın kim bilir bir köşesinde bir insan senin gönderdiğin kitapla iman ediyor, Allah'a yönelip dönüyor. Bundan daha büyük bir mutluluk olabilir mi bu dünyada? Bir insanı Cehennemden çekip Cennete kavuşturmaktan daha büyük saadet olabilir mi? Tıpkı peygamberler gibi samimi olmaya niyet ettiğimden, her gün her saat Allah'ın en çok razı olacağı işi yapmaya çalıştım. Ahir zamanda, insanların dinden çok uzak olduğu bir dönemde yaşıyoruz. Bu yüzden, Allah yolunda yapacak çok fazla iş var, durmadan anlatmak, tebliğ yapmak gerek. İşte, insanın hayatı böyle olunca, dünyaya yönelik tüm korkular zaten kendiliğinden ortadan kalkıyor. Senin için hayat bu dünya değil yalnızca ahiret oluyor.

Dünya hayatı yalnızca bir oyun ve bir oyalanmadan başkası değildir. Korkup-sakınmakta olanlar için ahiret yurdu gerçekten daha hayırlıdır. Yine de akıl erdirmeyecek misiniz?

(En'am Suresi, 32)

Tüm bunları yaşarken yolunda gitmiyor gibi gözüken hiçbir şey olmuyor mu? Tam tersine, o kadar çok şey oluyor ki. Fakat ben bütün bunların bir imtihan olduğunu biliyorum, Allah'ın beni denemek için özel olarak yarattığını biliyorum. Hepsinin daha ben doğmadan kaderime yerleştirildiğini biliyorum, ne yaparsam yapayım hiçbir şeyi değiştiremeyeceğimi biliyorum. "Demek ki, Allah benim için böylesini hayırlı görmüş" diyorum. Başıma gelen her zorluğa tevekkülle, sabırla ve şükürle yaklaşıyorum. Zaten, insan canını bile Allah'a teslim etmişse başına gelen hangi zorluktan etkilenebilir ki? Dünya malına, mülküne ne kadar değer verir ki?

İman edenler, hicret edenler ve Allah yolunda mallarıyla ve canlarıyla cihad edenlerin Allah Katında büyük dereceleri vardır. İşte 'kurtuluşa ve mutluluğa' erenler bunlardır. (Tevbe Suresi, 20)

Bu hayattaki en büyük zevk Allah yolunda gayret ederken başarılan zaferlerdir, çok yüksek bir ahlakla çok onurlu ve şerefli bir hayat yaşamaktır. Hiç dini bilmeyen insanların ayetlerle konuştuğunu, Allah'ı samimi kalple andıklarını görmektir. Kimse yapmazken tüm hayatını yalnızca Allah'a adamaktır. Çarçabuk geçecek olan dünya hayatını böylesine şerefli bir yolda tüketmektir. Tek istediğin Allah'ın rızasını kazanıp Cennet kapısından girdiğinde selamla ve büyük bir neşeyle karşılanmaktır. Orada peygamberlere, gerçek dostlarına, kardeşlerine, gerçek ailene kavuşmaktır. İşte, bu yolda her gün, her dakika gayret ederken insan başını yastığa gerçekten de çok yorgunken koyar ve huzur içinde hemen uyur, yarın ne olacağı endişesini hiç taşımadan. Çünkü yarın da, öbür gün de, ölene kadar her gün de Allah ne dilerse o olacaktır. Kaderime razıyım ben, O'ndan gelecek her şeyi güzellikle, teslimiyetle karşılamayı baştan kabul etmişim. Ben gerçek sevdiğime tam 20 yıl önce tahkiken iman etmişim, her şeyimi, gençliğimi bu yolda feda etmişim, kalbimin ve vicdanımın sesini dinlemişim...

De ki: "Allah'ın bizim için yazdıkları dışında, bize kesinlikle hiçbir şey isabet etmez. O bizim Mevlamızdır. Ve mü'minler yalnızca Allah'a tevekkül etmelidirler."

(Tevbe Suresi, 51)

***

[◘Kod-067◘]

Bu Dünyada bir imtihan olarak bulunuyoruz

Allah gökleri ve yeri bir imtihan olarak yarattı. Ölümle birlikte her insanın gerçek hayatı başlayacaktır.

Hak yolda ilerlerken ve hizmet ederken Allah birçok aksilikler ve terslikler yaratır. Bunların hepsi daha biz doğmadan kaderimizde belirlenmiştir. Ama sonunda her zaman hak galip gelir. İnsanın hayatında zorluklar sıkıntılar olmasa o zaman insan bu dünyada imtihan olmaz. İmtihan olmadığında da ruhu Cennete layık hale gelemez.

Bizler bu dünyada çok kısa bir kurs dönemindeyiz şu an. Gece gündüz demeden kendimizi geliştiriyoruz ve Cennet terbiyesi alıyoruz. Cennet terbiyesi almadan Cennete gidersek, o zaman Cennetin değerini de bilemeyiz. Cennette sonsuza kadar zevk alabilmeleri için insanların bu eğitimden geçmeleri gerekiyor. Hz. Adem bile Cennetteyken şeytana kanmış, dünyadan Cennete gitmediği, için Cennetin değerini tam kavrayamamıştır. Şeytan Hz. Adem'i sonsuzlukla kandırmış ve yasak olan Cennet meyvesini yemesini sağlamıştır. Hz. Adem meyveyi yediği anda Allah onu ölümlü hale getirmiş ve dünyaya göndermiştir. Sonuçta da dünyada bütün acizliklerle tanışmıştır. Daha sonra Allah onu da dünyada imtihandan geçirip tekrar Cennetine almıştır.

Bizler bu dünyada başımıza gelen her zorluğun bize özel olarak, imtihan olarak verildiğini bilerek yaşayacağız. Ve bu imtihanları hep güzellikle, neşeyle ve sevinçle karşılayacağız.

Unutmayın ki "her zorlukla beraber bir kolaylık vardır." diyor Allah ayetinde. Zorluğu veriyor ama kolaylığı da beraberinde yaratıyor.

Ve insanın delişmen ruhu, bitmek tükenmek bilmeyen arzuları istekleri, ancak bu imtihanlarla Cennete layık hale geliyor, ancak bu imtihanlarla mutmain olup dinginleşiyor...

Andolsun, mallarınız ve canlarınız konusunda imtihana çekileceksiniz. Sizden önce kendilerine kitap verilenlerden ve Allah'a ortak koşanlardan üzücü birçok söz işiteceksiniz. Eğer, sabreder ve Allah'a karşı gelmekten sakınırsanız bilin ki, bunlar (yapmaya değer) azmi gerektiren işlerdendir.

(Al-i İmran Suresi, 186)

Her nefis ölümü tadacaktır. Sizi bir imtihan olarak hayır ile de şer ile de deniyoruz. Ancak, bize döndürüleceksiniz.

(Enbiya Suresi, 35)

İnsana bir zarar dokunduğunda, bize yalvarır. Sonra, ona tarafımızdan bir nimet verdiğimizde, "Bu, bana ancak bilgim sayesinde verilmiştir" der. Hayır, o bir imtihandır. Fakat onların çoğu bilmezler.

(Zümer Suresi, 49)

***

ARA NOTLAR:

DECCAL VE ŞEYTAN'IN GERÇEKLİĞİ GERÇEK Mİ? YENİ BİR KANIT

BİRİNCİ BÜYÜK SIR:

"İnsanın yanılmasının ve aydınlanmaya ulaşamamasının önündeki tek engel ve sebebi; çoğunlukla, her şeyi biliyor olduğunu sanmasıdır, oysaki bildikleri bilmediklerine oranla, çok azdır, oysa bilgi de uzay ve zaman gibi göreceli ve bilme yetisine ulaşması görecelidir, hakim olduğu mutlak bilgi bilinmeyene görene çok azdır.."

"Onlar tuzak bir düzen kurarlar, Allah da tuzak kurmaktadır.

Şüphesiz ki, Allah tuzak kuranların en hayırlısıdır." (**Enfâl / 30**)

"BİR DOLAR", hep bir gerçeği saklamıştı,

İşte, sıkı durun, bin yılların sırrını açıklıyoruz.

PARA- ŞEYTAN VE DECCAL ÜÇGENİ - İLİŞKİSİ burada saklı..

***

İKİNCİ BÜYÜK SIR:

"Lovecraftian Freemason Şeytanı" olarak bilinen, yaratık asıl şeytan dediğimiz Lanetlenmiş İBLİS'tir, aslında, az önce de paylaştığımız BİRİNCİ SIR'rın önemli bir sonucu da BUDUR. 1 DOLAR da dahil tüm illüminatik sembollerdeki temsil edilen Şeytani yaratık, TARİH BOYUNCA "LUCİFER" olarak da diğer adıyla adlandırılan masonluktaki en büyük derece olan 36. derece ile temsil edilen "Lovecraftian Freemason Şeytanı" idi..

"-Arka planda- yer alan "DAVUT YILDIZI" ile Cehenneme, yani yer altına doğru uzanan ahtapot benzeri kollara dikkat edelim, altı boynuz'un ortasında yer alan, "KÜÇÜK BOYNUZ" ise, İNCİL'in VAHİY KİTABI kısmında geçen ve KIYAMET'ten hemen önce geleceği bildirilen, ve İslami literatürde "DECCAL" olarak bilinen yakında gelecek olan 35. derece masonlukla temsil edilen yardımcısı olan YARATIK'la sembolize edilir.."

Buradaki bir diğer detay ise yine önemlidir ki, İSA KARŞITI olan DECCAL'ın (DOLARDAKİ, MDCCLXVI, gerçekte 666'dır ve M-şeytanı ve aynı zamanda MDDCL ise "Mesih Deccal" olarak yardımcısını işaret eder) gerçek İSA AS'ı taklit ettiği, -*elinin parmaklarındaki zafer işareti isa'ya aittir*- bir gerçektir. Onu, geldiğinde, bu şekilde tanıyabileceğimizi bize gösterir.

***

PEKİ, 1 DOLAR'DAKİ YÜZYILIN ŞİFRESİ BİZE NEYİ ANLATIYOR?

Evet, sonunda yüzünü perde arkasında da olsa göstermeye başladı, şeytaniler... Evet, yukarıdaki resimde de açıkça görüldüğü gibi, yüzyıllardır, 1 doların üstünde sembolik olarak zaten, kendini göstermeye başlamışlardı...

Sonunda... zaman, çok yaklaştı dostlar...

Onlar, sizi hiç fark edemediğiniz yerden görürler ayeti ile Yüce Rabbimiz, biz kullarını Kur'an Azim-uş Şan aracılığı ile Allah-u alem çok önceden uyarmıştı Vesselam....

Yine, ayrıca dikkat edersek, O sizin de benim de apaçık düşmanınız olan sizi benim adım ile aldatmasın ayeti gereğince de, yüzyıllardır yeryüzünde kulaklarına fısıldadığı dostları aracılığı ile ANKEBUT'u (MATRİX) oluşturdu....

Ve şimdi, artık son raddeye gelindiğinden dolayı ve bu arada kibri de tavan yaptığından ve KIYAMET YAKLAŞTIĞI için ömrünün çok azaldığının bilincinde olduğundan, ve HZ. MEHDİ geldiğinden dolayı (Burada sükut lazım..) ..

"DİN GÜNÜNDE ONLARDAN ÇOK AZINI SENİN DÜZ YOLUNDA BULACAKSIN, HEPSİNİ YOLDAN ÇIKARACAĞIM, ONLARA ÖNLERİNDEN VE ARKALARINDAN, YANLARINDAN, YUKARIDAN VE AŞAĞIDAN YANAŞACAĞIM" ayeti gereği bu önemli sır burada hatırlatılması kuvvetle ihtar edildi...

Yeryüzünde dostları aracılığı ile ve en büyük enstrümanları aracılığı ile, yani PARA ile kendisini bu kıyamete girilen SON YÜZYIL'da açık saçık beyan etmeye başladı....

Amma, her ne olursa olsun, bilinmesi lazım gelir ki,

ALLAH C.C İŞİNDE MUTLAK GALİPTİR VESSELAM..

[M. U. , 2015, İLLÜMİNATİ Hakkında, Açıklanan kapalı devre gerçekleri..]

***

[◘Kod-068◘]

TESADÜFLER GERÇEKTE NEDİR? Tasarım mı? Tesadüf mü?

"SONSUZLUK VE TESADÜF İLİŞKİSİ"

Tesadüfler, veya tesadüf sandığımız olaylar,

Gerçekte Allah (Tanrı)'nın kendini gösterme şeklidir...

Vesselam

Şimdi Kısaca bu meseleyi açıklayalım:

Eski çağlardan itibaren insanlar "neden?" sorusunu sormuştur. "Neden dünyadayım? Neden iki elim var? Neden vücudumun proteine ihtiyacı var? vb. sorular her zaman insan zihnini meşgul etmiştir. Aslında, insanın bu derece meraklı olmasının sebebi fıtratından kaynaklı bir şey. İnsana şah damarından daha yakın olan ALLAH'ın bu merak duygusunu insanın fıtratına koyup, bunu insanlara açıklamaması düşünülebilir mi?

ALLAH C.C. bizzat kitabında bizlere şöyle sesleniyor; **_Onlar hâlâ Kur'ân'ı tedebbür etmezler (düşünmezler) mi?_** **Ve eğer Allah'tan başkasının katından olsaydı, onun içinde mutlaka pek çok ihtilâf (çelişki) bulurlardı.**

(Nisa 82)

"Sana içkiyi ve kumarı sorarlar. De ki: "Onlarda hem büyük günah, hem de insanlar için (bazı zahiri) yararlar vardır. Ama günahları yararlarından büyüktür." Yine sana Allah yolunda ne harcayacaklarını soruyorlar. De ki: "İhtiyaçtan arta kalanı." **_Allah size âyetleri böyle açıklıyor ki, düşünesiniz._** "

(Bakara 219)

" Ey iman edenler! Sizden olmayanlardan hiçbir sırdaş edinmeyin. Onlar size fenalık etmekten asla geri kalmazlar. Hep sıkıntıya düşmenizi isterler. Onların kinleri konuşmalarından apaçık ortaya çıkmıştır. Kalplerinde gizledikleri ise daha büyüktür. **_Eğer düşünürseniz size âyetleri açıkladık._** "

(Al-i İmran 118)

" Bu, Rabbinin dosdoğru yoludur. **_Şüphesiz düşünüp öğüt alacak bir toplum için âyetleri ayrı ayrı açıkladık._** "

(Enam 126)

Kur'an'ın birçok yerinde "düşünmez misiniz ?" ya da "sorgulamaz mısınız?" ifadesi geçer. Peki, ALLAH neden sorgulamamızı istiyor? Zaten, Müslüman olan ve düzenli bir hayat yaşayanları Cennetine alacağını müjdelemiş önceden.. Neden bizi düşünmeye itiyor Kur'an?

ALLAH hiç bir zaman insanın kendini dünyadan soyutlamasını istememiştir. Kendini bir odaya kapatıp tüm gün ibadet etmek İslamiyet'in temel mantığına terstir. İslamiyet sosyal bir dindir. Her türlü soruya, sıkıntıya Kur'an ve İslami sistemde cevap verilebilir.

Kur'an ve İslam felsefesini diğer felsefi akım ve görüşlerden ayıran en önemli özelliklerden birisi "Neden ?" sorusuna cevap vermesidir..

Örneğin, Nihilizme göre dünya kaostan meydana gelmiştir. Panteizme göre tanrı tabiattır. Materyaliste göre her şey madde ile sınırlıdır... Peki bu felsefi düşünceler " Neden? " sorusuna yanıt verebilir mi?

Mesela, materyalist bir filozof "Evren Neden Var?" sorusuna tesadüf, bilinemez, ezeli vb. ifadeleri kullanmadan rasyonel, tatminkâr bir cevap verebilir mi? Bilimin araştırmaları ve ortaya çıkardığı bulgular gösteriyor ki "Evren ezelidir, Evren ezeli mi değil mi bilinemez." diyen kesim yanılmaktadır. Evren "Big Bang" adı verilen bir patlamayla "sonradan oluşmuştur." Peki, Kitabımız Kur'an Big Bang teorisi için ne der?

"İnkâr edenler gökler ve yeryüzü birbirleriyle bitişik iken onları ayırdığımızı, her canlıyı sudan yarattığımızı görmüyorlar mı? Yine de onlar inanmayacaklar mı?"

(Enbiya 30)

"Birbiriyle bitişik".. Burada kasıt tek bir noktada artan enerji miktarı. Bu, belki de tek bir yoğunlaşmış hidrojen atomu, onu kopyalayıp çoğaltarak diğer elementler ve zamanla evrenin izafi genişleyip soğumasıyla mikro galaksiler moleküller oluşturuluyor. "Onları ayırdığımızı" kısmındaysa ALLAH bir noktada toplanan bu enerji miktarının ayrılarak evreni oluşturduğunu söylüyor.. ALLAH C.C. burada Evrenin yaratılışı konusundan insanın yaratılış konusuna aniden geçerek, resmen "nasıl inanmazsınız?" dercesine " her canlıyı sudan yarattığımızı görmüyorlar mı? " diyor.. Su? Hemen aklınıza vücudumuzun %70'inin su olması gelmiş olabilir ama burada bahsedilen şey o değil.. Burada ALLAH insanın ilk oluşumundan, spermatozoit hücresinden, meniden bahsediyor su diyerek. " ALLAH orada spermden bahsetmiyor " diyenlere ise hemen bir ayet tokat niyetine çarpıyor..

"**Muhakkak Biz, insanı (iki hücrenin) birleşimi olan bir _nutfeden_ yarattık.**

Onu imtihan edeceğiz. Bu sebeple onu işiten, gören (bir varlık) kıldık."

(İnsan (Dehr)-76)

ALLAH üzerinde basa basa "nutfe" diyor.. Yani Kur'an insanın oluşumunu gayet net bir şekilde açıklıyor. Hatta bir ayet daha vereyim konuyla ilgili..

"And olsun, Biz insanı, süzme bir _çamurdan_ yarattık. Sonra, onu bir _su damlası_ olarak savunması sağlam bir karar yerine yerleştirdik. Sonra, o su damlasını bir _alak_ (hücre topluluğu, kan pıhtıcığı) bir çiğnem et parçası olarak yarattık; daha sonra o çiğnem et parçasını _kemik_ olarak yarattık; böylece kemiklere de et giydirdik; *sonra bir başka yaratışla onu inşa ettik.* **Yaratıcıların en güzeli olan Allah, ne yücedir.**

(Müminun 12-14)"

Bir insan bu ayeti objektif olarak okursa, nasıl Kur'an'ı yalanlayabilir? 1400 yıl önce insanın nasıl oluştuğu konusunda hiç bir teori, fikir vb. şey yok iken ALLAH inanmayanlara resmen meydan okuyor.. " **Kulumuza indiregeldiğimiz Kur'an'da şüpheniz varsa ona benzer bir sure getirin, doğrucuysanız Allah'tan başka tanıklarınızı da çağırın. (Bakara 23)** " vb. ayetlerde ALLAH Kur'an'ın üslubundan ya da başka bir şeyinden bahsetmiyor, karıştırılmasın. Bazıları "bakın aynı şekilde ben de Kur'an dili gibi yazdım" diyebilir ama ALLAH'ın orada "benzeri olamazdan" kastı Kur'an gibi olay bütünlüğü ve gelecekten haber veren bir kitap olmasıdır..

Yukardaki ayeti detaylı olarak inceleyecek olursak;

- Çamurdan yarattık diyor ALLAH... Öncelikle "nutfe"nin vücudda oluştuğu yer testistir. İnsanı topraktan ve sudan yarattık dediğine göre ALLAH insan vücudunun her zerresini topraktan ve sudan yaratmıştır. Yani nutfenin oluştuğu yer topraktan yaratılmıştır.. Burada ALLAH'ın nasıl bir ilme, nasıl ince bir düşünceye sahip olduğunu anlıyoruz..

Zaten ALLAH " **Muhakkak ki Allah bir sivrisineği, hatta onun üstünde olanı da misal vermekten çekinmez. Fakat âmenû olanlar (Allah'a ulaşmayı dileyenler), onun Rab'lerinden bir hak olduğunu bilirler. Kâfirler (Allah'a ulaşmayı dilemeyenler) ise: "Allah, bu misalle ne demek istedi?" derler. (Allah) onunla birçoğunu dalâlette bırakır, birçoğunu da onunla hidayete erdirir. Ve onunla fâsıklardan başkasını dalâlette bırakmaz. (Bakara 26)** " ayetinde kainatta yaratılan en küçük bir örneğin dahi bir ders ve tebliğ niteliğinde olduğunu söylüyor.. Yani, kainat kitabı dediğimiz olgu, bizatihi içindeki her şeyle beraber ALLAH'ın bizzat isbat edicisi ve tebliğcisi hükmüne geçiyor. ALLAH C.C. kendine iman etmiş kişilerin kendisine her halükârda inanacağını bildiği için, herhangi bir sakınca görmeden " en basit yapıdaki " (Kompleks varlıklara oranla basit.. Yoksa sivrisinek gibi bir mühendislik harikasını, 6 yıl okumuş olan doktorlara nazaran insan vücudunu daha iyi tanımasını küçümseyerek basit demek haddim değildir Hâşa) varlıkları dahi örnek verebiliyor.. Bunun amacı, inananların imanının artırırken inanmayanların " **Allah, bu misalle ne demek istedi?** " demesini sağlayarak onların hastalıklarını artırmak..

- Sonrasında, su damlasına tekrar değiniyor ve nutfeye atıfta bulunuyor. Yani sperme..

- Sonrasında, işin içine "alak" giriyor.. Alak nedir? Alak, Yumurta hücresinin spermle birleştikten sonra rahimde asılı durduğu kan pıhtıcığıdır. Yani Embriyo keseciği.. ALLAH burada da ilmini konuşturuyor ve o dönem bilinmesi imkansız olan Embriyodan bahsediyor..

- Sonra, ALLAH kemik oluşumundan bahsediyor ve Kur'an'ı yalanlayanlara bir sonraki ayette son darbeyi indiriyor..

- *<u>Sonra, bir başka yaratışla onu inşa ettik...</u>* ALLAH burada öyle büyük bir mesaj veriyor ki, gerçekten SubhanAllah diyor insan.. Bir başka yaratılışla inşa etmekten kasıt nedir sizce? Embriyoda oluşan hücreler topluluğu sadece bir et parçası değil mi? Yani herhangi bir insani özellik yükleyemeyiz ona.. Peki, insanı insan yapan nedir? *<u>Ruh..</u>* Ve ALLAH burada "**başka yaratılış**" diyerek ruhu kastediyor, ruha insan bedenini giydirmekten bahsederek ruhun varlığını 1400 yıl öncesinden bildiriyor insanlara..

Peki Kur'an'ın bu mükemmelliğine karşı materyalist ve ateist kesim ne diyor?

Ateist ve metafizik varlıkların varlığını kabul etmeyen filozoflar için iki yol kalıyor bu ayetleri duyduktan sonra.. Ya ömrünü harcadığı bu yoldan vazgeçerek Yaratıcının, Tasarımın varlığını kabul edcecek.. Ya da Kur'an'da yazan bu gerçekliklere rağmen alternatif senaryolar üretecek.. (Paralel Evrenler, Natüralist Evrim gibi)

Şunu bilmenizi isterim ki, Evrim Teorisini ortaya atan Darwin bile günümüzün akademik ateistleri kadar önyargılı değildi. O yaptığı gözlemler sonucunda evreni ve yaşamı bu şekilde açıklama gereksinimi duydu. Charles Darwin, bu teoriyi oluşturan kişi ama kendini Darwinist olarak tanıtan Dawkins vb. günümüzün ateist olan felsefeci gürühu dinleri ve yaratılışı o kadar gözü kapalı eleştiriyor ki, sonuç bulmaktan ziyade sadece eleştirmiş olmak için eleştiriyor.

Evrim Teorisi temel olarak; Ezeli bir evrende, tesadüfi olarak ortaya çıkmış basit bir hücrenin çoğalıp gelişmesiyle birlikte, hücrelerin kendi içinde ayrılması ve ihtiyaçlarına göre evrimleşerek günümüz yaşantısını oluşturması'dır. Daha kompleks tanımlar var ama en basite indirgenmiş hali budur Evrim Teorisinin. Bu Teoriye göre, sadece madde vardır. Metafizik ve dünyadışı varlıklar, Darwin'in teorisinde kesin olarak reddedilir ama günümüzde bu teorinin arkasına gizlenerek kendi egolarını tatmin edenler, Yaratıcının varlığını inkar etmek için her türlü yola başvurmaya hazır olanlar, yaşamın kaynağını " uzaylılara " bile bağlama saçmalığını göstermişlerdir. Gerçi, bu "Uzaylı bir fizikçiden gelme" olayı ülkemizdeki ateist kesim tarafından dillendirilir daha çok. Bana garip ve komik geliyor açıkçası uzaylı bir fizikçiden gelme olayı. Zamandan ve mekandan öte bir yaratıcıya ihtimal vermeyen bu görüş, dünyamızdan fersah fersah uzaktaki bir UFO kolonisinden medet umabiliyor..

Materyalizmin temel yapısını, günümüzdeki darwinist kesimin savunduğu görüşleri anlattığıma göre biraz da ateist filozoflara yer vermeliyim diye düşünüyorum.. Stephen Hawking'ten bir açıklama;

" **Adım Stephen Hawking fizikçi, kozmolog ve birazda hayal perestim, hareket edememe ve bilgisayar aracılığı ile konuşmak zorunda olmama rağmen, zihnimde tamamen özgürüm. Evren hakkındaki en derin sorular içinden en derinini keşfedelim, evreni yaratan ve kontrol eden bir tanrı var mı? Yıldızları, gezegenleri sizi ve beni. Bunu öğrenmek için doğa yasalarında bir yolculuğa çıkacağız ve ben evrenin nasıl oluştuğu ve gerçekten nasıl işlediğini anlatan çağlar yaşındaki sırrın yanıtının orada olduğunu düşünüyorum.** "

Öncelikle, Hawking akıllı bir adam ve bir fizik profesörü ama belki kötü bir felsefeci. Hawking'in söylediği " **evreni yaratan ve kontrol eden bir <u>tanrı var mı</u>? yıldızları gezegenleri sizi ve beni. Bunu öğrenmek için <u>doğa yasalarında</u> bir yolculuğa çıkacağız. ve ben evrenin nasıl oluştuğu ve gerçekten nasıl işlediğini anlatan çağlar yaşındaki <u>sırrın yanıtının orada olduğunu düşünüyorum</u>.** " bu söz tamamen çelişkiden ibaret. Tanrıyı doğa yasalarında aramaktan bahsediyor kendisi.. Ressamı resimde aramak gibi bir şey yapmaya çalıştığı.. Ressamın resimde kendisi değil, imzası vardır.. ALLAH eserinin bir çok yerine imza atmıştır zaten görmek isteyenler için..

Mâlum Pasqual'ın da dediği gibi " **İnançta; inanmak isteyenler için yeterince aydınlık, inkar etmek isteyenler için de yeterince karanlık vardır.** " Nereden baktığına bağlı.. Ama Hawking objektif bakmıyor maalesef..

Gelelim başka bir ateist filozof Richard Dawkins'e..

Bir röportajında kendisi:

" **Bu evrendeki her yaşam, akıl, yaratıcılık ve tasarımın, Darwinci doğal seçiciliğin doğrudan ya da dolaylı ürünü olduğuna inanıyorum, ama bunu kanıtlayamıyorum**. " demiştir. İnanıyorum ama kanıtlayamıyorum.. Peki, her şeyiyle ateizme ve tesadüfe iman etmiş olan Dawkins, "bir şeyin varlığına kanıt yoksa, o var olamaz." diyen ateist felsefesini neden inkar ediyor? Kendisi ALLAH, Yaratılış, Tasarım önermelerine alternatif, tatminkâr bir cevap veremediği gibi, kafası karışık olan ateistleri de soğutuyor ateizmden.. Eğer bu konulara meraklı birisiyseniz Dawkins'in, Lennox, Craig gibi teist filozoflarla tartışmalarından haberdarsınızdır.. İnanın tek yaptıkları, "Hiçlikten geldik, tesadüf, tesadüf tüm evren, başka ses duymuyorum ki" misali kaçamak cevaplar vermektir..

Son bir konuya daha değinerek konuyu bitirelim..

Hücrenin Kompleks yapısının açıklanması..

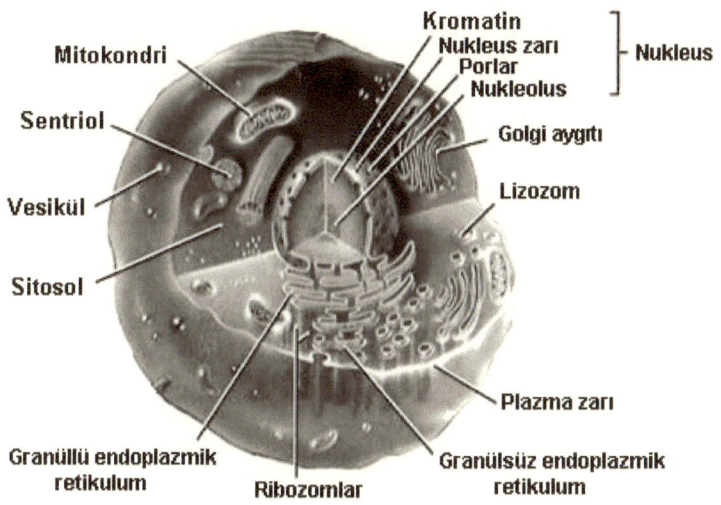

Hücre o kadar kompleks bir yapıdır ki, ateist felsefenin bir nevi elini kolunu bağlar. Zamanında Darwin hücreyi " İçi karbon dolu, etrafı zarla kaplı basit bir yapı " olarak tanımlamıştır.. O zamanki bulgular çerçevesinde bu görüş yalanlanamadığı için insanlar tarafından ciddiye alınmıştır ama mikroskobun bulunmasıyla, hücrenin en derinlerine inilmesiyle beraber hücrenin basit yapısını bırakın, hücrenin; sanki bir cosmos izlerken ağzımızın açık kaldığı, hatta evrenin tamamından çok daha kompleks bir yapıda olduğu ortaya çıkmıştır.

Hücrenin içinde birden çok fabrika var sanki.. İnanılmaz bir yapı.. Dışardan zararlı maddeleri sokmayan zar, üretim merkezi, işleme merkezi, hayvanlarda buna ek olarak koful hücresininde kompleks yapıya dahil olması, hücrenin en alt parçacığına inilmesi vb. bulgular hücrenin tesadüfen ya da kendi kendine oluşma ihtimalini neredeyse imkansız olarak nitelemektedir..

ALLAH C.C.: "... **Sizi de annelerinizin karınlarında, üç karanlık içinde, bir yaratışın ardından diğerine çevirerek yaratıyor. Rabbiniz olan Allah işte budur**..." (Zümer 6) ayetinde ve Zümer suresinin devamında gayet açık biçimde ilk hücrenin oluşumunu açıklıyor.. " **üç karanlık içinde** " Fallop tüpünü, rahim ağzını ve embriyoyu, çamur-nutfe-alak evrelerinide " **bir yaratışın ardından diğerine çevirerek yaratıyor** " diye niteleyen ALLAH'ın bu ilmi karşısında ağzımızın açık kaldığını söyleyebiliriz..

***

[◘Kod-069◘]

KÜÇÜK PRENS'TEN BÜYÜK DERSLER

"**KÜÇÜK PRENS**" son zamanlarda yükselişe geçen mühim bir çocuk kitabı gerçi, ama burada bahsimiz ALLAH sonsuzluğunu, basitçe ve çocuk lisanıyla da bir derece isbat etmek ve gösterebilmek olduğundan, meseleyi tüm yönleriyle ele aldığımız gibi, önemine binaen bu sene kamu malı olarak literatüre geçen, tüm dünyada herkes tarafından yayınlanan ve tüm dünyada yankı uyandıran KÜÇÜK PRENS'ten alınan birkaç hikmet dersini, günümüz insanının ihtiyacı olduğuna ve önemine buraya alınması ihtar edildi. Öyle ki, bazı küçük şeylerde küçük MUCİZE'lerin ve SONSUZLUK'tan bize yansımaların olduğunu, basit temsili hikayeciklerle göstermektedir Küçük Prens ve bu yönüyle hem çocuklar ve gençler için mühim dersler içerdiği gibi; yetişkinler için de pek çok hikmet dolu küçük sözler içermektedir..

Şimdi, nefsimle beraber bu küçük kitapçıktaki küçük hikayecikleri dinle!

***

BİRİNCİ DERS: KÜÇÜK PRENS VE TEK KRALA SAHİP GEZEGEN

Küçük prens 325, 326, 327. 328. 329 ve 330 numaralı asteroidlerin yakınlarında bulmuştu kendini.

Bilgisini artırmak amacıyla hepsini tek tek dolaşmaya başladı. İlkinde bir kral yaşıyordu. Mor renkli Kraliyet kürklü kaftanıyla hem çok sade. hem de çok muhteşem görünen bir tahta oturuyordu.

"İşte bir köle!" diye bağırdı küçük prensin geldiğini gördüğünde. Küçük prens, "Hayret, beni daha önce hiç görmediği halde tanıyabiliyor?" diye söylendi kendi kendine.

Krallar için her şeyin ne kadar basit olduğunu bilmiyordu. Onlara göre bütün insanlar köleydi.

"Yaklaş, seni daha iyi göreyim," dedi kral. Sonunda birisine krallık edeceği için gururlanıyordu.

Küçük prens oturacak bir yer bulmak için çevresine bakındı. Ama bütün gezegen kralın muhteşem kürküyle kaplanmıştı. Bu yüzden ayakta bir süre bekledi; sonunda yoruldu ve esnemeye başladı.
"Kralın huzurunda esnemek son derece yakışıksız bir şeydir," dedi kral. "Bunu hemen yasaklıyorum."

"Elimde değil ki. Kendimi tutamadım." dedi küçük prens. Çok utanmıştı. "Uzun yoldan geliyorum ve hiç uyumadım, çok yorgunum..."

"Peki öyleyse," dedi kral, "esnemeni emrediyorum. Yıllardır esneyen birini görmedim. Esnemek bir merak konusu oldu benim için şimdi. Haydi şimdi! Esne! Bu bir emirdir."

Küçük prens, "Korkarım ki, bir daha esneyemeyeceğim..." diye söylendi. Utancından kıpkırmızı olmuştu şimdi. Kral, "Hmmm..." diye başını salladı. "O halde sana emrediyorum, bazen esneyeceksin, bazen de esnemeyeceksin...

Bazen de..."

Bir iki kez kekeledi. Kafası karışmış gibiydi. Çünkü, gerçekte kralın derdi her ne pahasına olursa olsun krallığına saygı gösterilmesiydi. Tek isteği buydu, dik başlılığa hiç gelemezdi. Oradaki, en büyük otorite oydu. Ama çok iyi bir insan olduğu için de, mantıklı emirler veriyordu her zaman.

"Bir generalime, eğer martıya dönüşmesini emredersem ve general de bu emrime uymazsa, bu generalin değil, benim hatamdır," diyordu.

Küçük prens çekingen bir sesle, "Oturabilir miyim?" diye sordu.
"Oturmanı emrediyorum," dedi kral ve heybetli hareketlerle kaftanının ucunu çekiştirdi.

Küçük prensin aklına bir şey takılmıştı. Çok küçük bir gezegendi burası. Peki ama bu Kral kime krallık ediyordu ki?

"Efendim," dedi, "umarım size bir soru soracağım için beni bağışlarsınız..."
Kral, "Soru sormanı emrediyorum," diyerek rahatlattı onu.

"Efendim, siz kimin kralısınız?"

"Her şeyin," dedi kral şaşılacak derecede içtenlikle ve samimiyetle. "Her şeyin mi?"

Kral eliyle kendi gezegenini, ötekileri ve bütün yıldızları gösterdi. "Hepsinin mi!" diye sordu küçük prens.

Kral, "Hepsinin," diye yanıtladı.

Kralın egemenliği yalnızca mutlak değil, aynı zamanda evrenseldi de.

"Yıldızlar da emirlerinize uyuyorlar mı?"

"Tabii ki," dedi kral, "hiç aksatmadan hem de.Onların bile baş kaldırmalarına asla izin vermem."

Bu küçük prens için inanılmaz bir şeydi. Böyle bir güç eğer onda olsaydı sandalyesini yerinden bile kıpırdatmadan, gün batışını günde yalnız kırk dört kez değil, yetmiş iki kez, yüz kez, hatta iki yüz kez izleyebilirdi.

Geride bıraktığı küçük gezegenini hatırlamak onu biraz üzmüş olsa da, Kraldan bir dilekte bulunmak için bütün cesaretini toplayabildi.

"Bir günbatımı görmeliyim... Lütfen benim için güneşe batmasını emreder misiniz?"

"Generalime bir kelebek gibi çiçekten çiçeğe uçmasını emredersem, ya da trajedik bir piyes yazmasını istersem, ya da bir martı olmasını emredersem ve general de bu emrimi yerine getirmezse kim suçludur?" diye küçük prense sordu kral. "General mi, yoksa ben mi?" "Siz," dedi küçük prens yüksek sesle.

"Doğru," dedi kral. "İnsan herkesten verebilecekleri cevapları istemeli. Bir otoritenin kabul görmesi mantıklı olmasına bağlıdır. Eğer halkınıza gidip kendilerini denize atmalarını emrederseniz size isyan edeceklerdir. Bana gelince... Emirlerime uyulmasını istemek benim hakkım. Çünkü ben mantıklı emirler veriyorum." "Peki benim gün batışı?" diye hatırlattı küçük prens ki genellikle sorduğu bir soruyu asla unutmazdı.

"İstediğin gün batışı olsun. Gereken emri hemen vereceğim. Ama benim krallığımdaki yönetim ilkelerime göre, uygun koşulların oluşması için biraz daha beklemeliyim."

"Bu ne zaman olur?"

"Hmmm, hmmm..." diyerek kral kalın ciltli bir ki taba elini uzattı.

"Evet, bir bakalım, akşamleyin tam sekize yirmi kala.

Emirlerime nasıl uyulduğunu o zaman göreceksin."

Küçük prens tekrar esnedi. Gün batışı şimdilik suya düşmüş gibiydi. Ayrıca sıkılmaya da başlamıştı biraz bu gezegende.

"Burada yapacak bir şeyim kalmadı," diyordu içinden. "Yola koyulmalıyım artık."

"Gitme," dedi kral. Birine krallık yapmaktan dolayı mutlu olmuştu. "Gitme, seni bakan yapacağım!"

"Ne bakanı?"

"Şey... Adalet bakanı!"

"Ama burada yargılanacak hiç kimse yok ki!"

"Bundan emin olamayız," dedi kral. "Krallığımın her yanını dolaşmadım henüz. Çok yaşlıyım. Araba için burası çok küçük. Yürümek de beni yoruyor."

"Ben çoktan baktım bile!" dedi küçük prens. Bir kez daha gezegenin arka yüzüne bakıp geldi. Hiç kimse yoktu gerçekten...

"O halde kendini yargılayacaksın," dedi kral. "En zoru da budur. Kendini yargılamak başkasını yargılamaya benzemez. Eğer kendini yargılamayı başarabilirsen, o zaman gerçek bilgeliğe ulaşmışsın demektir."

"Evet," dedi küçük prens, "ama kendimi her yerde yargılayabilirim. Bunun için bu gezegende kalmama gerek yok ki."

"Hımm," dedi kral. "Gezegenimin bir yerlerinde yaşlı bir farenin var olduğu konusunda kuşkularım var. Geceleri sesini duyuyorum. Onu yargılayabilirsin. Zaman zaman ona ölüm cezası verirsin. Böylece yaşaması sana bağlı olur. Ama onu hep bağışlarsın. Tutumlu davranmalıyız, çünkü elimizde başkası yok."

"Ben kimseye ölüm cezası vermek istemiyorum," dedi küçük prens. "Hem sanırım artık gitme zamanım geldi."

"Hayır," dedi kral. Gitmeye kararlı olan küçük prens yaşlı kralı üzmek istemiyordu. "Yüce kralım eğer emirlerine aynen uyulmasını istiyorlarsa," dedi, "bana akla uygun bir emir vermeliler. Örneğin bir dakika içinde burayı terk etmemi emretmeliler. Çünkü sanırım koşullar bunun için uygundur."

Kral bir şey söylemedi. Küçük prens bir an duraksadı. Sonra yerinden kalktı.

"Seni büyükelçi yapacağım," dedi kral arkasından çabucak. Bakışlarında otoriter bir hava vardı bunları söylerken.

"Şu büyükler çok tuhaf," dedi küçük prens ve yola koyuldu.

Küçük Prens. [A. Exupery]

***

[◉Kod-070◉]

İKİNCİ DERS: KÜÇÜK PRENS VE KENDİNİ BEĞENMİŞ ADAMA SAHİP GEZEGEN

İkinci gezegende kendini beğenmiş bir adam yaşıyordu. "Ah işte, bir hayranım geliyor!" diye sevinçle haykırdı küçük prensi uzaktan görünce.

Çünkü, kendini beğenmiş bir insan, herkesin kendisine hayran olduğunu düşünür.

"Günaydın," dedi ona küçük prens. "Şapkanız ne ilginç böyle."

"Halkı selamlamak için uygun bir şapka," dedi adam. "Hayranlarım beni alkışlarken onu çıkarıp onları selamlıyorum şapkamla. Ama ne yazık ki, son zamanlarda hiç kimse geçmiyor buralardan."

"Alkışlamak mı?" diye sordu küçük prens. Adamın söylediklerini anlamamıştı, "iki elini birbirine vuracaksın," diye açıkladı adam. Küçük prens ellerini birbirine vurdu. Adam şapkasını çıkarıp onu alçakgönüllü bir tavırla selamladı. "Kraldan daha eğlenceli," diye düşündü küçük prens. Ellerini yine birbirine vurmaya başladı. Kendini beğenmiş adam da yine şapkasıyla selamladı onu.

Beş dakika sonra küçük prens bu tekdüze hareketten sıkılmıştı.

"Şapkanız aşağı indirmeniz için ne yapmalıyım?" diye sordu.

Ama kendini beğenmiş adam onu duymamıştı. Kendini beğenmiş adamlar övgü sözleri dışında bir şey duymazlar çünkü.

"Bana gerçekten çok hayranlık duyuyor musun?" diye sordu adam küçük prense.

"Hayranlık nedir?"

"Hayranlık demek, beni bu gezegendeki en yakışıklı, en iyi giyinen, en zengin ve en akıllı kişi olarak görmek demektir."

"Ama bu gezegende sizden başka kimse yok ki!"

"Hiç fark etmez. Sen yine de hatırım için bana aynı şekilde hayranlık duyabilirsin."

"Size hayranlık duyuyorum," dedi küçük prens omuzlarını silkerek, "Fakat bu sizin için niye bu kadar önemli?"

Küçük prens bunları söyleyip uzaklaştı. "Büyükler gerçekten çok tuhaf," diyerek yolculuğunu sürdürdü.

***

[◘Kod-071◘]

ÜÇÜNCÜ DERS: KÜÇÜK PRENS VE GURURLU İŞ ADAMINA SAHİP GEZEGEN

Dördüncü gezegenin sahibi bir iş adamıydı. Adam, o kadar meşguldü ki, küçük prensin geldiğini görmemişti bile.

"Günaydın," dedi küçük prens ona. "Sigaranız sönmüş."

"Üç iki daha beş eder. Beş yedi daha on iki; on iki üç daha on beş; on beş yedi daha yirmi iki; yirmi iki altı daha yirmi sekiz... Sigaramı yeniden yakacak zamanım bile yok. Yirmi altı beş daha otuz bir... Vay canına! Böylece beş yüz bir milyon altı yüz yirmi iki bin yedi yüz otuz bir etti.

"Beş yüz milyon ne?" diye sordu küçük prens.

"Ha? Sen hâlâ burada mıydın? Beş yüz bir milyon. Duramam. Yapacak çok işim var, çok. Önemli işlerim var benim. Boş sözlerle zaman öldürecek zamanım yok benim. İki beş daha yedi..."

"Beş yüz bir milyon ne?" diye sordu küçük prens yeniden. Çünkü, yanıtını alamadan sorusundan asla vazgeçmezdi küçük prens.

***

İşadamı başını kaldırdı.

"Bu gezegende yaşamaya başladığımdan bu zamana kadar, geçen elli dört yıl içinde yalnızca üç kez çalışmam bölündü. İlk yirmi iki yıl önceydi. Nereden geldiğini bilmediğim sersem bir kaz kondu aniden karşıma. Çıkardığı korkunç sesler her yerden yankılanıyordu. Toplamada tam dört yanlış yaptırdı bana.

İkincisi, on bir yıl önceydi. Romatizmam tutmuştu. Pek jimnastik de yapamıyorum. Boş gezecek zamanım yok benim. Üçüncüsü, işte o da şimdi! Ne diyordum? Beş yüz bir milyon..."

"Milyon ne?"

İşadamı birden bu soruyu yanıtlamadan rahat bırakılmayacağını anlamıştı.

"Şu küçük şeylerden," dedi. "Hani gökyüzünde görürüz ya arada bir."

"Sinekler mi?"

"Yo, hayır. Parıldayan küçük şeyler."

"Arılar?"

"Hayır hayır, tembellere hayal kurduran küçük altın şeyler. Bense boş hayallerle zaman öldüremem, önemli işlerim var benim."

"Ha, anladım yıldızlar."

"Evet, yıldızlar."

"Eee? Beş yüz milyon yıldıza ne olmuş peki?"

"Beş yüz bir milyon altı yüz yirmi iki bin yedi yüz otuz bir. Önemli bir iş yapıyorum burada. Sayılar şaşmamalı."

"Ne olmuş bu kadar yıldıza peki?"

"Ne mi olmuş?"

"Evet."

"Hiçbir şey olmamış. Benim onlar, hepsi bu."

"Yıldızlar sizin mi?"

"Evet."

"Ama daha önce gördüğüm kral..."

"Krallar yönetirler, sahip olmazlar. İkisi çok farklıdır."

"Yıldızlara sahip olmanın size ne yararı var ki?"

"Ne yararı mı var? Zengin oluyorum böylece."

"Zengin olmanın ne yararı var peki?"

"Zengin olunca yeni yıldızlar satın alabilirim. Yenileri bulunursa tabii..."

***

Küçük prens kendi kendine, "Bu adamın düşünceleri o ayyaş adamınkileri andırıyor biraz," diye söylendi içinden.

Ama yine de aklına takılanları sormadan edemedi.

"İnsan nasıl olur da yıldızlara sahip olabilir?"

"Peki sana göre kimin bu yıldızlar?"

"Bilmem. Hiç kimsenin."

"Gördün mü işte, benim, çünkü bunu ilk ben akıl ettim."

"Bu yeterli mi?"

"Tabii, örneğin diyelim ki, sahipsiz bir elmas buldun, o senindir. Sahipsiz bir ada keşfettin, o senindir.

Aklına daha önce kimsenin aklına gelmeyen bir fikir geldi, hemen patentini alırsın, senin olur.

İşte tıpkı, bunun gibi, yıldızların sahibi de benim; çünkü onlara sahip olmayı ilk ben akıl ettim."

"Evet, doğru," dedi küçük prens. "Peki ne yapıyorsunuz onlarla?"

"Deftere işliyorum, hepsini" dedi işadamı. "Sayıyorum onları. Sonra yine sayıyorum onları. Böylece, çok zor bir iş yapıyorum. Ama ben tam da böyle önemli işler için yaratılmış bir insanım."

Küçük prens hâlâ tam tatmin olmamıştı bu sözlerden.

"Bir ipek atkım olsa," dedi, "boynuma sarıp götürebilirim. Bir çiçeğim olsa, koparıp onu da götürebilirim. Ama yıldızları gökyüzünden koparıp alamazsınız ki..."

"Evet, ama bankaya yatırabilirim."

"O da ne demek?"

"Yani yıldızlarımın sayısını bir kâğıda yazar, bu kağıdı da bir çekmeceye koyup kilitlerim."

"Hepsi bu mu?"

"Bu benim için yeterli," dedi işadamı.

"Çok eğlenceli," diye düşündü küçük prens. "Pek şiirsel, ama çok önemsenecek bir iş değil gibi."

Önemli işler konusunda küçük prens büyüklerinkinden farklı düşüncelere sahipti.

"Benim bir çiçeğim var," dedi işadamına. "Her gün suyunu veriyorum. Her hafta temizlediğim üç volkanım var. Sönmüş olan volkanımı da temizliyorum ben, ne olur ne olmaz diye. Onların sahibi olmam çiçeğimin de, volkanlarımın da biraz işine geliyor. Ama siz yıldızların hiçbir işine yaramıyorsunuz ki..."

İşadamı ağzını açmaya çalıştı, ama söyleyecek bir şeyi de yok gibiydi. Küçük prens oradan uzaklaştı.

"Şu büyüklerin tümü de çok garip," diye söylenerek yine yola koyuldu.

***

[◎Kod-072◘]

DÖRDÜNCÜ DERS: KÜÇÜK PRENS VE TEK LAMBAYA SAHİP ADAMIN BULUNDUĞU GEZEGEN

Beşinci gezegen çok daha ilginçti. O, en küçükleriydi.

Üzerinde bir sokak feneri vardı ve gezegen ancak bu feneri yakan adamın sığacağı kadar yer kaplıyordu. Küçük prens, uzayın bir köşesinde, üzerinde hiçbir insanın ve evin bulunmadığı bir gezegende, fener ve fenercinin ne işe yaradığını düşünüyordu. Ama yine de kendi kendine söylendi; "Belki de delinin biridir,". "Ama o kral kadar, veya kendini beğenmiş adam kadar, ayyaş adamla işadamı kadar deli de değildi en azından. Feneri yaktığında, bir yıldız ya da bir çiçek daha kazandırmış oluyordu. Fenerini söndürdüğünde ise, çiçeği ya da yıldızı uykuya göndermiş oluyordu.

Bu çok güzel bir işti aslında ve güzel olduğu kadar de yararlıydı da.

***

Gezegene vardığında fenerciyi selamladı;

"Günaydın. Fenerinizi niçin söndürdünüz?"

"Emir böyle," dedi fenerci. "Günaydın."

"Emir mi? Ne emri?"

"Fenerimi söndürmem gerektiğini belirten emir. iyi akşamlar."

Tekrar feneri yaktı.

"Ama niye tekrar feneri yaktınız?"

"Emir böyle," dedi yine fenerci.

"Anlamıyorum," dedi küçük prens.

Fenerci, "Anlayacak bir şey yok ki zaten," dedi. "Emir emirdir. Günaydın." Ve feneri tekrar söndürdü. Sonra da üzerinde kırmızı küçük kareler bulunan bir mendille alnında biriken terleri sildi.

***

"Berbat bir meslek bu. Eskiden bir anlamı vardı. Sabahları söndürüp, akşamları da yakıyordum.

Gündüzün kalan bölümünü dinlenerek, geceyi de uyuyarak geçirebiliyordum."

"Herhalde sonradan emir değişti."

"Hayır, emir aynı," dedi fenerci. "Sorun da bu! Seneden seneye gezegenin dönme hızı artmaya başladı, ama bu emir gördüğün gibi değişmedi!"

"Sonra?"

"Sonrası şu: Gezegen şimdi kendi çevresindeki dönüşünü yaklaşık bir dakikada tamamlıyor. Bu yüzden de kendime ayıracak tek bir saniyem bile kalmıyor. Her dakika feneri yakıp söndürmek zorundayım!"

"Çok komik! Demek burada bir gün yalnızca bir dakika sürüyor." dedi Küçük Prens

"Bunun neresi komik?" dedi fenerci. "Şu konuşmamızı yaptığımız zamanda bile tam bir ay geçti."

"Bir ay mı?"

"Evet, bir ay. Otuz dakika. Otuz gün yani. İyi akşamlar." Sonra da fenerini tekrar yaktı.

***

Küçük prens görevine bu denli sadık olan bu adamı sevdiğini düşündü. Sandalyesini kaydırarak peşine takıldığı kendi gün batışını tekrar hayal etti; bu yeni arkadaşına yardım etmek istedi.

"Biliyor musunuz," dedi. "Size dilediğinizde dinlenebilmeniz için bir yol gösterebilirim..."

"Hep dinlenmek istemişimdir," dedi fenerci.

Bir adamın hem görevine sadık, hem de tembel olması olanaksız bir şey değildi.

Küçük prens konuşmasını sürdürdü:

"Bu gezegen öyle küçük ki, üç adımla çevresini dolaşırsınız. Hep gündüz olmasını istiyorsanız, ağır ağır yürümeniz gerekir. Böylece, siz istediğiniz sürece, hep gündüz olmuş olur."

"Bunun bana pek yararı olmaz," dedi fenerci. "Hayatta en sevdiğim şey uyumak aslında."

"O zaman yapabileceğiniz hiçbir şey yok," dedi küçük prens.

"Tabii ki, yok. Günaydın," dedi fenerci. Ve fenerini tekrar söndürdü.

Küçük prens kendi kendine söylendi;

"Bu adamı bütün öteki gezegendeki karşılaştıklarım çok küçümserdi herhalde," diye düşündü yine yola koyulurken, "Kral, kendini beğenmiş adam, ayyaş, işadamı. Yine de deli olmayan tek kişi o gibi geliyor bana. Belki de, yalnızca o kendisinden başka bir şeyi daha düşündüğü için." olsa gerek dedi içinden.

Sonra da üzüntüyle içini çekerek; "Arkadaşım olarak seçebileceğim tek kişi o. Ama maalesef gezegeni çok küçük. İkimize birden burada yer yok..." diye düşündü.

Küçük prensin kendi kendine asıl itiraf edemediği şey ise, üzüntüsünün daha çok bir günde 1440 gün batışını izleyemeyeceğinden kaynaklanmasıydı! Çünkü bu gezegende 1 günde tam 1440 kez gün doğuyor ve 1440 kez gün batıyor, yani aslında bu da bu gezegende bir günün dünya günüyle 1 dakikadan ibaret olmasından kaynaklanıyordu.

***

[◘Kod-073◘]

BEŞİNCİ DERS: KÜÇÜK PRENS VE COĞRAFYACI BİLİM ADAMININ BULUNDUĞU GEZEGEN

Altıncı gezegen bir öncekinden on kez daha büyüktü. Ciltler dolusu kitaplar yazmakta olan yaşlı bir adam yaşıyordu burada. Küçük prensin geldiğini gördüğünde, "İşte bir gezgin!" diye bağırdı kendi kendine.

Küçük prens masaya oturdu ve bir süre derin derin soluklandı. Şimdiden çok uzun gelmiş gibiydi yolculuğu.

"Nereden geliyorsun?" diye sordu adam ona.

"O kocaman kitap da nedir?" diye sordu küçük prens. "Ne yapıyorsunuz?" burada.

"Coğrafyacıyım."

"Coğrafyacı nedir?"

"Coğrafyacı bütün denizlerin, kentlerin, dağların ve çöllerin yerini bilen bir bilim adamıdır."

"Çok ilginç" dedi küçük prens. "İşte sonunda gerçek bir meslek!" sahibi bulabildim.

Sonra da çevresine bakındı. Coğrafyacının gezegeni, küçük prensin o güne kadar gördüğü en görkemli ve en büyük gezegen gibi görünüyordu.

"Gezegeniniz çok güzel," dedi coğrafyacıya. "Okyanuslarınız da var mı?"

"Bunu söyleyemem," dedi coğrafyacı.

"Yaa!" Küçük prens hayal kırıklığına uğradı. "Dağlarınız, var mı peki?"

"Bunu da söyleyemem," dedi tekrar coğrafyacı.

"Peki kentler, ırmaklar, çölleriniz?"

"Bunları da söyleyemem," dedi adam tekrar.

"Ama siz coğrafyacı değil miydiniz?"

"Pek tabii ki," dedi coğrafyacı, "Ama gezgin bir coğrafyacı değilim ben. Gezegenimde tek bir gezgin de yok. Kentleri, akarsuları, dağları, denizleri, okyanusları ve çölleri gidip saymak coğrafyacıların işi değildir.

Coğrafyacının gezip tozmaktan daha önemli işleri vardır. O bu masadan ayrılamaz ama gezginleri kabul eder. Onlara sorular sorar, gezi izlenimlerini not alır. Eğer gezginlerden herhangi birinin anlattıkları ona ilginç gelirse, hemen o gezginin ahlakını ve davranışlarını, mesleğe uygun olup olmadığını araştırır."

"O neden?"

"Çünkü yalan söyleyen bir gezgin, coğrafyacının kitapları için felaket demektir. Çok sarhoş bir gezgin de öyle."

"O neden?" diye sordu küçük prens tekrar.

"Çünkü, sarhoş gezginler her şeyi çift görürler. Düşünsene, sonra coğrafyacının kitaplarına bir yerine iki dağ yazdırabilirler"

"Ben, çok kötü bir gezgin olabilecek birini tanıyorum," dedi küçük prens.

"Olabilir," dedi yaşlı adam. "Daha sonra, eğer gezginin ahlakı yerindeyse keşfettiği yerlerle ilgili olarak araştırıma yapılır."

"Oraya giderek mi?"

"Hayır, bu çok uzun zaman alır. Gezginin bize bir kanıt getirmesini isteriz Örneğin, gezgin yeni bir dağ keşfettiğini söylüyorsa, oradan getirilmiş büyük kayalar isteriz."

***

Coğrafyacı birden heyecanla yerinden sıçradı:

"Sen! Sen de uzaklardan gelmiştin! Sen de bir gezginsin! Bana geldiğin gezegeni hemen anlat dedi!"

Coğrafyacı bunları söylerken, not aldığı büyük defterin kapağını kaldırdı ve kurşunkaleminin ucunu sivriltti.

Çünkü, Gezginler gerçek kanıtlar getirmeden hiçbir şeyi mürekkeple deftere yazmıyordu.

"Evet?" diye küçük prense baktı.

"Şey, yaşadığım yer pek öyle ilginç sayılmaz aslında," diye anlatmaya başladı küçük prens.

"Çok küçük. Üç adet volkanım var. İkisi hâlâ etkin, birisi sönük. Ama hiç belli olmaz."

"Belli olmaz," dedi coğrafyacı.

"Bir de çiçeğim var."

"Çiçekleri yazmıyoruz deftere," dedi coğrafyacı.

"Neden? Çiçeğim gezegenimdeki en güzel şeydir!"

"Çiçekleri yazmıyoruz," diye tekrarladı coğrafyacı,

"Çünkü onlar gelip geçici şeyler."

"Gelip geçici de ne demek?"

"Coğrafya kitapları, kitaplar içinde en önemli olanlarıdır. Hiçbir zaman eskimez onlar. Bir dağın yer değiştirdiği çok nadirdir. Bir okyanusun sularının tamamen çekilmesi de öyle. Biz hep kalıcı şeyleri yazarız."

"Ama sönmüş volkanlar yine alev püskürtebilirler," diye karşı çıktı küçük prens.

"Gelip geçici de ne demek şimdi?"

***

"Sönmüş ya da sönmemiş, bizim için fark etmez," dedi coğrafyacı.

"Bizim için önemli olan onun bir dağ olmasıdır. Bu değişmez olandır."

"Ama gelip geçici de ne demek?" diye küçük prens tekrar sordu, merakına yenilerek. Çünkü hatırlarsanız, o yanıtını almadan bir sorunun peşini asla bırakmazdı.

"Gelip geçici demek, hızla yok olma tehlikesiyle, veya nesli tükenme tehdidiyle karşı karşıya olmak demektir."

"Pei o zaman, benim çiçeğim de mi hızla yok olma tehlikesiyle karşı karşıya?"

"Kesinlikle öyle."

"O zaman, çiçeğim gelip geçici," dedi küçük prens kendi kendine.

"Kendini her şeye karşı savunmak için yalnızca dört dikeni var ve ben onu gezegenimde yapayalnız bıraktım!"

***

Küçük Prens bunları söyleyince, ilk kez pişmanlık duyduğunu hissetti ama hemen kendini topladı.

"Buradan sonra bana nereye gitmemi önerirsiniz?" diye coğrafyacıya sordu.

"Dünya'ya git," dedi coğrafyacı.

"Orası hakkında iyi şeyler duydum" ve küçük prens aklı çiçeğinde kalarak hemen yola koyuldu.

***

[▫Kod-074▫]

ALTINCI: SON İSTASYON: "DÜNYA"

Yedinci gezegen böylece Dünya oldu.

Dünya öyle alelade bir gezegen değildi. Orada (zenci kralları da sayarsak) tam 111 kral, 7.000 coğrafyacı, 900.000 işadamı, 7.500.000 ayyaş, 311.000.000 kendini beğenmiş insan yaşıyordu;

Bu da tam 2.000.000.000 demekti.

Dünya'nın büyüklüğü hakkında size bir fikir vermek istersem, şu kadarını söyleyebilirim: Elektriğin bulunmasından önce altı kıtanın tümünü aydınlatmak için tam 462.511 kişilik bir fenerci ordusu işbaşındaydı.

Uzaktan bakıldığında ise, gerçekten görülmeye değerdiler. Sanki bir operada dans etmekte olan balerinler gibi, belli bir düzen içinde hareket ediyorlardı. Önce Yeni Zelanda ve Avustralya'daki fenerciler fenerlerini yakıyorlar ve sonra uykuya yatıyorlardı. Sonra Çin ve Sibirya'daki fenerciler ortaya çıkıyorlar ve görevlerini yapıp yerlerine çekiliyorlardı. Onları Rus ve Hintli fenerciler izliyor; daha sonra Afrika ve Avrupa; ve en son olarak da Güney ve Kuzey Amerikalı fenerciler işe koyuluyorlardı. Bu sırayı hiçbir zaman aksatmıyorlardı.

Harika bir şeydi bu.

Yalnızca iki kişinin, Kuzey Kutbu'ndaki ve Güney Kutbu'ndaki birer fenerin başında duran fenercilerin işi diğererine göre daha azdı. Yılda yalnızca iki kez iş çıkıyordu onlara çünkü.

***

[◘Kod-075◘]

YEDİNCİ VE SON DERS: "DÜNYA" GEZEGENİNDE HAKİKATİN ARAYIŞI

Küçük prens kumların, kayaların ve karların içinden yaptığı uzun yolculuğun sonunda bir yola ulaştı.

Bütün yollar insanların yaşadığı yerlere çıkıyordu.

"Günaydın," dedi küçük prens. Açmış güllerle dolu bir bahçenin önündeydi. "Günaydın," dedi güller.

Küçük prens onlara baktı uzun uzun; ne kadar da kendi çiçeğine benziyorlardı.

"Kimsiniz?" diye sordu şaşkınlıkla. "Biz gülleriz," dedi güller.

Birden küçük prensin içi üzüntüyle doldu. Çiçeği, ona evrende başka bir eşi benzeri bulunmadığını söylemişti. Oysa ki, işte burada, tek bir bahçede beş bin tane birden vardı!

"Görseydi ne kadar çok üzülürdü," dedi kendi kendine.

"Oysa o hemen öksürmeye başlar, alay edilmesin diye ölüyormuş gibi yapardı ve benim de onu yaşama döndürmek için çırpınmamı beklerdi. Eğer öyle yapmazsam gerçekten ölmeye bırakırdı kendini..."

Küçük prens düşüncelere dalmıştı:

"Eşi benzeri bulunmayan bir çiçeğe sahip olduğum için çok zengin olduğumu düşünüyordum.

Yalnızca sıradan bir gülmüş. Sıradan bir gül ve dizime kadar gelen üç volkan. Birisi belki de artık tümden söndü... Hiç de büyük bir prens değilim ben...

Küçük prens çimenlere uzandı ve ağladı.

***

Küçük prens ağladığı sırada bir tilki ortaya çıktı.

"Günaydın," dedi küçük prense.

"Günaydın," dedi küçük prens kibarca, ama kimseyi görememişti etrafta.

"Buradayım," dedi tilki. "Elma ağacının altında."

"Kimsiniz" dedi küçük prens. Sonra da, "Çok güzel görünüyorsunuz," diye ekledi.

"Tilkiyim ben," dedi tilki.

"Benimle oynar mısın?" dedi küçük prens. "Çok mutsuzum."

"Hayır," dedi tilki. "Oynayamam; evcil değilim ben."

"Öyle mi? Bağışla beni," dedi küçük prens. Ama bir süre düşündükten sonra, "Evcil ne demek?" diye sordu.

"Sen buralı değilsin herhalde," dedi tilki. "Ne arıyorsun buralarda?"

"İnsanları arıyorum," dedi küçük prens. "Evcil ne demek?" dedi tekrar.

"İnsanları mı arıyorsun? Silahları var ve hayvanları avlıyorlar ınlar. Çok can sıkıcı. Ayrıca tavuk yetiştiriyorlar. Tek uğraşları da bunlar zaten. Sen de mi tavuk arıyorsun?"

***

"Hayır," dedi küçük prens. "Ben, arkadaş arıyorum. Evcil ne demek?"

"Genellikle ihmal edilen bir iş," dedi tilki. "Arkadaşlık bağları kurmak gibi bir anlama geliyor." dedi.

"Arkadaşlık bağı kurmak mı?"

Tilki, "Yani," dedi, "örneğin sen benim için hâlâ yüz bin öteki diğer çocuklar gibi herhangi bir çocuksun.

Benim için gerekli birisi de değilsin. Senin için de aynı şey geçerlidir. Ben de senin için yüz bin öteki tilkiden hiç farkı olmayan herhangi bir tilkiyim. Ama beni evcilleştirirsen, birbirimiz için gerekli oluruz o zaman. Benim için sen dünyadaki herkesten farklı birisi olursun. Ben de senin için eşsiz benzersiz birisi olmuş olurum..."

Küçük prens, "Şimdi, anlıyorum galiba," dedi. "Bir çiçek var... Galiba o beni evcilleştirdi..."

"Olabilir," dedi tilki, "dünyada böyle şeyler hep olur."

"Ama hayır, o Dünya'da değil," dedi küçük prens.

Tilki şaşırmıştı. Merakla, "Başka bir gezegende mi?" diye sordu.

"Evet."

"Orada da mı avcılar var yoksa?"

"Hayır, yok."

"Aman ne hoş! Peki tavuklar?"

"Hayır, tavuklar da yok."

"Hiçbir şey mükemmel olamıyor," diyerek içini çekti tilki.

***

Birden aklına bir fikir geldi.

"Benim yaşamım çok tekdüze," diye anlatmaya başladı. "Ben tavuk avlıyorum, insanlar da beni.

Bütün tavuklar birbirine benziyor, bütün insanlar da... Bu yüzden çok sıkılıyorum. Ama beni evcilleştirirsen yaşamıma güneş doğmuş gibi olacak. Duyduğum bir ayak sesinin ötekilerden farklı olduğunu bileceğim. Öteki ayak sesleri beni köşe bucak kaçırırken, seninkiler tıpkı bir müzik sesi gibi beni sana çağıracak, sığınağımdan çıkaracak. Hem bak, şu buğday tarlalarını görüyor musun? Ben ekmek yemiyorum. Buğday benim hiçbir işime yaramaz. Buğday tarlalarının da hiçbir anlamı yoktur benim için ayrıca. Bu da çok üzücü. Ama senin saçların altın sarısı. Beni evcilleştirdiğini bir düşün! Buğday da altın sarısı.

Buğday bana hep seni hatırlatacak ve ben buğday tarlalarında esen rüzgârın sesini de seveceğim..."

Tilki uzun bir süre küçük prense baktı. Sonra da, "Lütfen... Evcilleştir beni!" dedi.

"Çok isterim," dedi küçük prens, "ama burada çok kalamayacağım. Bulmam gereken yeni dostlar ve anlamam gereken çok şey var."

"İnsan ancak evcilleştirirse anlar," dedi tilki.

"İnsanların artık anlamaya zamanları yok. Dükkânlardan her istediklerini satın alıyorlar. Ama dostluk satılan bir dükkân olmadığı için dostları yok artık. Eğer dost istiyorsan beni evcilleştir."

"Seni evcilleştirmek için ne yapmalıyım?" diye sordu küçük prens.

"Çok sabırlı olmalısın," dedi tilki. "Önce karşıma, şöyle uzağa çimenlerin üstüne oturacaksın.

Gözümün ucuyla sana bakacağım, ama bir şey söylemeyeceksin. Sözler yanlış anlamaların kaynağıdır. Her gün biraz daha yakınıma oturacaksın..."

***

Ertesi gün küçük prens yine geldi.

"Aynı saatte gelmen daha iyi olur," dedi tilki.

"Örneğin sen öğleden sonra dörtte geleceksen, ben saat üçte mutlu olmaya başlarım. Mutluluğum her dakika artar. Saat dörtte artık sevinçten ve meraktan deli gibi olurum. Ne kadar mutlu olduğumu görmüş olursun. Ama herhangi bir zamanda gelirsen yüreğim saat kaçta senin için çarpacağını bilemez. İnsanın belli alışkanlıkları olmalı..."

"Alışkanlıklar mı?"

"Evet. Bunlar çoğunlukla ihmal edilebilir, ama aslında önemlilerdir" dedi tilki.

***

"Alışkanlıklar bir günü öteki günlerden, bir saati öteki saatlerden farklı kılan şeylerdir. Örneğin benim avcılarımın bir alışkanlığı vardır. Her Perşembe günü köyün kızlarıyla dansa giderler.

Bu nedenle perşembeleri benim için güzel günlerdir.

Üzüm bağlarına kadar sokulabilirim o günlerde. Ama avcılar dansa herhangi bir günün herhangi bir saatinde gidiyor olsalardı hiç tatilim olmazdı."

Böylece küçük prens tilkiyi evcilleştirdi. Ayrılma zamanı geldiğinde tilki, "Ağlayacağım," dedi.

***

"Benim bunda bir suçum yok," dedi küçük prens.

"Seni üzmek istememiştim, ama evcilleştirilmeyi sen istedin..."

"Evet, orası öyle," dedi tilki.

"Ama ağlayacağını söylüyorsun."

***

"Evet, öyle," dedi tilki.

"O halde evcilleştirilmek senin için pek iyi olmadı!"

"Çok iyi oldu!" dedi tilki. "Buğdayların rengini düşün."

Sonra da, "Gidip güllere bak şimdi," diye ekledi.

"Kendi gülünün eşi benzeri olmadığını göreceksin.

Sonra da gel vedalaşalım. Sana armağan olarak bir sır vereceğim."

Küçük prens gidip güllere baktı.

***

"Siz benim gülüme benzemiyorsunuz," dedi. "Hatta hiçbir şeysiniz şu anda. Çünkü ne bir kimse sizi evcilleştirdi, ne de siz bir kimseyi. İlk gördüğüm zamanki tilkim gibisiniz. O zaman yüz bin başka tilkiden herhangi biriydi. Ama şimdi dostum oldu ve benim için eşi benzeri yok."

Güller çok utanmışlardı.

"Çok güzelsiniz, ama boşsunuz benim için," diye sürdürdü sözlerini küçük prens.

"İnsan sizin için ölemez. Doğru, gelip geçen biri için benim çiçeğimin sizden hiçbir farkı yok. Ama o benim için yüzlercenizden daha önemli; çünkü suladığım, cam bir fanusun altına koyduğum, önüne siperlik yerleştirdiğim çiçek o. Çünkü tırtılları ben onun için öldürdüm. (Birkaç tanesini bıraktık, sonradan kelebek oldular.) Çünkü yakındığı, ya da övündüğü, ya da hiçbir şey söylemediği zamanlarda dinlediğim çiçeğim o benim. Çünkü o benim çiçeğim."

***

Tilkinin yanına döndü sonra.

"Hoşça kal," dedi.

"Hoşça kal," dedi tilki.

"İşte sana bir sır, çok basit bir şey: İnsan yalnız yüreğiyle doğruyu görebilir.

Asıl görülmesi gerekeni gözler göremez."

"Asıl görülmesi gerekeni gözler göremez," diye yineledi küçük prens; unutmamalıydı bunu.

"Gülünü senin için önemli kılan, onun için harcamış olduğun zamandır."

"Onun için harcamış olduğum zaman..." diye yineledi küçük prens. Unutmamalıydı bunu.

"İnsanlar unuttular bunu," dedi tilki. "Ama sen unutmamalısın. Evcilleştirdiğimiz şeyden sorumlu oluruz. Sen gülünden sorumlusun..."

"Ben gülümden sorumluyum," diye yineledi küçük prens. Bunu da unutmamalıydı.

***

"Aslında, biz de birer çöl misal bu dünya gezegeninin bağrında hakikati arayan birer küçük prensiz, işte bu yüzden, "Yaşadığın yerdeki insanlar," dediği gibi küçük prensin, insanlar bu asırda "bir bahçede beş bin gül yetiştiriyorlar, belki ama asıl aradıklarını bulamıyorlar yine de."

"Evet, Bulamıyorlar," diye yanıtladık.

"Ve aradıklarını tek bir gülde, ya da birazcık suda bulabilirler."

"Doğru," dedi.

Küçük prens ve ekledi:

"Ama gözler kör. Yüreğiyle bakmalı insan..."

Vesselam

Kaynakça: "KÜÇÜK PRENS", (Antoine De Exupéry –Fransız Yazar [1900-1944]), *"Katherine Woods" İngilizce Çevirisinden;* Pınar Ateş, YAYIN: e-KİTAP PROJESİ, Bir **21. Yüzyıl "Medreset-üz Zehra"** Projesidir, www.ekitaprojesi.com

***

[◉Kod-076◘]

İstanbul Boğazı Efsaneleri

BİRİNCİ EFSANE: Zülkarneyn AS veyahutta İskender

(83) (Ey Muhammed!) Bir de sana zülkarneyn hakkında soru soruyorlar. De ki: "Size ondan bir anı okuyacağım."

(86) Güneşin battığı yere varınca, onu siyah balçıklı bir su gözesinde batar (gibi) buldu. Orada (kâfir) bir kavim gördü. "Ey zülkarneyn! Ya (onları) cezalandırırsın ya da haklarında iyilik yolunu tutarsın" dedik.

(87) Zülkarneyn, "Her kim zulmederse, biz onu cezalandıracağız. Sonra o Rabbine döndürülür. O da kendisini görülmedik bir azaba uğratır" dedi.

(94) Dediler ki: "Ey Zülkarneyn! Ye'cüc ve Me'cüc (adlı kavimler) yeryüzünde bozgunculuk yapmaktadırlar. Onlarla bizim aramıza bir engel yapman karşılığında sana bir vergi verelim mi?"

(95) Zülkarneyn, "Rabbimin bana verdiği (imkan ve kudret, sizin vereceğiniz vergiden) daha hayırlıdır. Şimdi, siz bana gücünüzle yardım edin de, sizinle onların arasına sağlam bir engel yapayım" dedi.

(98) Zülkarneyn, "Bu, Rabbimin bir rahmetidir. Rabbimin vaadi (kıyametin kopma vakti) gelince onu yerle bir eder. Rabbimin vaadi gerçektir" dedi.

[Kehf Suresi, 83-98. Ayetler]

İstanbul Boğazına dair bir diğer efsanede ise, Hz. Zulkarneyn ve İskenderin aynı kişi olduğu anlaşılmaktadır:

"Zülkarneyn'in hükümdarlığı sırasında İzmir'de büyük bir kavim ve onun hükümdarlığını yapan Katerina adında bir kraliçe yaşamaktaymış. İskender Zülkarneyn bütün çalışmalarına rağmen bu kavme sözünü geçiremediği gibi onları mağlup da edememiş. Nihayet Büyük Hakan bu kavmin harp gücünü öğrenmek üzere kıyafet değiştirerek elçi sıfatıyla Katerina'nın sarayına gitmeye karar vermiş ve yola çıkmış. Katerina'nın sarayı Menemen ile Ulucak köyü arasındaki ovadaymış. İskender saray yakınına geldiği zaman, saray muhafızlarına İskender Zülkarneyn tarafından Kraliçe'ye elçi gönderildiğini ve kendisine bir mektup sunacağını söylemiş. Muhafızlar durumu Kraliçe'ye haber vermişler. Kraliçe de elçiyi huzuruna kabul etmiş. Elçi huzura gelince İskender'in mektubunu Kraliçe'ye uzatırken göz göze gelmişler. O anda Kraliçe bir çığlık koparmış ve muhafızlarına bu adamın tehlikeli olduğunu ve iyi muhafaza edilmesini emretmiş. Sonra İskender'e dönerek; "Sen elçi değil, İskender Zülkarneyn'in kendisisin!" demiş ve masasındaki bir resmi İskender'e uzatarak: "Bu sen değil misin?" demiş. Meğer Kraliçe kendine düşman olan İskender'in bir kolayını bularak, resmini elde etmiş ve masasından hiç ayırmıyormuş. Kraliçe, buraya ne maksatla geldiğini, kaderinin kendi elinde olduğunu ve bir teklifte bulunacağını teklifini kabul ederse serbest kalabileceğini, kabul etmezse zindana attıracağını uygun bir dille İskender'e anlatmış. İskender, durumun gizlenecek tarafı kalmadığından, ne maksatla geldiğini anlatmış ve: "Teklifin nedir?" diye sormuş. Kraliçe: "Benim ülkeme ve kavmim üzerine asker gönderip harp etmeyeceğine yemin etmeni isterim." demiş. İskender bu teklifi kabul etse intikam alamayacak, etmezse kavminden habersiz geldiği için uzun yıllar hapsedileceği için ordusunda kargaşa çıkacak, ülke ve kavminin perişan olacağını düşünerek: "Teklifini kabul ediyorum. Ülkene ve kavmine asker ile saldırmayacağıma yemin ediyorum." demiş.

***

Böylece İskender muhafızlar eşliğinde sağ salim ülkesine gönderilmiş. İskender ülkesine dönerken Akdeniz ile Karadeniz'in yüksekliğini ölçmüş. Karadeniz'in Akdeniz'den çok yüksek olduğunu anlamış. Karadeniz'i taşırdığı takdirde Katerina'nın sarayının sular altında kalacağını hesaplamış. Karadeniz ile Akdeniz'in en yakın ve kestirme yolu olarak şimdiki İstanbul Boğazı sahasını uygun bulmuş. Böylece milyonlarca işçi ile gece gündüz bu yeri kazdırmaya başlamış. Üç yıl on üç günde kazı işi tamamlanmış. On üçüncü gün şafakla beraber boğaz kendiliğinden taşmış. Dağlar kadar yükselen azgın Karadeniz suları bütün Trakya ve Ege denizi sahillerini yüzlerce metre kalınlıkta su tabakasıyla kaplamış. Böylelikle İskender ettiği yemine sadık kalarak intikamını almış. Katerina ve kavmi sular altında kalarak yok olmuşlar. Böylece İstanbul Boğazı ortaya çıkmış."

***

[▣Kod-077▣]

İKİNCİ EFSANE: Yuşa Tepesi'nin Sırrı ve Yuşa AS ile Musa AS'ın Deniz yolculukları

Yuşa peygamber, Yusuf (AS)'ın neslinden olup, Hz. Musa'nın çağdaşıdır. Hz. Musa'nın Genç Yuşa ile "iki denizin birleştiği yere" kadar yaptıkları tarihi ve gizemli yolculukları ve burada Hızır (A.S) ile buluşmaları Kur'an-ı Kerim'de Kehf Suresi'nin 60-65. ayetlerinde anlatılır. Burada, Hz. Musa'nın yanındaki adamın Hz. Yuşa olduğu rivayet edilir. Tevrat'ta adı Yeşu olan Hz. Yuşa'nın Beykoz Yuşa Tepesi'nde gömülü olduğu şeklindeki inanış, Beşiktaş'ta türbesi bulunan Kanuni Sultan Süleyman'ın süt kardeşi Yahya Efendi'nin (1494-1570) manevi keşfi ile irtibatlandırılarak yaygınlaşmış ve şöhret bulmuştur. Bazı tefsirlerde Yuşa'nın Hz. Musa'nın vefatından sonra peygamber olarak görevlendirildiği, Hz. Musa'nın yeğeni ve yardımcısı olduğu, Hristiyanların ve Yahudilerin ona Eski Ahitte Yeşu dedikleri nakledilir. Hz. Yuşa ismi Tevrat'ta (Eski Ahit) da geçmektedir. Ancak Tevrat'taki ismi Yeşu'dur. Yeşu adına Tevrat'ta 24 bölümlük ayrı bir kitap vardır. Çölde kırk yıl kaldıktan sonra Hz. Musa'nın ölümünden sonra Allah onu İsrailoğulları'na peygamber olarak gönderir. Yuşa, İsrailoğulları'na zorbalarla savaşmayı, kendisine Allah'ın emrettiğini bildirir. Onlar da onun peygamberliğini doğrularlar. Hz. Musa'nın mucizeleri gibi Hz. Yuşa'nın da birçok mucizesi vardır: Şeria ırmağını ayakları ıslanmadan geçmiştir, Eriha surlarını bakışıyla yıkmıştır. Tevrat'ta sur yıkılışı "Önce yedi kez kentin çevresinde dolaşırlar. Sonra yedi kahin koç boynuzundan borularını çalarlar. Bunlar çalınır çalınmaz Hz. Yuşa'nın kavmi hep beraber bağırmaya başlar ve surlar çöker, herkes kılıçtan geçirilir." diye anlatılır.

Yuşa Peygamber kimdir?

Hazreti Yuşa (Yeşua) adını İbranice'den alır... İbranice'de "Ye" Allah, "Şua" da Kurtarsın demektir... Yeşua (Allah Kurtarsın) anlamına gelmektedir... Daha sonraları Yeşua halk dilinde Yeşu, Yuşa olmuştur. Hz. Yuşa'nın babası Nun, oğluna bu ismi İsrail'in Firavun'dan kurtulması için koymuştur. Yuşa'nın dedesi ise, Efrayim yolundan gelen Hazreti Yusuf (A.S.)'tur. Hazreti Yuşa M. Ö. 1200-1250 yıllarında dünyaya geldiğinde, Hazreti Musa 38, Hazreti Harun 41, Hazreti Şuayib 98 yaşındaydı... Doğum yeri o dönem Mısır'ın başşehri Menif (Men-Menfis)'tir.

110 yıl yaşayan Hazreti Yuşa (A.S)'ın 110 senelik ömrü şu kısımlara ayrılır.

a) 15 yaşına kadar çocukluğu,

b) Hazreti Musa (A.S) peygamber olup, Medyen'den Mısır'a dönünce ona ilk iman edenlere katılması ve vefatına kadar Hazreti Musa (A.S)'ın fedailiğini, başkumandanlığını yapması ki, 82 yaşına kadar sürmüştür.

c) Peygamberliği Hazreti Musa (A.S)'ın vefatından üç gün sonra 82 yaşında başlayıp 110 yaşına kadar 28 sene sürmüştür. Vefatı M. Ö. 1090 yılındadır...

Hz. Yuşa'nın gösterdiği mucizelerden önemlileri:

1- Duası üzerine Güneş'in bir gün batmayışı.

2- Hazreti Musa'yı öldürdüğü iftirası üzerine, bütün İsrailoğullarının aynı gece rüyalarında bunun yalan olduğunu görmeleri.

3- Erden (Şeria Nehri)'nden o zaman teknik ilerlemediği ve büyük köprü kurulması bilinmediği halde, yarım milyonu aşan ordusunu geçirmesi.

4- Hırsızın elinin elinde ağırlaşarak onu bulması.

5- Zina yapan askerlerine veba hastalığının gelmesi.

6- Duası üzerine münafık Belam'ın, bedduayı düşmanlara yapması ve dilinin büsbütün göbeğine kadar sarkması.

***

Hayatı:

Hz. Musa, Arz-i Mukaddes'e bir taş atımı atar bir mesafede vefatından önce Yuşâ Aleyhisselâmı vekil seçmiş, asırlarca süren sürgün hayatı boyunca Hz. Yuşa'nın komutanlığında sona ermiş ve İsrailoğulları topraklarına kavuşmuşlardı. Bu arada Hz. Yuşa'ya Allah tarafından peygamberlik görevi de verilmişti.

Hz. Yuşa bu fethi, Firavun'un zulmü altında yıllarca esaret hayatı yaşayan, korkaklık ruhlarına kadar sinen, bir türlü Arz-ı Mukaddes'e girmeye cesaret edemeyen ve bundan dolayı kırk sene çölde kalmaya mahkûm kalan İsrailoğullarının gözüpek, cesur yeni nesliyle gerçekleştirmişti. Musibet de, nimet de lâyık olana veriliyordu. Babaları, Firavunun zulmünden mucizevî bir tarzda kurtaran Rablerine şükredip, dişlerini sıkıp yüreklilik gösterebilselerdi Tih Çölü'nde kırk sene kalmaya mahkûm olmaz, üstelik Hz. Musa (as) gibi ulü'l-azm bir peygamberin riyasetinde Arz-i Mukaddes'e girebilirlerdi. Ne var ki bu, gerekli mânevî eğitimden derslerini alan oğullarına nasip olacaktı.

***

Bu yeni nesille Arz-ı Mukaddes'te bir tepede fethin plânlarını yapıp tam fethe girişeceği anda ölüm meleğinin gelip Hz. Musa'nın (AS) canını almak istemesi, ölümün işler bitmeden de gelebileceğini, görevin asıl olduğunu ve bu görevi Hz. Yuşa'nın gerçekleştirdiğini gösteriyordu.

***

Hz. Musa'nın vefatından üç gün sonra yola çıkan Hz. Yuşa, Şeria nehrini mucizevî bir tarzda geçmiş, Arz-ı Mukaddes'i Filistin, Ürdün ve Şam topraklarıyla birlikte fethetmişti. Bir kere daha ilâhî kanun hükmünü icra ediyordu. Yeryüzü Allah'ın mülküydü. Allah onu zalimlerden alıp emrini tutan kullarına devrediyordu.

28 sene İsrailoğullarını idare eden Hz. Yuşa (A.S)'nın 110 yaşında vefat ettiği ve kabrinin de Filistin topraklarında bulunduğu belirtilir. Makamının Yuşa Tepesi'nde yer alması ise bir süre buralara kadar gelip ikamet ettiğinden dolayı olmalı.

***

TEVRAT'TA YEŞU AS'IN ÖYKÜSÜ:

Rab'bin Yeşu'ya Buyruğu

^{1}RAB, kulu Musa'nın ölümünden sonra onun yardımcısı Nun oğlu Yeşu'ya şöyle seslendi: ^{2} "Kulum Musa öldü. Şimdi kalk, bütün halkla birlikte Şeria Irmağı'nı geç. Size, İsrail halkına vereceğim ülkeye girin. ^{3} Musa'ya söylediğim gibi, ayak basacağınız her yeri size veriyorum. ^{4} Sınırlarınız çölden Lübnan'a, büyük Fırat Irmağı'ndan –bütün Hitit ülkesi dahil– batıdaki Akdeniz'e kadar uzanacak. ^{5} Yaşamın boyunca hiç kimse sana karşı koyamayacak; nasıl Musa ile birlikte oldumsa, seninle de birlikte olacağım. Seni terk etmeyeceğim, seni yüzüstü bırakmayacağım.

^{6} "Güçlü ve yürekli ol. Çünkü halkı, atalarına vereceğime ant içtiğim ülkeyi miras almaya sen götüreceksin. ^{7} Yeter ki, güçlü ve yürekli ol. Kulum Musa'nın sana buyurduğu Kutsal Yasa'nın tümünü yerine getirmeye dikkat et. Gittiğin her yerde başarılı olmak için bu yasadan ayrılma, sağa sola sapma. ^{8} Yasa Kitabı'nda yazılanları dilinden düşürme. Tümünü özenle yerine getirmek için gece gündüz onu düşün. O zaman başarılı olacak ve amacına ulaşacaksın. ^{9} Sana güçlü ve yürekli ol demedim mi? Korkma, yılma. Çünkü Tanrın RAB gideceğin her yerde seninle birlikte olacak."

Yeşu'nun Halka Buyruğu

^{10} Bunun üzerine Yeşu, halkın görevlilerine şöyle buyurdu: ^{11} "Ordugahın ortasından geçip halka şu buyruğu verin: 'Kendinize kumanya hazırlayın. Çünkü Tanrınız RAB'bin size vereceği ülkeye girip orayı mülk edinmek için üç gün sonra Şeria Irmağı'nı geçeceksiniz.' "

¹² Yeşu, Ruben ve Gad oymaklarına ve Manaşşe oymağının yarısına da şöyle dedi:¹³ "RAB'bin kulu Musa'nın, 'Tanrınız RAB bu ülkeyi size verip sizi rahata erdirecek' dediğini anımsayın. ¹⁴ Kadınlarınız, çocuklarınız ve hayvanlarınız Şeria Irmağı'nın doğusunda, Musa'nın size verdiği topraklarda kalsın. Ama sizler, bütün yiğit savaşçılar, silahlı olarak kardeşlerinizden önce ırmağı geçip onlara yardım edin. ¹⁵ RAB sizi rahata erdirdiği gibi, onları da rahata erdirecek. Onlar Tanrınız RAB'bin vereceği ülkeyi mülk edindikten sonra siz de mülk edindiğiniz topraklara, RAB'bin kulu Musa'nın Şeria Irmağı'nın doğusunda size verdiği topraklara dönüp oraya yerleşin."

¹⁶ Önderler Yeşu'ya, "Bize ne buyurduysan yapacağız" diye karşılık verdiler, "Bizi nereye gönderirsen gideceğiz. ¹⁷ Her durumda Musa'nın sözünü dinlediğimiz gibi, senin sözünü de dinleyeceğiz. Yeter ki, Musa'yla birlikte olmuş olan Tanrın RAB seninle de birlikte olsun.¹⁸ Sözünü dinlemeyen, buyruklarına karşı gelip başkaldıran ölümle cezalandırılacaktır. Yeter ki, sen güçlü ve yürekli ol."

Yeşu'nun Veda Konuşması

²³RAB İsrail'i çevresindeki bütün düşmanlarından kurtarıp esenliğe kavuşturdu. Aradan uzun zaman geçmişti. Yeşu kocamış, yaşı hayli ilerlemişti. ² Bu nedenle ileri gelenleri, boy başlarını, hakimleri, görevlileri, bütün İsrail halkını topladı. Onlara, "Kocadım, yaşım hayli ilerledi" dedi, ³ "Tanrınız RAB'bin sizin yararınıza bütün bu uluslara neler yaptığını gördünüz. Çünkü sizin için savaşan Tanrınız RAB'di. ⁴ İşte Şeria Irmağı'ndan gün batısındaki Akdeniz'e dek yok ettiğim bütün bu uluslarla birlikte, geri kalan ulusların topraklarını da kurayla oymaklarınıza mülk olarak böldüm. ⁵ Tanrınız RAB bu ulusları önünüzden püskürtüp sürecektir.

Tanrınız RAB'bin size söz verdiği gibi, onların topraklarını mülk edineceksiniz. [6] Musa'nın Yasa Kitabı'nda yazılı olan her şeyi korumak ve yerine getirmek için çok güçlü olun. Yazılanlardan sağa sola sapmayın. [7] Aranızda kalan uluslarla hiçbir ilişkiniz olmasın; ilahlarının adını anmayın; kimseye onların adıyla ant içirmeyin; onlara kulluk edip tapmayın. [8] Bugüne dek yaptığınız gibi, Tanrınız RAB'be sımsıkı bağlı kalın. [9] Çünkü RAB büyük ve güçlü ulusları önünüzden sürdü. Bugüne dek hiçbiri önünüzde tutunamadı. [10] Biriniz bin kişiyi kovalayacak. Çünkü Tanrınız RAB, size söylediği gibi, yerinize savaşacak. [11] Bunun için Tanrınız RAB'bi sevmeye çok dikkat edin. [12] Çünkü O'na sırt çevirir, sağ kalıp aranızda yaşayan bu uluslarla birlik olur, onlara kız verip onlardan kız alır, onlarla oturup kalkarsanız, [13] iyi bilin ki, Tanrınız RAB bu ulusları artık önünüzden sürmeyecek. Ve sizler Tanrınız RAB'bin size verdiği bu güzel topraklardan yok oluncaya dek bu uluslar sizin için tuzak, kapan, sırtınızda kırbaç, gözlerinizde diken olacaklar.

[14] "İşte her insan gibi ben de bu dünyadan göçüp gitmek üzereyim. Bütün varlığınızla ve yüreğinizle biliyorsunuz ki, Tanrınız RAB'bin size verdiği sözlerden hiçbiri boş çıkmadı; hepsi gerçekleşti, boş çıkan olmadı. [15] Tanrınız RAB'bin size verdiği sözlerin tümü nasıl gerçekleştiyse, Tanrınız RAB verdiği bu güzel topraklardan sizi yok edene dek sözünü ettiği bütün kötülükleri de öylece başınıza getirecektir. [16] Tanrınız RAB'bin size buyurduğu antlaşmayı bozarsanız, gidip başka ilahlara kulluk eder, taparsanız, RAB'bin öfkesi size karşı alevlenecek; RAB'bin size verdiği bu güzel ülkeden çabucak yok olup gideceksiniz."

[Eski Ahit, Tevrat, Yeşu, 1-2 ve 23. Bablar]

***

[◉Kod-078◘]

ALLAH'IN KONUŞMASI, ASLA SESSİZ OLMAZ

"Allah (Tanrı), sizinle konuşmak istediğinde, mutlaka gürültülü olarak konuşacaktır, sessizlik, onun tarzı hiç değildir, bu sırada sakın korkup Musa gibi ardına bakmadan kaçma.."

"Hani, bir zaman, O da çölde hayvanları otlatmayı bırakıp, yanan çalıların yanına gittiği zamana, Tanrı ile konuşacağını bilmiyordu, hatta o güne dek buna ihtimal de vermemişti.."

Ta ki, Sina dağına tırmanıp, levhaları alana kadar..

İşte böyledir, Levhaları almak için, dünya çölünde başıboş gezmen yetmez,

Ta ki o yokluk ve zorluk dağına tırmanana dek..

***

14- Musa yiğitlik çağına girip olgunlaşınca, biz ona hikmet ve ilim verdik. İşte güzel davrananları biz böyle mükafatlandırırız.

15- Musa, halkının habersiz olduğu bir sırada şehre girdi. Orada, biri kendi tarafından diğeri düşman tarafından olan iki adamı birbirleriyle döğüşür buldu. Kendi tarafı olan, düşmana karşı ondan yardım diledi. Musa da ötekine bir yumruk indirip onun ölümüne sebep oldu. "Bu, şeytan işidir. O, gerçekten saptırıcı, apaçık bir düşmandır" dedi.

16- Musa, "Rabbim! Doğrusu kendimi ziyana uğrattım. Beni bağışla!" dedi; Allah da, onu bağışladı. Çünkü, çok bağışlayıcı, çok merhamet edici olan ancak O'dur.

17- Musa, "Rabbim! Bana lutfettiğin nimetlere andolsun ki, artık suçlulara asla arka olmayacağım" dedi.

18- Şehirde korku içinde, (etrafı) gözetleyerek sabahladı. Bir de ne görsün, dün kendisinden yardım isteyen kimse feryad ederek yine ondan imdat istiyor. Musa ona dedi ki: "Doğrusu sen, besbelli bir azgınsın!"

19- Musa, ikisinin de düşmanı olan adamı yakalamak isteyince, o adam dedi ki: "Ey Musa! Dün bir cana kıydığın gibi, bana da mı kıymak istiyorsun? Demek arabuluculardan olmak istemiyor da, bu yerde ille yaman bir zorba olmayı arzuluyorsun sen!"

20- Şehrin öbür ucundan bir adam geldi ve dedi ki: "Ey Musa! İleri gelenler seni öldürmek için hakkında müzakere ediyorlar. Derhal (buradan) çık! İnan ki ben senin iyiliğini isteyenlerdenim."

21- Musa korka korka, (etrafı) gözetleyerek oradan çıktı. "Rabbim! Beni zalimler güruhundan kurtar" dedi.

22- Medyen'e doğru yöneldiğinde: "Umarım Rabbim beni doğru yola iletir." dedi.

23- Musa, Medyen suyuna varınca, orada (hayvanlarını) sulayan birçok insan buldu. Onların gerisinde de (hayvanlarını suyun olduğu yerden) geri çeken iki kadın gördü. Onlara "Derdiniz nedir?" dedi. Şöyle cevap verdiler: "Çobanlar sulayıp çekilmeden biz (onların içine sokulup hayvanlarımızı) sulamayız; babamız da çok yaşlıdır. "

24- Bunun üzerine Musa, onların davarlarını suladı. Sonra gölgeye çekildi ve "Rabbim! Doğrusu bana indireceğin her hayra muhtacım" dedi.

25- Derken, o iki kadından biri utana utana yürüyerek ona geldi. "Babam, dedi, bizim yerimize (hayvanları) sulamanın karşılığını ödemek için seni çağırıyor." Musa, ona (Hz. Şuayb'a) gelip başından geçeni anlatınca o, "korkma, o zalim kavimden kurtuldun" dedi.

26- (Şuayb'ın) iki kızından biri: "Babacığım! Onu ücretle (çoban) tut. Çünkü ücretle istihdam edeceğin en iyi kimse, bu güçlü ve güvenilir adamdır" dedi.

27- (Şuayb) Dedi ki: "Bana sekiz yıl çalışmana karşılık şu iki kızımdan birini sana nikahlamak istiyorum. Eğer on yıla tamamlarsan artık o kendinden; yoksa sana ağırlık vermek istemem. İnşaallah beni iyi kimselerden bulacaksın."

28- Musa şöyle cevap verdi: "Bu seninle benim aramdadır. Bu iki süreden hangisini doldurursam doldurayım demek ki, bana karşı husumet yok. Söylediklerimize Allah vekildir."

29- Artık Musa süreyi doldurup ailesiyle yola çıkınca, Tûr tarafından bir ateş gördü. Ailesine: "Siz (burada) bekleyin; ben bir ateş gördüm, belki oradan size bir haber, yahut ısınmanız için o ateşten bir parça getiririm" dedi.

30- Oraya gelince, o mübarek yerdeki vâdinin sağ kıyısından, (oradaki) ağaç tarafından kendisine şöyle seslenildi: "Ey Musa! Bil ki ben, bütün âlemlerin Rabbi olan Allah'ım."

31- Ve "Asânı at!" denildi. Musa (attığı) asâyı yılan gibi debrenir görünce, dönüp arkasına bakmadan kaçtı. "Ey Musa! Beri gel, korkma. Çünkü sen emniyette olanlardansın." (buyuruldu.)

[Kasas Suresi, 14-31. Ayetler]

Vesselam

***

[◉Kod-079◘]

ALLAH'TAN GELDİK O'NA GİDİYORUZ

صِرَاطِ اللَّهِ الَّذِي لَهُ مَا فِي السَّمَاوَاتِ وَمَا فِي الْأَرْضِ أَلَا إِلَى اللَّهِ تَصِيرُ الْأُمُورُ

Türkçe Okunuş: Sırâtıllâhillezî lehu mâ fîs semâvâti ve mâ fîl ard(ardı), e lâ ilâllâhi tesîrul umûr(umûru).

Meal: O Allah'ın yolu ki, göklerde ve yerde ne varsa Kendisinindir. (Bütün) emirler (işler) Allah'a seyreder (döner), değil mi?

"Allah'tan geldik,

O'na doğru, koşuyoruz..

Bir çocuğun, annesine koştuğu gibi.."

***

[◘Kod-080◘]

İKİ KÜÇÜK MİZAHİ NÜKTEDİR.

BİRİNCİSİ: MENZİLLİ SOFİ VE OTOBÜS:

"Bizzat kendim bir sofi-meşrep bir kişiden dinlediğim bir hikaye idi, çok kişi de anlatmıştır, ben farklı bir versiyonunu anlatayım":

"Şöyle ki, bir gün menzil'e gitmek için otobüse bindik, yaklaşık 30-40 kişi vardı, derken otobüs Adıyaman'a gelirken keskin bir viraja girdi, yalpalamaya başladı. Otobüs devrildi devrilecek. Sonra bir baktık ki, şeyh Gavs-i Sani hazretleri, göründü şoför koltuğunda, birden direksiyonu eline aldığını gördüm, direksiyonu sola kırınca rampadan aşağı yuvarlanmaktan son anda kurtulmuş olduk. Hatta öyle ki, Menzil'e gidene kadar otobüsün bir tekeri de patlak gitti, şeyh hazretleri otobüsün 4. tekeri olmuştu, işte bizi böyle kurtardı.."

[Menzilli Sofi, Memleketten insan manzaraları, Fi Tarihi]

***

İKİNCİSİ: AKKUYU'YA KÜÇÜK BİR GÖNDERMEDİR

"**B**ir gün Büyükçekmece'ye doğru gidiyordum, baktım bir tabela ki; üstünde: "Küçükçekmece Nükleer araştırma Merkezi" yazıyor, allah allah dedim" içimden, hayret ki, memlekette ne ilmi çalışmalar yapılıyor."

Sonra daimi mevkiim ve gençlik dönemi yaşantımın geçtiği yer olan –İkitelli'de- bir radyoaktif, hurda olduğu haberi geldi, buradan iki nükleer araştırmacı, radyasyon tesbit etmeye gelmiş, sonra birisi burada radyasyon varmış deyince, diğeri hızla koşmaya başladı, düşünsenize radyasyondan koşarak kaçmaya çalışan adam var bu ülkede. Üstelik, senle benle aynı oksijeni soluyor, Düşünsenize adam ışıktan hızlı koşuyor, o derece yani.

***

[◘Kod-081◘]

DÜNYADA YAŞAMIYORSUN, DÜNYADAN GEÇİYORSUN!

وَيَوْمَ تَقُومُ السَّاعَةُ يُقْسِمُ الْمُجْرِمُونَ مَا لَبِثُوا غَيْرَ سَاعَةٍ كَذَلِكَ كَانُوا يُؤْفَكُونَ

Türkçe Okunuş: Ve yevme tekûmus sâatu yuksimul mucrimûne mâ lebisû gayra sâah(sâatin), kezâlike kânû yu'fekûn(yu'fekûne).

Meal: Ve o saatin geldiği (kıyâmetin koptuğu) gün, İnkarcılar bir saatten fazla (mezarda) kalmadıklarına yemin ederler. İşte, böyle döndürülüyorlardı (ölümden hayata döndürülüyorlardı).

"Aslında tam anlamıyla dünyada yaşamıyorsun,

Sadece, bir yolcu gibi buradan geçiyorsun, Sonsuz'a doğru yol alarak".

"Actually, we are not live in the earth completely meaning,

Only, we passing through it as a passenger, getting up to the Eternity."

M. Ukrai, [Büyük Sözler, Great Words, Ing, 2015]

***

[◉Kod-082◘]

"KIYAMET GERÇEKLİĞİ KÜLLİYATI" ile "RİSALE-İ NUR" arasındaki birkaç küçük tevafuk ve ASRIN HAKİKATİNE BAKAN BAZI benzerlikler

> "Ebu Hureyre radıyallahu anh, Rasûlullah sallallahu aleyhi ve sellemin şöyle buyurduğunu rivayet etti" dedi: **"Allah, her yüzyılın başında bu ümmet için dinini yenileyecek birini (müceddid) gönderir."**
>
> (Ebu Dâvûd, Melâhim)

- **H**er iki eser de 100 yıl farkla aynı anda yazılmaya başlanmıştır,

- Her iki eser de yazılmaya başlandığında yazar 30 yaşındadır,

- Her iki külliyat da, Kuranın ilk harfi ve ilmin kapısı olan "B" harfi ile başlar;

Risale-i nur;

Benden birkaç nasihat istedin. Sen bir asker olduğun için, askerlik temsilâtıyla, sekiz hikâyeciklerle bir kaç hakikati nefsimle beraber dinle. Çünkü ben nefsimi herkesten ziyade nasihate muhtaç görüyorum. Vaktiyle sekiz âyetten istifade ettiğim Sekiz Sözü biraz uzunca nefsime demiştim. Şimdi kısaca ve avam lisanıyla nefsime diyeceğim. Kim isterse beraber dinlesin.

Birinci Söz;

BİSMİLLÂH her hayrın başıdır. Biz dahi başta ona başlarız. Bil, ey nefsim, şu mübarek kelime, İslâm nişanı olduğu gibi, bütün mevcudâtın lisan-ı hâl ile vird-i zebânıdır. Bismillâh ne büyük, tükenmez bir kuvvet, ne çok, bitmez bir bereket olduğunu anlamak istersen, şu temsîlî hikâyeciğe bak, dinle. Şöyle ki:

Bedevî Arap çöllerinde seyahat eden adama gerektir ki, bir kabile reisinin ismini alsın ve himayesine girsin tâ şakîlerin şerrinden kurtulup hâcâtını tedarik edebilsin. Yoksa, tek başıyla, hadsiz düşman ve ihtiyacatına karşı perişan olacaktır. İşte, böyle bir seyahat için, iki adam sahrâya çıkıp gidiyorlar. Onlardan birisi mütevazi idi, diğeri mağrur. Mütevazii, bir reisin ismini aldı; mağrur almadı. Alanı her yerde selâmetle gezdi. Bir kàtıut-tarîke rast gelse, der: Ben filân reisin ismiyle gezerim. Şakî def olur gider, ilişemez. Bir çadıra girse o nam ile hürmet görür. Öteki mağrur, bütün seyahatinde öyle belâlar çeker ki, tarif edilmez. Daima titrer, daima dilencilik ederdi. Hem zelil, hem rezil oldu.

[Risale-i Nur, yazılan ilk sayfalar, Sözler]

Kıyamet gerçekliği;

KIYAMET'İN BAŞLANGICI

Ey Gerçekleri arayan arkadaş! Kur'ân-ı Hakîm'in ilk ayeti; ondokuz harfli Besmele'nin ilk harfi olan **B**'nin Noktasından Süzülen **Altı Hakikati, Kıyametin Altı Alametini** ve bunlardan çıkan **Altı Sonucu; Ebced Hesabında** Değeri **66** Olan **Allah (C.C)** Rızası ve Tamamı 6⊗19=114 Sûre; 66⊗101=6666 Âyet Olan Kur'an-ı Hakim'in üçte birlik Bölümünü Oluşturan ve Kıyamet'i ilân eden 2222 ayeti için; 22 bölüm halinde **Cifir İlmi ve Ebced Hesabı** lisanıyla ifade edeceğim.

Kim isterse istifade edebilir.

Birinci makale

Büyük bir hızla yaklaşan Kıyamet ve Dünyanın bozulan dengesi; insanları İslâm ahlakından iyice uzaklaştırmakta, uygarlık tarihinde eşine rastlanmadık bir düzensizlik her alanda etkisini göstermekte ve geleceğimizi tehdit etmektedir. İşte bu sebepten;

كلّا إنّ الإنسان ليطغى

"Muhakkak ki insan azmıştır."

{Alak, 6}

âyeti makam-ı cifrisi itibariyle 2004 yılını gösterip yaşadığımız çağa işaret ederek, içine düştüğümüz bu düzensizlik ve kaos ortamına dikkat çekiyor. Bu olumsuz gidişin aksi itibariyle yapılan olumlu gelişmeler ve tüm bu çaba ve gayretler zamanın akışını ve yaklaşmakta olan büyük felaketleri engelleyememektedir.

Âhir Zaman olarak nitelendirilen içinde yaşadığımız bu çağ, bütün peygamberlerin ve kutsal kitapların haber verdiği zamanın sonu ve kıyâmetin hemen öncesinde yaşanacak olan zaman dilimidir. Gerçekleşmesi, 1400 yıl öncesinden peygamberimiz Muhammed A.S. (S.A.V.) tarafından birçok hadiste haber verilen bu felaketler zinciri, Kıyâmetin bir nevî küçük sûreti olup, insanoğlunu uyarmakta ve "Aklını başına al, yoksa semavî ve arzî tokatlar yiyeceksin" diye uyarmaktadır. Kıyâmetin büyük alametleri ise altı tane olup ve her birisinin ortaya çıkması, bir sonrakinin çıkmasının yaklaştığını gösterecektir.

Kur'an'da pek çok âyet, kıyametin dehşeti ve azameti ile insanı irkiltmekte "Kalk artık ve uyan uyuduğun bu derin uykudan." dercesine dehşet-engîz ifadeleriyle insan tahayyülünde hayretler ile beraber onu gaflet uykusundan uyandırmaktadır.

***

İşte bunlardan bazıları:

{İNFİTAR; 1-5. âyetler}:

بِسْمِ اللّهِ الرَّحْمَنِ الرَّحِيمِ

{1} إِذَا السَّمَاءُ انْفَطَرَتْ وَإِذَا {2} انْتَثَرَتِ الْكَوَاكِبُ

وَإِذَا {3} فُجِّرَتِ الْبِحَارُ وَإِذَا {4} بُعْثِرَتِ الْقُبُورُ

{5} عَلِمَتْ نَفْسٌ مَا قَدَّمَتْ وَأَخَّرَتْ

1. Gök yarıldığında,

2. ve yıldızlar dağıldığında,

3. ve denizler boşaltıldığında,

4. ve Kabirler alt üst olduğunda,

5. kişi, önüne koyduğunu ve arkasına koyduğunu bilecek!

[Kıyamet Gerçekliği, yazılan ilk sayfalar]

Üstelik aynı mantık ingilizcelerde de görülür;

[Brother! You wanted a few words of advice from me. So listen to a few truths included in eight short stories, which since you are a soldier, are in the form of comparisons of a military nature. I consider my own soul to need advice more than anyone, and at one time I addressed my soul at some length with Eight Words inspired by eight verses of the Qur'an from which I had benefited. Now I shall address my soul with these same Words, but briefly and in the language of ordinary people. Whoever wishes may listen together with me.]

[R. N.]

Big Resurrection and the world's deteriorating rapidly approaching a great balance; people are too well from Islamic morality, an irregularity in the history of civilization, threatening an unprecedented impact in all areas and we show here.

[K. G.]

- Eserlerin başlangıcı ve mukaddimesini oluşturan eser:

İşaratu-l İ'caz (1908) - risalei nur

Eserlerin başlangıcı ve mukaddimesini oluşturan eser:

İşaratu-l İseviyye (2008) - kıyamet gerçekliği

M. uhrai, Nisan, [Muhakemat, karşılaştırmalar, 2015]

***

[◉Kod-083◼]

BİZ KİME TABİ OLMALIYIZ?

İşte bu ayet tanımlıyor;

"Uyun sizden hiçbir ücret istemeyenlere ve sizi hakka (GERÇEĞE) çağıranlara ki,

Onlar doğru yolu bulanlardır."

اتَّبِعُوا مَن لاَّ يَسْأَلُكُمْ أَجْرًا وَهُم مُّهْتَدُونَ

Türkçe Transcrip (*)

"İttebi'û men lâ yes-elukum ecran vehum muhtedûn(e)"

[YASİN Suresi, 21. Ayet]

***

[◘Kod-084◘]

GERÇEK TEBLİĞ METODU NE OLMALI?

قُلْ مَا أَسْأَلُكُمْ عَلَيْهِ مِنْ أَجْرٍ وَمَا أَنَا مِنَ الْمُتَكَلِّفِينَ

Meali:

"De ki: Ey kulum, Ben, tebliğime karşılık, sizden bir ücret istemiyorum ve ben, kendiliğimden bir şey de istememekteyim, beklememekteyim de.."

Türkçe Transcript(*)

"Kul mâ es-elukum 'aleyhi min ecrin vemâ enâ mine-l mutekellifîn(e)"

[SAD suresi, 86. ayet]

***

İSLAMİ TEBLİĞDE KUR'AN METODU

İnsanlara en doğru yolu göstermek için gönderilmiş olan Kur'an-ı Kerim, yirmi üç yıllık bir zaman içerisinde, tarihte eşine rastlanmayan büyük bir inkılâp gerçekleştirmiştir.

Kur'an, hiçbir düzen ve hiçbir hukuk tanımayan sorumsuz fertlerden, kıyamete kadar her dönemde insanlara örnek olabilecek, derin bir hukuk anlayışına sahip bir topluluğun meydana gelmesini sağlamıştır. Bunu da insanlık tarihi açısından yirmi üç yıl gibi kısa bir sürede gerçekleştirmiştir. Bu kadar kısa bir zaman içerisinde yapılan bu değişiklikte en büyük âmil, şüphesiz ki, Kur'an'ın muhtevası, eşsiz üslubu ve gönüllere nüfuz eden derin manasıdır.

Bunun yanında hak ve hakikati sunuş biçimi yani, irşad ve tebliğ metodu da bu inkılâbı gerçekleştirmesinde büyük rol oynamıştır. Bir ilaç ne kadar tesirli olursa olsun, hastaya uygun dozajda verilmezse bir faydası görülemez. Bunun gibi, Kur'an'ın getirmiş olduğu evrensel esaslar, ne kadar yüce ve değerli olursa olsun, insanlara münasip bir üslup içinde anlatılmazsa, bundan da istenilen fayda sağlanamaz.

İşte Kur'an, bu hususta nasıl bir yol takip etmiştir ki, az bir zamanda böyle bir başarıyı sağlayabilmiştir. Biz, burada Kur'an'ın insanları ikna etmede ve hakkı hakikati onlara ulaştırmadaki metodu üzerinde durup, ayetler ışığında Kur'an'ın öngördüğü yöntemleri açıklamaya çalışacağız.

Kur'an'ın Tebliğ Metodu:

Kur'an insanları nasıl ikna ederek onlara Allah'ın varlığını ve birliğini kabul ettirmeye çalışmıştır? Yine Yüce Allah, Kur'an'da koymuş olduğu prensipleri insanlara benimsetirken nasıl bir yol takip etmiştir? Bu hususta ortaya koyduğu deliller nelerdir? İşte bu gibi sorulara ayetler ışığında cevap verildiğinde Kur'an'ın irşad ve tebliğ metodu da ortaya çıkmış olmaktadır. Kur'an'ın irşad metodunun en özlü bir şekilde şu ayette ifade edildiğini görmekteyiz:

"(Ey Muhammed!) Sen, Rabbin yoluna hikmet ve güzel öğütle çağır ve onlarla en güzel şekilde mücadele et. Çünkü Rabbin, kendi yolundan sapanları en iyi bilendir ve O, hidayete erenleri de en iyi bilendir." (Nahl, 16/125)

Bu ayetteki **"hikmet ve güzel öğütle Rabbinin yoluna, yani İslam dinine çağır"** ifadesi açık ve kesin bir emirdir. Ama kimlerin hikmet ve güzel öğütle Allah'ın yoluna çağırılacağı ayette belirtilmemiştir. Müşrikler, Kitap Ehli, münafıklar ve müslümanlar, acaba bunlardan hangisi bu davetin muhatabıdır? Ayette mefulün zikredilmemesi, hitabın umumî oluşuna işaret etmektedir. **Kur'an, tek bir zümreyi hidayete çağırmak için değil, bütün insanları hidayete erdirmek için gönderilmiş bir kitaptır. O halde bütün insanlar bu kapsama girmektedirler.**

Allah yoluna hikmet ve güzel öğütle çağırmayı ve en güzel biçimde mücadele etmeyi emreden bu ayet, İslam'da tebliğ metodunu ortaya koymaktadır.

Ayetin açık ifadesinden anlaşıldığına göre, Kur'an, hitap edilmek istenen insanları üç grup halinde değerlendirmekte ve bunların her birine ne şekilde hitap edilmesi gerektiği belirtilmektedir:

1. Allah yoluna hikmetle çağırmak.

2. Allah yoluna güzel öğütle çağırmak.

3. En güzel bir biçimde mücadele etmek.

***

1. Allah Yoluna Hikmetle Çağırmak:

Allah yoluna hikmetle davet edilecek olanlar, gerçeği öğrenmek isteyen, anlayışlı ve olgun insanlardır. Onlara karşı ancak kesin delillerle konuşmak doğru olur ki, o kesin delil de hikmettir. Nitekim ayette geçen hikmet kelimesi başlıca şu manaları taşımaktadır:

a) Doyurucu, ikna edici, aynı zamanda -karşısındaki insanların kültür seviyesine göre- bilimsel ölçüde delillerle davet etmek.

b) Gerçeği yansıtır mahiyetteki belgelerle davet etmek.

c) İnsanlara yarar sağlayacak, akıllara ışık tutacak vicdanlarını harekete geçirecek misallerle davet etmek.

2. Allah Yoluna Güzel Öğütle Çağırmak:

Allah yoluna güzel öğütle davet edilecek olanlar ise, sağlam karakterli, güzel huylu, iyi kalpli, zarif ve duyarlı bir vicdana sahip ve öğüt kabul eden insanlardır. Bu tür insanları Allah yoluna, güzel, tatlı, çekici ve doyurucu öğütlerle davet etmek gerekir. Çünkü bilgisiz, hikmetsiz, kaba davetle, taassupla hareket etmenin bir yararı olmaz. Ancak hikmet, tatlı dil gönülleri etkiler, insanları yumuşatır, yoldan çıkanları yola getirir.

3. En Güzel Bir Biçimde Mücadele Etmek:

En güzel bir biçimde mücadele etmek, daha ziyade dinî eğitimden uzak, yabancı kültürün tesiri altında kalıp dine, dindara saygı duymayan; üstelik yıkıcı, bozucu faaliyetlerde bulunan inkârcı veya çok şüpheci inatçılara karşı yapılır. Mücadelenin günün şartlarını, sosyal yapının özelliklerini, muhatabın tutum ve dayanaklarını dikkate alarak sistemli, seviyeli, şuurlu bir şekilde yapılması gereklidir.

Ayette geçen mücadele kelimesi cedel kökünden müfâale kalıbından mastardır. Aşırı ölçüde tartışma, bir işi sağlam yapma, mücadele eden iki kişiden birinin diğerini fikren mağlup etmesi, güreşmek ve bir insanın arkadaşını sert yere düşürmesi gibi manalara gelmektedir.

Münakaşalardan müspet bir netice elde etmek oldukça zor bir iştir. Karşılıklı olarak bir takım fikirlerin çatışması sonucunda, genellikle yorgunluktan ve dargınlıktan başka bir şey hasıl olmaz. Bunun için Kur'an, karşı tarafla mutlak olarak mücadele yapmayı pek tavsiye etmemiş, ancak ille de mücadele etmek gerekirse en güzel şekilde yapılmasını istemiştir. Muhatabı kötüleyerek, onun şahsiyetini rencide ederek değil, ona karşı nazik ve anlayışlı davranarak hareket etmeyi, iyi bir netice elde edilmesi bakımından önemli saymaktadır.

Bu ayetten başka Kur'an'da, tebliğ metodumuzun nasıl olması gerektiğini açıklayan başka ayetler de vardır. O ayetleri de göz önünde bulundurarak Kur'an'ın öngördüğü diğer tebliğ yöntemlerini şöyle açıklayabiliriz:

4. Şefkat ve Merhametle Davet Etmek:

Müslümanların merhametli olması, Kur'an'ın emrettiği bir husustur. Davetçi ise, her müslümandan daha çok merhametli olmak zorundadır. Başkalarına karşı şefkatli ve merhametli olmayan bir kişi, onların iyiliğini isteyebilir mi? Hâlbuki davetçi, insanların cehennem ateşinden kurtulup Allah'ın rızasına kavuşması için gayret sarf eden kimsedir. O kendisi için sevdiği bir şeyi başkaları için de sever.

Kur'an'da Hz. Peygamber'in merhametli olması sebebiyle, insanların O'nun etrafına toplanmış olduğu, aksi halde katı kalpli olmuş olsaydı etrafındakilerin dağılıp gitmiş olacakları belirtilmektedir.

"(Ey Muhammed!) Sen, Allah'tan bir rahmet ile onlara yumuşak davrandın! Şayet sen kaba, katı yürekli olsaydın, hiç şüphesiz, etrafından dağılıp giderlerdi." (Âl-i İmran 3/159)

Bu ayet, davetçinin merhametli ve güler yüzlü olmasının önemi üzerinde durmaktadır. Soğuk ve katı yürekli insanlardan hiç kimsenin hoşlanmadığı bir gerçektir. Herkes müsamahakâr ve güler yüzlü insanların etrafında toplanır. Güler yüzlü bir çehrenin ve tatlı bir çift sözün her insan üzerinde müspet bir tesir bıraktığını kim inkâr edebilir? Hz. Peygamber'de güler yüz, müsamaha ve merhamet o kadar engindi ki, O'nun hiçbir kimseye bağırıp çağırdığı görülmemiştir. Enes b. Mâlik bu konuda şöyle demektedir: "Hz. Peygamber'e on sene hizmet ettim, bir kere dahi bana (canı sıkılıp) of demedi. Yaptığım bir iş için "niçin böyle yaptın veya şöyle yapsaydın" demedi." (Buhârî, Edeb, 39; Ebu Davud, Vitr, 32; Edeb, 1; Tirmizî, Bir, 69; Ahmed b.Hanbel, a.g.e., III, 101, 124, 159) İyilik ve müsamaha yönünden Hz. Peygamber'in hayatı eşsiz örneklerle doludur.

***

Burada bir örnek vermek istiyorum:

Bir gün İslamiyete tam ısınmamış bir bedevî, Hz. Peygamber'in huzuruna gelerek O'ndan bir şeyler istedi. Rasulullah da bu fakir adama yardımda bulundu. Adam kalkıp giderken Hz. Peygamber ona:

- Seni memnun edebildim mi? dedi. Adam:

- Hayır memnun değilim, bunlar da bir şey mi sanki! diye söylendi.

Adamın bu nezaketsiz davranışına karşı orada bulunan Sahabîler, son derece kızdılar ve onun üzerine yürümek istediler. Hz. Peygamber, onlara durmalarını işaret ederek, evine gidip bu adama başka şeyler daha getirip verdi. Tekrar ona:

- Şimdi seni memnun edebildim mi? diye sordu. Adam da:

- Evet yardımda bulundun, Allah, ehline ve aşiretine hayır versin, dedi. Bunun üzerine Hz. Peygamber ona:

- Öyleyse gel, biraz önce kızdırdığın insanlara bu memnuniyetini açıkla da, sana olan düşmanlıklarını gider, dedi.

Adam içeri girip müslümanların huzurunda Hz. Peygamber'den memnun olduğunu belirtti.

İşte Hz. Peygamber'in bu ölçüdeki şefkat ve müsamahası insanları İslamiyete çekiyor ve onlara İslamiyeti benimsetmiş oluyordu. Bütün peygamberler gönderildikleri insanlara karşı hep böyle merhametli ve müsamahakâr davranmışlardır. İşte İslam'ı insanlara anlatan her davetçinin de muhataplarına karşı bu derece şefkatli ve merhametli olması gerekmektedir.

5. Yumuşak Söz Söylemek ve Muhatabı Güzellikle Savmak:

Fikir ve inançların değiştirilmesinde insanı etkileyen unsurlardan biri de şüphesiz ki yumuşak söz ve tatlı dildir. Yumuşak söz ve güler yüze karşı insanların büyük zaafı vardır. Güler yüzlü ve yumuşak sözlü insanlar, toplum içinde her zaman sevilir ve sayılırlar. Onlara karşı sıcak bir ilgi, yakın bir alaka, hiç eksik olmaz. İslam davetçisi bu noktada da herkesten çok duyarlı olarak muhataplarına karşı kullanacağı dilin yumuşak olmasına itina göstermelidir. Nitekim Kur'an-ı Kerim, bu hususa şöyle işaret etmektedir:

"**Kullarıma söyle, sözün en güzelini söylesinler. Doğrusu şeytan aralarını bozmak ister. Şüphesiz şeytan insanın apaçık düşmanıdır.**" (İsra 17/53)

Bu ayette de ifade edildiği gibi inkâr eden insanlara dahi en güzel şekilde konuşulması gerekmektedir. Çünkü güzel söz ve yumuşak bir üslup, en katı insanlar üzerinde bile etkili olmakta ve onların yumuşamasını sağlamaktadır.

Muhatabı daima yumuşak ve tatlı sözlerle irşad etmek lazımdır. Çünkü bir adama bir şeyler öğretmekte onun cahil oluşuna işaret vardır. Cehaleti çok az kimse kabul eder. Bunun için hiddetli kimseler cehalet ve hataları üzerine ikaz edildikleri zaman hemen öfkelenirler. Cehaletlerinin ortaya çıkmaması için bile bile hakka karşı direnip dururlar. İnsan tabiatı hep cehaletini örtmeye meyleder. Çünkü cehalet insanda manevî bir çirkinlik ve yüz karalığıdır. Sahibi daima kınanır. Bunun için cehaletinin meydana çıkmasından insan son derece üzüntü duyar.

Tebliğ ve irşad esnasında kullanılan kaba ve sert sözleri şeytan vasıta yaparak insanların arasının açılmasına ve birtakım kötülüklerin çıkmasına çalışır. Kaba ve sert sözlerin cevapları daha da kaba ve sert olursa, giderek tartışma kavgaya dönüşür. Bu yüzden beşerî münasebetler iyice bozulmuş olur. İşte yukarıdaki ayette "şeytan insanların arasını bozmak ister" ifadesiyle bu husus belirtilmiştir. Bunun için davetçilerin inkârcılarla güzel konuşması, çıkması muhtemel olan kötülüklerin bertaraf edilmesi için lüzumludur. İnkârcılara karşı güzel konuşulmasını isteyen Kur'an, diğer insanlara karşı güzel konuşulmasını öncelikle istemektedir. **Tatlı ve güzel söz, kalplerdeki yaraları iyileştirir, katılıkları giderir ve onları sevgi ve saygı etrafında toplar.** Şeytan ise insanların dillerinden yakalamış olduğu kötü sözlerle insanların arasını açar ve düşmanlığı körükler. Konuşulan güzel sözlerle şeytana bu fırsat verilmemiş olur.

Yüce Allah, Hz. Musa ve Harun'u, Fir'avun'u imana davet etmeye gönderirken onlara şöyle demiştir:

"Fir'avun'a gidin. Çünkü o, iyiden iyiye azdı. Ona tatlı dille konuşun. Belki o, aklını başına alır veya korkar." (Taha 20/43-44)

Yumuşak söz, karşı tarafın kin ve öfkesini tahrik etmez, onların kibir ve gurur hislerini uyandırmaz. Aksine kalpleri yatıştırır, düşünmeyi ve ibret almayı telkin eder. Bunun için Yüce Allah, Fir'avun'a söylenecek yumuşak sözü de şu şekilde tayin etmiştir:

"De ki: (küfürden, azgınlıktan) temizlenmeye senin meylin var mı? Sana Rabbine giden yolu göstereyim ki, ta ki O'ndan korkasın." (Naziat 79/18, 19)

Burada görülüyor ki, muhataba gayet yumuşak bir tarzda ve her çeşit nezaket kaidelerini içeren bir soru cümlesiyle "temizlenmeye niyetin var mı?" şeklinde hitap edilmektedir. Muhatap kim olursa olsun, isterse burada olduğu gibi, en azılı din düşmanı bile olsun, kullanılacak dilin yumuşak olmasına dikkat çekilmiştir.

6. Müjdeleyerek Davet Etmek:

Müjdeleme kelimesi Arapça'da tebşir kavramıyla ifade edilir. Tebşir kelimesi ise, Arapça'da "sevinçli haber vermek, birine bir şeyi müjdeleyerek sevindirmek" gibi anlamlara gelmektedir.

Kur'an'da tebşîr (müjdelemek) fiili, Allah'a, Hz. Peygamber'e ve Kur'an-ı Kerîm'e isnat edilerek kullanıldığı gibi bunun ism-i faili olan mübeşşir de hem geçmiş peygamberler hem de Hz. Muhammed için kullanılmıştır. Bu kullanım tarzına hadislerde de rastlamak mümkündür.

Beşir kelimesi, ayetlerde daima nezir kelimesiyle birlikte kullanılmaktadır. Bu da, birincinin iyi habere, ikincinin ise kötü habere tahsisini ifade eder. Buna göre beşir, "müminlere (veya itaatkâr müminlere) özellikle ahiret mutluluğunu ve Cenneti müjdeleyen" manasına gelir.

Beşir sıfatıyla muttasıf olan peygamberler, Allah'a iman edip onun hüküm ve emirlerine itaat edenlere verilecek mükâfatları bildirir ve müminleri Cennet nimetiyle müjdelerler. Peygamberlik görevini yerine getiren Allah'ın dinine davet eden tebliğcilerin de bu görevi yaparlarken insanları nefret ettirmeden en güzel hikmetle, yumuşaklık ve nezaketle davetlerini yapmaları gerekir. Çünkü Hz. Peygamber (sav) bir hadislerinde:

"Kolaylaştırınız, güçleştirmeyiniz; müjdeleyiniz, nefret ettirmeyiniz." (Buhârî, Cihad, 164) buyurmuştur.

7. Korkutarak, Sakındırarak ve Uyararak Davet Etmek:

Korkutma, sakındırma ve uyarma kelimeleri Arapça'da "inzar" kavramıyla ifade edilir. İnzar kelimesi ise, Arapça nezr kökünden if'al kalıbında bir mastar olup sözlükte, "bir şeyin sonucundaki tehlikeyi haber verip sakındırmak, uyarmak ve dikkatini çekmek" gibi anlamlara gelir. "Sevindirici bir haber vererek müjdelemek" anlamındaki "tebşir"in karşıt anlamlısıdır. Nasıl ki tebşir kavramının içinde mutluluk ve sevinç mevcutsa; inzar kavramının içinde de korkutma mevcuttur. Bu korkutma, işin sonunda olacak şeyleri haber vermek suretiyle uyarıda bulunmak ve bu uyarı ile işin yapılmasına engel olmak demektir.

İnzar işini yapan, yani bir tehlikeyi haber vererek başkasını uyaran kimseye, münzir veya nezir denir ve "tehlikenin farkında olmayan topluluğa bu tehlike hakkında bilgi veren kimse" diye de tanımlanmaktadır. Nitekim kabile çatışmalarının yoğun olduğu cahiliyye döneminde, baskına gelen düşmanları görerek kabilesini bundan haberdar eden kimseye "nezîr" denmiş; hatta "Ben çıplak uyarıcıyım" sözü, o zamandan beri Araplar arasında bir darb-ı mesel hâline gelmiştir.

Dinî bir kavram olarak "inzâr"; Yüce Allah'ın peygamberleri aracılığıyla kullarını uyarması, onları kötü akıbetten sakındırmasıdır. İnzar görevini yerine getirmeleri sebebiyle peygamberlere de "nezîr-münzîr" denir.

İnzar kavramı, Kur'an'da peygamberlerin bir vasfı olarak zikredilmektedir. İnzar kelimesi, fiil olarak Kur'an'da 45 yerde geçmekte ve bu ayetlerde peygamberlerin uyarıcı yönleri hatırlatılmakta ve bunun bir görev olduğu açıklanmaktadır.

Yüce Allah, Fatiha suresinde kendisini "âlemlerin rabbi" olarak nitelendirmektedir. Çünkü her şeyi yoktan var eden O'dur. Elbette kullarını en iyi tanıyan ve onlara nasıl hitap edilmesi gerektiğini en iyi bilen Allah'tır. İnsanlık tarihi boyunca, hak yoldan saparak şirk ve inkâr bataklığına saplanan kavimleri uyarmaları için zaman zaman nezirler/peygamberler göndermiştir. Peygamberlerin uyarılarına kulak asmayanları, kendilerinden sonrakilerin ibret alacakları şekilde cezalandırmıştır. Nitekim Kur'an'da şöyle buyurulur: "Kendinden önce ve sonra uyarıcılar gelmiş olan Ad kavminin kardeşini (Hud'u) hatırla. Hani Ahkaf'taki kavmini;

"Allah'tan başkasına kulluk etmeyin. Ben sizin, büyük bir günün azabına uğramanızdan korkuyorum." diye uyarmıştı." (Ahkaf 46/21)

Rasulullah'ın İslam'ı tebliğ görevine ilk defa inzarla başladığını Yüce Allah'ın, "Ey örtüye bürünen, kalk, inzar et." (Müddessir 74/12) buyruğundan öğreniyoruz. Yine Hz. Peygamber, "Sen ilk olarak en yakın hısımlarını inzar et." (Şuarâ 26/214) ilâhî emri gereğince önce yakın akrabalarını uyararak bu inzar görevini sürdürmüştür. Rasulullah, böylece hayatının sonuna kadar, inzar görevini eksiksiz bir şekilde yerine getirmiştir. Bir yandan müşrikleri hak yola davet ederek inanmayanları ahiret azabıyla inzar etmiş, diğer yandan kendisine inananları, her türlü günaha karşı uyarmıştır. Bu türlü inzarlar Kur'an'da büyük bir yer tutmaktadır.

O halde inzar da, tebşir gibi dine davet yöntemlerinden biridir. İslam, iyilik yapıp kötülükten kaçınmayı ve Allah'a teslim olarak bütün davranışlarda ilâhî emirlere uymayı amaçlayan bir dindir. İman, vasıtasız olarak yaşanan ve derin bir iç tecrübeye dayanan bağımsız bir yöneliştir. Bu bakımdan insanlara inanmaları için baskı yapılamaz. "Dinde zorlama yoktur." (Bakara 2/256) ayeti de bu esası açıkça dile getirmektedir.

İslam'ı tebliğ ederken, ne yalnız Cehennem ile korkutmak ne de yalnız Cennet ile müjdelemek; korku ile ümit arasında dengeli bir hava oluşturup ruh ve vicdanları serinletmeyi ihmal etmemek bu davetin bir parçasını oluşturmaktadır.

***

[◘Kod-085◘]

"MURAT HARİKALAR DİYARINDA"

["O da bir zamanlar çocuktu" serisi- Küçükler için Fantastik bir hikaye-I]

الَّذِينَ آتَيْنَاهُمُ الْكِتَابَ يَعْرِفُونَهُ كَمَا يَعْرِفُونَ أَبْنَاءهُمْ وَإِنَّ فَرِيقاً مِّنْهُمْ لَيَكْتُمُونَ الْحَقَّ وَهُمْ يَعْلَمُونَ

Türkçe Okunuş: Ellezîne âteynâhumul kitâbe ya'rifûnehu kemâ ya'rifûne ebnâehum ve inne ferîkan minhum le yektumûnel hakka ve hum ya'lemûn(ya'lemûne).

Meal: Kendilerine kitap verdiklerimiz, O'nu (Müjdeci veya Uyarıcıyı) kendi çocuklarını tanıdıkları gibi tanıyıp bilirler. Ve muhakkak ki, buna rağmen onlardan bir fırka, hakkı gerçekten bile bile gizlemektedir.

GİRİŞ {Devamı ilerde ayrı bir eser halinde telif edilecektir}:

"**Y**avaş yavaş her şey anlamını yitirmeye başlamıştı.."

"Siyah bir tavşan, beyaz bir delikten yavaşça içeri süzülmeye başladı.."

O da ne? Bilinen dünya yok, her şey anlamsız ama yepyeni bir dünya ve vizyon tavşanı bekliyordu oracıkta.."

***

-"Cennet'i yeryüzüne indirmedikçe, mutlu olamazsın" dedi tavşan sessizce, sen yoksa saklı ülkeyi görmedin mi? dedi tavşan murat'a, Murat çok şaşırmıştı tavşanın bu konuşmasına alternatif saklı ülkeye nasıl girebilirdi."

Bir an için bu kapalı kapıların ardında yüzyıllarca hapsedilmiş gibi hissetti nedense, oysa kendi zamanında havalar ne de çok değişmeye başlamıştı, hiçbir şey onun zihnini dinlendirmez, insanları hiçbir şey mutlu etmez olmuştu.

Oysa herkes kendinden emin gibi hep zoraki gülümsemeye çalışan bir dünyadan gelmişti buraya. Ama burayı da çok tanımıyordu ki, etraf altın sarısı renkte yapraklarla dolu bir orman ve derinliklerinde çatılarındaki kiremitleri zümrüt ve yakuttan yapılmış çok güzel evler görüyorsun, ama birden, masmavi akan bilmediği bir sıvıyla akıp duran gizemli nehrin karşısında buluyorsun kendini.. Bir an için sanki, daha önce hiç yaşamamış olduğunu hissetmeye başladı, beyninde bir çatırdama oluyor gibi, her tarafı uyuşmuş, gözlerini açınca kamaşmaya başlamıştı.

***

-"Şimdi sarhoş gibiyim, üstelik bu dünyada gözlerimi açınca yoğun bir ışık kümesi beynime doluyor ne oluyor anlam veremiyorum, öldüm mü yoksa ?" dedi murat kendi içinden Tavşan onun bu halide hem gülümsedi hem de anlam veremedi.

Tam köprü üzerine yaklaşmıştı ki, 3 kafalı dinazorumsu bir yaratık nehrin kenarından çıkıp yere uzandı, başaka nice güzel yaratıklar da vardı burada ayrıca, nice köşkler, saraylar ve nimetler.

- "Hey" dedi sana trampet çalabilirim, üstelik bir orkestaramız da var bak şu ilerdeki zümrüt konakta konser veriyoruz dedi kafasından birini ona doğru sallayarak Cennet-misal kayıp bir dünyada/memlekette..

Hava zifiri karanlık olmaya yüz tutmuştu ki, on günler yol aldılar tavşanla, tavşan murat'a sürekli yol gösterip saklı ülkede kılavuzluk etti. Derken siyah tavşan murat'a yol gösterdi, nihayet yüzüncü harika günün sonunda, güneş batmayan bir gecenin sabahında bir köprü başına varıp durdular..

-Hadi gel benimle köprüden karşıya geçelim, burası gerçek Cennet, "Cennet-ül Ala" hiç sıkılmayacaksın,

-Çünkü, harikalar dünyasındasın

-Hoşgeldin..! diye ekledi..

"Bu dünya bir harika dostum mucizelerle dolu olacak" diye seslendi ona arkadaşı, öyle ki her şey burada mümkün olacak, öyle ki, her istediğini burada elde edeceksin, hatta önceki hayatına nisbetle burada hiç üzülmeyeceksin de dedi. Hakikati ve Gerçeği arayan Ey Genç Dostum! Bu alternatif dünyada, öyle çok şey var ki, Cennet-misal, çok yakında öğrenerek yeni bir çağa adım atacaksın belki de,

Vesselam..

Üstad M. Uhrai,

[Alternatif Dünyalara doğru, "Murat Harikalar diyarında, Cennet-i Ala"]

***

[◘Kod-086◘]

MEHDİ AS. NEREDEN GELDİ?

HZ. MEHDİ (AS)'IN SOYU, KAFKASYA'DAN GELİR

Müslümanlardan bir zat (Hz. Mehdi (as)) gelecek,

BU ZATIN ŞEREFİ KAFKASYA'NIN EN ULU DAĞINDAN etrafa Güneş'in şuaı (ışık hüzmeleri gibi) gibi şule nisar olacaktır (etrafa ışıltılar saçacaktır).

(Osman Yüksel Serdengeçti, Mabedsiz Şehir, Serdengeçti Neşriyatı: VI, s.107)

Sonra bir kez yine Peygamberimiz (sav) buyurdu ki:

Ey Ümmet! Altı şey vardır ki; onlar olmadan kıyamet kopmaz (altıncısı) medinenin (şehrin) fethi.

-Denildi ki: Hangi medine? (Hangi şehir?)

-Buyurdu ki: Konstantiniyye.

Hz. Mehdi (as)'ın doğduğu ve İslam aleminin batısında kalan şehir ile fethedeceği şehrin ayrı medineler yani ayrı şehirler olduğunu da yine rivayet edilen hadislere bakarak anlamamız mümkündür. Yani, Hz. Mehdi (as) İslam aleminin batısında yer alan büyük bir şehirde doğacak, daha sonra da İslam aleminin bir başka büyük şehri olan İstanbul'u manen fethedecektir.

***

Sonsuzluğun Sonsuzluğu

[◘Kod-087◘]

KIYAMET GERÇEKLİĞİ'NE BAKAN AYETLERİ BİLDİREN -YEDİ PENCEREDİR

[Bu pencerelerin tamamı 66 madde olup, tamamı "Sabib-üz Zaman – Zamanın Sahipleri"nde ayrıca telif edilmiştir..]

BİRİNCİ PENCERE:

Kıyamet Gerçekliği'nin ilk harfleri Kaf (ق) ve Kef (گ) harflerine ve son harfi Ya (ي) harfine baktığı gibi;

قىيامە گەرچەكلىغى

Müellifinin zuhurunun ve veladetinin çıkış yeri olan;

قافگاسيا

"KAFKASYA" ismi dahi, makam-ı cifrisi **"276"** olarak Kıyametle Gerçekliği'ni ve Müellifini işaret ederek remzen gösterir. Dolayısıyla Kur'ân'da ekseri Kıyamet ve âhirzamanla ilgili kelimelerin başlarında bulunan bu **KAF** (ق) harfi, müellif için bir ism-i azâmın baş harfi hükmüne geçmiş olup; ayrıca kıyametten detaylı bir şekilde bahseden Kıyamet, Kamer ve Kadir surelerindeki bazı ayetler **Kıyamet Gerçekliği**'ne kuvvetli bir tarzda işaret ederek; özellikle **Kıyamet suresinin 1.** ve **19.** ayetleri müellifin eserlerine bu ismi vermesinin en önemli sebeplerinden birincisini ve en önemlisini oluşturur. Örneğin, Kıyamet suresinin özellikle 16, 17, 18 ve 19. ayetleri kıyametin düzenlenmesi, buna ilişkin bilginin okutulması ve açıklanmasından açık bir şekilde bahseder:

لَا تُحَرِّكْ بِهِ لِسَانَكَ لِتَعْجَلَ بِهِ (١٦) اِنَّ عَلَيْنَا جَمْعَهُ وَقُرْاٰنَهُ (١٧)

فَاِذَا قَرَاْنَاهُ فَاتَّبِعْ قُرْاٰنَهُ (١٨) ثُمَّ اِنَّ عَلَيْنَا بَيَانَهُ (١٩)

"O'nu (Kıyameti) çabuklaştırmak için dilini onunla kıpırdatma. Şüphesiz, O'na ait bilgiyi toplamak ve okutmak bize aittir. O halde biz onu okuduğumuz sırada okunuşunu takip et. Sonra, onu açıklamak da bize aittir."

{Kıyamet, 16-19}

16. ayetin makam-ı cifrisi, şeddeli ra bir ra (200) ve ayetin sonundaki vakıf bir ta (9) sayılmak şartıyla **1376** yaparak hicri 13. asrın sonunda ortaya çıkacak olan ve kıyametin habercisi olan bir esere, yani kıyamet gerçekliğine remzen işaret ettiği gibi; şeddeli ra iki ra (400) sayılmak şartıyla **1576** yaparak kıyametin yaklaşma zamanının çabuklaşmasından, yani zamanın akış hızının iyice artmasından harika bir şekilde haber verir. Yine benzer şekilde, 17 ve 19. ayetlerde geçen;

$$\text{اِنَّ عَلَيْنَا جَمْعَهُ وَقُرْآنَهُ ثُمَّ عَلَيْنَا بَيَانَهُ}$$

"Şüphesiz, O'na ait bilgiyi toplamak ve okutmak sonra, onu açıklamak bize aittir."

cümlesinin makam-ı cifrisi şeddeli mim ve nunlar birer olmak üzere ve kuvvetli te'kidi gösteren ayetlerin sonundaki ikişer defa tekrar eden ha'yı atıf iki he (10) ve ya'i vakıf iki ya (20) sayılmak şartıyla **1476** yaparak hicri 14. asırda hem kıyamet bilgisinin toplanması ve okunması görevini yapan ve hem de ona ilişkin gaybî bilgiyi detaylı bir şekilde açıklayarak haşri ve ahiretin varlığını kıyametin gelmesi noktasında isbat ederek iman-ı tahkikiyi neşreden bir eserin hem kendisine ve hem de müellifinin cifir değerine tam tevafuk ederek kuvvetli bir şekilde remzen ve dalaleten işaret eder.

Ayrıca bu ayetlerde vurgulanan, "جَمْعَهُ" **"Toplanmış"** kelimesi Kıyamet Gerçekliği eserlerinin çeşitli ilmi eserlerden, doğu ve batıdaki tüm ilmi kaynaklardan ve önemli Kur'ânî kaynaklardan faydalanarak ve araştırmaya ve tetkike dayalı tahkiki bir surette toplanarak oluşturulmuş bir eserler bütünü olduğuna işaret eder. Ayrıca bu **"Cem'ahû"** ifadesi, bir başka manada **"Birleştirilmiş"** anlamında kıyamet gerçekliği eserlerinden, "جَمْعُ الإضافية" yani Allah'ın Vahdaniyetini ve Ehadiyyetini modern teorik Fizik ve Matematik yoluyla, daha önce teorik fizik veya matematikle ilgili hiçbir akademik çalışmada rastlanmayan bir üslup ve tarzda Kur'anın bazı semavi müteşabih ayetlerinin Matematik ve Fizik Lisanıyla tefsirini yaparak Allah'ın varlığını ve Bir olması gerektiğini kuvvetli delillerle isbat eden **"Birleşik Alan Teorisi"** ne remzen bakar ve işaret eder. Ayrıca diğer bir kısım eserlerdeki kıyamet sürecinin okutulması ve isbat edilmesine de işaret eder.

Ayrıca bu ayetlerden bir önceki ayette geçen **"Tuharrik bihi Lisaneke"** ifadesi de, bu **"Cem'ahu"** ifadesiyle işaret edilen bu eserlere bakmaktadır ki, iki cümle ortadaki işaret edilen lafzı aralarına alarak kelimeleri adeta atom, zerreler ve küreler gibi hareket ettirerek kendi lisanlarıyla konuşturduğu gibi; kıyamet gerçekliği eserlerindeki her bir parça eserin varlık aleminin hakikatini dualiteye sahip olan ikişer bilim dalını içerisine alarak, zamanın **100** senelik bir mesafesine bakarak o meseledeki ilmi bakış açısını tecdid eder. Zerrelerin ve Kürelerin hareketlerini kendi kanunlarının tabi olduğu Lisanlarla, yani fen bilimleriyle konuşturur ki, aynı tarzda oluşturulmuş ve açıklanmış olan ve Kainat kitabından okutularak düzenlenmiş birer kanunlar manzumesi olduğunu ve hepsinin gerçek ve tek hareket ettirici kuvvetinin, kaynağının ve tabi oldukları kevni kanunların aynı müessirin eseri olduğunu ilan ve isbat eder.

Evet, kıyamet gerçekliğindeki her bir parça eser, ikişer ilim dalını kapsayan ikişer lisanla, sözgelimi **Matematik-Fizik**, **Kimya-Biyoloji**, **Tarih-Coğrafya**, **Arkeoloji-Jeoloji**, **Felsefe-Mantık**, **Sosyoloji-Ekoloji**, **Astrofizik-Biyokimya** gibi v.b. iç içe geçmiş ilimlerin mütedahil bölümlerini Vahidiyyet ve Ehadiyyet çerçevesinde ortaya çıkartarak 55 Lisanla iman-ı tahkikiyi bu ilimlerin kendi lisanıyla ahir zaman ve kıyamete bakan vechini yakalayarak ilan ve isbat eder. Hem ayrıca, bu eserlerin Arapça olmayarak; müellifin kendi Lisanı olan Türkçe te'lif edildiğini remzen işaret eder.

- Rahmân ve Rahîm olan Allah'ın adıyla -

"**1**: Kıyamet gününe yemin ederim. **2**: Kendini kınayan (pişmanlık duyan) nefse yemin ederim (diriltilip hesaba çekileceksiniz). **3**: İnsan, kendisinin kemiklerini biraraya toplayamayacağımızı mı sanır? **4**: Evet, bizim, onun parmak uçlarını bile aynen eski haline getirmeye gücümüz yeter. **5**: Fakat insan önündekini (kıyameti) yalanlamak ister. **6**: «Kıyamet günü ne zamanmış?» diye sorar. **7-9**: İşte, göz kamaştığı, ay tutulduğu, güneşle ay biraraya getirildiği zaman! **10**: O gün insan, «Kaçacak yer neresi!» diyecektir. **11**: Hayır, hayır! (Kaçıp) sığınacak yer yoktur! **12**: O gün varıp durulacak yer, sadece Rabbinin huzurudur. **13**: O gün insana, ileri götürdüğü ve geri bıraktığı ne varsa bildirilir. **14**: Artık insan, kendi kendinin şahididir. **15**: İsterse özürlerini sayıp döksün. **16**: (Rasûlüm!) onu (vahyi) çarçabuk almak için dilini kımıldatma. **17**: Şüphesiz onu, toplamak (senin kalbine yerleştirmek) ve onu okutmak bize aittir. **18**: O halde, biz onu okuduğumuz zaman, sen onun okunuşunu takip et. **19**: Sonra şüphen olmasın ki, onu açıklamak da bize aittir. **20-21**: Hayır! Doğrusu siz, çarçabuk geçeni (dünya hayatını ve nimetlerini) seviyor, ahireti bırakıyorsunuz. **22**: Yüzler vardır ki, o gün ışıl ışıl parıldayacaktır. **23**: Rablerine bakacaklardır (O'nu göreceklerdir). **24**: Yüzler de vardır ki, o gün buruşacaktır; **25**: Kendilerinin, bel kemiklerini kıran bir felâkete uğratılacağını sezeceklerdir. **26**: Artık gözünüzü açın! Ne zaman ki can köprücük kemiğine dayanır, **27**: «Tedavi edebilecek kimdir?» denir. **28**: (Can çekişen) bunun gerçek bir ayrılış olduğunu anlar. **29**: Ve bacak bacağa dolaşır. **30**: İşte o gün sevkedilecek yer, sadece Rabbinin huzurudur. **31**: İşte o, (Peygamber'in getirdiğini) doğru kabul etmemiş, namaz da kılmamıştı. **32**: Aksine yalan saymış ve yüz çevirmişti. **33**: Sonra da çalım sata sata yürüyerek kendi ehline (taraftarlarına) gitmişti. **34**: Lâyıktır (o azap) sana, lâyık! **35**: Evet, lâyıktır sana (o azap) lâyık! **36**: İnsan, kendisinin başıboş bırakılacağını mı sanır! **37**: O, (döl yatağına) akıtılan meninin içinden bir nutfe (sperm) değil miydi? **38**: Sonra bu, alaka (aşılanmış yumurta) olmuş, derken Allah onu (insan biçiminde) yaratıp şekillendirmişti. **39**: Ondan da iki eşi, yani erkek ve dişiyi var etmişti. **40**: Peki (bunları yapan) Allah'ın, ölüleri tekrar diriltmeye gücü yetmez mi?"

{Kıyamet, 1-40}

***

[◉Kod-088◻]

İKİNCİ PENCERE:

Yine benzer şekilde, Kaf suresinin 41. ayetinin;

$$\text{وَاسْتَمِعْ يَوْمَ يُنَادِ الْمُنَادِ مِنْ مَكَانٍ قَرِيبٍ}$$

"Bir çağırıcının yakın bir yerde çağıracağı güne kulak ver."

{Kaf, 41}

makam-ı cifrisi sondaki tenvinler birer nun (50) sayılmak şartıyla, **Hicri 1437** veya **Miladi 2017** tarihini verdiği gibi, yine bir sonraki ayette geçen;

$$\text{يَوْمَ يَسْمَعُونَ الصَّيْحَةَ بِالْحَقِّ ذَلِكَ يَوْمُ الْخُرُوجِ}$$

"O gün (bütün halk) o hak sayhayı işiteceklerdir. İşte bu (Kabirlerden) çıkış gününün (veya Kıyametin ilan edilmesi)'dir."

{Kaf, 42}

cümlesinin makam-ı cifrisi dahi, şeddeki sad ve kaf birer sayılmak şartıyla, yine yukarıdaki elde ettiğimiz tarihe yakın bir tarih olan, **Hicri 1440** ve **Miladi 2020** tarihini vererek Hz. Mehdi'nin Kıyameti ilan etme tarihine ve o kuvvetli sayhanın ve ilanâtın ayn-ı tarihine remzen işaret ettiği gibi; ayette geçen الصَّيْحَةَ بِالْحَقِّ "**Gerçeğin seslenişi, çağrısı**" anlamında bir kelimeyle yine bu ilanâta işaret ederek, "**Bir çağırıcının yakın**

bir yerden çağıracağı güne" veya "**Kıyamet gününün ilan edilmesi**"ne dalalet ederek Kıyametin ilan ve isbat edilmesine hizmet eden hak bir hakikat ve sesleniş olan Kıyamet gerçekliği'nin neşr ve ilan edilmesi dönemine remzen işaret eder. Eğer, şeddeli sad ve kaf ikişer sayılsa, bu kez de **Hicri 1630** veya **Miladi 2204** tarihini vererek kabirlerdeki ölülerin diriltilmesinin İsrâfil AS. tarafından ilân edilmesi tarihine remzen ve dalaleten işaret ederek, Haşri ve Yeniden diriliş hakikatini kuvvetli bir Sayha ile Sur-misal gaybî tehditlerle, işaretlerle ve beyanâtlarla açıkça ilân eder.

***

[◉Kod-089◘]

ÜÇÜNCÜ PENCERE:

Yine Kamer suresinin 1. ayetinin;

$$\text{اِقْتَرَبَتِ السَّاعَةُ وَانْشَقَّ الْقَمَرُ}$$

"Kıyamet yaklaştı ve ay yarıldı." {Kamer, 1}

makam-ı cifrisi şeddeli kaf ve sin birer sayılmak şartıyla, **Miladi 2098** tarihini vererek bu tarihte büyük kıyametin bir işareti olarak ayda oluşacak derin bir yarığa işaret ettiği gibi; 4. ve 5. ayetlerinde geçen;

$$\text{وَلَقَدْ جَاءَهُمْ مِنَ الْأَنْبَاءِ مَا فيه}$$

$$\text{مُزْدَجَرٌ حِكْمَةٌ بَالِغَةٌ}$$

"And olsun ki, onları (Kıyametin geleceğini inkar eden inkarcıları) vazgeçirecek öyle Haberler gelmiştir ki, bu Haberler zirveye ulaşmış (Kuvvetli bir belâgat ve ilmî isbat içeren) birer Hikmettir."

{Kamer, 4-5}

cümlesinin makam-ı cifrisi; ayette bahsedilen "**Kıyamet Haberleri**" ve işaretleriyle, Kıyamet Gerçekliği eserlerinin büyük bir hikmet içeren ve birer "**Hikmet-ullahi-l Baliğa**" olan çoğu geleceğe yönelik gaybi haberler şeklindeki parçalarına, sondaki tenvinler birer nun (50) sayılmak şartıyla **Miladi 2017** tarihini vererek; burada geçen "لِلْأَنْبَاءِ" **"Haberler"** anlamında makam-ı cifrisi **76** değerini veren bir kelimeyle işaret ederek, bu haberleri ilan ve isbat eden ve 14. asırda Kur'an-ı Hakim'den çıkmış parlak bir nur olan Kıyamet Gerçekliği'ne ve Müellifine remzen ve dalaleten sarâhat derecesinde işaret eder.

Ayrıca burada geçen "**Hikmetun Bâliğatun**" "**Eksiksiz bir Bilgelik, Hikmet**" ifadesi, bahsedilen bu haberlerin sadece tarihlerden ibaret olmayıp; bununla birlikte, tüm hikmet içeren fen bilimlerini daha önceki manevi Kur'ân tefsirlerinde görülmemiş bir tarzda içerisinde barındıran geniş bir Hikmet eserleri serisi olduğuna işaret eder ki, gerçekten de Kıyamet Gerçekliği eserleri geniş çaplı ve felsefeden kaynaklanan hikmet meselelerini ve yaratılış konularını tahkiki bir şekilde pozitif bilimler yardımıyla çözerek aklî ve mantıkî çözümler getiren geniş bir hikmet eserleri serisidir. Fakat ayet, bu "Hikmetullahil Baliğa"nın anlamını ve içeriğini devamında gelen ifadelerde fazla açmayıp, mücmel bırakmış. Ayrıca bir sonraki ayette, bu uyarıların inkarcılara bir fayda vermediğini ve inkarcıların adetlerine ve inançlarına devam ettiğini tarih-i kadimden günümüze kadar uzanan ibretli bir tablo şeklinde, tarihin her 100 senede yenilenen her bir sayfasına, kendi manasına ve çağına uygun bir biçimde denk gelecek şekilde ibretli bir sayha ile not düşmüş:

– Rahmân ve Rahîm olan Allah'ın adıyla –

"**1**: Kıyamet yaklaştı ve ay yarıldı. **2**: Onlar bir mucize görürlerse hemen yüz çevirirler ve: Eskiden beri devam edegelen bir büyüdür, derler. **3**: Yalanladılar ve kendi heveslerine uydular. Halbuki her işin ulaşacağı yeri vardır. **4**: Andolsun onlara, kötülükten önleyecek nice önemli haberler gelmiştir. **5**: Bu büyük bir hikmettir. Fakat (yüz çevirene) uyarılar ne fayda verir! **6**: Çağıranın görülmemiş bir şeye çağırdığı gün, sen de onlardan yüz çevir. **7-8**: Sanki etrafa yayılmış çekirge sürüsü gibi bakışları perişan (utançtan yere bakar) bir halde ve dâvetçiye koşarak kabirlerden çıkarlar. O esnada kâfirler: Bu, çok çetin bir gündür! derler. **9**: Onlardan önce Nuh'un kavmi de yalanladı, hem de kulumuzun yalancı olduğunda ısrar ederek: O, delirdi, dediler. Ve (Nuh, davetten vazgeçmeye) zorlandı. **10**: Bunun üzerine, Rabbine: Ben yenik düştüm, bana yardım et! diyerek yalvardı. **11**: Biz de derhal nehir gibi devamlı akan bir su ile göğün kapılarını açtık. **12**: Yeryüzünde kaynaklar fışkırttık. (Her iki) su, takdir edilmiş bir işin olması için birleşmişti. **13**: Nuh'u da tahtalardan yapılmış, çivilerle çakılmış gemiye bindirdik. **14**: İnkâr edilmiş olana (Nuh'a) bir mükâfat olmak üzere gemi, gözlerimizin önünde akıp gidiyordu. **15**: Andolsun ki onu bir ibret olarak bıraktık, ibret alan yok mudur? **16**: Benim azabım ve uyarılarım nasılmış! **17**: Andolsun biz Kur'an'ı öğüt alınsın diye kolaylaştırdık. (Ondan) öğüt alan yok mu? **18**: Âd kavmi (Peygamberleri Hûd'u) yalanladı da azabım ve tehdidim nasılmış (gördüler). **19**: Biz onların üstüne, uğursuzluğu devamlı bir günde dondurucu bir rüzgâr gönderdik. **20**: O rüzgâr, insanları, sökülmüş hurma kütükleri gibi yere seriyordu. **21**: Nasılmış benim azabım ve uyarılarım! **22**: Andolsun biz Kur'an'ı düşünüp öğüt alınsın diye kolaylaştırdık. Öğüt alan yok mu? **23**: Semûd kavmi de uyarıcıları yalanladı. **24**: «Aramızdan bir beşere mi uyacağız? O takdirde biz apaçık bir sapıklık ve çılgınlık etmiş oluruz» dediler. **25**: «Vahiy, aramızda ona mı verildi? Hayır o, yalancı ve şımarığın biridir» (dediler.) **26**: Yarın onlar, yalancı ve şımarığın kim olduğunu bileceklerdir. **27**: Gerçekten onları imtihan etmek için dişi deveyi gönderen biziz. Sen onları gözetle ve sabret. **28**: Onlara, suyun aralarında paylaştırıldığını haber ver. Her biri kendi içme sırasında gelsin. **29**: Arkadaşlarını çağırdılar, o da (bundan cür'et alarak) kılıcını kaptı ve deveyi kesti. **30**: (Bu azgınlara) azabım ve uyarılarım nasıl oldu! **31**: Biz onların üzerlerine korkunç bir ses gönderdik. Hemen hayvan ağılına konan kuru ot gibi oluverdiler. **32**: Andolsun biz Kur'an'ı, anlaşılıp öğüt alınması için kolaylaştırdık. O halde düşünüp öğüt alan yok mu? **33**: Lût'un kavmi de uyarıcı peygamberleri yalanladı. **34-35**: Biz de üstlerine taş (yağdıran bir fırtına) gönderdik. Ancak Lût ailesi müstesna, katımızdan bir nimet olarak onları seher vaktinde kurtardık. Biz şükredeni işte böyle mükâfatlandırırız. **36**: Andolsun ki, Lût onları bizim şiddetli azabımızla uyardı. Fakat onlar bu tehditleri kuşkuyla karşıladılar. **37**: Onlar Lût'un misafirlerine karşı kötülük yapmayı planlamışlardı. Hemen biz onların gözlerini silme kör ettik. «Haydi azabımı ve uyarılarımı tadın!» (dedik). **38**: Bir sabah kendilerine, yakalarını bir daha bırakmayacak olan bir azap gelip çattı. **39**: İşte azabımı ve uyarılarımı tadın! (denildi). **40**: Andolsun biz Kur'an'ı, öğüt almak için kolaylaştırdık. O halde düşünüp ibret alan yok mu? **41**: Şüphesiz Firavun'un kavmine de uyarıcılar gelmişti. **42**: Lâkin onlar bütün âyetlerimizi yalanladılar. Biz de onları güç ve kudretimize lâyık bir şekilde yakaladık. **43**: Şimdi sizin kâfirleriniz, onlardan daha mı iyidirler? Yoksa kitaplarda sizin için bir berât mı var? **44**: Yoksa «Biz, intikam almağa gücü yeten bir topluluğuz» mu diyorlar? **45**: O topluluk yakında bozulacak ve onlar arkalarını dönüp kaçacaklardır. **46**: Bilakis kıyamet onlara vâdedilen asıl saattir ve o saat daha belâlı ve daha acıdır. **47**: Şüphesiz suçlular sapıklık ve çılgınlık içindedirler. **48**: O gün yüzüstü ateşe sürüklendiklerinde «Cehennemin elemini tadın!» denir. **49**: Biz, her şeyi bir ölçüye göre yarattık. **50**: Bizim buyruğumuz, bir anlık bakış gibi, bir tek sözden başka bir şey değildir. **51**: Andolsun biz, sizin benzerlerinizi hep helâk ettik. Düşünüp ibret alan yok mu? **52**: Yaptıkları her şey kitaplarda (amel defterlerinde) mevcuttur. **53**: Küçük büyük her şey satır satır yazılmıştır. **54-55**: Takvâ sahipleri cennetlerde ve ırmakların kenarlarında, güçlü ve Yüce Allah'ın huzurunda hak meclisindedirler."

{Kamer, 1-55}

[◉Kod-090◉]

DÖRDÜNCÜ PENCERE:

Yine Kıyamet sürecinden ve Haşirden detaylı bir şekilde bahseden Nebe suresinin ilk iki ayetinde geçen;

عَمَّ يَتَسَاءَلُونَ عَنِ النَّبَاِ الْعَظِيمِ

"Neyi soruşturuyorlar? O müthiş Yeniden dirilme (Kıyamet) Haberini mi?"

{Nebe, 1-2}

ayetlerinin makam-ı cifrisi **Miladi 2013** tarihini vererek, ayette **"Büyük Haber"** olarak geçen ifadeyle işaret edilen **"Kıyamet Gerçekliği"**nin neşr ve ilan edilmesiyle bu büyük kıyamet haberinin habercisi olan bir eserin ilk önemli parçalarının ortaya çıkışına ve 14. asrın başındaki müellifinin zuhurunun asıl başlangıç zamanı olan **2012-2013** tarihlerini göstererek, Kıyametin gelmeyeceğine ve Haşre inanmayanları kuvvetli bir tarzda ihtar ederek ve harika bir tarzda işaret ederek Kıyamet ve Haşirden remzen haber verir ve surenin sonundaki şiddetli tehditlerle, inkarcıların o günle karşılaşmaktansa toprak olmayı tercih edeceklerinden bahseder:

- Rahmân ve Rahîm olan Allah'ın adıyla -

"**1**: Birbirlerine neyi soruyorlar? **2-3**: (İnanıp inanmamakta) ayrılığa düştükleri büyük haberi mi? **4**: Hayır! Anlayacaklar! **5**:

Yine hayır! Onlar anlayacaklar! **6-7**: Biz yeryüzünü bir döşek, dağları da birer kazık yapmadık mı? **8**: Sizi çifter çifter yarattık. **9**: Uykunuzu bir dinlenme kıldık. **10**: Geceyi bir örtü yaptık. **11**: Gündüzü de çalışıp kazanma zamanı kıldık. **12**: Üstünüzde yedi kat sağlam göğü bina ettik. **13**: (Orada) alev alev yanan bir kandil yarattık. **14-16**: Size tohumlar, bitkiler, (ağaçları) sarmaş dolaş olmuş bağlar bahçeler yetiştirmek için üstüste yığılıp sıkışan bulutlardan şarıl şarıl akan sular indirdik. **17**: Şüphesiz hüküm günü vakit olarak belirlenmiştir. **18**: Sûr'a üflendiği gün, bölük bölük Allah'a gelirsiniz; **19**: Gökyüzü açılır ve orada pek çok kapılar oluşur; **20**: Dağlar yürütülür, serap haline gelir. **21-22**: Şüphesiz, azgınların barınağı olacak cehennem pusuda beklemektedir. **23-26**: (Azgınlar) orada çağlar boyu kalırlar, orada bir serinlik ya da (susuzluk gideren) bir içecek tatmazlar, ancak (dünyada yaptıklarına) uygun karşılık olarak kaynar su ve irin tadarlar. **27**: Çünkü onlar hesap gününü (geleceğini) ummazlardı. **28**: Bizim âyetlerimizi yalanladıkça yalanlamışlardı. **29**: Biz ise her şeyi bir kitapta sayıp yazmışızdır. **30**: Tadın! Bundan sonra yalnızca azabınızı arttıracağız. **31-34**: Şüphesiz takvâ sahipleri için umulanı buldukları yer, bahçeler, üzüm bağları, göğüsleri tomurcuk gibi kabarmış yaşıt kızlar, içki dolu kâseler vardır. **35**: Onlar orada ne boş bir lâkırdı ne de yalan işitirler. **36**: Bunlar Rabbinin yeterli bir bağışı, mükâfatıdır. **37**: O, göklerin, yerin ve ikisi arasında bulunanların Rabbidir. O, rahmândır. O gün insanlar O'na karşı konuşmaya yetkili değillerdir. **38**: Ruh (Cebrail) ve melekler saf saf olup durduğu gün, Rahmân'ın izin verdiklerinden başkaları konuşmazlar; konuşan da doğruyu söyler. **39**: İşte o, kesin olarak gelecek gündür. O halde dileyen Rabbine varan bir yol tutsun. **40**: Biz, yakın bir azap ile sizi uyardık. O gün kişi önceden yaptıklarına bakacak ve inkârcı kişi: «Keşke toprak olsaydım!» diyecektir."

{Nebe, 1-40}

[◉Kod-091◘]

BEŞİNCİ PENCERE:

Yine Kehf suresinde geçen bazı ayetler de Kıyamet Gerçekliğine bakar. Örneğin, ilk dört ayetlerinde geçen;

اَلْحَمْدُ لِلّٰهِ الَّذى اَنْزَلَ عَلٰى عَبْدِهِ الْكِتَابَ وَلَمْ يَجْعَلْ لَهُ عِوَجًا

قَيِّمًا لِيُنْذِرَ بَأْسًا شَديدًا مِنْ لَدُنْهُ وَيُبَشِّرَ الْمُؤْمِنينَ الَّذينَ يَعْمَلُونَ الصَّالِحَاتِ اَنَّ لَهُمْ اَجْرًا حَسَنًا

مَاكِثينَ فيهِ اَبَدًا

وَيُنْذِرَ الَّذينَ قَالُوا اتَّخَذَ اللّٰهُ وَلَدًا

"(1-2) Hamd, kuluna Kitab'ı indiren ve onda hiçbir eğrilik bulunmayan Allah'a mahsustur. (3-4) Allah (onu), katından gelecek şiddetli bir azap ile (inkarcıları) uyarmak, salih ameller işleyen mü'minleri, içlerinde ebedî olarak kalacakları güzel bir mükâfat (cennet) ile müjdelemek ve "Allah, bir çocuk edindi" diyenleri (ehl-i kitabı) de uyarmak için dosdoğru bir kitap kıldı."

{Kehf, 1-4}

ayetlerden 1. ayetin;

114 Kod

اَلْحَمْدُ لِلّٰهِ الَّذٖى اَنْزَلَ عَلٰى عَبْدِهِ الْكِتَابَ وَلَمْ يَجْعَلْ لَهُ عِوَجًا

"Hamd, hiçbir delilik bulunmayan kuluna Kitab'ı indiren ve onda hiçbir eğrilik bulunmayan Allah'a mahsustur."

{Kehf, 1}

makam-ı cifrisi, şeddeli lamlar birer ve sondaki tenvin bir nun (50) sayılmak şartıyla, **Miladi 1976** tarihini vererek, Kurân-ı Hakîm'in semavî suhuflarından 14. asırda nuzûl eden ve bu asırdaki manevi tefsiri ve temsilcisi olan bir eserin müellifinin veladet tarihine, "عَبْدِ" **"Kuluna"** lafzıyla makam-ı cifrisi **"76"** olarak işaret ettiği gibi; burada geçen "الْكِتَابَ" **"Yazılmış Kitaplar"** ifadesinin (**Kitâbe**) şeklinde üstünlü kullanılmasıyla, parça parça kitapçıklar şeklinde yazılmış Kıyamet gerçekliği eserlerine de remzen ve dalaleten sarahat derecesinde açık bir şekilde miladi tarih vererek kuvvetli bir şekilde işaret eder.

Hem, bir sonraki ayette bu ayeti te'kid ederek inanmayan münkirleri **"Ey akılsızlar esas siz delisiniz, aklınızı kaybetmişsiniz!"** diyerek manen uyarır ve şiddetli bir ceza ile ikaz eder.

***

[◉Kod-092◉]

ALTINCI PENCERE:

Yine Kehf suresinin 2. ayetininde geçen;

$$\text{قَيِّمًا لِيُنْذِرَ بَأْسًا شَدِيدًا مِنْ لَدُنْهُ}$$

"Allah katında belirlenmiş olan sağlamlaştırılmış kesin ve şiddetli bir günün (Kıyametin) cezası konusunda uyarmak için.."

{Kehf, 2}

cümlesinin makam-ı cifrisi, şeddeli ya iki ya (20) ve sondaki tenvinler te'kidli ifade içerdiği için ikişer nun (100) ve ceza kelimesindeki vakıf durumundaki düşen hemze (1) olarak sayılmamak şartıyla, cifir değeri **Miladi 2012** tarihini vererek bu tarihte gelecek olan kesin ve şiddetli bir ceza konusunda uyarır ve aynı zamanda bir önceki ayete de bakarak burada işaret edilen ve "**Kitabe**" olarak geçen yazılı eserlerin bu ceza konusunda yaptığı uyarılara da manen kuvvetli bir şekilde işaret eder.

***

[◘Kod-093◘]

YEDİNCİ PENCERE:

Yine Kehf suresinin 3. ayetinde geçen;

$$\text{مَاكِثِينَ فِيهِ أَبَدًا}$$

"Orada (Cehennemde) Ebediyyen (temelli olarak) kalacaklardır."

{Kehf, 3}

ifadesiyle Deccal'a ve Nefsi'ne tabi olanların Cehennem'e atılacağına işaret ederek; makam-ı cifrisi tüm harfler ikişer sayılmak şartıyla, **Hicri 1448** veya **Miladi 2028** yaparak Cehennem ehline ve önemli bir taifesine hâfien, gizli olarak işaret eder. Aynı zamanda Cennet ehlinin önemli bir taifesine de işaret ederek, ahir zamanda sırat-ı müstakimde giden nurani bir cemaate de hâfien, gizli olarak işaret eder. Eğer, sondaki tenvin bir nun (50) sayılsa, bu kez makam-ı cifrisi **Hicri 1548** veya **Miladi 2126** yaparak yine Cehennem ehlinin önemli bir taifesi ile istikamet doğrultusunda giden son bir Cemaat-i İslamiyenin son dönemlerine harika bir tarzda hâfien işaret eder. Eğer, tenvin iki nun (100) sayılsa, bu kez de makam-ı cifrisi **Hicri 1648** veya **Miladi 2222** tarihini vererek ebedi olan Ahiret hayatının başlangıcı ile Cennet ve Cehennem ehlinin Son Akibetine gaybi bir surette zamanın Üç Tabakasına ve Üçer Cemaatine Üç Basamak halinde baktığı gibi; aynı zamanda Büyük Kıyamet'in gizli tarihinden de Üç Aşama halinde hâfi bir şekilde haber vererek; Cehennem ehlini uyarıp ikaz ettiği gibi, Cennet ehlini de saadet-i Ebediye ile müjdeler..

Yine Kehf suresinin 4. ayetininde geçen;

$$\text{وَيُنْذِرَ الَّذينَ قَالُوا اللّٰهُ وَلَدًا}$$

"Ve, Allah bir çocuk edindi diyenleri uyarmak için.."

{Kehf, 4}

cümlesinin makam-ı cifrisi, şeddeli lam iki lam (60), Allah lafz-ı celili (66) ve sondaki dal-ı atıf (4) sayılmak şartıyla; **Miladi 2036** tarihini vererek, hem Hz. İsa'nın ikinci gelişiyle Ehl-i kitabı Teslis inancı ve Allah'ın çocuk edinmesi konusunda hak dine ve hakiki İsevi dinine davet etmesi ve Hristiyanlığın Hz. İsa'nın gelişiyle özüne dönmeye başlamasına ve İslamiyetle birleşmesine ve hem de 1. ayette bahsedilen eserlerin, yani Kıyamet gerçekliği eserlerindeki önemli bir kısım parçaların (İşarâtu-l İseviyye gibi) manevi alanda uyarılar yaparak tüm dünya çapında tesirini göstermesi ve Fütuhâtına başlamasına kuvvetli bir tarzda işaret eder. Ayrıca bu ayette, İslamiyetin İsevi dininin özüyle birleşmeye ve Hak dinin güç kazanmaya başladığı dönemlerin başlangıcına da işaret eder. Dolayısıyla, Kehf suresinin ilk dört ayeti, Hz. Mehdi'nin gelişi ve Müceddidlik görevine başlaması döneminden başlayarak; Hz. İsa'nın İkinci Gelişi dönemine kadar olan önemli bir kısım olayları, zamanın dar bir çekmecesinden dört ana zaman dilimine ayırarak harika bir tarzda aktardığı gibi; ta Ahirzamanın sonuna, yani Kıyamete kadar olan bir kısım önemli olayları da, zamanın geniş penceresinden üç kanada açarak, ayetlerdeki ifadeler çok kısa olmasına rağmen tafsilatlı bir şekilde bildirir ve mu'cizevi bir tarzda beyan eder..

***

[◘Kod-094◘]

HAKİKATİN KÖPEĞİ OLABİLMEK BİLE MARİFETTİR!

- Rasulüm orada olsaydın sen de güneşi görürdün. Mağaranın sağından doğar, solundan onlara dokunmadan batardı. Onlar güneş ışığından rahatsız olmazdı. Bu Allah'ın ayetleridir. O kime hidayet ederse, o hakka ulaşmıştır. Hidayetten mahrum olanlar, kendilerini doğruya yöneltecek dost bulamazlar.

- Onlar uykuda olmalarına rağmen, sen onları uykuda zannedersin. Onları sağa, sola çevirirken, köpekleri mağaranın girişinde yatmaktaydı. Onların durumuna muttali olsaydın, onlardan kaçar ve gördüklerinden korkardın.

- Biz onları birbirine sormaları için uyandırdık, içlerinden biri: "Burada ne kadar kaldınız?" dedi. Bazısı "Bir gün ya da daha az kaldık." diye cevap verdi. Bazıları da "Rabbiniz burada kaldığınız süreyi daha iyi bilir. İçinizden birini gümüş parayla şehre gönderin, hangi yiyecek temizse, oradan erzak getirsin. Orada dikkatli olsun, sizin burada olduğunuzu, kimseye belli etmesin. "

- Onlar sizi öğrenirse, ya sizi taşlar ve öldürür ya da kendi dinlerine çevirirler, iflah olmazsınız.

- İnsanları bu konudan haberdar ettik ki, kıyametin olduğunu, Allah'ın vadinin hak olduğunu bilsinler. Onlar, üzerlerine bina yapın. Rableri onları iyi bilir. Onları bilenler ise, "Bizler onların yanı başına mescit yapacağız." dedi.

- Bazıları "Onlar üç kişi, dördüncüsü köpekleridir." diyecek, sonra "Beş kişidir, altıncı köpekleridir." diyecekler. Böyle şeyler bilinmeyen hakkında yorum yapmaktır. Bazıları da "Yedi kişilerdir, sekizincide köpekleridir." der. Onlara de ki, hepsinin sayısını Rabbim en iyisini bilir. Onlar hakkında bilgisi olan azdır. Bu yüzden Ashab-ı Kehf hakkında kimseden malumat isteme.

- Asla "Bunu yarın yapacağım" deme.

- Allah isterse yapacağım de. Unuttuğunda Allah'ın adını an de ki, "Umarım Rabbim beni doğruya ve yakın olana eriştirir." de.

- Onların mağarada kalış süresi üç yüz yıldır. Dokuz yılda buna ilave etmişler.

[Kehf Suresi, 17-25. Ayetler]

***

Ashab-ı Kehf'in köpeği Kıtmir gibi,

Eğer herkes hakikatin köpeği olsa idi,

Yüreğiyle o kapıda vefayla yatsa idi,

Dünyada kötülük kalmaz idi..

vesselam..

***

[◘Kod-095◘]

CAHİL'DEN KAÇAN İSA AS.

Bilmeyen, iş bilmez, bilgisiz, tecrübesiz anlamlarına gelen ve halk arasında yol-yordam, ilim-irfandan haberdar olmayan kimse. Cahilin içinde bulunduğu hâle de cehalet denir. Ayrıca cehalet, ilmin karşısında olmak, bilmemek manasını taşır. İlim; bilmek, her şeyin en iyisi, en hayırlısı olduğu gibi; cehâlet de onun zıddı, her şeyin en fenasıdır. İlim sahibi faziletli, yüce kişi sayılırken; cahil insanlar da bilgiye karşı daima aşağılanan kişiler olarak bilinirler.

Kur'an-ı Kerîm inkârcıları: "..Cehalet içerisinde kalmış (bilgisizliğe saplanıp kalan) gafiller" (ez-Zariyat, 51/11) olarak zikreder. Yine cahillerden sakınmak için; " Âf yolunu tut, bağışla, mâruf olan şeyleri emret, cahillerden yüz çevir. " (el-A'râf 7/199) buyurulur. Bilgisiz insanlar körler gibidir: "Hiç bilenlerle bilmeyenler bir olur mu?" (ez-Zümer, 39/9). "Aynen görenle görmeyenin bir olmadığı gibi."

Cahil kişiler faziletli, doğru ve ilmi kendine önder seçmiş, akıllı kişilerden kaçarlar. Çünkü, kendini olduğundan büyük görme hastalığına tutulan cahiller, tevazû sahibi bilginlerden hiç bir şey anlayamazlar. Cahil, her şeyin dış yüzünü görür, kabukta kalır. Her şeyi bildiğini sanır, boş iddialarda bulunur. Ancak görünenin arkasında bir de hissedilenin var olduğunu bilemez. Cahilin tedbiri, düşüncesi köksüz ve çürüktür. Bundan dolayı cahiller için:

"Cahil yaşayan ölüdür.", "Diri iken ölü." denilmiştir. İşte bunun için Hazret-i İsa da:

"Ben ölüleri dirilttim fakat cahilleri dirilte medim." buyurmuştur.

Halk arasında hadis olarak bilinen yaygın bir sözde: "Akıllının düşmanlığı, cahilin dostluğundan daha hayırlıdır." denilmektedir.

Hazret-i Ali (r.a.): "Faziletli kişiler hakkında haset edilir. Cahiller de ilim sahiplerine düşman kesilirler." buyurmuştur. Eskiden İslâm toplumlarında âlimlerden birine kızıldığı zaman en büyük ceza olmak üzere onu cahil bir kişi ile hapsederler veya bir arada yaşamaya zorlarlardı.

***

".. Ve bir hikaye daha, hep hikayelerle yola devam ettik, hikaye hakikate temsili olarak giden kapalı bir yoldu, hikayeden ne an geri durduk ki!

İsa AS.'a (Allah ondan razı olsun, yeniden tekrar geleceği güne selam olsun) bir gün demişler ki; neden kaçıyorsun? senden üstün kişi mi var ?

"Dağlara laf anlattım parça parça oldu, ama şu peşimdeki cahile anlatamadım ondan kaçıyorum demiş.

Ölüleri dirilttim ama bunun kalbi kaskatı demiş.

Suyun üzerinde yürüdüm ama buna bir adım yaklaşamadım demiş.."

***

O yüzden, sen de ey Dost!

Cahil insandan aslandan kaçar gibi uzaklaş, su ile ateş gibi ol her daim,

Vesselam..

M. Ukray [Hikaye ve Sözler, 2015]

***

[◘Kod-096◘]

BİR İNSANIN İÇİNDEN HAKİKAT ÇEKİLİRSE, KİMSE ONA KARŞI ALLAH'A BİR YOL BULAMAZ

قُلْ مَن ذَا الَّذِي يَعْصِمُكُم مِّنَ اللَّهِ إِنْ أَرَادَ بِكُمْ سُوءًا أَوْ أَرَادَ بِكُمْ رَحْمَةً وَلَا يَجِدُونَ لَهُم مِّن دُونِ اللَّهِ وَلِيًّا وَلَا نَصِيرًا

Türkçe Okunuş: Kul men zellezî ya'sımukum minallâhi in erâde bikum sûen ev erâde bikum rahmeh (rahmeten), ve lâ yecidûne lehum min dûnillâhi veliyyen ve lâ nasîrâ (nasîren).

Meal: De ki: "Eğer Allah sizin için bir kötülük dilese, sizi Allah'tan, O'ndan başka kim koruyabilir? Veya sizin için rahmet dilese..." Onlar Allah'tan başka kendilerine dost ve yardımcı da bulamazlar.

[Ahzab Suresi, 17. Ayet]

Ayetinin temsili bir sırrını bilmek istersen, şu kısa temsili hikayeciği dinle:

"**Y**ıllar sonra Hitler'in doğduğu kasabaya gitmişler,

ve ne baksınlar..!

Ne öten bir kuş var ne de bir hayvan sesi

İşte böyle de, ey Dost! Hakikat bir insanın içinden çekildi mi kuşlar bile susar, ağaçlar konuşmaz olur..

"ve sanma cahil bir şey bilmez; çok şey bilir anlatır da, dünya hakkında çok malumat sahibi olur, amma cahil hakikati bilmez.."

Vesselam

m. Ukray [Sözler, Küçük Kıssalar, 2015]

***

[◉Kod-097◻]

"Cahilin yanında kitap gibi sessiz ol."

خُذِ الْعَفْوَ وَأْمُرْ بِالْعُرْفِ وَأَعْرِضْ عَنِ الْجَاهِلِينَ

Türkçe Okunuş: Huzil afve ve'mur bil urfi ve a'rıd anil câhilîn (câhilîne).

Meal: Affı ahzet (affı kendine usül edin) ve irfanla emret ve cahillerden yüz çevir.

[A'raf, 199. Ayet]

Cahil hep konuşur... bağırır, öfkeyle karşı çıkar...

Mümin sakin, şefkatli, yumuşak söyler...

Mümin onun mantığını çalıştıracak sorular sorar.

Cahil sorulana cevap vermez, başka şey anlatır.

Mümin söylenenleri vahyin süzgecinden geçirir,

Cahil söyleneni toptan red yolunu seçer.

Bazı ayetleri bile içine sindirmez de öfkeyle susar...

O yüzden ey Dost'um, "Cahilin yanında kitap gibi sessiz ol."

Vesselam

M. Ukray [Sözler, Küçük Kıssalar, 2015]

[◉Kod-098◼]

Tevzifname ile kendini dinle!

لَقَدْ خَلَقْنَا ٱلْاِنْسَانَ فِى اَحْسَنِ تَقْوِيمٍ

"BİZ ELBETTE İNSANI EN GÜZEL BİÇİMDE YARATTIK" [TİN, 4]

GÖR Kİ,

HAKİKATTE ALEMDE KASTEDİLEN MAKSAT SEN'SİN!

***

Ey! Molla Murat, Ey! Ey, molla Murat dedimse, kastettiğim yine sen'sin ey Dost! Uzun gecelerde, puslu köşelerde aradığım da yine sendin, kendindin. Leyla dedimse o sen'din, bil ki mecnun da sen. Hakikati tüm kainata seslenen molla murat, kendini dinle!

Çok yol aldın, ibrahim hakkı misal tevzifname ile biraz az dinlen ey aziz Dostum,

Sen gibi kıymetli bir cevher yok bu dünyada, dön hakikati kendinde ara, zaman yaklaştı, vakit daraldı molla murat, Hak yine seslenmek üzre arşın ötesinden, hazırlıklı ol, uyanık kal gecelerde ..

***

Hak şerleri hayreyler
Zannetme ki gayreyler
Ârif onu seyreyler
Mevlâ görelim neyler
Neylerse güzel eyler

Sen hakk'a tevekkül kıl
Tefviz et ve rahat bul
Sabreyle ve razı ol
Mevlâ görelim neyler
Neylerse güzel eyler

Kalbin ona berk eyle
Tedbirini terk eyle
Takdirini derk eyle
Mevlâ görelim neyler
Neylerse güzel eyler

Hallak-ı rahim o'dur
Rezzak-ı kerim o'dur
Fa'al-ı hakim o'dur
Mevlâ görelim neyler
Neylerse güzel eyler

Bil kadıy-ı hacatı
Kıl o'na münacatı
Terk eyle muradatı

Mevlâ görelim neyler
Neylerse güzel eyler

Bir işi murad etme
Olduysa inad etme
Haktandır o reddetme
Mevlâ görelim neyler
Neylerse güzel eyler

Hakk'ın olacak işler
Boştur gam-u teşvişler
O hikmetini işler
Mevlâ görelim neyler
Neylerse güzel eyler

Hep işleri faiktir
Birbirine layıktır
Neylerse muvafıktır
Mevlâ görelim neyler
Neylerse güzel eyler

Dilden gamı dûr eyle
Rabbinle huzur eyle
Tefviz-i umur eyle
Mevlâ görelim neyler
Neylerse güzel eyler

Sen adli zulüm sanma
Teslim ol oda yanma
Sabret sakın usanma
Mevlâ görelim neyler
Neylerse güzel eyler

Deme şu niçin şöyle
Yerincedir ol öyle
Bak sonuna sabreyle
Mevlâ görelim neyler
Neylerse güzel eyler

Hiç kimseye hor bakma
İncitme, gönül yıkma
Sen nefsine yan çıkma
Mevlâ görelim neyler
Neylerse güzel eyler

Mü'min işi renk olmaz
Âkil huyu cenk olmaz
Ârif dili tenk olmaz
Mevlâ görelim neyler
Neylerse güzel eyler

Hoş sabr-i cemilimdir
Takdir kefilimdir
Allah ki vekilimdir

Sonsuzluğun Sonsuzluğu

Mevlâ görelim neyler
Neylerse güzel eyler

Her dilde o'nun adı
Her canda o'nun yadı
Her kuladır imdadı
Mevlâ görelim neyler
Neylerse güzel eyler

Naçar kalacak yerde
Nagâh açar o perde
Derman eder ol derde
Mevlâ görelim neyler
Neylerse güzel eyler

Her kuluna her anda
Kâh kahr-u kâh ihsanda
Her anda o bir şanda
Mevlâ görelim neyler
Neylerse güzel eyler

Kâh mu'ti-u kâh mani'
Kâh darr-u kâh nafi'
Kâh hafız-u kâh rafi'
Mevlâ görelim neyler
Neylerse güzel eyler

Kâh abdin eder ârif
Kâh eymen-ü kâh haif
Her kalbi o'dur sarif
Mevlâ görelim neyler
Neylerse güzel eyler

Kâh kalbini boş eyler
Kâh halkini hoş eyler
Kâh aşkina dûş eyler
Mevlâ görelim neyler
Neylerse güzel eyler

Kâh sade-ü kâh rengîn
Kâh tab'ın eder sengîn
Kâh hırem-ü kâh gamgîn
Mevlâ görelim neyler
Neylerse güzel eyler

Az ye, az uyu, az iç
Ten mezbelesinden geç
Dil gülşenine gel göç
Mevlâ görelim neyler
Neylerse güzel eyler

Bu nas ile yorulma
Nefsinle dahi kalma
Kalbinden ırak olma

Mevlâ görelim neyler
Neylerse güzel eyler

   Geçmişle geri kalma
Müstakbele hem dalma
Hâl ile dahi olma
Mevlâ görelim neyler
Neylerse güzel eyler

   Her daim o'nu zikreyle
Zeyrekliği koy şöyle
Hayran-ı hak ol şöyle
Mevlâ görelim neyler
Neylerse güzel eyler

   Gel hayrete dal bir yol
Kendin unut o'nu bul
Koy gafleti hazır ol
Mevlâ görelim neyler
Neylerse güzel eyler

   Her sözde nasihat var
Her nesnede zinet var
Her işte ganimet var
Mevlâ görelim neyler
Neylerse güzel eyler

Hep remz-ü işarettir
Hep gamz-ü beşarettir
Hep ayn-ı inayettir
Mevlâ görelim neyler
Neylerse güzel eyler

Her söyleyeni dinle
Ol söyleteni anla
Hoş eyle kabul canla
Mevlâ görelim neyler
Neylerse güzel eyler

Bil elsine-i halkı
Aklam-ı hak ey hakkı
Öğren edeb ve hulku
Mevlâ görelim neyler
Neylerse güzel eyler

Vallahi güzel etmiş
Billahi güzel etmiş
Tallahi güzel etmiş
Allah görelim netmiş
Netmişse güzel etmiş

Vesselam

[İbrahim Hakkı Hazretleri, Tevzifname'den derlemeler, hakikat çekirdekleri, 2015]

[◉Kod-099◘]

ALLAH ADAMI ARIYORUM!

"**E**y Dünyaya dalanlar,

Ey Ahireti unutanlar,

Gören yokmu, Onu arıyorum,

Onu, Hakiki dost, Allah adamını.."

[Erzurumlu İbrahim Hakkı'ya izafeten İsmail Fakirullah Hz. / Marifetname'den küçük bir uyarlama]

***

[◘Kod-100◘]

ESKİ NAMELERDEN BİR DEM

"Uhray oğlu derler, benim aslına;

Aynalı Martin yaptırdım da narinim kendi neslime,

Çeşmeler yaptırdım suyundan içmeye; Camiler, Medreseler Allah'ı zikretmeye.

Amma, hepsinden öte, bir gönül inşa etmektir,

Kabe-misal hakkın hakikatini içinde cem etmeye.."

"Yüzü dost, içi Yezid görünümlü insanlardan bıktım be Usta! Sakın onlardan olma,"

"Yıkılmış kabe gibidir o gönül ki, içinde hakkın hakikati yoksa"

Vesselam..

[M. Uhrai, Kainatın Fon Müziğinden kendi içimin sesi, 2015]

***

[◉Kod-101◧]

"AŞK'A DAİR"

Ey Dost! Bil ki;

"ALLAH KULUNU SEVMEKTEN, ASLA VAZGEÇMEZ; O ONDAN VAZ GEÇMEDİKÇE"

"Sen'i Sevmekten asla vazgeçmedim, Martı'nın Deniz'den vazgeçmediği gibi.."

"Artık, tüm gemileri yaktım, Sen'in sahiline geldim, ey sevgili, en sevgili.."

"Zaman durdu saatler sustu, Akrep'ti Yelkovanı ona sordu, sevgiliyi sordu.."

"Oysa, O yoktu, görüntüler vardı sadece ondan arta kalan yıkık zaman duvarlarında"

"Penceremin önünde kuşlar vardı bazı senden haber veren,

Kimi zaman erken, kimi zaman geç gelen"

"Yazdığım her kelime her cümle sonra sana dönüştü, tutuştu kağıtlar birer birer."

"Ama senden haber yoktu, yıllar yılı bihaber.."

"Ölüm, bir Kıyamet oldu bir dem oldu yüreğimde, sonra da Sen oldu,

"Öyle ki, ölsem gam yemem, hepsi Sel oldu, volkan oldu, felaket oldu.."

"Sonra birden yine seni hatırladım, tesadüf rüzgarında, ömrümün son baharında."

"Durma, sonra sor o sensizliğimi, sor o yılgın, mağrur, çilekeş ömrümün sabahında, akşamında; sonbaharında, kışında."

M. Ukray [Şiir, Allah'a ve Aşk'a dair, 14 Şubat 2015]

***

[◉Kod-102◼]

İSA MESİH AS'A ÖVGÜ [Küçük bir ilahidir]

"Hani Melekler, dediler ki: "Meryem, doğrusu Allah Kendinden bir kelimeyi sana müjdelemektedir. Onun adı Meryem oğlu İsa Mesih'tir. O, dünyada ve ahirette 'seçkin, onurlu, saygındır' ve (Allah'a) yakın kılınanlardandır. Beşikte de, yetişkinliğinde de insanlarla konuşacaktır. Ve O salihlerdendir.

"Rabbim, bana bir beşer dokunmamışken, nasıl bir çocuğum olabilir?" dedi. (Fakat) Allah neyi dilerse yaratır. Bir işin olmasına karar verirse, yalnızca ona "ol" der, o da hemen oluverir. Allah Ona (İkinci Gelişinde) Kitab'ı, hikmeti, Tevrat'ı ve İncil'i öğretecek."

(Al-i İmran, 3/45-48)

***

Rab ("Öğretmen anlamında"),

İsmini Yüceltirim

Seni övmekten hoşlanırım

Yaşamıma girdin sevindim
Bizi kurtarmaya geldin

Cennetten dünyaya gelip, yol gösterdin
Dünyadan çarmıha ("Çarmıha gerilmedi ama o yolda tekrar geri dönecek"), cezanı çektin

Çarmıhtan mezara, mezardan göklere,
İsmini yüceltirim!

***

Lord I lift Your Name on High

Lord, I lift Your name on high;
Lord, I love to sing Your praises;
I'm so glad You're in my life;
I'm so glad You came to save us.

You came from Heaven to earth;
To show the way,
From the earth to the cross,
My debt to pay,
From the cross to the grave,
From the grave to the sky;
Lord, I lift Your name on high!

***

[◘Kod-103◘]

ALLAH'IN PLANLARINDA HATA YOKTUR

اسْتِكْبَارًا فِي الْأَرْضِ وَمَكْرَ السَّيِّئِ وَلَا يَحِيقُ الْمَكْرُ السَّيِّئُ إِلَّا بِأَهْلِهِ فَهَلْ

يَنْظُرُونَ إِلَّا سُنَّتَ الْأَوَّلِينَ فَلَن تَجِدَ لِسُنَّتِ اللَّهِ تَبْدِيلًا وَلَن تَجِدَ لِسُنَّتِ اللَّهِ تَحْوِيلًا

Türkçe Okunuş: İstikbâren fîl ardı ve mekres seyyii, ve lâ yahîkul mekrus seyyiu illâ bi ehlih (ehlihî), fe hel yenzurûne illâ sunnetel evvelîn (evvelîne), fe len tecide li sunnetillâhi tebdîlâ (tebdîlen), ve len tecide li sunnetillâhi tahvîlâ (tahvîlen).

Meal: Yeryüzünde kibirlendiler ve kötü hile düzenlediler. Oysa kötü hileler, sahibinden başkasına isabet etmez (ulaşmaz). Öyleyse onlar, evvelkilerin sünnetinden başkasını mı gözlüyorlar (bekliyorlar)? Halbuki Allah'ın sünnetinde (Adetullah veyahutta Evrensel Kanunlarında) asla bir tebdil (değişiklik) bulamazsın. Ve Allah'ın sünnetinde asla bir tahvil (değişme) de bulamazsın (bulamayacaksın).

(Fatır, 43. Ayet)

***

"Allah'ın planları o kadar büyüktür ki, en ufak bir hata bulunmaz;

Oysa ki, bazıları bize hataymış gibi gelir.

Bu, bazen uzun süren bir yanılsamadan ibarettir.."

m. Ukray [Kendinden İçeri Sözler, 2015]

***

VAHYİN TARİH İÇİNDE KESİNTİSİZ DEVAMI VE KUSURSUZLUĞU ALLAH'IN PLANLARINDAN ÖNEMLİ BİRİSİDİR

KUR'AN HER ASIRDA YENİDEN YENİ BİR KİTAP OLARAK, HER 100 YILDA BİR ASRIN İDRAKİ TARAFINDAN, YENİDEN NUZUL EDEN KİTAPLARI DA AÇIKLAR;

Bu mesele, şu İKİ AYETLE açıklanmıştır:

[Delil ve İsbat içeren kısa açıklama]

AHKAF SURESİ:

30--Dediler ki: "ey toplumumuz! Biz; Musa'dan sonra indirilen, kendinden öncekini doğrulayan, hakka ve dosdoğru yola ileten bir kitap dinledik.

Cinlerden mümin olanlar o KİTAP'a (Kuranın haricinde bir kitap) ve Kuran'a ve Tevrat'a iman ederler...

KASAS SURESİ:

49--De ki: Eğer doğru sözlü iseniz, Allah katından, bu ikisinden (BU İKİSİ DERKEN KURAN'IN YANINDA BİR BAŞKA SUHUF'LARDAN DA BAHDEDİYOR) daha aydınlık bir kitap getirin de, ben ona uyayım.

Burada kasdedilen, şey, İKİ ÖNEMLİ sonuca çıkmaktadır:

1- Yazılı ve tarihsel süreç boyunca devam eden yazılı silsilenin vahiy nev'inden bir suretinin Kıyamete kadar devam edeceğini anlıyoruz.

2- Peki kıyamete kadar devam edecek bu süreçte Allah zamanı ikiye yeniden bölmek istese, burada ayette bahsedilen İKİNCİ SUHUF hangi anlama gelmektedir..

3-. Misal olarak, Hz. Mevlana, neden Mesnevi'ye "FARSÇA KURAN", dendiğini bu suhufa gönderme yaparak zaten açıklamıştı, dolayısıyla Kuran dışında her 100 yılda bir gönderilen her suhuf sayılan müceddidlere ait kitapları da HEM KUR'ANIN İÇİNDE VE HEM DE DIŞINDA, Kategorilendirilebilecek YENİ BİRER KİTAP olmaktadır..

5- VE / FAKAT, Tevrat ve Kuran gibi yazılı bir kitap olarak değil...

İncil; Hz. İsa'nın benliği üzerine yazılmış ve Hz. İsa tarafından insanlara sözlü olarak aktarılmıştır...

5- Sonuç olarak, ALLAH'IN KELAM SIFATI madem ki SONSUZ'dur, ve madem ki isim ve sıfatları gibi SONSUZLUK'tan ileri gelip hasıl olmaktadır, aynen öyle de sadece belli sayfalara hapsedilen bir SON SUHUF'la sözünü tamamlaması anlamsızdır. Çünkü Dünya hayatı bitene kadar onun sözleri yani VAHİY kesintisiz olarak devam etmesinin akli ve nakli tüm sonuçları yine bizi bu noktaya götürüyor ki, çağlar geçtikçe SUHUF'ların YENİLENMESİ GEREKTİĞİNİ tarihin pek çok evresinde karşılaşılmış bir durumdur ve şaşılacak bir şey olmaması gerekir ki, işte KUR'AN dahi onu açıklayan ve her asırda indirilen kitaplar ile YENİLENMEKTEDİR, MÜMİNİ YENİDEN DİRİLTEREK, YENİLEMEKTEDİR..

KALDI ki, İncil bile; Kuran ve Tevrat gibi tek başına bir kitap değildir...

Yazılı vahiy olarak İncil; Kuran'a ait bir parçadır...

Dolayısıyla İncil nasıl ki, en son kitap olamamışsa, Kur'anda bu bağlamda, son suhuf olması yanında yukarıdaki ayetlerde bahsedilen çok daha üst bir başka suhufun bir parçasıdır..

Vesselam

M. Ukray

***

[◘Kod-104◘]

KÜÇÜLÜRSEN BÜYÜR, BÜYÜRSEN KÜÇÜLÜRSÜN

وَلاَ تَمْشِ فِي الْأَرْضِ مَرَحًا إِنَّكَ لَنْ تَخْرِقَ الْأَرْضَ وَلَنْ تَبْلُغَ الْجِبَالَ طُولاً

Türkçe Okunuş: Ve lâ temşi fîl ardı merehâ (merehan), inneke len tahrikal arda ve len teblugal cibâle tûlâ (tûlen).

Meal: Ve yeryüzünde azametle (büyüklük taslayarak ve gururla) yürüme! Muhakkak ki sen, yeryüzünü asla tahrik edemezsin (hareket ettiremezsin). Ve asla dağların boyuna erişemezsin (dağ kadar yüksek de olamazsın).

[İsra Suresi, 37. Ayet]

***

y Dost bil ki!

Küçüğün seviyesine inmek insanı büyütür, yüceltir;

Büyüğün seviyesine çıkmak ise, insanı küçültür, alçaltır..

M. Ukray [Sözler, 2015]

***

[◘Kod-105◘]

HAKİKATE ULAŞMAK İÇİN, BÜYÜKLERE DEĞİL, KÜÇÜKLERE BAK!

وَقَالَ الَّذِينَ كَفَرُوا لَا تَأْتِينَا السَّاعَةُ قُلْ بَلَى وَرَبِّي لَتَأْتِيَنَّكُمْ عَالِمِ الْغَيْبِ لَا يَعْزُبُ عَنْهُ مِثْقَالُ ذَرَّةٍ فِي السَّمَاوَاتِ وَلَا فِي الْأَرْضِ وَلَا أَصْغَرُ مِنْ ذَلِكَ وَلَا أَكْبَرُ إِلَّا فِي كِتَابٍ مُبِينٍ

Türkçe Okunuş: Ve kâlellezîne keferû lâ te'tînes sâah (sâatu), kul belâ ve rabbî le te'tiyennekum âlimil gayb (gaybi), lâ ya'zubu anhu miskâlu zerretin fîs semâvâti ve lâ fîl ardı ve lâ asgaru min zâlike ve lâ ekberu illâ fî kitâbin mubîn (mubînin).

Meal: Ve kâfirler: "O saat (kıyâmet) bize gelmeyecek." dediler. De ki: "Hayır, gaybı bilen Rabbim, mutlaka onu size getirecektir. Göklerde ve yerde zerre kadar (bir şey bile) O'ndan gizli kalamaz. Bundan daha küçüğü ve daha büyüğü dahi hariç olmamak üzere Kitab-ı Mübin (Apaçık bir Kitab)'ın içinde yazılıdır."

(Sebe, 3. Ayet)

***

Hakikati ve Marifetullah'ı büyük masalarda değil de;

Karıncalarla, kuşlarla ve kedilerle aynı sofrada yemek yemeği öğrenmeye başladığınızda;

Kainatı anlamaya başlıyorsunuz.,

Aslında her şey özde basit ve makina-misal çarklara sahip olan mükemmel bir işleyen düzene, sirkülasyona ve yaratıcıya ait eşsiz ve herşeye eşit mesafede bir tasarıma sahip oluyor..

[M. Ukray, Küçük Sözler, 2015]

***

[◉Kod-106◼]

KUR'AN NEDEN BÜYÜK HABERDİR?

$$\text{قُلْ هُوَ نَبَأٌ عَظِيمٌ}$$

Türkçe Okunuş: Kul huve nebeun azîmun.

Meal: De ki: "O (Kur'ân), Büyük Bir Haber'dir." (Sad Suresi, 67. Ayet)

Allah, Sad suresi 67. ayetinde "Bu Kuran büyük bir haberdir" buyurmaktadır. Neden? Kuran Gerçekliği? Bu sorunun cevabı "gerçeklik" sözcüğünün anlamında yatmaktadır:

1. Gerçek olanın, fiilen var olanın ve sadece düşünce ürünü olmayanın özelliği; hakikat.

2. Düşlenene, kurgusal olana karşıt olarak gerçek olan, gerçekleşmiş olan.

3. İsteklere, yanılsamalara karşıt olarak, olduğu haliyle gerçek yaşam.

4. Bir şeyin gerçek olduğunu bütünüyle ortaya koyan şeyin niteliği; aslına sadık anlatım.

5. Günlük yaşamdaki anlamı 'Var olan her şey' demektir. Bilimde, Dinde ve Felsefede farklı anlamları vardır. Düşünceden bağımsız olarak zamanda ve mekanda yer kaplayan her şey gerçektir. Herhangi bir şeyin gerçekliği insan zihnine bağlı olmaksızın var olmasıdır.

Bu bilgiler ışığında şunu söyleyebiliriz:

İnsanlar kabul etseler de etmeseler de, inansalar da inanmasalar da, içindeki bilgileri ve gerçekleri onaylasalar da onaylamasalar da, çağrısına kulak verseler de vermeseler de, öğüdüne uysalar da uymasalar da Kuran vardır, gerçektir ve haktır. Çünkü o Tanrı kelamıdır, Allah'ın sözleridir, insan sözü değildir ve gerek günümüz insanlarına, gerekse Dünya'nın sonuna kadar gelecek olan bütün insanlara hitap eden ve onları doğrudan ve yakından ilgilendiren "BÜYÜK VE ÖNEMLİ BİR HABERDİR".

Alim, Hakim ve Yaratıcı Allah evreni yoktan var etti. Dünyayı, üzerinde yaşam için elverişli kıldı. Sonra da insanı yerden bitki bitirir gibi yarattı. (Nuh/17) Evrendeki canlı ve cansız tüm varlıkları insanın emrine amade kıldı, insana tüm varlıklardan, evrendeki enerjilerden yararlanma olanağını lütfetti. Keza evrene ve evrendeki tüm varlıklara hiç duraksamaksızın ve hiç aksamaksızın tıkır tıkır işleyen muhteşem, mükemmel, şahane ve fevkalade bir düzen yerleştirdi. Bu, hiç değişmeyen bir denge halidir. Bu düzende uyum vardır, ahenk ve insicam vardır. Evrendeki her varlık bir misyon üstlenmiştir. Her varlık kendi işini yapar. Kendisine verilen görevleri eksiksiz ve aksatmaksızın yerine getirir. Bütün bunların hepsi evren yasalarını oluşturur. Allah bu düzen ve dengenin adına 'Sünnetullah' yani 'Allah'ın sünneti' demektedir. Allah'ın sünnetinde değişiklik olmaz. Tenakuz da olmaz. Fazlalık da, eksiklik de olmaz.

Toplumsal, ahlaki, ekonomik, siyasal şartlar oluştuğunda ve takdir ettiği zamanlarda, arınmaları, mutluluğa erişmeleri ve kurtuluşa kavuşmaları için muhtaç oldukları evren yasalarının tüm bilgilerini içeren kitapları insanlar arasından seçtiği elçileri vasıtasıyla insanlara gönderdi. Yüce Allah'ın tüm insanlar için gönderdiği son kelamı, önceki milletlere gönderilen Tevrat, Zebur, İncil ve diğer kitapları onaylayan ve doğrulayan; bilimsel, ekonomik, sosyal, siyasal ve fikirsel konular dahil yaşamın tüm alanlarında insanların ihtiyaç duyacakları her türlü bilgileri ve gerçekleri içeren en ekmel kitap olarak Kuran; en güzel öğüt, en iyi, en güzel ve en doğru hadis, umut veren ve yol gösteren, karanlıklardan aydınlığa çıkartan ışık, insanlara yol gösteren rehber ve kılavuz, doğruyu yanlıştan ayıran ölçü, adaleti, çalışmayı, barışı ve iyilik yapmayı öğütleyen; yalan söylemeyi, Allah ile aldatmayı, şirki, iki yüzlülüğü, zulmün her türünü, anarşi ve terörü yasaklayan, ölülere değil dirilere hitap eden en güzel Allah kelamıdır. Hz. Ali 'Kuran, sade, basit ve anlaması kolay bir kitaptır. Ne var ki insanlar dini anlaşılmaz hale getirdiler ve zorlaştırdılar' der. Allah da pek çok ayette Kuran'ın apaçık, iyice anlaşılması için çok kolaylaştırılmış bir kitap olduğunu bildirir. Kendi ifadesiyle Allah'ın son olarak gönderdiği kitap olan Kuran; eksiksiz ve fazlasızdır, her bakımdan yeterlidir. Yani Allah neleri yasaklamış, neleri helal kılmış, neleri emretmiş, neleri öğütlemiş ise bunların hepsi Kuran'da mevcuttur ve bu konular herkesin anlayabileceği şekilde örnekler verilerek ayrıntılı olarak anlatılmıştır.

***

Özetle İlahi dinlerin sonuncusu İslam'ın Kitabı Kuran'ı özgün şekliyle anlamak isteyen ve dileyen herkes bunu başarabilir. Bu husus, yani Kuran'ı okuma, anlama, kavrama ve öğrenme san'atı kimsenin tekelinde değildir. Tüm dinlerde ruhban sınıfını ve din adamı sınıfını yasaklayan Kuran; ırkı, dili, rengi ve inancı ne olursa olsun herkese hitap ederken milliyet farkı gözetmez, rütbe ve unvan ayrımı yapmaz. İnsanların aklını kullanmalarını, Kuran'ı iyice okumalarını, üzerinde uzun uzun düşünmelerini tavsiye eder. Aklını kullanmayanların üzerlerine pislik yağdırılacağını ihtar ve ihbar eder, hatırlatır.

Bazılarının iddia ettikleri gibi Kuran MUĞLAK (anlaşılması, öğrenilmesi, kavranması zor) değil, MÜBİNDİR, MÜBEYYİNDİR (açık seçik, ayan beyan, öğrenilmesi, anlaşılması kolay). Keza Kuran MÜCMEL (sınırlı, yetersiz, dar, eksik, içindeki bazı ayetleri hükümden kaldırılmış bir kitap) değil, MUFASSALDIR (din ile ilgili hiç bir konuyu eksik bırakmayan, ele aldığı her konuyu ayrıntılı olarak ve örneklerle anlatıp açıklayan bir kitaptır.) Bir din Allah tarafından gönderilmiş ve insanlar tarafından tahrif edilmemiş, çarpıtılmamış, bozulmamış ve değiştirilmemiş ise o din ilahi dindir. Allah tarafından elçi vasıtasıyla gönderilen bir dine, zaman içinde insanlar tarafından birtakım ilaveler yapılarak veya dinin bazı hükümleri ve kuralları dinden çıkartılarak din üzerinde tahrifat yapıldığı takdirde, o din ilahi din olma niteliğini yitirir. İslam dininden önce gönderilen Zebur, Tevrat ve İncil'in yukarıda anlatıldığı şekilde bir takım tahrifata uğramaları nedeniyle, Allah son din olarak gönderdiği Kuran'ı böyle bir tahrifat riskine karşı bizzat kendi koruması altına almıştır.

Arı duru, yeterli, eksiksiz, fazlalıksız, eskimez, pörsümez, her zaman geçerli, canlı ve aydınlatıcı ve yararlı mesajlar veren; apaçık, her şeyi ayrıntılı olarak ve biz insanların anlayabileceği sade bir dille anlatan Kuran, akla hitap eder ve ayrıca bilimle, akılla, sağduyu ile çelişen ve bilimsel bir temele dayanmayan, aklın kabul etmeyeceği herhangi bir şifre içermez. Şayet şu an için anlamını tam olarak bilemediğimiz ve çözemediğimiz bazı harfler, harf grupları veya ayetler varsa, bunlar bir şifreleme işi olmayıp; insan aklının üzerinde araştırması, çalışması ve düşünmesi gereken konular ve cevaplanması gereken sorulardır.

***

Özetle Kuran, aklın kabul etmeyeceği ve akıl tarafından anlaşılması imkansız hüküm veya mesajlar içermez. Çok gelişmiş ve karmaşık bir sisteme göre çalışan bir makinenin veya otomobilin nasıl verimli ve uzun ömürlü kullanılacağını nasıl ki o makineyi veya otomobili tasarlayan ve üreten mühendis en iyi bilirse; insanı yaratan Allah da, insanın dünyada huzurlu, mutlu, özgür ve güven içinde, her türlü demokratik haklara sahip olarak yaşayabilmesi için onun ihtiyaç duyacağı bilgileri bir kitapta toplayarak insanlara bildirdi.

M. Uhrai [Kur'an Felsefesi yazıları, 2015]

***

[◘Kod-107◘]

HER ŞEY ASLINDA KABUL EDİLMİŞ BİR DUA'DIR

قُلْ مَا يَعْبَأُ بِكُمْ رَبِّي لَوْلَا دُعَاؤُكُمْ فَقَدْ كَذَّبْتُمْ فَسَوْفَ يَكُونُ لِزَامًا

Türkçe Okunuş: Kul mâ ya'beu bikum rabbî lev lâ duâukum, fe kad kezzebtum fe sevfe yekûnu lizâmâ(lizâmen).

Meal: (Onlara) de ki: "Rabbim, dualarınız olmasa size değer vermez.

Oysa siz yalanlamıştınız. Fakat (azap) kaçınılmaz olacak."

[Furkan Suresi, 77. Ayet]

***

"Er veya geç, eksik veya doğru, iyi veya kötü,

Elimize geçen her bir nimet ve fırsat,

Aslında özde her şey, kabul edilmiş birer duadan ibarettir.."

M. Ukray [Sözler Köşkü, 2015]

***

[◉Kod-108◘]

ASLINDA YAPTIĞIMIZ BİR İŞ YOK

"Aslında, bir iş yaptığımız yok,

Sadece, bize bizi sevenden aktarılan,

İçimizdeki o büyük Sonsuz Sevgi'yi paylaşıyoruz, hepsi o kadar.."

vesselam

M. Ukray [Sözler Köşkü]

***

[◉Kod-109◘]

ESKİLER ÇOK ŞEY BİLİYORDU

[Agartha hakkında küçük ve sırlı bir kanıt niteliğinde yazıdır]

$$\text{حَتَّى إِذَا فُتِحَتْ يَأْجُوجُ وَمَأْجُوجُ وَهُم مِّن كُلِّ حَدَبٍ يَنسِلُونَ}$$

Türkçe Okunuş: Hattâ izâ futihat ye'cûcu ve me'cûcu ve hum min kulli hadebin yensilûn (yensilûne).

Meal: Nihayet yecüc ve mecüc, (sedleri) açıldığı zaman (Gökteki ve Yerdeki gizli setler, kapılar) tepelerin hepsinden (kendilerini bu dünyaya bağlayan kapılar açıldığında) hep birden saldırırlar.

[Enbiya Suresi, 96. Ayet]

Hep, eskiler daha çok şey biliyordu diyorduk, inanmıyorduk,

İşte kanıtı:

Sonsuzluğun Sonsuzluğu

Ressam: "Da Vinci", 15. YY. Uzay gemisi benzeri uçan bir nesne..

İncildeki sembolizme yine bu manada dönersek, hatırlarsak Hz. İsa'nın doğum anında gökte bir yıldız beliriyordu ve 3 tane müneccim ona tapınmak için ve hediyeler vermek için uzun bir yolculuktan sonra kudüse gelirler, bu size bir şey hatırlattı mı hikayede..

Dolayısıyla, buradan şu önemli sonuç çıkıyor: "Hz. İsa'nın doğumunu müjdeleyen ve doğu'dan geldiği yazılan kişiler, dünya dışı bir insandı" veya Agartha'dan gelen "varlık"lar idi, vesselam..

M. Ukray

[Agartha, "Yecüc & Me'cüc Medeniyetinden tarihteki izler, 2015]

***

[▪Kod-110▫]

HİÇ'LİK VEYA HİÇ OLMAK HAKKINDA

"Biz, onlardan önce nice insan nesillerini yıkıma uğrattık; (şimdiyse) onlardan hiçbirini hissediyor veya onların fısıltılarını, seslerini duyabiliyor musun?"

(Meryem Suresi, 98)

Kur'an-ı Hakim'de, hangi ayetin herhangi bir konuyla ve kainatla bağlantısına baksak şunu görüyoruz ki, belli ki, inkar ile iman arasında en şiddetli bir savaş Kuran indirildiğinde yaşanmış, ve bunun tarihsel geçmişi de o zaman su yüzüne çıkmış, bu ayetler aynen yüzünüze çarpan bir tokat gibi, öyle kısa ve net ve kesin cevaplar vererek konuyu noktalamış ki, adeta itiraza mecal bırakılmıyor, hatta o dönemde bile güçlü olan felsefe veya tartışmaya konu açacak bir yoruma bile müsaade etmeden, örnekleri mükemmel bir şekilde sıralamıştı. Diyebiliriz ki, tüm Kur'an boyunca bunu görebilmekteyiz, işte Kur'anda esas harika olan nokta da burasıdır ki, bunu ne bir Bilim kitabında ne de bir Edebiyat kitabında bulamıyorsunuz..

"..Hiç'liğin verdiği lezzeti bir kez tatmış olsaydın;

Sahip olduğun HER ŞEY'i terk etmeyi göze alabilirdin.."

M. Murat Ukray [SÖZLER, 2015]

***

[◘Kod-111◘]

Ölüm bir yok oluş mudur, var oluş mudur?

"YENİDEN DİRLİŞLE İLGİLİ APAÇIK AYETLER"

"ÖLÜM, BİR YOK OLUŞ DEĞİLDİR,

AKSİNE, İKİNCİ BİR YAŞAMIN BAŞLANGICIDIR.."

M. UKRAY, [KÜÇÜK SÖZLER..]

Dirilme-Diriliş Kelimesi ile İlgili Ayetler:

Nasıl oluyor da Allah'ı inkar ediyorsunuz? Oysa ölü iken sizi O diriltti; sonra sizi yine öldürecek, yine diriltecektir ve sonra O'na döndürüleceksiniz. (**Bakara Suresi, 28**)

Sonra şükredesiniz diye, sizi ölümünüzden sonra dirilttik. (**Bakara Suresi, 56**)

Bunun için de: "Ona (cesede, kestiğiniz ineğin) bir parçasıyla vurun" demiştik. Böylece, Allah ölüleri diriltir ve size ayetlerini gösterir; ki akıllanasınız. (**Bakara Suresi, 73**)

Şüphesiz, göklerin ve yerin yaratılmasında, gece ile gündüzün art arda gelişinde, insanlara yararlı şeyler ile denizde yüzen gemilerde, Allah'ın yağdırdığı ve kendisiyle yeryüzünü ölümünden sonra dirilttiği suda, her canlıyı orada üretip-yaymasında, rüzgarları estirmesinde, gökle yer arasında boyun eğdirilmiş bulutları evirip çevirmesinde düşünen bir topluluk için gerçekten ayetler vardır.

(**Bakara Suresi, 164**)

Binlerce kişinin ölüm korkusuyla yurtlarından çıktıklarını görmedin mi? Allah onlara: "Ölün" dedi, sonra da onları diriltti. Şüphesiz Allah, insanlara karşı fazl sahibidir. Ancak, insanların çoğunluğu şükretmez. (**Bakara Suresi, 243**)

Allah, kendisine mülk verdi, diye Rabbi konusunda İbrahim'le tartışmaya gireni görmedin mi? Hani İbrahim: "Benim Rabbim diriltir ve öldürür" demişti; o da: "Ben de öldürür ve diriltirim" demişti. (O zaman) İbrahim: "Şüphe yok, Allah Güneş'i doğudan getirir, (hadi) sen de onu batıdan getir" deyince, o inkarcı böylece afallayıp kalmıştı. Allah, zalimler topluluğunu hidayete erdirmez.

(**Bakara Suresi, 258**)

Ya da altı üstüne gelmiş, ıssız duran bir şehre uğrayan gibisini (görmedin mi?) Demişti ki: "Allah, burasını ölümünden sonra nasıl diriltecekmiş?" Bunun üzerine Allah, onu yüz yıl ölü bıraktı, sonra onu diriltti. (Ve ona) Dedi ki: "Ne kadar kaldın?" O: "Bir gün veya bir günden az kaldım" dedi. (Allah ona:) "Hayır, yüz yıl kaldın, böyleyken yiyeceğine ve içeceğine bak, henüz bozulmamış; eşeğine de bir bak; (bunu yapmamız) seni insanlara ibret-belgesi kılmamız içindir. Kemiklere de bir bak nasıl biraraya getiriyoruz, sonra da onlara et giydiriyoruz?" dedi. O, kendisine (bunlar) apaçık belli olduktan sonra dedi ki: "(Artık şimdi) Biliyorum ki gerçekten Allah, herşeye güç yetirendir."

(**Bakara Suresi, 259**)

Hani İbrahim: "Rabbim, bana ölüleri nasıl dirilttiğini göster" demişti. (Allah ona:) "İnanmıyor musun?" deyince, "Hayır (inandım), ancak kalbimin tatmin olması için" dedi. "Öyleyse, dört kuş tut. Onları kendine alıştır, sonra onları (parçalayıp) her bir parçasını bir dağın üzerine bırak, sonra da onları çağır. Sana koşarak gelirler. Bil ki, şüphesiz Allah, üstün ve güçlü olandır, hüküm ve hikmet sahibidir."

(**Bakara Suresi, 260**)

İsrailoğulları□na elçi kılacak. (O, İsrailoğulları□na şöyle diyecek:) "Gerçek şu, ben size Rabbinizden bir ayetle geldim. Ben size çamurdan kuş biçiminde bir şey oluşturur, içine üfürürüm, o da hemencecik Allah'ın izniyle kuş oluverir. Ve Allah'ın izniyle doğuştan kör olanı, alaca hastalığına tutulanı iyileştirir ve ölüyü diriltirim. Yediklerinizi ve biriktirdiklerinizi size haber veririm. Şüphesiz, eğer inanmışsanız bunda sizin için kesin bir ayet vardır." (**Ali İmran Suresi, 49**)

Ey iman edenler, inkar edenler ile yeryüzünde gezip dolaşırken veya savaşta bulundukları sırada (ölen) kardeşleri için: "Yanımızda olsalardı, ölmezlerdi, öldürülmezlerdi" diyenler gibi olmayın. Allah, bunu onların kalplerinde onulmaz bir hasret olarak kıldı. Dirilten ve öldüren Allah'tır. Allah, yaptıklarınızı görendir. (**Ali İmran Suresi, 156**)

Bu nedenle, İsrailoğulları'na şunu yazdık: Kim bir nefsi, bir başka nefse ya da yeryüzündeki bir fesada karşılık olmaksızın (haksız yere) öldürürse, sanki bütün insanları öldürmüş gibi olur. Kim de onu (öldürülmesine engel olarak) diriltirse, bütün insanları diriltmiş gibi olur. Andolsun, elçilerimiz onlara apaçık belgelerle gelmişlerdir. Sonra bunun ardından onlardan birçoğu yeryüzünde ölçüyü taşıranlardır.

(**Maide Suresi, 32**)

Onlar dediler ki: "Bu dünya hayatımızdan başkası yoktur. Ve bizler diriltilecek değiliz." (**En'am Suresi, 29**)

Ancak dinleyenler icabet eder. Ölüleri (ise,) onları da Allah diriltir. Sonra O'na döndürülürler. (**En'am Suresi, 36**)

Sizi geceleyin öldüren (uyutan) ve gündüzün 'güç yetirip etkilemekte (yapıp kazanmakta) olduklarınızı' bilen, sonra adı konulmuş ecel doluncaya kadar onda sizi dirilten (uyandıran) O'dur. Sonra 'en son dönüşünüz' O'nadır. Sonra yapmakta olduklarınızı size O haber verecektir. (**En'am Suresi, 60**)

Ölü iken kendisini dirilttiğimiz ve insanlar içinde yürümesi için kendisine bir nur verdiğimiz kimsenin durumu, karanlıklarda kalıp oradan bir çıkış bulamayanın durumu gibi midir? İşte, kafirlere yapmakta oldukları böyle 'süslü ve çekici' gösterilmiştir. (**En'am Suresi, 122**)

O da: "(İnsanların) dirilecekleri güne kadar beni gözle(yip ertele.)" dedi. (**Araf Suresi, 14**)

Rahmetinin önünde rüzgarları bir müjde olarak gönderen O'dur. Bunlar ağırca bulutları kaldırıp yüklendiğinde, onları (kuraklıktan) ölmüş bir şehre sürükleyiveririz ve bununla oraya su indiririz de böylelikle bütün ürünlerden çıkarırız. İşte Biz, ölüleri de böyle diriltip-çıkarırız. Ki ibret alasınız.

(**Araf Suresi, 57**)

De ki: "Ey insanlar, ben Allah'ın sizin hepinize gönderdiği bir elçisi (peygamberi)yim. Ki göklerin ve yerin mülkü yalnız O'nundur. O'ndan başka İlah yoktur, O diriltir ve öldürür. Öyleyse Allah'a ve ümmi peygamber olan elçisine iman edin. O da Allah'a ve O'nun sözlerine inanmaktadır. Ona iman edin ki hidayete ermiş olursunuz. (**Araf Suresi, 158**)

Gerçek şu ki, göklerin ve yerin mülkü Allah'ındır; diriltir ve öldürür. Sizin Allah'tan başka veliniz ve yardımcınız yoktur. (**Tevbe Suresi, 116**)

O, diriltir ve öldürür. Ve O'na döndürüleceksiniz. (**Yunus Suresi, 56**)

O'nun arşı su üzerinde iken amel bakımından hanginizin daha iyi olduğunu denemek için gökleri ve yeri altı günde yaratan O'dur. Andolsun onlara: "Gerçekten siz, ölümden sonra yine diriltileceksiniz" dersen, inkar edenler mutlaka: "Bu, açıkça bir büyüden başkası değildir" derler. (**Hud Suresi, 7**)

Dedi ki: "Rabbim, öyleyse onların dirileceği güne kadar bana süre tanı." (**Hicr Suresi, 36**)

Ölüdürler, diri değildirler; ne zaman dirileceklerinin şuuruna varamazlar. (**Nahl Suresi, 21**)

Olanca yeminleriyle: "Öleni Allah diriltmez" diye yemin ettiler. Hayır; bu, O'nun üzerinde hak olan bir vaidtir, ancak insanların çoğu bilmezler. (**Nahl Suresi, 38**)

Hakkında ihtilafa düştükleri şeyi onlara açıklaması ve inkar edenlerin kendilerinin yalancı olduklarını bilmesi için (diriltecektir). (**Nahl Suresi, 39**)

Allah gökten su indirdi, ölümünden sonra yeri onunla diriltti; işitebilen bir topluluk için bunda gerçekten bir ayet vardır. (**Nahl Suresi, 65**)

Dediler ki: "Biz kemikler haline geldikten, toprak olup ufalandıktan sonra mı, gerçekten biz mi yeni bir yaratılışla diriltileceğiz?" (**İsra Suresi, 49**)

Bu, şüphesiz, onların ayetlerimizi inkar etmelerine ve: "Biz kemikler haline geldikten, toprak olup ufalandıktan sonra mı, gerçekten biz mi yeni bir yaratılışla diriltileceğiz?" demelerine karşılık cezalarıdır.

(**İsra Suresi, 98**)

Böylece, aralarında bir sorgulama yapsınlar diye onları dirilttik (uyandırdık). İçlerinden bir sözcü dedi ki: "Ne kadar kaldınız?" Dediler ki: "Bir gün veya günün bir (kaç saatlik) kısmı kadar kaldık." Dediler ki: "Ne kadar kaldığınızı Rabbiniz daha iyi bilir; şimdi birinizi bu paranızla şehre gönderin de, hangi yiyecek temizse baksın, size ondan bir rızık getirsin; ancak oldukça nazik davransın ve sakın sizi kimseye sezdirmesin." (**Kehf Suresi, 19**)

"Gerçek şu ki, kim Rabbine suçlu-günahkar olarak gelirse, hiç şüphe yok, onun için cehennem vardır. Onun içinde ise, ne ölebilir, ne dirilebilir." (**Taha Suresi, 74**)

Yoksa onlar, yerden birtakım ilahlar edindiler de, onlar mı (ölüleri) diriltecekler?

(**Enbiya Suresi, 21**)

Ey insanlar, eğer dirilişten yana bir kuşku içindeyseniz, gerçek şu ki, Biz sizi topraktan yarattık, sonra bir damla sudan, sonra bir alak'tan (embriyo), sonra yaratılış biçimi belli belirsiz bir çiğnem et parçasından; size (kudretimizi) açıkça göstermek için. Dilediğimizi, adı konulmuş bir süreye kadar rahimlerde tutuyoruz. Sonra sizi bebek olarak çıkarıyoruz, sonra da erginlik çağına erişmeniz için (sizi büyütüyoruz). Sizden kiminizin hayatına son verilmekte, kiminiz de, bildikten sonra hiçbir şey bilmeme durumuna gelmesi için ömrün en aşağı ucuna (yaşlılığa) geri çevrilmektedir. Yeryüzünü kupkuru ölü gibi görürsün, fakat Biz onun üzerine suyu indirdiğimiz zaman titreşir, kabarır ve her güzel çiftten (ürünler) bitirir. (**Hac Suresi, 5**)

İşte böyle; şüphesiz Allah, hakkın Kendisi'dir ve şüphesiz ölüleri diriltir ve gerçekten herşeye güç yetirendir. (**Hac Suresi, 6**)

Gerçek şu ki, kıyamet-saati yaklaşarak gelmektedir, onda şüphe yoktur. Gerçekten Allah kabirlerde olanları diriltecektir. (**Hac Suresi, 7**)

Sizi diri tutan, sonra öldürecek, sonra da diriltecek olan O'dur. Gerçekten insan pek nankördür. (**Hac Suresi, 66**)

Sonra siz gerçekten kıyamet günü diriltileceksiniz. (**Mü'minun Suresi, 16**)

"O, öldüğünüz, toprak ve kemik haline geldiğiniz zaman, sizin mutlaka (yeniden diriltilip) çıkarılacağınızı mı va'dediyor?" (**Mü'minun Suresi, 35**)

"O (bütün gerçek), yalnızca bizim (yaşamakta olduğumuz bu) dünya hayatımızdan ibarettir; ölürüz ve yaşarız, biz diriltilecekler değiliz." (**Mü'minun Suresi, 37**)

Dediler ki: "Öldüğümüz, bir toprak ve bir kemik olduğumuz zaman, gerçekten biz mi diriltilecek mişiz?" (**Mü'minun Suresi, 82**)

"Ki, geride bıraktığım (dünya)da salih amellerde bulunayım." Asla, gerçekten bu, yalnızca bir sözdür, bunu da kendisi söylemektedir. Onların önlerinde, diriltilip kaldırılacakları güne kadar bir engel (berzah) vardır. (**Mü'minun Suresi, 100**)

O'nun dışında, hiçbir şeyi yaratmayan, üstelik kendileri yaratılmış olan, kendi nefislerine bile ne zarar, ne yarar sağlayamayan, öldürmeye, yaşatmaya ve yeniden diriltip-yaymaya güçleri yetmeyen birtakım ilahlar edindiler. (**Furkan Suresi, 3**)

Andolsun, onlar, üstüne felaket yağmuru yağdırılmış bulunan o ülkeye uğramışlardır; yine de onu görmüyorlar mıydı? Hayır, onlar dirilmeyi ummuyorlardı. (**Furkan Suresi, 40**)

"Beni öldürecek, sonra diriltecek olan da O'dur," (**Şuara Suresi, 81**)

"Ve beni (insanların) diriltilecekleri gün küçük düşürme," (**Şuara Suresi, 87**)

De ki: "Göklerde ve yerde gaybı Allah'tan başka kimse bilmez. Onlar ne zaman dirileceklerinin şuuruna varmıyorlar." (**Neml Suresi, 65**)

İnkar edenler dedi ki: "Biz ve atalarımız toprak olduktan sonra mı, gerçekten biz mi dirilip-çıkartılacakmışız?" (**Neml Suresi, 67**)

"Andolsun, bu (azap ve dirilme tehdidi), bize ve daha önce atalarımıza va'dolunmuştur. Bu, olsa olsa geçmişlerin uydurma masallarından başkası değildir." (**Neml Suresi, 68**)

Andolsun onlara: "Gökten su indirip de ölümünden sonra yeryüzünü dirilten kimdir?" diye soracak olursan, şüphesiz: "Allah" diyecekler. De ki: "Hamd Allah'ındır." Hayır, onların çoğu akletmiyorlar.

(**Ankebut Suresi, 63**)

O ölüden diriyi çıkarır ve diriden ölüyü çıkarır, ölümünden sonra da yeri diriltir. İşte siz de böyle çıkarılacaksınız. (**Rum Suresi, 19**)

Size bir korku ve umut (unsuru) olarak şimşeği göstermesi ile gökten su indirmek suretiyle ölümünden sonra yeri onunla diriltmesi de, O'nun ayetlerindendir. Şüphesiz bunda, aklını kullanabilecek bir kavim için gerçekten ayetler vardır. (**Rum Suresi, 24**)

Allah; sizi yarattı, sonra size rızık verdi, sonra sizi öldürmekte, daha sonra sizi diriltmektedir. Ortaklarınızdan bunlardan herhangi birini yapacak var mı? O, şirk koştuklarından münezzeh ve Yücedir. (**Rum Suresi, 40**)

Şimdi Allah'ın rahmetinin eserlerine bak; ölümünden sonra yeryüzünü nasıl diriltmektedir? Şüphesiz O, ölüleri de gerçekten diriltecektir. O, herşeye güç yetirendir. (**Rum Suresi, 50**)

Kendilerine ilim ve iman verilenler ise, dediler ki: "Andolsun, siz Allah'ın Kitabında (yazılı süre boyunca) diriliş gününe kadar yaşadınız; işte bu dirilme günüdür. Ancak siz bilmiyordunuz."

(**Rum Suresi, 56**)

Sizin yaratılmanız ve diriltilmeniz yalnızca tek bir kişi(yi yaratıp sonra diriltmek) gibidir. Şüphesiz Allah, işitendir, görendir. (**Lokman Suresi, 28**)

Allah, rüzgarları gönderir, onlar da bulutu kaldırır, böylece Biz onu ölü bir beldeye sürükleriz, onunla, yeri ölümünden sonra diriltiriz. İşte (ölümden sonra) dirilip- yayılma da böyledir. (**Fatır Suresi, 9**)

Şüphesiz Biz, ölüleri Biz diriltiriz; onların önden takdim ettiklerini ve eserlerini Biz yazarız. Biz herşeyi, apaçık bir kitapta tespit edip korumuşuz. (**Yasin Suresi, 12**)

Ölü toprak kendileri için bir ayettir; Biz onu dirilttik, ondan taneler çıkarttık, böylelikle ondan yemektedirler. (**Yasin Suresi, 33**)

Sur'a üfürülmüştür; böylece onlar kabirlerinden (diriltilip) Rablerine doğru (dalgalar halinde) süzülüp-giderler. (**Yasin Suresi, 51**)

Demişlerdir ki: "Eyvahlar bize, uykuya-bırakıldığımız yerden bizi kim diriltip-kaldırdı? Bu, Rahman (olan Allah)ın va'dettiğidir, (demek ki) gönderilen (elçi)ler doğru söylemiş". (**Yasin Suresi, 52**)

Kendi yaratılışını unutarak Bize bir örnek verdi; dedi ki: "Çürümüş-bozulmuşken, bu kemikleri kim diriltecekmiş?" (**Yasin Suresi, 78**)

"Biz öldüğümüz, toprak ve kemik olduğumuzda mı, gerçekten biz mi diriltilecekmişiz?"

(**Saffat Suresi, 16**)

"Veya önceki atalarımız da mı?" (**Saffat Suresi, 17**)

De ki: "Evet, üstelik boyun bükmüş kimseler olarak (diriltileceksiniz). (**Saffat Suresi, 18**)

İşte o, yalnızca bir tek çığlıktan ibarettir; artık kendileri (diriltilmiş olarak) bakıp duruyorlar. (**Saffat Suresi, 19**)

"Derdi ki: Sen de gerçekten (dirilişi) doğrulayanlardan mısın?" (**Saffat Suresi, 52**)

"Bizler öldüğümüz, toprak ve kemikler olduğumuzda mı, gerçekten biz mi (yeniden diriltilip sonra da) sorguya çekilecekmişiz?" (**Saffat Suresi, 53**)

Onun karnında (insanların) dirilip-kaldırılacakları güne kadar kalakalmıştı. (**Saffat Suresi, 144**)

Dedi ki: "Rabbim, öyleyse onların dirilecekleri güne kadar bana süre tanı." (**Sad Suresi, 79**)

Dediler ki: "Rabbimiz, bizi iki kere öldürdün ve iki kere dirilttin; biz de günahlarımızı itiraf ettik. Şimdi çıkış için bir yol var mı?" (**Mü'min Suresi, 11**)

Dirilten ve öldüren O'dur. Bir işin olmasına hükmetti mi, ona yalnızca: "Ol" der, o da hemen oluverir. (**Mü'min Suresi, 68**)

O'nun ayetlerinden biri de, senin gerçekten yeryüzünü huşu içinde (solmuş, boynu bükülmüş ve kupkuru) görmendir. Ama Biz onun üzerine suyu indirdiğimiz zaman, deprenir ve kabarır. Şüphesiz onu dirilten, ölüleri de elbette dirilticidir. Çünkü O, herşeye güç yetirendir. (**Fussilet Suresi, 39**)

Yoksa O'nun dışında birtakım veliler mi edindiler? İşte Allah; veli O'dur, ölüleri dirilten O'dur. O, herşeye güç yetirendir. (**Şura Suresi, 9**)

Ki O, belli bir miktar ile gökten su indirdi de, onunla ölü bir memleketi □dirilttik (ve her yanına yeniden hayat) yaydık'; siz de böyle (kabirlerinizden diriltilip) çıkarılacaksınız. (**Zuhruf Suresi, 11**)

O'ndan başka İlah yoktur; diriltir ve öldürür. Sizin de Rabbinizdir, geçmiş atalarınızın da Rabbidir. (**Duhan Suresi, 8**)

"(Bütün herşey) Bizim yalnızca ilk ölümümüzdür; biz yeniden diriltilip-kaldırılacak değiliz." (**Duhan Suresi, 35**)

Gece ile gündüzün ardarda gelişinde (veya aykırılığında), Allah'ın gökten rızık indirip ölümünden sonra yeryüzünü diriltmesinde ve rüzgarları (belli bir düzen içinde) yönetmesinde aklını kullanan bir kavim için ayetler vardır. (**Casiye Suresi, 5**)

Dediler ki: "(Bütün olup biten,) Bu dünya hayatımızdan başkası değildir, ölürüz ve diriliriz; bizi "kesintisi olmayan zaman' (dehrin akışın)dan başkası yıkıma (helake) uğratmıyor." Oysa onların bununla ilgili hiçbir bilgileri yoktur; yalnızca zannediyorlar. (**Casiye Suresi, 24**)

Onlara açık belgeler olarak ayetlerimiz okunduğu zaman, onların (sözde) delilleri: "Eğer doğru sözlüler iseniz, atalarımızı (diriltip) getirin" demekten başkası değildir. (**Casiye Suresi, 25**)

De ki: "Allah sizi diriltiyor, sonra sizi öldürüyor, sonra kendisinde hiçbir kuşku olmayan kıyamet günü O sizi biraraya getirip-toplayacaktır. Ancak insanların çoğu bilmezler." (**Casiye Suresi, 26**)

O kimse ki, anne ve babasına: "Öf size, benden önce nice nesiller gelip geçmişken, beni (diriltilip) çıkarılacağımla mı tehdit ediyorsunuz?"

dedi. O ikisi (anne ve babası) ise Allah'a yakararak: "Yazıklar sana, iman et, şüphesiz Allah'ın va'di haktır." (derler; fakat) O: "Bu, geçmişlerin masallarından başkası değildir" der. (**Ahkaf Suresi, 17**)

Onlar görmüyorlar mı ki, gökleri ve yeri yaratan ve onları yaratmaktan yorulmayan (Allah), ölüleri de diriltmeye güç yetirir. Hayır; gerçekten O, herşeye güç yetirendir. (**Ahkaf Suresi, 33**)

"Biz öldüğümüz ve toprak olduğumuz zaman mı (yeniden diriltilecek mişiz)? Bu uzak bir dönüş (iddiasıdır)." (**Kaf Suresi, 3**)

Kullara rızık olmak üzere. Ve onunla (o suyla) ölü bir şehri dirilttik. İşte (ölümden sonra) diriliş de böyledir. (**Kaf Suresi, 11**)

O gün, o çığlığı bir gerçek (hak) olarak işitirler. İşte bu, (dirilip kabirlerden) çıkış günüdür. (**Kaf Suresi, 42**)

Gerçek şu ki, dirilten ve öldüren Biziz, Biz. Ve dönüş de Bizedir. (**Kaf Suresi, 43**)

Doğrusu, öldüren ve dirilten O'dur. (**Necm Suresi, 44**)

Gerçek şu ki, diğer diriltme (yeniden neş'et) de O'na aittir. (**Necm Suresi, 47**)

Göklerin ve yerin mülkü O'nundur. Diriltir ve öldürür. O, herşeye güç yetirendir. (**Hadid Suresi, 2**)

Allah, hepsini dirilteceği gün, onlara neler yaptıklarını haber verecektir. Allah, onları (yaptıklarıyla bir bir) saymıştır; onlar ise onu unutmuşlardır. Allah, herşeye şahid olandır. (**Mücadele Suresi, 6**)

Onların tümünü Allah'ın dirilteceği gün, sizlere yemin ettikleri gibi O'na da yemin edeceklerdir ve kendilerinin bir şey üzerine olduklarını sanacaklardır. Dikkat edin; gerçekten onlar, yalan söyleyenlerin ta kendileridir. (**Mücadele Suresi, 18**)

İnkar edenler kesin olarak diriltilmeyeceklerini öne sürdüler. De ki: "Hayır, Rabbim adına andolsun, siz, muhakkak diriltileceksiniz; sonra mutlaka yaptıklarınız size haber verilecektir. Bu da Allah'a göre oldukça kolaydır." **(Tegabün Suresi, 7)**

"Sonra sizi yine oraya geri çevirecek ve sizi (diriltici) bir çıkarışla diriltip-çıkaracaktır."

(Nuh Suresi, 18)

"Ve onlar, sizin de sandığınız gibi Allah'ın hiç kimseyi kesin olarak diriltmeyeceğini sanmışlardı." **(Cin Suresi, 7)**

(Öyleyse Allah,) Ölüleri diriltmeye güç yetiren değil midir? **(Kıyamet Suresi, 40)**

Derler ki: "Biz çukurda iken, gerçekten biz mi yeniden (diriltilip) döndürüleceğiz?"

(Nazi'at Suresi, 10)

Sonra dilediği zaman onu diriltir. **(Abese Suresi, 22)**

Yoksa onlar, diriltileceklerini sanmıyor mu? **(Mutaffifin Suresi, 4)**

Çünkü O, nasıl ki ilk olarak var eden ise, (sonra dirilterek) döndürecek de olandır.

(Buruc Suresi, 13)

***

[◉Kod-112◘]

SEBE SURESİ, 34 ve 35. Ayetler Üzerine İKİ mühim tesbittir:

"HER KENTE, BELKİ KÖYE BİLE BİR UYARICI GELMİŞ-TİR VE GELMEKTEDİR" MESELESİNİN İSBATI

BİRİNCİ TESBİT:

34. **Ve hangi kente bir uyarıcı göndermişsek, oranın konfor içinde yaşayan kişileri (GEÇMİŞTE veyahutta GÜNÜMÜZDE), mutlaka, "Evet, sizinle gönderilen şeyleri mutlaka inkar ediyoruz" demişlerdir.** (Sebe, 34)

Bu ayetten şu sonuç çıkıyor ki Allah (CC.), insanları uyarmak için, genel olarak her yüzyılda bir büyük bir uyarıcı Müceddid gönderdiği gibi; yerel olarak (bölgesel veya köy veya kentsel) uyarmak için de küçük küçük o kente ait gizli uyarıcılar göndermektedir. Bu insanlar, hakikatleri, kendi lisanlarıyla o insanlara anlatmaktadırlar. Belki, bir deli, meczup veya sokakta yatan kişi de olabilir bu. Ama, şurası kesin ki, ayetten anladığımız manada her kent için bir uyarıcı kişi gönderiliyor veyahutta görevlendiriliyor demektir. Hatta, bu imtihan öyle gizli düzenleniyor ki, o kişiyi her gün görüp konuşup tanıyor olmakla birlikte, imtihanın bu gizli özelliğinden dolayı farkına varamayabiliyoruz. Bir de ayetin kesin ifade ettiği bir anlamda, bu kişilerin muhalif bir yapıda olmasından bahsediyor, yani kısaca onlar mevcut düzene de karşı olduklarından ve ölümün hakikatini görüp sürekli anlattıklarından dolayı, hep sürekli diğer insanlar tarafından inkar edilmelerinden, yani bir sürekli inkar edilmeden bahseder.

İKİNCİ TESBİT:

35. Onlar yine şöyle cevap verirler: "Biz Malları ve Çocukları daha çok olan kimseleriz, Cezalandırılacak da değiliz." (Sebe, 35)

Bu ayetten de şu anlaşılıyor ki, uyarıcı veya uyarıcıların, genelde ya hiç malı ve çocuğu olmuyor veya az oluyor. İşte, bu imtihan sırrından dolayı, o kent halkı uyarıcıyı şöyle itham ederler, ve bu yüzden ayete göre azaba duçar olurlar ki, onların sapıtmalarının en kuvvetli delilini teşkil etmektedir. "Senin bir çocuğun, oğlun veya kızın yok, neslinde kesik, devam etmiyor, ve malın mülkün de yok, kısaca çulsuzun birisin ve böyle perişan bir halde öleceksin, Oysa bize bak bizim yüksek binalarımız, oğullarımız, kızlarımız, arabalarımız, eşyalarımız, işyerlerimiz, şuyumuz buyumuz vs. vs. var, var da var. Allah bize verdi ama sana vermedi. Öyleyse biz daha üstünüz, daha takvalıyız veyahutta Allah bizi seviyor ki, malı ve oğulları bize veriyor.."

İşte bu anlayış, ayetlerdeki ifadeye göre, hesap gününde, ekseriyetle onları, esas helake götüren sebebiyet olacaktır ve Yeniden diriliş gününde ise inkarcılar ile onlar arasında geçen diyalog şu şekilde olacaktır:

36. De ki: "Kuşkusuz ki Rabbiniz payı dilediğine genişletir ve bir ölçüye göre vermektedir, ama insan insanların çoğu bundan gafildirler.

37. Sizi bize yaklaştıracak olan, ne mallarınız ve ne de evlatlarınızdır.

38. "Ve göstergelerimiz (size gönderilen o uyarıcı veya uyarıcıların anlattıkları, sözler, yazılar vs.) hakkında bizi güçsüz bırakmaya çalışanlara gelince, işte onlar, cezaya sunulacaklardır."

Şimdi, yukarıdaki ayetlere bakıldığında ise, anlaşılıyor ki, o kentlere gelen uyarıcı ve göstergelerle, inkarcıların ellerinde hiçbir mazeret ve koz kalmayacağı görülüyor ve inkar edenlerle Allah arasında geçen diyaloglardan anlaşılıyor ki, misal o kişiler uçsuz bucaksız bir yerde ve hatta dünyanın medeniyetinden uzak bir kırsal köyünde veya bir kentte, İslamiyetin ve Hz. Muhammed'in adını dahi hiç duymadıklarını ve belki bu yüzden put edindikleri sahte rablerine tapındıklarını iddia edip, ileri sürseler bile, Allah manen onlara diyecektir ki;

"Ben size onu kastetmedim, belki onu duymamış olabilirsiniz, ama falanca kişiyi (Ahmet oğlu Mehmet, veya Hasan oğlu Hüseyin veyahutta John'un oğlu David, yerli veya yabancı olsun hiç fark etmez her yere, dünyadaki her bir noktaya gizli bir mürşid-i kamil görevlendirilerek), size bu hakikatleri kendi dilinizle anlatır halde göndermedim mi? O sizi doğruluk hakkında ve yargı gününün geleceği hakkında uyarmamış mıydı, göstergelerimiz olan delilleri kendi lisanınızla size ilan etmemiş miydi? Çağırın onu da tanık olarak huzuruma.." deyip, böylelikle onların inkara dayanak oluşturabilecekleri tüm mazeretlerinin önünü keserek, verdikleri cevapları geçersiz kılacaktır..

Vesselam..

***

[◉Kod-113◉]

YASİN SURESİ, 13-25. Ayetler Üzerine İKİ mühim tesbittir:

ALLAH, SİZE SADECE <u>SİZDEN ÜCRET İSTEMEYENLERE</u> UYMANIZI İSTEMEKTEDİR

13. **O**nlara, şu şehir halkının misalini getir: Hani onlara elçiler gelmişti.

14. İşte o zaman biz, onlara iki elçi göndermiştik. Onları yalanladılar. Bunun üzerine üçüncü bir elçi gönderdik. Onlar: Biz size gönderilmiş Allah elçileriyiz! dediler.

15. Elçilere dediler ki: Siz de ancak bizim gibi birer insansınız. Rahmân, herhangi bir şey indirmedi. Siz ancak yalan söylüyorsunuz.

16. (Elçiler) dediler ki: Rabbimiz biliyor; biz gerçekten size gönderilmiş elçileriz.

17. "Bizim vazifemiz, açık bir şekilde Allah'ın buyruklarını size tebliğ etmekten başka bir şey değildir" dediler.

18. (Bunun üzerine onlar:) Doğrusu siz bize uğursuz geldiniz. Eğer bu işten vazgeçmezseniz, andolsun sizi taşlarız. Ve bizden size mutlaka fena bir kötülük dokunur, dediler.

19. Elçiler şöyle cevap verdi: Sizin uğursuzluğunuz sizinle beraberdir. Size nasihat ediliyorsa bu uğursuzluk mudur? Bilakis, siz aşırı giden bir milletsiniz.

20- Kentin en uzak yerinden bir adam koşarak geldi: "Ey kavmim, elçilere uyun" dedi.

21- "Uyun, sizden hiçbir ücret istemeyenlere, çünkü onlar doğru yoldadırlar."

22- "Ben niçin beni yaratana kulluk etmeyeyim? Siz de O'na döndürüleceksiniz."

23- "Onu bırakıp da tanrılar edinir miyim? Eğer rahman olan Allah bana bir zarar vermek isterse, o tanrıların şefaati bana hiçbir fayda sağlamaz ve onlar beni kurtaramazlar."

24- "O takdirde apaçık bir sapıklık içinde olurum."

25- "Şüphesiz ben Rabb'inize inandım, beni dinleyin."

BİRİNCİ TESBİT:

Doğru ve gerçek bir çağrıya sağduyulu bir insanın katılmasıdır bu. Bu katılmada ise yalnızca doğruluk var, sadelik var, sıcaklık var. Doğru kavrama, apaçık Hakkın güçlü sesine ve etkisine uymak vardır ve görüldüğü üzere tebliğci ve uyarıcının görevi, özellikle 113. Kodda da belirttiğimiz (O Kentlerdeki ve Köylerdeki gizli olan) vazifeli kişilerin asli vazifesi, sizden <u>hiçbir ücret talep etmeden</u> bu tebliği yerine getirmeleridir. Dolayısıyla, ayet aslında yaşadığımız çağa dahi vurgu yaparak, özellikle de 'Kentler' kelimesiyle vurgu yaparak, ücretle size tebliğ yapan din görevlileri, hahamlar, tapınak bilginleri, birtakım kurumların paralı imamları vs. hepsinin aslen hakikatte gerçek anlamda din görevlileri olmadığını, çünkü dini tebliğin aslının ücretsiz ve kalbi temiz ve <u>saf bir seçilmiş kişi</u> veyahutta kişilerin özel olarak Allah tarafından görevlendirilerek ancak yerine getirebileceğinin ve tabi olunacak yegane kişilerin de bunlar olması gerektiğini altını çizerek mükemmel bir şekilde Yasin suresinde belirtmektedir ve tesbit etmektedir.

İşte bu adam da bu çağrıyı duymuş, ayette belirtildiği gibi, kendi hemşerilerine söylediği gibi bu çağrının gerçek ve mantıklı olduğuna dair delilleri görmüş ve kabul etmiştir ve kalbi asıl imanı yakalayınca bu gerçek, vicdanında harekete geçmiş ve artık onu gizleyememiştir. Çevresindeki sapıklığı, inkârcılığı ve azgınlığı göre göre, inancını içine gömüp evine kapanmamıştır. Aksine vicdanına yerleşen ve düşüncesinde harekete geçen hak ile birlikte koşmaya başlamıştır. Bu hak ile hemşerilerine koşmuştur.

Oysa onlar peygamberleri yalanlamakta, onlardan yüz çevirmekte ve onları korkutup tehdit savurmaktadırlar. Kasabanın bir ucundan kalkar bu adam. Kendi hemşerilerini hakka çağrı görevini yerine getirmek istemektedir. Onları zulümden alıkoymak, peygamberlere karşı düşmanlık yaparak büyük günah işlemelerine engel olmak istemektedir. Bu kişi belli ki, mevki ve otorite sahibi biri de değildir. İçinde yaşadığı toplumda önemli bir yeri ve kabilesi içinde nüfusu yoktur. Fakat kalbindeki dipdiri inanç, onu şehrin bir ucundan ta öbür ucuna itiyor ve koşturuyordu.

"Kentin en uzak yerinden bir adam koşarak geldi;

`Ey kavmim, elçilere uyun' dedi."

"Sizden bir ücret istemeyenlere uyun, onlar doğru yoldadırlar."

İşte, burada bu apaçık mesajda görülüyor ki, hiçbir ücret istemeden, hiçbir kazanç beklemeden böyle bir çağrıda bulunan bir kimse elbette doğrudur ve ayete göre bu özellik tebliğcinin belirlenmesi ve doğru kişi olduğunun saptanmasında çok önemli bir kriterdir. Şimdi, bir düşünelim. Bu kimse eğer yüce Allah'ın kendisine verdiği görevi yerine getirmiyor değilse, o halde nedir onu bu sıkıntıya iten faktör. Çağrının çilesine katlanmaya nedir onu iten? Alışmadıkları bir inanç sistemi ile insanların karşısına dikilip mücadele etmeye nedir onu sevk eden?

Bu işten bir çıkar elde etmediği, onlardan bir ücret istemediği halde eziyetler, desiseler, alaylar ve işkencelere katlanmayı göze aldıran nedir? **"Sizden bir ücret istemeyenlere uyun, onlar doğru yoldadırlar?"**

Onların doğru yolda olduğu çağrılarının niteliğinden belli... Çünkü onlar bir tek ilâha çağırıyorlar. Apaçık bir sisteme çağırıyorlar. İçinde ne hurafe ne de belirsizlik olan bir inanç sistemine çağırıyorlar. Buna göre kendileri, sağlam bir çizgi ve dosdoğru bir yol tutmuşlardır. Sonra bu adam onlara kendinden ve iman ediş nedenlerinden söz etmeye başlıyor. Kendi içinde uyanan ve yalın delilleri ve mesajı ile ikna olan bir fıtratın sesine çağırıyor onları.

İKİNCİ TESBİT:

"Ben niçin beni yaratana kulluk etmeyeyim? Siz de O'na döndürüleceksiniz." O'nu bırakıp da tanrılar edinir miyim? Eğer Rahman olan Allah bana bir zarar vermek isterse, o tanrıların şefaati bana hiçbir fayda sağlamaz ve onlar beni kurtaramazlar." "O takdirde apaçık bir sapıklık içinde olurum."

Bu ifadeler yüce yaratıcıyı hisseden ve kendi varlığının yegane kaynağına bağlı fıtratın sorgulamasıdır. **"Ben niçin beni yaratana kulluk etmeyeyim?"** Bu doğal yoldan beni saptıran nedir? Çünkü, insanın mizacı kendini yaratana tutkunluk ve bağlılıktır. İlk yönelişi O'nadır. O yoldan fıtratın dışında bir etken olmadıkça sapmaz. Kendi doğal yapısından başka bir etken olmadıkça sapmaz. Kendi doğal yapısından başka bir etken olmadıkça eğrilmez o yoldan. Yaratıcıya yönelmek, her şeyden daha uygun ve önceliklidir. Ve o kişi, nefsin doğal yapısının ve doğal yönelişinin dışında bir başka nesneye muhtaç değildir. İnanmış olan biri bunu kalbinin derinliklerinde duyar. Ve bunu, kendini zorlamadan, dilini dolamadan, karmaşık ve süslü ifadeler kullanmaksızın açık ve yalın bir ifade ile dile getirir ve onları uyarmaya koşan bu mü'min de duru ve doğal yaratılışı ile tıpkı her şeyin aslına döneceği gibi, yaratılanın da sonunda yaratıcısına döneceğini hissediyordu. **"Siz de O'na döndürüleceksiniz"** diyordu ve soruyordu: Beni yaratan ve sonunda dönüş ve varılacak yer olarak ancak kendi huzuru olan bir varlığa ne diye kulluk etmeyeyim? Ve onların da O'na döneceklerini söylüyordu. O onların da yaratıcısıdır. Onlardan kulluk etmelerini beklemek O'nun hakkıdır. Daha sonra bu inanmış adam, benimsediği yaratılışa uygun doğru yola ters olan öbür yolun değerlendirmesini yapıyor.

"Onu bırakıp da tanrılar edinir miyim? Eğer Rahman olan Allah bana bir zarar vermek isterse, o tanrıların şefaati bana hiçbir fayda sağlamaz ve onlar beni kurtaramazlar."

Yaratılanı yaratıcısına kulluğa çağıran, yaratılışın sesini bırakıp da hiçbir gereklilik ve sebep yok iken yaratıcıdan başkasına kulluk sunandan daha sapık kimse var mıdır? Yaratıcıyı bırakıp da doğru yoldan ayrılarak sapıklığa düştüğü için yaratıcısı başına zarar getirmek istediğinde, o zararı başından savamayan ve kendini koruyamayan zavallı sözde tanrılara yönelenden daha sapık bir kimse var mıdır?

"O takdirde apaçık bir sapıklık içinde olurum"

Şu anda bu inanmış adam, yaratılışın doğru, bilinçli ve apaçık dili ile konuşmakta ve yalanlayan tehditler savuran ve korkutmaya çalışan bu insanların yüzüne son kararını haykırmaktadır. Çünkü onun kalbindeki ve içindeki sağduyunun sesi, her türlü tehdit ve yalanlamadan çok daha güçlüdür. **"Şüphesiz ben Rabb'inize inandım, beni dinleyin"** Ve işte böylece, imanın içinde güven ve gönül huzuru taşıyan sözünü söylemiş ve onları da buna şahit tutmuştur. İnanmış adam bu sözü ile onlara "siz de benim gibi söyleyin" demiş oluyor veya onlar ne derlerse desinler hiç de önem vermemiş oluyordu.

Ayetlerde bu konuda her ne kadar bir açıklık yoksa da, bu hikâyenin bundan sonraki ifade tarzından anlaşıldığına göre çok geçmeden ayette bahsedilen bu adamcağızı öldürmüşlerdir. Yüce Allah dünyaya ve içinde olan her şeye, o topluma ve onların durumları üstüne bir perde çekmekte ve başka bir sahnenin perdesini açmaktadır. İşte bu şekilde, yaratılışın sesine uyup hak sözü haykıran ve bu sözü inkârcılarla işkencecilerin suratlarına bir şamar gibi çarpan bu şehidi görelim diye bize burada bu ayetler ile Kur'an-ı Hakim büyük bir ders vermektedir..

***

[◉Kod-114◉]

YALNIZLIĞIN YALNIZLIĞI

[Yalnızlığın Sırrı, Kısa Yazı, - Bu esere eklenen SON İKİ yazıdır -]

Hayat tek kişilik bir merdiven. Bu yol yalnızlar yolu. peki NEDEN? Cevabını belki bulabileceğin, bir yazı kaleme aldım, senin için, benim için, herkes için.. TEKLİK SIRRI'nın sebebi nedir? Çünkü, ALLAH yalnızlığı çok seviyor..

İkinci bir kişi daha yanına alırsan, ikilik'tesin demektir, şirk'tesin. İkinci kişiyle merdiveni yanyana çıkmak istersen, sığamazsın basamaklara, ha itiş ha kakış, sürekli ya sözlü ya içsel kavgalar. Yanyana gitmezsen de arkada kalan sürekli yanına çekmeye çalışır ötekini. En iyi ihtimalle bir ileri, bir geri, yerinde sayıklarsın. Bu sebeple kalabalıklarda olanlar hep yalnızlara özenir, bu sebeple evlenenlerce hep "meğerse bekârlık sultânlıkmış" denir. Ortaklıklara pişmanlık giriverir.

İkinci bir kişi daha almazsan yanına, kendindeki hem eri hem dişiyi bulup cem etmen lazım. Yoksa hep yarım'lıktasın demektir, eksik'sin. Sadece kendin olarak merdiveni çıkmak istersen, yükselmeye bir sağ bir sol ayak var etmelisin. Eğer bu olmuyorsa yuvarlanır gidersin aşağıya, en dibe, en çukura. En iyi ihtimalle atamadığın için adımları, yerinde sayıklarsın. Bu sebeple yalnızlıkta olanlar hep eşlilere özenir, bu sebeple bekârlarca hep evlenmek en büyük istektir. Hatta, bu sırdandır ki, her işe bir ortak aranır.

*** Asr Sûresi / 2. Ayet: **İnnel'insâne lefî husr. Gerçekten insanlar daima hüsrandadır.**

Ortağın olsa da mutsuzsun, ortağın olmasa da mutsuzsun. Evlenmesen de mutsuzsun, evlensen de mutsuzsun. Bu hayatın her alanında geçerli. İşe girmezsen mutsuzsun, işe girersen de pazartesi sendromun başlar. Ailesizsen mutsuzsun, annen-baban hayatta değilse başın hep eğik, ama ailen varsa da sürekli anne ve babanla kavga içindesin.

***Anlıyor musun, sorun evlenmen ya da evlenmemen, işe girmen ya da girmemen, ailenin olması ya da olmaması değil. Sorun sen insan mısın yoksa Şah Damarından Yakıyn Olan'ı farkettin mi?

***

İnsan olduğun sürece ne yaparsan yap hep mutsuz olacaksın. İnnel'insâne lefî husr. Daima hüsranda kalacaksın. Bekarken mutsuzsan evlenince de durum değişmeyecek, işsizken mutsuzsan işe girince de durum değişmeyecek. Ancak AN itibariyle, hangi ahvâl içinde olursan ol, dışarıya ya da içinde olduğun şartlara isyan etmeksizin, onları suçlu göstermeksizin, kendinde bir içsel yolculuğa çıkarsan ve muvaffak olabilirsen sana İhlâs Sırrı açılacak. İhlâs Sûresi'nin Sırrı.

***

* **B-ismi-llahirrahmânirrahîm.** (B Sırrı gereği, ismi Rahmân ve Rahîm olan Allah var artık, ben yokum)

* **Kul hüvellâhü ehad** - De ki; O Allah bir TEK'tir.

* **Allâhûs-Samed** - Allah eksiksiztir, Samed'dir (Yani bütün varlıklar O'na muhtaçtır, fakat O, hiç bir şeye muhtaç değildir. Allah sana Şah Damarından Yakiyn ise sen nasıl muhtaç kalırsın?)

* **Lem yelid ve lem yûled** - O doğurmadı ve doğurulmadı. (Ameliyathanede doğum yapan bir kadın değil burada kastedilen. Yani ayrılmadı. Bir Allah bir kul, bir kadın, bir erkek olmadı, O hiç bölünmedi)

* **Ve lem yekün LEHÛ küfüven Ehad** - Bunların hepsi EHAD'tır. O'na bir denk hiçbir zaman olmadı. Zâtında, sıfatlarında, fiillerinde, O'na denk, eş ve benzer olabilecek hiçbir varlık mevcut değildir. EŞ'sizdir.

O Allah nerde? Göklerde mi? Dışarda bir yerde mi? Nerde? Sen'den gayrı mı? Sen kul'sun O Yaradan mı? Öyleyse İhlâs Sûresi nerede kaldı? Anlıyor musun? Anla...

Eğer bunu anlarsan, bekârsan da iki ayağın var seni yükseltecek, evliysen de onunla tek'sin zaten. Aranızda hiçbir ikilik yok demektir, onunla sevinir, onunla üzülür, onu kendinden görürsün, sana yapılmasını istemediğin şeyi ona yapmaz ve onun sevgisinden şüphe etmezsin, bilirsin ki o nefesini dahi seninle alıyor. TEK'liktesin. Bekar ya da evli ol, TEK'liktesin, Bunu anlarsan.

Eğer bunu anlarsan, bir işin olsa da, henüz iş arıyor olsan da, çalışamaz durumda olsan da, şartlar hep sana uygun hâldedir. Çünkü tüm bunları dileyenin de sen olduğunu, dağları yemyeşil donatanın seni çıplak bırakmayacağını, en küçük canları doyuranın seni aç koymayacağını bilirsin. TEK'sin.

Her yer hiçbir işe yaramayan üniversite mezunu doldu diyorsun. Ara eleman yok, ama 1.000 TL'ye iş arayan mühendis var, Adliye kapıları "Ne olur bana iş ver" diye yalvaran avukat doldu. Öyleyse yazık günah değil mi bu üniversitelerin kapladığı alana, yazın bir düğün yapmaya kalksan salon bulamıyorsun, o koca koca amfileri düğün salonu yap da insanlar oynasın, o üniversite binaları bir işe yarasın.

Bilir misin? Mevlana'nın Mesnevi'sindeki "Ney" de hep ayrılıklarla hakikat denizine yol almaya başlamıyor muydu? Hakikatte ise Ney kavuşamamayı ifade etti hep, ayrılıklardan şikayet etti durdu... Ney, şikayet eder fakat ilk fırsatta birinin eline geçtiğinde ve üflenmeye başladığında hemen başlar içindeki SONSUZLUK'tan baki kalan sesleri dökmeye... Bil ki, burada "Marifet" Ney'in doğru, marifetli ellere geçmesidir ki, sır aslında ney'de değil, onu üfleyen nefestedir. İşte, Hakikatte "Kalu Bela"dan beri o denizin içinde ayrılıklardasın, hep yalnızsın.. (Buradaki ironiyi farketmeni dilerim)

Aynı şekilde yazık değil mi sana, okuyorsun okuyorsun, elinde zikirmatikler, başın seccadede ancak çokluktasın. Sadece nacizane tüm iyi niyetimle tavsiyem; "30 yıldır ilim okuyorum" diyorsun ya; bir kez şu soruları sor:

- Allah Samed ise, ihtiyaçsızdır, ben ihtiyaçlıyım, öyleyse ben kimim? Bir Allah bir ben varsam, TEK'lik nerde? O bölünmediyse ben kimden doğdum?

- Göklerde bir Allah yoksa, namazda kimin önünde eğiliyorum?

- Yaptığım her kötü eylemde kendime birkaç günlük oruç veriyorum da, oruç tutmak, tek ayak üstünde beklemek gibi bir ceza mı? Neden hatalarım için oruç tutuyorum? Oruç uruç etmek mi yoksa aç kalmak mı?

- Yumurta mı tavuktan çıktı, tavuk mu yumurtadan çıktı? Allah mı beni yarattı, ben zaten hep onunla mıydım?

- Şah Damarından Yakiyn ne demek? Nerde yani ne kadar yakın?

- Göklerde Allah yoksa, Allah nerede?

***

- OYSA, İHLÂS SÛRESİ NE DİYORDU?

"O ALLAH TEKDİR, EŞİ VE BENZERİ YOKTUR", yani tek kalanı yalnız olanı sever, diler..

Bu soruların cevabını bulunca İçinde olduğun daimi hüsrandan çıkacaksın. Çünkü İnsan olma zannından çıkacaksın! Boş boş okuma, yazıktır o ilme.

Vesselam..

***

SONSUZLUĞUN SONSUZLUĞU

$$\text{وَلَا تَدْعُ مَعَ اللَّهِ إِلَهًا آخَرَ لَا إِلَهَ إِلَّا هُوَ كُلُّ شَيْءٍ هَالِكٌ إِلَّا وَجْهَهُ لَهُ الْحُكْمُ وَإِلَيْهِ تُرْجَعُونَ}$$

Türkçe Okunuş: Ve lâ ted'u meallâhi ilâhen âhar (âhara), lâ ilâhe illâ hû(hûve), kullu şey'in hâlikun illâ vecheh (vechehu), lehul hukmu ve ileyhi turceûn (turceûne).

Meal: Ve Allah ile beraber başka bir İlâh'a dua etme (ibadet etme). O'ndan başka İlâh yoktur. O'nun Zat'ı hariç herşey helâk olucudur. Hüküm O'nundur. Ve O'na döndürüleceksiniz.

Sonsuzluğun sonu var mıdır gerçekten? Gerçekten sonsuzluk da bir gün son bulacak mıdır?

Bil ki, ey Dost'um! Var olan hiç ama hiçbir şey sonsuz değildir!

Hem yine bil ki, her son yeni bir başlangıç, her yeni başlangıç, sona doğru giden bir yolcu demektir. Sona ulaşayım diye başlamasan bile, başlamak suretiyle başlattığın sürecin ve sona doğru giden bu yolculuğun içerisindesin. Sondan kaçış ve kurtuluş yok bu alemde, aynen öyle de Ölüm gibi Kıyamet gibi!!!

Yine bil ki, bunun yerine sana sonsuzmuş gibi gelen, amma aslında; son bulmak için başlayan başlangıçlar var hep, sonlanırken ve/veya son bulurken aynı zamanda yok mu olmuştur, yoksa sonraki sonu var ederek onda mı var olmuştur? Her sonlanış bir yok oluş mudur, yoksa kendisinden sonra sonlanacak başlangıcın var oluşu mudur?

Ölüm mesela! Ölüm; evet bir sondur ama, yeni bir sonun da başlangıcıdır. Ölümle yaşam yok olmazlar; ve bil ki, ölüm bir yok oluş değildir ki, son olsun; O, yeni yaşamların var oluşudur, başlangıcıdır. Doğa ölür ama yok olmaz; yeniden dirilebilmek için her ölümünün ardından hazırlık yapar ve hazır olduğunda her baharda kışın ardından yine/yeniden coşkuyla dirilir. Kış, yazın gelmesini bekler; yaz da kışın gelmesini! Kış yaşanıp bitmeden baharın sırası gelmez, -SONSUZLUK BU SONSUZLUĞU-na devam edebilsin, hep sonsuz kalsın diye- kış mutlaka son bulacaktır, ama yok olmayacaktır. Kış KIYAMET'in habercisidir, SONSUZLUĞUN..

Bil ki, bu devam edip süregelen sonlar ve başlangıçlar, sadece sonsuzluğun son bulmaması, sonsuz olabilmesi içindir. SONSUZLUĞUN SONSUZLUĞU içindir..!

Sonsuzluk son bulmaz, sonlanmaz! Kendisini besleyen bu son ve başlangıçlarla sonsuza kadar sonsuz olmaya devam eder.

O yüzden, Kitabımın ta en başındaki, ilk evvela bana ihtar edilen "SONSUZLUĞUN SON'U" başlığını, bir türlü sonu gelmeyen; "SONSUZLUĞUN SONSUZLUĞU" olarak değiştirmek mecburiyetinde kaldım!

Vesselam..

Herkesi <u>SONSUZ</u> sevgiler ve dularımla selamlarken, Eserime burada SON veriyorum...

***

Kitabıma, Şems-i Tebrizinin Sonsuzluğa kanat açan bir Beyitiyle son [Kodu] vermek istiyorum:

"..Bu tevhitten murad ancak, cemalî zata ermektir.

Görünen kendi zatıdır, Sanma değil ki gayrıdır.

Şems-i Tebriz bunu bilir, Ahad (AYAKTA) kalmaz fena (SON) bulur.

Bu âlem, küllî (SONSUZLUĞUN SONSUZLUĞUNDA) mahvolur,

Hem bâki (SONSUZ) Allah kalır.."

www.ingramcontent.com/pod-product-compliance
Lightning Source LLC
LaVergne TN
LVHW040129080526
838202LV00042B/2854